Nordost-Sizilien
Seiten 162–195

VIS-À-VIS

SIZILIEN

VIS-À-VIS

SIZILIEN

Hauptautoren **Fabrizio Ardito, Cristina Gambaro**

DK
London • New York • München
Melbourne • Delhi

www.dorlingkindersley.de

Produktion
Fabio Ratti Editoria Libraria e Multimediale, Mailand

Texte
Fabrizio Ardito, Cristina Gambaro, Marco Scapagnini

Fotografien
Fabrizio Ardito, Giuliano Rotondi, Fabio de Angelis

Kartografie
Oriana Bianchetti

Illustrationen
Giorgia Boli, Silvana Ghioni, Alberto Ipsilanti, Nadia Viganò

Redaktion und Gestaltung
Fabio Ratti Editoria, Mailand: Giovanni Francesio, Elena Marzorati, Emanuela Damiani, Silvia Tomasone, Lucia Tirabassi
Dorling Kindersley Ltd., London: Douglas Amrine, Gillian Allan, Vivien Crump, Annette Jacobs, Fay Franklin, Louise Bostock Lang, Fiona Wild, Maite Lantaron, Lee Redmond, Marie Ingledew

Titel der englischen Originalausgabe:
Eyewitness Travel Guide *Sicily*
Zuerst erschienen 1999 in Großbritannien
bei Dorling Kindersley Ltd.
A Penguin Random House Company

Für die deutsche Ausgabe:

Ein Unternehmen der Penguin Random House Group

Aktualisierte Neuauflage 2016/2017

Programmleitung Dr. Jörg Theilacker, DK Verlag
Projektleitung Stefanie Franz, DK Verlag
Projektassistenz Antonia Knittel, DK Verlag
Übersetzung Claudia Magiera
Redaktion Ute Berretz, München
Schlussredaktion Philip Anton, Köln
Umschlaggestaltung Ute Berretz, München
Satz und Produktion DK Verlag, München
Druck Vivar Printing Sdn Bhd, Malaysia

ISBN 978-3-7342-0084-7
13 14 15 16 18 17 16 15

Dieser Reiseführer wird regelmäßig aktualisiert. Angaben wie Telefonnummern, Öffnungszeiten, Adressen, Preise und Fahrpläne können sich jedoch ändern. Der Verlag kann für fehlerhafte oder veraltete Angaben nicht haftbar gemacht werden. Für Hinweise, Verbesserungsvorschläge und Korrekturen ist der Verlag dankbar. Bitte richten Sie Ihr Schreiben an:

Dorling Kindersley Verlag GmbH
Redaktion Reiseführer
Arnulfstraße 124 • 80636 München
travel@dk-germany.de

Inhalt

Frauenkopf aus dem 5. Jahrhundert v. Chr. *(siehe S. 34f)*

Sizilien stellt sich vor

Palermo

Bühnenprospekt, Museo delle Marionette in Palermo *(siehe S. 54f)*

◀ Farbenprächtige Boote im Hafen von Mondello am Stadtrand von Palermo *(siehe S. 76)*
◀◀ Umschlag: Concordia-Tempel in Agrigento *(siehe S. 121)*

Castellammare del Golfo *(siehe S. 100)*, eines der vielen Fischerdörfer an Siziliens Küste

Die Regionen Siziliens

Antike Theatermaske, Museo Archeologico Eoliano *(siehe S. 194)*

Zu Gast auf Sizilien

Ein Käseverkäufer auf dem Markt in Catania *(siehe S. 218f)*

Die mittelalterliche Burg von Erice in Nordwest-Sizilien *(siehe S. 37 und S. 104)*

Grundinformationen

Benutzerhinweise

Dieser Reiseführer befasst sich mit allen Facetten Siziliens – zur Einstimmung auf Ihre Reise, als Wegbegleiter vor Ort und zum Schmökern nach der Rückkehr. Der Abschnitt *Sizilien stellt sich vor* beschreibt Land und Leute und stellt historische, geografische und kulturelle Zusammenhänge dar. Im Kapitel *Palermo* und in den vier Regionalkapiteln werden die wichtigsten Sehenswürdigkeiten mit Texten, Karten, Fotos und Illustrationen dargestellt. Empfehlenswerte Restaurants, Hotels, Läden oder Unterhaltungsmöglichkeiten finden Sie im Kapitel *Zu Gast auf Sizilien*. Nützliche Hinweise in den *Grundinformationen* helfen sowohl bei der Reiseplanung als auch beim Zurechtfinden vor Ort.

Palermo

Das historische Zentrum der Stadt ist in zwei Areale (Osten und Westen) unterteilt, denen je ein Abschnitt gewidmet ist. Das Kapitel *Abstecher* stellt Attraktionen außerhalb des Zentrums vor. Alle Sehenswürdigkeiten sind nummeriert und werden im Folgenden in der Reihenfolge ihrer Nummerierung beschrieben.

Alle Seiten des Palermo-Kapitels haben eine rote Farbcodierung.

Die Orientierungskarte zeigt, in welchem Teil des Stadtzentrums Sie sich befinden.

1 Stadtteilkarte
Die Sehenswürdigkeiten des Stadtteils sind hier nummeriert.

Sehenswürdigkeiten auf einen Blick listet die Attraktionen des Kapitels nach Kategorien wie Kirchen und Kathedralen, historische Gebäude, Museen und Sammlungen, Parks und Gärten auf.

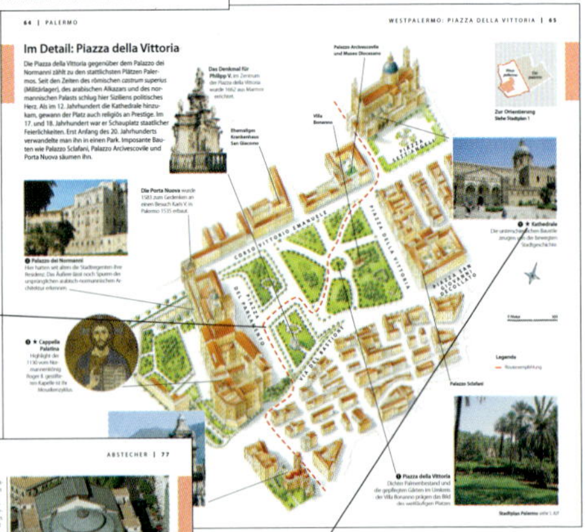

2 Detailkarte
Sie zeigt die interessantesten Stadtteile aus der Vogelperspektive.

Die Routenempfehlung führt durch die attraktivsten Straßen des Stadtteils.

Sterne markieren die Sehenswürdigkeiten, die Sie keinesfalls versäumen sollten.

3 Detaillierte Informationen
Palermos Sehenswürdigkeiten sind hier einzeln im Detail beschrieben. Im Infoblock stehen nützliche Informationen für den Besuch. Stadtplanverweise beziehen sich auf den *Stadtplan* auf S. 82f.

Südsizilien

1 Einführung Die Einführung beschreibt Landschaft, Geschichte und Charakter der jeweiligen Region, ihre Entwicklung im Lauf der Jahrhunderte sowie ihre touristischen Reize.

Die Regionen Siziliens

Neben Palermo ist Sizilien in diesem Buch in vier Regionen unterteilt. Jeder Region ist ein Abschnitt gewidmet. Die interessantesten Ortschaften und Sehenswürdigkeiten sind auf der *Regionalkarte* mit Nummern versehen.

Überblick: Südsizilien

Jede Region ist anhand ihrer Farbcodierung leicht aufzufinden.

2 Regionalkarte Diese Karte zeigt eine Übersicht der Region mit dem Straßennetz und den nummerierten Sehenswürdigkeiten. Sie wird ergänzt durch nützliche Tipps für die Anreise und für Erkundungen mit dem Auto und mit öffentlichen Verkehrsmitteln.

Die Infobox enthält nützliche Informationen für die Planung Ihres Besuchs.

Siracusa: Griechisches Theater

3 Hauptsehenswürdigkeiten Den Highlights Siziliens sind zwei oder mehr Seiten gewidmet. Schnittzeichnungen historischer Bauten geben Ihnen einen guten Einblick in ihr Inneres. Die interessantesten Orte sind aus der Vogelperspektive zu sehen.

4 Detaillierte Informationen Alle attraktiven Orte und Stätten Siziliens werden ausführlich beschrieben, meist mit einer begleitenden Abbildung. Die Reihenfolge entspricht der Nummerierung auf der *Regionalkarte* zu Beginn des jeweiligen Abschnitts.

SIZILIEN STELLT SICH VOR

Sizilien entdecken

Die folgenden Reiserouten zeigen Ihnen, wie Sie die außergewöhnliche Vielfalt von Sizilien entdecken können. Erkunden Sie auf zweitägigen Touren die beliebtesten Städte in der Region, Palermo und Siracusa, und bei einer dreitägigen Reise Siziliens berühmtestes Wahrzeichen, den Ätna. Die Sieben-Tage-Touren stellen zwei der faszinierendsten Gegenden Siziliens vor, beide aus sehr unterschiedlichen Gründen zum Welterbe der UNESCO ernannt. Die erste umfasst das Val di Noto, wo die barockhistorischen Zentren der Städte Noto, Ragusa und Modica von der Brillanz der Architekten zeugen, die sie nach einem verheerenden Ausbruch des Ätna entwarfen. Diese Tour führt auch zu den prächtigen römischen Mosaiken von Piazza Armerina und zu den wunderbar gelegenen griechischen Tempeln von Agrigento. Die zweite Tour führt zu den Äolischen Inseln, mit Fokus auf der Schönheit der Natur. Sie finden das Beste jeder der sieben Inseln, an Land oder am Meer und für diejenigen, die gerne schnorcheln, auch unter Wasser.

Die Kathedrale von Noto
Das nach dem Erdbeben von 1693 komplett wiederaufgebaute Noto zeigt einige der vollständigsten Bauten prächtiger Barockarchitektur, errichtet aus weichem Sandstein, der in der Sonne zu glühen scheint.

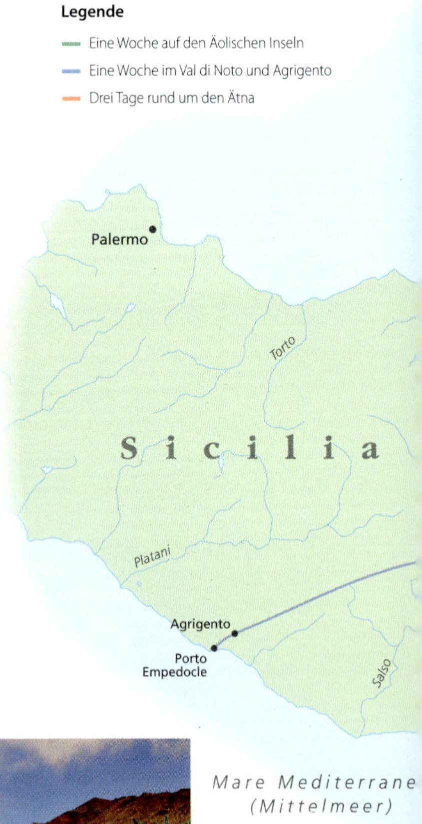

Eine Woche im Val di Noto und Agrigento

- Bewundern Sie die prachtvolle Arbeit der Barocksteinmetze in Noto.
- Verwöhnen Sie sich selbst in Siziliens Eishauptstadt.
- Treten Sie in die Fußstapfen von Inspektor Montalbano im hübschen Scicli.
- Probieren Sie die Schokolade von Modica nach einem alten aztekischen Rezept.
- Kaufen Sie traditionelle Keramik und besichtigen einige der schönsten Mosaiken des antiken Roms.
- Genießen Sie die Pracht der alten Griechen im Tal der Tempel bei Agrigento.

Der Vulkan Ätna
Eine Seilbahnfahrt über die Berghänge des Ätna bringt Sie aufregend nah an eine der wildesten und ursprünglichsten Naturlandschaften.

◀ **Ölgemälde *Taormina* von Edward Lear (1812–1888)**

Lingua, Äolische Inseln
Die ehemaligen Salzbergwerke gaben der Insel Salina ihren Namen. Lingua ist heute ein ruhiger kleiner Fischerhafen mit pastellfarbenen Häusern, einer Handvoll Restaurants und einer bekannten Granita-Bar.

Eine Woche auf den Äolischen Inseln

- Nehmen Sie ein warmes schwefelhaltiges Schlammbad auf Vulcano.
- Essen Sie die beste Granita Italiens in Lingua auf Salina.
- Beobachten Sie den Sonnenuntergang in dem Dorf, wo *Il Postino* gefilmt wurde.
- Entspannen Sie am stilvollen Lido von Filicudi.
- Besuchen Sie das friedliche Alicudi mit seinen 92 Einwohnern und wandern Sie auf stillen Pfaden.
- Besteigen Sie den Stromboli bei Sonnenuntergang, um Europas aktivsten Vulkan in Aktion zu sehen.

Drei Tage rund um den Ätna

- Entdecken Sie die malerischen Straßen von Taormina, perfekt für einen Bummel mit Kaffee und Kuchen.
- Bestaunen Sie die bizarren Basaltfelsformationen der Alcantara-Schlucht und nehmen Sie ein kühles Bad.
- Kaufen Sie regionale Produkte, um an einem der Picknickplätze am Ätna zu Grillen.
- Nehmen Sie die Seilbahn mit Halt in reizvollen Bergdörfern.
- Testen Sie Weine aus den Weinbergen, die am lavareichen Ätnaboden wachsen.
- Stellen Sie sich dem mächtigen Berg mit einem unvergesslichen Aufstieg.

Zwei Tage in Palermo

Als üppiger Schmelztiegel aus Ost und West und einstige Heimat des reichsten Hofs im mittelalterlichen Europa zeigt Palermo opulente Schätze: arabisch-normannische Mosaiken, arabische Kuppeln, lebendige Straßenmärkte und Siziliens schönste Sammlung von mittelalterlicher und Renaissance-Kunst.

- **Anreise** Vom Flughafen Falcone Borsellino verkehren Busse (Prestia e Comandè) alle 30 Minuten in die Innenstadt (Fahrtdauer 45 Minuten), mit Halt am Politeama-Theater, Stazione Marittima und Stazione Centrale.
- **Nahverkehr** Sie brauchen Nerven aus Stahl, um in Palermo zu fahren. Glücklicherweise sind alle wichtigen Sehenswürdigkeiten zu Fuß erreichbar. Es gibt auch hervorragende Busverbindungen zu anderen Städten und Urlaubsorten Siziliens.

Erster Tag

Vormittags Beginnen Sie mit dem beeindruckenden **Palazzo dei Normanni** *(S. 68)*, unter den Staufern der prächtigste Hof im mittelalterlichen Europa. In der **Cappella Palatina** *(S. 66f)* finden Sie herrliche Mosaiken. Beeindruckend erhebt sich **San Giovanni degli Eremiti** *(S. 68f)* mit seinen fünf arabischen Kuppeln. Danach bietet sich ein Spaziergang durch die Gassen des Albergheria-Viertels an. Sehen Sie sich die mit Majolikafliesen geschmückte Kuppel der **Chiesa del Carmine** *(S. 73)* und die mächtige Barockfassade der **Chiesa del Gesù** *(S. 72)* an, die in der Verfilmung eines der größten sizilianischen Romane, Giuseppe di Lampedusas *Der Leopard (Il Gattopardo)* eine Rolle spielt. Der quirlige Straßenmarkt Ballarò lockt mit Leckereien wie heißen *panelle* (Kichererbsenbällchen) und frisch gebackenen *cannoli* (Schmalzgebäck).

Die ehemalige Moschee San Giovanni degli Eremiti *(siehe S. 68f)*

Nachmittags Über den monumentalen und stark frequentierten **Quattro Canti** *(S. 69)* gelangen Sie zur Piazza Bellini mit der von roten Kuppeln im arabisch-normannischen Stil gekrönten **San Cataldo** *(S. 59)* und dem Benediktinerinnenkloster von **La Martorana** *(S. 58f)*. Werfen Sie ein Auge auf die **Fontana Pretoria** *(S. 58)* – wegen ihrer nackten Statuen früher »Brunnen der Scham« genannt. Anschließend bleibt Zeit für die **Kathedrale** *(S. 70f)* und ihre schöne Innenausstattung sowie im Sommer einen Rundgang über ihre Dächer.

Zweiter Tag

Vormittags Starten Sie an der Piazza Verde mit dem Besuch des **Teatro Massimo** *(S. 73)*, des größten Opernhauses in Italien, halbstündige Führungen gibt es ab 9.30 Uhr. Oder Sie gehen in das **Museo Archeologico Regionale A. Salinas** *(S. 60)*, versäumen Sie dort nicht die Pietra di Palermo. Bummeln Sie an den Schaufenstern der Via Roma entlang zum quirligen **Mercato della Vucciria** *(S. 60)* und den Corso Vittorio Emanuale hinauf zur **Piazza Marina** *(S. 54)*, wo die Palermer zum Kartenspiel unter Feigenbäumen zusammenkommen. Wenn vor dem Mittagessen noch Zeit bleibt, können Sie die Kunst des Marionettentheaters im **Museo Internazionale delle Marionette** *(S. 54f)* entdecken, oder aber Sie besuchen den **Palazzo Mirto** *(S. 55)*, um den Adelspalast aus dem 18. Jahrhundert mit originaler Einrichtung zu bewundern.

Nachmittags Von der Piazza Marina aus besuchen Sie den **Palazzo Abatellis** *(S. 56f)* und seine Kunstschätze. Die arabisch-normannische Kirche **La Magione** *(S. 59)* besticht mit eindrucksvollem Kreuzgang, in der dachlosen gotischen **Santa Maria dello Spasimo** *(S. 59)* finden oft Konzerte und Ausstellungen statt. Die stilvolle **Galleria d'Arte Moderna Sant'Anna** *(S. 59)* zeigt sizilianische Kunst des 19. und 20. Jahrhunderts und hat ein einladendes Café – oder aber Sie testen eins der besten Restaurants von Palermo (Osteria dei Vespri, *S. 211*) direkt gegenüber.

Tipp zur Verlängerung
Ein dritter Tag verspricht Entspannung am Strand von **Mondello** *(S. 76)*, oder Sie erkunden die herrliche mosaikgefüllte Kathedrale von **Monreale** *(S. 80f)*.

Fassade am Quattro Canti, Palermos angesagtestem Platz *(siehe S. 69)*

Zwei Tage in Siracusa

Erkunden Sie die barocken Kostbarkeiten der winzigen Insel Ortygia, im Anschluss wartet auf dem Festland Siracusa mit fantastischen Relikten aus der Zeit der griechischen Kultur.

- **Anreise** Sowohl Bahnhof als auch Busbahnhof liegen zentral. Es gibt ein Parkhaus an der Brücke in Ortygia.
- **Nahverkehr** Ortygia ist klein genug, um zu Fuß zu gehen. Am Ende eines langen Tages können Sie sich ein Taxi ab Neapolis gönnen.

Erster Tag

Vormittags An der **Piazza Duomo** *(S. 146)* befindet sich der Dom mit dem eingegliederten Tempel der Minerva. Die überbordende Barockfassade des **Palazzo Beneventano del Bosco** *(S. 146)* ist grandios.

Nachmittags Schlendern Sie durch das malerische jüdische Viertel zur Piazza Archimede, um die Erfindungen des Archimedes im **Arkimedeion** *(S. 141)* zu bestaunen. Von hier aus können Sie zum Strand am Ende der Via Roma gehen oder den Rest des Nachmittags mit einem Einkaufsbummel am Corso Matteotti und in der Via Cavour verbringen.

Zweiter Tag

Vormittags Tauchen Sie ein in Ortygias Markt und kaufen Zutaten für ein Picknick, dann begeben Sie sich zum **Parco Archeologico della Neapolis** *(S. 140–143)*, um großartige Tempel, Höhlen und Gräber zu erforschen. Verpassen Sie nicht die Latomien (Höhlen).

Nachmittags Nach dem Picknick machen Sie sich auf den Weg zum **Griechischen Theater** *(S. 142f)* und besuchen das **Museo Archeologico Regionale** *(S. 144f)*. Hier finden Sie herrliche Statuen, Grabgegenstände, Schmuck, Münzen und Artefakte des täglichen Lebens.

Das beeindruckende Griechische Theater in Siracusa ***(siehe S. 142f)***

Drei Tage rund um den Ätna

Eine Tour, die an der ionischen Küste im schönen Taormina beginnt und zum atemberaubenden Höhepunkt, Europas höchstem und aktivstem Vulkan führt.

- **Anreise** Taormina liegt an der Küstenstraße zwischen Catania mit seinem Flughafen und Messina mit Fährverbindungen zum italienischen Festland.
- **Nahverkehr** Sie benötigen ein Auto, um diese Gegend mit steilen und kurvenreichen Straßen zu entdecken.

Erster Tag

Am Vormittag erkunden Sie **Taormina** *(S. 180–184)* – versäumen Sie nicht die herrliche Aussicht vom Griechischen Theater auf den Ätna. Nehmen Sie die SS185 nach Motta Camastra, vorbei am dramatischsten Abschnitt der **Alcantara-Schlucht** *(S. 185)*, dann weiter nach Francavilla di Sicilia, wo ein Pfad von der Kirche zu Wasserfällen führt. Übernachten Sie in der Bergstadt **Castiglione della Sicilia** *(S. 185)*.

Zweiter Tag

Kaufen Sie sich Holzkohle und Leckeres zum Grillen – am Berg gibt es Picknickplätze mit Grill. Fahren Sie nach **Linguaglossa** *(S. 179)* und nehmen die Ringstraße um die Nordhänge des Ätna, um die außergewöhnlichen Lavafelder zu bestaunen. An klaren Tagen genießen Sie die Aussicht bis Kalabrien. Sie können im **Rifugio Ragabó** *(S. 205)* übernachten oder nach Castiglione fahren. Weinliebhaber sollten auf der SS120 über Passopisciaro fahren und eine Verkostung einplanen. Hier gibt es einige der wenigen Weinberge, die von der Reblaus-Epidemie im 19. Jahrhundert verschont wurden.

Dritter Tag

Fahren Sie über das hübsche **Zafferano Etnea** *(S. 173)* – nicht ohne dort hervorragende Kastanien oder Zitrusblütenhonig zu erstehen – nach **Rifugio Sapienza** *(S. 177)* an der Südseite des Ätna, Ausgangspunkt der Seilbahn, die auf eine Höhe von 2500 Meter führt. Bei einer Jeep-Tour können Sie weiter nach oben, um die Krater zu sehen, vorausgesetzt, es gibt keine Eruptionen! Bleiben Sie im Rifugio, vielleicht mit spannender Abendwanderung, oder übernachten im Tal in dem reizenden Ort Nicolosi.

Badevergnügen nahe der Mündung der Alcantara-Schlucht ***(siehe S. 185)***

Eine Woche im Val di Noto und Agrigento

- **Anreise** Der neue Flughafen in Comiso wird von Ryanair, z. B. ab Frankfurt, angeflogen. Viele weitere Verbindungen gibt es über Rom und Mailand.
- **Nahverkehr** Ein Leihwagen ab Flughafen wird Ihnen optimale Freiheit bei dieser Reiseroute verschaffen.

Erster Tag

Beginnen Sie Ihre Reise mit einem Streifzug durch **Noto** *(S. 148–151)*, eine herrliche Barockstadt aus goldschimmerndem Kalkstein. Bewundern Sie die üppige Architektur von **Kathedrale**, **Palazzo Ducezio** und **Palazzo Nicolaci Villadorata** *(S. 150f)*. Noto wurde nach der Zerstörung durch das Erdbeben von 1693 komplett wiederaufgebaut. Die Ruinen der alten Stadt, **Noto Antica**, finden Sie in acht Kilometer Entfernung. Ein perfekter Ort, um den Nachmittag bei einem stimmungsvollen Spaziergang ausklingen zu lassen. Über Nacht bleiben Sie in Noto.

Zweiter Tag

Fahren Sie nach **Capo Passero** *(S. 152)*, der südlichsten Spitze von Sizilien, wo das Ionische Meer auf den Kanal von Sizilien trifft – mit imposanten Szenen bei stürmischem Wetter –, und besuchen Sie die schön restaurierte *tonnara* (Thunfischfabrik) von **Marzamemi** *(S. 152)*. Weiter geht es nach Sampieri und in das barocke **Scicli** *(S. 153)*, wo viele Szenen der TV-Serien um *Commissario Montalbano* (nach den Büchern von Andrea Camilleri) gefilmt wurden. In Scicli gibt es einige großartige B&B-Unterkünfte *(S. 204)* und das hervorragende Restaurant Satra *(S. 215)*.

Dritter Tag

Entdecken Sie Scicli, diese angenehme Stadt mit barocken Gebäuden, die sich, von hoch aufragenden Kalksteinfelsen beherrscht, im Flusstal verteilen. Anschließend besuchen Sie **Modica** *(S. 156)* – bekannt für Schokolade nach alten aztekischen Rezepten. Steigen Sie die 250 Stufen hinauf zur spektakulären Barockkirche von San Giorgio. Verbringen Sie auch die Nacht in Modica.

Vierter Tag

Machen Sie sich auf den Weg nach **Ragusa** *(S. 154f)* und durchstreifen Sie die wunderschöne Altstadt Ibla. Ein sanftes Gewirr aus Gassen mit Palästen, Kirchen und Bürgerhäusern nimmt Sie gefangen. Der Hauptplatz wird vom **Duomo** dominiert, einer dreistöckigen Kathedrale. Ragusa ist bestens geeignet zum Abendessen und Übernachten.

Fünfter Tag

Über die hübschen Städte **Chiaramonte Gulfi** *(S. 157)* und **Vizzini** *(S. 157)* mit ihren reizenden Kirchen und barocken Stadtkernen fahren Sie nach **Caltagirone** *(S. 158f)*, berühmt für herausragende Keramikarbeiten. Bewundern Sie prächtige, mit Majolikafliesen verzierte Treppenaufgänge und schauen Sie den Töpfern und Malern in ihren Ateliers zu. Bleiben Sie über Nacht in Caltagirone.

Sonnenuntergang über dem schönen Dorf Ragusa *(siehe S. 154f)*

Sechster Tag

In **Piazza Armerina** *(S. 133)* verbringen Sie den Vormittag mit der Erkundung der **Villa del Casale** *(S. 134f)* und ihren herrlichen Mosaiken. Nach dem Mittagessen bewundern Sie im Museum in **Aidone** die *Aphrodite von Morgantina*. Übernachten Sie in Piazza Armerina.

Siebter Tag

Fahren Sie nach **Agrigento** *(S. 118f)*, um Ihre Tour mit dem Höhepunkt, der Besichtigung der fantastischen Tempelbauten im **Tal der Tempel** *(S. 120f)* und dem Museo Archeologico zu beschließen. Fans von *Kommissar Montalbano* können die Städte Agrigento und Porto Empedocle besuchen, wo die Originalschauplätze der Bücher liegen. Die Nacht verbringen Sie in Agrigento. Von hier geht es in einer zweistündigen Fahrt entlang der SS115 zum Flughafen Comiso.

Der Tempel Concordia im Tal der Tempel in Agrigento *(siehe S. 120f)*

Tipp zur Verlängerung
Verbringen Sie einige Tage in Agrigento und unternehmen weitere Ausflüge, z. B. in die Geburtsstadt von Luigi Pirandello oder in die seltsame Landschaft des Vulcanelli di Macalube. Es gibt auch schöne Strände.

Eine Woche auf den Äolischen Inseln

- **Anreise** Das ganze Jahr über kann man mit Tragflächenbooten oder Fähren anreisen. Sie fahren mehrmals täglich ab Milazzo und einmal täglich ab Messina. Im Sommer gibt es häufigere Fahrten und eine Verbindung ab Palermo.
- **Nahverkehr** Inselhüpfen mit Tragflächenbooten.

Nehmen Sie ein schwefelhaltiges Schlammbad auf Vulcano *(siehe S. 194)*

Erster Tag

Von Milazzo kommend starten Sie Ihre Reise auf der Insel **Vulcano** *(S. 194)*, die dem Festland nächstliegende der Äolischen Inseln. Durch wabernde Schwefelwolken geht es auf den Krater. Nehmen Sie sich ein Picknick für den Abstieg mit und entspannen Sie sich in den Schlammbädern und Quellen rund um **Porto di Levante**. Mit dem letzten Tragflächenboot geht es nach **Lipari** *(S. 194)* zu *aperitivo*, Abendessen und Übernachtung.

Zweiter Tag

Das pulsierende Lipari zeigt sich mit blumengeschmückten Gassen und dem hübschen Hafen **Marina Corta**. Steigen Sie auf zur Burg und bestaunen Sie die Sammlung des Archäologischen Museums. Wenn es nicht zu heiß ist, nehmen Sie den Bus zur Höhle Caolina und wandern zu den Thermen von **San Calogero**. Bei heißem Wetter ist ein Strandbesuch eine gute Alternative – der Strand von **Porticello** bietet sich an. Am Nachmittag setzen Sie nach **Salina** *(S. 194f)* über und übernachten in Santa Marina Salina oder Malfa.

Dritter Tag

Salina ist die grünste und vielfältigste der Inseln. Nehmen Sie den Bus oder wandern Sie zum 30 Minuten von Santa Marina Salina gelegenen Weiler **Lingua** zum Mittagessen oder um eine der famosen Granitas von **Alfredo** *(S. 217)* zu kosten. Das kleine ethnografische und prähistorische Museum hat Blick auf den Salzsee. Weiter geht es mit dem Bus nach **Pollara**, einem abgelegenen Dorf an einem eingestürzten Vulkankrater, wo der italienische Kultklassiker *Il Postino* gedreht wurde. Bleiben Sie zum Sonnenuntergang oder fahren Sie mit dem Bus noch weiter nach Valdichiesa und gehen hinunter zum zweiten Hafen von **Rinella**, mit Sandstrand und einer Auswahl an Lokalen. In Salina können Sie übernachten.

Vierter Tag

Das erste Tragflächenboot am Morgen bringt Sie nach **Filicudi** *(S. 195)*, das Minibus-Taxi dort erwartet Sie im malerischen Dorf **Pecorini Mare**. Verbringen Sie einen entspannten Tag am Lido oder machen Sie eine Bootstour rund um die Insel. Zum Abendessen und Schlafen kehren Sie in Pecorini Mare ein.

Malfa auf Salina bietet sich für eine ruhige Unterkunft an *(siehe S. 194f)*

Fünfter Tag

Machen Sie einen Tagesausflug mit dem Tragflächenboot – oder einen organisierten Bootsausflug – auf die abgelegene Insel **Alicudi** *(S. 195)*, um auf den Maultierpfaden zu wandern und an der Felsküste zu schwimmen. Denken Sie in der Nebensaison an ein Picknick, da es kein Restaurant gibt. Verbringen Sie eine zweite Nacht auf Filucidi oder nehmen Sie ein Abend-Tragflächenboot nach Salina oder Lipari, um näher am morgigen Ziel Stromboli zu sein.

Sechster Tag

Insel-Hopping auf **Stromboli** *(S. 195)*, am Vormittag schlendern Sie durch die Stadt – ein weißes Labyrinth mit Kaskaden von Bougainvillea – oder Sie entspannen an einem der beeindruckenden schwarzen Sandstrände. Starten Sie zur Besteigung des Vulkans so, dass Sie bei Sonnenuntergang auf dem Gipfel ankommen. Übernachten Sie in Stromboli.

Siebter Tag

Das Tragflächenboot bringt Sie nach **Panarea** *(S. 195)*. Hier bietet sich eine Wanderung auf Maultierpfaden zum Strand Zimmari, zum prähistorischen Dorf **Capo Milazzese** und zur wunderschönen Bucht von **Cala Junco** an. Sie können auch noch die Insel umrunden oder am Strand entspannen. Schlafen Sie in Panarea, am Morgen geht es mit dem Tragflächenboot zurück nach Milazzo.

Sizilien auf der Karte

Mit einer Fläche von gut 25 500 Quadratkilometern ist Sizilien (Sicilia) die größte und mit etwa fünf Millionen Einwohnern die am viertstärksten besiedelte Region Italiens. Die Landschaft ist überwiegend hügelig bis bergig. Flachland und Hochebenen nehmen lediglich 14 Prozent der Fläche ein. Das spannendste Phänomen der bergigen Zonen sind die Vulkane, allen voran der Ätna (Monte Etna), Europas höchster und immer noch sehr aktiver Vulkan.

Außer der Hauptinsel umfasst die autonome Region Sizilien kleinere Nebeninseln: die Isole Eolie (Äolische oder Liparische Inseln), die Isole Egadi (Ägadische Inseln), die Isole Pelagie (Pelagische Inseln) sowie Ustica und Pantelleria. Siziliens Metropole Palermo ist mit mehr als 655 000 Einwohnern die fünftgrößte Stadt Italiens (nach Rom, Mailand, Neapel und Turin).

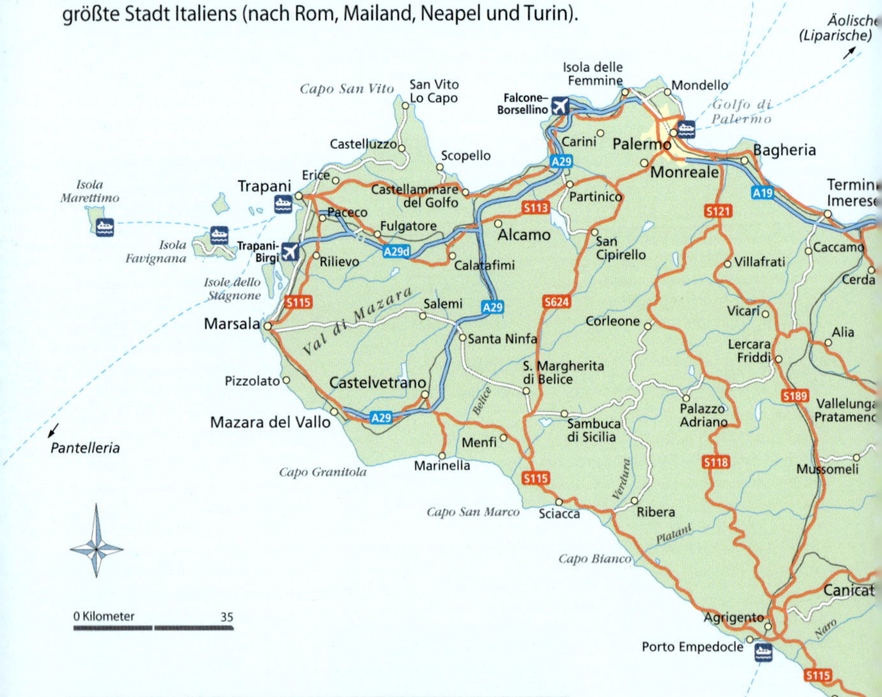

Legende

- Autobahn
- Hauptstraße
- Nebenstraße
- Eisenbahn

Weitere Zeichenerklärungen *siehe Umschlagklappe*

NORWEGEN
SCHWEDEN
ESTLAND
Nordsee
LETTLAND
DÄNEMARK
Ostsee
LITAUEN
GROSS-
BRITANNIEN
IRLAND
NIEDER-
LANDE
WEISS-
RUSSLAND
DEUTSCH-
LAND
POLEN
BELGIEN
TSCHECHIEN
UKRAINE
SLOWAKEI
FRANKREICH
ÖSTERREICH
UNGARN
SCHWEIZ
Atlantischer
Ozean
SLOW.
KROATIEN
RUMÄNIEN
SERBIEN
BOSNIEN-
HERZ.
ITALIEN
Korsika
MONTEN.
KOS.
BULGARIEN
MAZ.
ALBANIEN
PORTUGAL
SPANIEN
Sardinien
Balearen
GRIECHEN-
LAND
Palermo
Sizilien
MAROKKO
ALGERIEN
TUNESIEN
Mittelmeer
Napoli
Isola Stromboli
Äolische
(Liparische) Inseln
Isola Lipari
Isola Vulcano
Mare Tirreno
(Tyrrhenisches
Meer)
Capo di
Milazzo
Spartà
Torre
Faro
Capo
Calavà
Golfo
di Patti
Milazzo
Spadafora
Villa S.
Giovanni
A20
Messina
Capo d'Orlando
S113
Tindari
Barcellona
Pozzo di Gotto
A3
Patti
S114
Sant'Agata
di Militello
Reggio
di Calabria
Cefalù
Milianni
A20
Castell'
Umberto
Novara
di Sicilia
Peloritani
S116
Floresta
Monti
Ali Terme
S106
A18
Castelbuono
Mistretta
S185
Monti Nebrodi
Madonie
Randazzo
Cesarò
Passopisciaro
Taormina
S117
S120
Gangi
Bronte
S114
Fiumefreddo
di Sicilia
Castellana
Sicula
Nicosia
Troina
Simeto
S284
Etna
Giarre
Alimena
Adrano
S121
Salso
Leonforte
Agira
A18
Acireale
Villarmosa
Paternò
A19
Enna
Catania
Caltanissetta
Raddusa
Gerbini
A19
Fontanarossa
Pietraperzia
Golfo
di Catania
Piana
di Catania
Piazza Armerina
S114
S117
Agnone Bagni
Palagonia
S626
Mazzarino
S417
S194
Lentini
Capo Santa Croce
Monti Iblei
Gela
Francofonte
Caltagirone
Augusta
Salso
Butera
Vizzini
Golfo di
Augusta
Licodia Eubea
Necropoli
di Pantalica
Maroglio
S117
Palazzolo
Acreide
Licata
S124
Floridia
Siracusa
Gela
S514
S115
Giarratana
Capo Murro
di Porco
Golfo
di Gela
S115
Val di Noto
Cassibile
Comiso
A18
Comiso
Ragusa
Tellaro
Noto
Vittoria
Calabernardo
Modica
Irminio
S115
Golfo di
Noto
Scicli
Ispica
Marina di
Ragusa
Marzamemi
Pozzallo
Pachino
Capo Passero
Mare Mediterraneo
(Mittelmeer)
Valletta
Valletta

Ein Porträt Siziliens

Drei Meere umspülen die Ufer des dreieckig geformten Sizilien, daher stammt auch der alte Name Trinakria (»Drei-Ecken-Insel«). Jeder Teil der Insel hat zwar seine besondere Geschichte und seinen eigenständigen Charakter, dennoch hat sich im Lauf der Jahrhunderte ein sizilianisches Identitätsbewusstsein und Zusammengehörigkeitsgefühl herausgebildet. Das macht sich in vielen alltäglichen Dingen bemerkbar, sei es durch die sizilianische Variante des Italienischen oder aber durch ein eigenes Parlament und eine eigene Regierung.

Siziliens facettenreiche Geschichte ist geprägt von Eroberungen durch Fremde. Die Insel unterstand den verschiedensten Menschen, darunter Phönizier, Griechen und Römer, Vandalen, Ostgoten, Byzantiner und Araber, Normannen, Staufer und Spanier. Die prägenden Einflüsse dieser Kulturen helfen, manche Aspekte des modernen sizilianischen Charakters besser zu verstehen, den eine ganz eigene Kombination aus würdevoller Zurückhaltung und überschwänglicher Gastfreundschaft auszeichnet.

Siziliens Westen mit Palermo als Mittelpunkt stand überwiegend unter punisch-arabischen Einflüssen, der Osten mit den Küstenstädten Messina, Catania und Siracusa hingegen bildete das Zentrum des antiken Großgriechenland. Dieser alte Kontrast hat sich in den Dialekten manifestiert: In und um Palermo spricht man in sanftem Singsang, in Catania und Siracusa eher abgehackt. Die Unterschiede haben sich über die Jahrhunderte abgeschwächt, doch mehrere Dialektnuancen sind noch deutlich hörbar. Osten und Westen unterscheiden sich nicht nur sprachlich, sondern auch stark in wirtschaftlicher und sozialer Hinsicht.

Nicht allein die bewegte und komplexe Geschichte hat die Bewohner Siziliens und ihr Leben geprägt. Außerordentlich heftig sind die Einflüsse von Klima und Topografie: Auf Sizilien ist es im Jahresdurchschnitt vier Monate lang 30 °C heiß. Wenn Wolken die Sonne verhüllen, drohen sintflutartige Regengüsse. Das extreme Klima hat die ungewöhnliche Insellandschaft geformt, die nach den Worten des sizilianischen Schriftstellers Tomasi di Lampedusa (1896–1957) sowohl die Hölle von Randazzo (der den Kratern des Ätna nächstge-

Das agrarische, bis vor Kurzem von Großgrundbesitz gekennzeichnete Inselinnere

◀ **Römisches Erbe: Farbenprächtiges Mosaik in der Villa del Casale in Piazza Armerina** ***(siehe S. 134f)***

Viehzucht, ein Wirtschaftszweig im Inselinneren

legene Ort) als auch das nahe Paradies von Taormina umfasst – die Gegensätze liegen beieinander. Aus der Luft bietet Sizilien einen Ehrfurcht einflößenden Anblick: An den Küsten verwöhnt sattes Grün das Auge, während einen Steinwurf entfernt im trockenen Inselinneren fantastisch anmutende Städte auf das Meer blicken und im unwirtlichen Hochland schwer zugängliche Dörfer wie Adlerhorste am Fels kleben.

Wassermelonenverkäufer in Palermo

Wirtschaft und Gesellschaft

Trotz der historischen, geografischen und klimatischen Unterschiede, die eine komplexe, facettenreiche Gesellschaftsstruktur hervorgerufen haben, konnten die Sizilianer ein starkes Identitätsbewusstsein entwickeln: Der Stolz auf ihre Einzigartigkeit galt ihnen jahrhundertelang als Ehrensache. In ihrem Unabhängigkeitsdrang nannten sie das restliche Italien »den Kontinent«. Zeitgenössische Lebensstile und Ansichten mit tief verwurzelten Bräuchen zu vereinbaren gelang hier kaum. Der Graben zwischen Tradition und Moderne ist auf Sizilien auch heute noch sehr ausgeprägt.

Als eine der ärmsten Regionen Italiens musste und muss Sizilien seine Wirtschaft modernisieren und Strukturprobleme, die aus dem Latifundiensystem stammen, lösen. Große Probleme stellen dabei auch die mangelnde Verkehrsinfrastruktur im Inneren und die Geschäfte der Mafia dar.

Dorfbewohner beim Dolcefarniente

Die Mafia ist Siziliens berüchtigtste Besonderheit. Weder italienische noch ausländische Soziologen und Kriminologen können dieses Phänomen überzeugend erklären. Ist die Mafia schlichtweg eine kriminelle, straff durchorganisierte Vereinigung? Oder ist sie ein Staat im Staat, dessen Führer geschickt auf der Klaviatur des eingefleischten

Straßencafé auf der Insel Lampedusa

Unabhängigkeits- und Identitätsbewusstseins der Sizilianer spielen? Ist sie Werkzeug der verbliebenen Großgrundbesitzer, die von ihrer einstigen Macht nicht lassen wollen? Oder ist sie eine Kombination aus allen diesen Faktoren? Für Sizilien ist die Bekämpfung der Mafia heute eine der größten Herausforderungen. Seit den Morden an den prominenten Mafiagegnern Giovanni Falcone und Paolo Borsellino Anfang der 1990er Jahre schlug die Stimmung der Inselbevölkerung auf teils offenen Widerstand um. Viele Mafiamitglieder wurden verhaftet. Die illegalen Geschäfte des meistgesuchten Mafia-Bosses von allen, Matteo Messina Denaro (untergetaucht seit 1993) werden mit massiven Razzien bekämpft.

Kunst und Kultur

Seit über 2000 Jahren inspiriert Sizilien zu künstlerischen Höhenflügen. Das Spektrum reicht von der Architektur Großgriechenlands im Valle dei Templi bei Agrigento, in Segesta und Selinunte bis hin zu den großartigen mittelalterlichen Sakralbauten wie der Cappella Palatina in Palermo oder den Domen von Monreale, Cefalù und Erice, von Antonello da Messinas Gemälden bis zur Musik Vincenzo Bellinis, von der Geburt der italienischen Literatur unter Friedrich II. bis hin zu den Lyrikern und Romanciers des 19. und 20. Jahrhunderts. Leider wurde dieses Erbe nicht immer ausreichend gepflegt und gewürdigt. Noto bei Siracusa ist ein Highlight des sizilianischen Barock und ein Paradebeispiel für die Bemühungen der Denkmalpflege. Der Einsturz der Kuppel der Kathedrale im Jahr 1996 hat ein umfangreiches Restaurierungsprogramm nach sich gezogen. 2002 wurde die Stadt zum UNESCO-Welterbe erklärt.

Die Schaffung neuer Naturschutzgebiete, wiederauflebendes Interesse an der Erhaltung historischer Zentren und Initiativen wie verlängerte Kirchenöffnungszeiten lassen auf einen sensibleren Umgang mit dem kulturellen Erbe hoffen.

Eine Herausforderung stellt die große Anzahl von Flüchtlingen dar – rund 120 000 allein in 2014 –, die vor Krieg und Armut in Afrika und dem Nahen Osten fliehen. Trotz der Belastung für die Finanzen und die Infrastruktur der Insel wurden die Menschen von vielen Sizilianern mit Sympathie und Großzügigkeit empfangen.

Ansicht von Bagheria (1951) von Renato Guttuso

Geologie, Landschaft und Tierwelt

Küsten und ausgedörrte Hügel prägen Siziliens Landschaft. Die unregelmäßige, variationsreiche Küstenlinie bringt es auf eine Länge von über 1000 Kilometer – mit den kleineren Inseln auf 1500 Kilometer. Auch geologisch ist die Insel abwechslungsreich, mit Schwefelminen im Zentrum und dem Vulkanismus im Osten. Die Vulkane, vor allem der Ätna, Europas höchster aktiver Vulkan, tragen zu einer im Mittelmeerraum einzigartigen Szenerie bei.

Siziliens Fauna

Gemalter Scheibenzüngler

Siziliens weitläufige Naturschutzgebiete, darunter der berühmte Ätna-Naturpark, bewahren vielfältige natürliche Lebensräume. Sie sind Heimat vieler – teils vom Aussterben bedrohter – Arten, unter ihnen Wildkatzen, Marder und Stachelschweine. Die Vogelwelt umfasst den seltenen Steinadler.

Zerklüftete Felsküste

Tagpfauenauge

Besonders steil und zerklüftet ist die Küste am Saum des Tyrrhenischen und des nördlichen Ausläufers des Ionischen Meers. Dort findet man Halbinseln, Flussmündungen, Buchten und felsige Landspitzen vor. Markant sind die durch Erosion von den Küstenklippen abgetrennten Felssäulen.

Die Färberdistel ist ein an den Küsten Siziliens häufig zu findendes Gewächs.

Astroides calycularis ist der lateinische Name der in Meereshöhlen und an Steilwänden der Küste vorkommenden Sternkoralle.

Sandküsten

Flamingo

Bei Trapani beginnt die Küste zu den Salzmarschen von Mozia hin abzufallen, um in den gleichförmigen, sandigen Mittelmeerstränden auszulaufen. Dieser Landschaftstyp setzt sich am Ionischen Meer fort. Dort werden Sumpfzonen von Flamingos bevölkert, die bis in die Ebene von Catania hinein nisten und das milde Mittelmeerklima genießen.

Die Zwergpalme, sizilianisch *scupazzu* genannt, ist im westlichen Mittelmeerraum verbreitet.

Der Feigenkaktus zählt zu den importierten Pflanzen, die zunächst in Gärten kultiviert wurden und sich dann wild ausgebreitet haben.

Alle Arten von Käfern, so der auf dem Rücken metallisch glänzende Laufkäfer, krabbeln auf Sizilien herum. Allein im Ätna-Gebiet hat man 354 Arten gezählt.

Reptilien sind mit zahlreichen Arten vertreten, es gibt diverse Schlangen, drei Landschildkrötenarten, zwei Geckoarten und mehrere Eidechsenarten, darunter die leuchtend grüne, geschmeidige Smaragdeidechse.

Füchse, früher seltene Bewohner Siziliens, streunen seit einigen Jahren auf der Suche nach Essensabfällen in der Nähe von Ortschaften herum.

Marder streifen bevorzugt durch die Wälder um den Ätna. Auch Wiesel und Frettchen sind auf Sizilien zu Hause.

Inselinneres

Grünspecht

Siziliens Hinterland bot einst ein anderes Bild – es war von Macchia bedeckt, die durch die Holzrodungen weichen musste. Heute ist das Gebiet – bis auf einige Flecken weit außerhalb der Städte – trockene Steppe. Man findet dort bis auf das seit jeher angebaute Getreide nicht einheimische, sondern aus Nordafrika und vom italienischen Festland stammende Flora vor.

Vulkanzonen

Falke

Vulkanerde ist äußerst fruchtbar. Olivenbäume gedeihen an den Berghängen, Kiefern, Buchen und Birken in Höhen von 2000 Metern. Weiter bergauf wachsen Ginster und Tragant, Pflanzen aus der Familie der Schmetterlingsblütler. Erst ab 3000 Höhenmetern gedeiht nichts mehr. Häufig ziehen Greifvögel hier ihre majestätischen Kreise.

Orchideen sind artenreich, doch leider zunehmend selten vertreten. Man kann sie in unbebauten Gebieten und am Rand von Geröllfeldern entdecken.

Die Vegetation im Inselinneren bietet oft das oben gezeigte Bild: niederwüchsig mit leuchtend bunten Blumentupfern.

Moose und Flechten bedecken an den Hängen des Ätna die mit vulkanischem Sand errichteten Hausmauern.

Hornkraut und Sizilianisches Seifenkraut gedeihen im mediterranen Bergland.

Architektur

Drei Epochen haben Siziliens Architektur stark geprägt: In der ersten entstanden unter den griechischen Kolonisatoren Monumentalbauten, allen voran Tempel und Theater. Viele davon waren ihren Gegenstücken in Griechenland ästhetisch ebenbürtig, manche gar überlegen. Im Mittelalter verschmolzen in Bauwerken wie der Kathedrale von Monreale bei Palermo byzantinische, arabische und normannische Stilelemente. Im 17. und 18. Jahrhundert schließlich entstand eine Architektur, die wegen ihrer Individualität als Sizilianischer Barock bezeichnet wird.

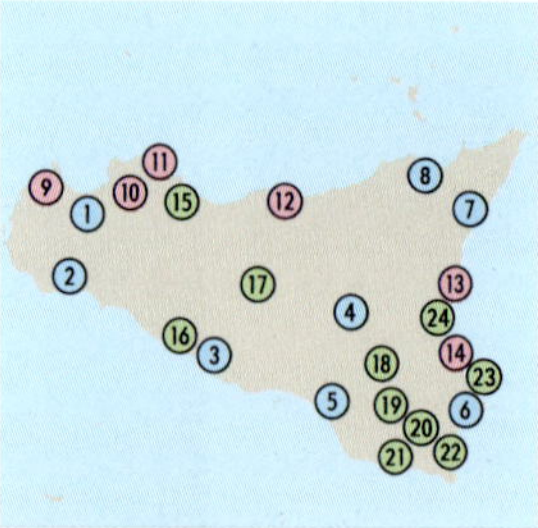

Zur Orientierung

- Klassische Architektur
- Mittelalterliche Architektur
- Sizilianischer Barock

Baustile klassischer griechischer Tempel

Der älteste griechische Tempeltyp bestand aus einer rechteckigen Kammer mit der Statue der Tempelgottheit. Später wurden Säulen hinzugefügt und die Holz- durch Steinelemente ersetzt. Man unterscheidet die dorische, ionische und korinthische Säulenordnung. Bestes Unterscheidungsmerkmal sind die Säulenkapitelle. Siziliens Tempel wirkten innovativer als jene in Griechenland.

Dorische Tempel

Der dorische Tempel erhob sich auf einem dreistufigen Sockel. Die Säulen besaßen keine Basis und verdickten sich in der Mitte, um sich nach oben hin zu verjüngen. Das Kapitell bestand aus einer rechteckigen Platte. Zu den weiteren Kennzeichen zählten der Fries, auf dem Metopen und Triglyphen einander abwechselten, sowie das dreieckige Giebelfeld.

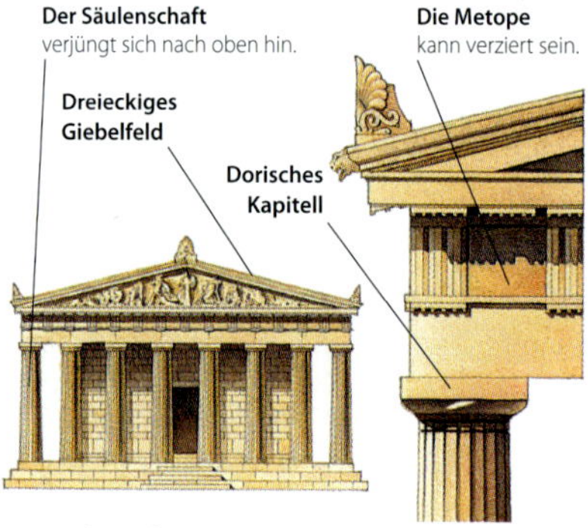

Ionische Tempel

Ionische und dorische Tempel differieren durch ihre Säulenzahl. Ionische Säulen ruhten auf einer Basis, ein Widderhörnern ähnelndes Volutenpaar zierte die Kapitelle.

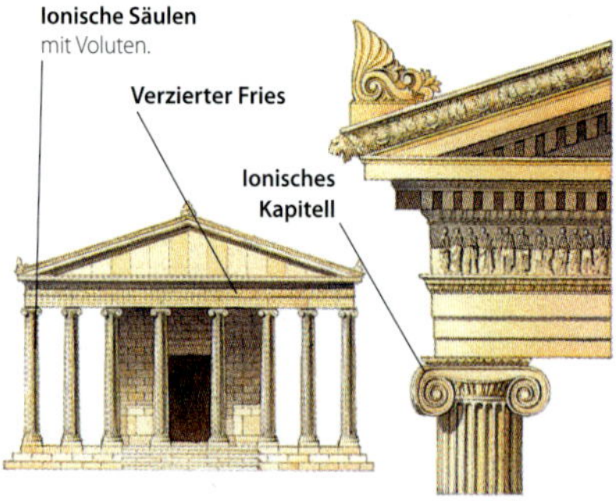

Korinthische Tempel

Die Säulen des korinthischen Tempels waren schlanker als jene des ionischen und die kunstvollen Kapitelle mit stilisierten Akanthusblättern ornamentiert.

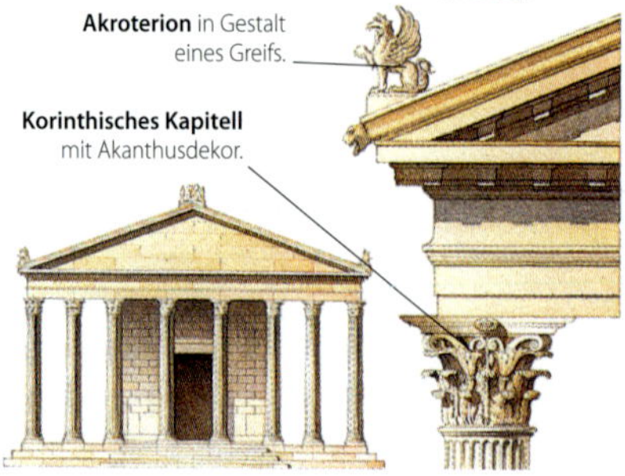

Klassische Architektur

① Segesta *S. 102*
② Selinunte *S. 108–111*
③ Valle dei Templi (Agrigento) *S. 120f*
④ Morgantina *S. 132f*
⑤ Gela *S. 157*
⑥ Siracusa *S. 140–147*
⑦ Taormina *S. 180–184*
⑧ Tindari *S. 190*

Mittelalterliche Kirchen

Die Illustrationen veranschaulichen zwei von Siziliens großartigsten mittelalterlichen Bauwerken. Die Kathedrale von Monreale *(links)* ist ein Meisterwerk der normannischen Ära. Die Mosaiken im Inneren bezaubern durch die Verschmelzung von byzantinischen, arabischen und normannischen Stilelementen. Die Außengestaltung zeigt eine ähnliche Synthese der Stile und Kulturen. Herrliche Mosaiken schmücken auch die gleichfalls normannische Kathedrale von Cefalù *(unten)*. Romanische Elemente wie die zwei Flankentürme verleihen ihr würdevolle Strenge.

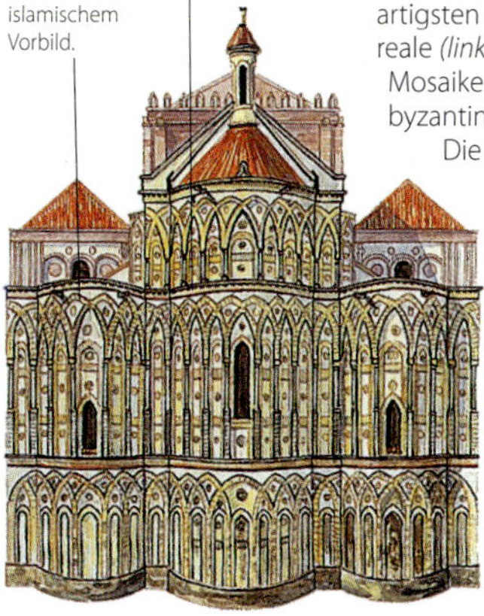

Mittelalterliche Architektur

⑨ Erice *S. 104f*
⑩ Monreale *S. 80f*
⑪ Palermo *S. 48–73*
⑫ Cefalù *S. 92–95*
⑬ Catania *S. 166–169*
⑭ Siracusa *S. 140–147*

Barocke Kirchen

Nach dem Erdbeben von 1693 mussten die Städte in Ostsizilien wiederaufgebaut werden. Durch die Kombination des spanisch beeinflussten Barock mit sizilianischen Schmuck- und Strukturelementen (konvexen und konkaven Kirchenfassaden und Monumentaltreppen) entstand eine eigene Stilrichtung: der Sizilianische Barock. Zwei Meisterwerke sind hier zu sehen: der Dom von Siracusa *(links)* und die Basilica di San Giorgio in Ragusa *(unten)*. Architekten waren Giovanni Battista Vaccarini (1702–1769), der auch Catania wiederaufbaute, und Rosario Gagliardi (1698–1762).

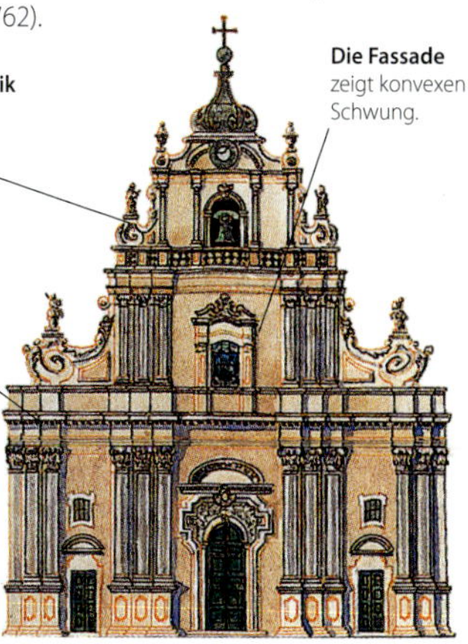

Sizilianischer Barock

⑮ Palermo *S. 48–73*
⑯ Agrigento *S. 118f*
⑰ Caltanissetta *S. 130*
⑱ Caltagirone *S. 158f*
⑲ Ragusa und Ibla *S. 154f*
⑳ Modica *S. 156*
㉑ Scicli *S. 153*
㉒ Noto *S. 148–151*
㉓ Siracusa *S. 140–147*
㉔ Catania *S. 166–169*

Kunst und Literatur

In der Literatur und Kunst hat Sizilien Phasen voll strotzender Schaffenskraft ebenso erlebt wie lange Durststrecken. Die sizilianische Dichterschule des 13. Jahrhunderts, der Realismus oder *verismo* des 19. Jahrhunderts, Luigi Pirandellos Novellen und Dramen – sie markieren Gipfel der italienischen und europäischen Literatur. An bildenden Künstlern hat Sizilien Meister wie Antonello da Messina, einen Exponenten des Realismus und der Ölmalerei des 15. Jahrhunderts, den modernen Maler Renato Guttuso sowie den Bildhauer Pietro Consagra, Vertreter der abstrakten Kunst, hervorgebracht.

Artemis und Aktaion, Metope des Tempels E in Selinunte

Schriftsteller

Siziliens griechisches Literaturerbe ist nur in Fragmenten erhalten. Im Gegensatz zu den anderen Künsten wie der Architektur sind in der Literatur sikelische (antike griechisch-sizilianische) und lokale Tradition nicht unterscheidbar, da beide demselben religiösen, kulturellen und gesellschaftlichen Milieu entstammen. Außer Pindar, der in seinen Oden Siracusa und Agrigento pries, haben sich vor allem zwei sikelische Lyriker namentlich verewigt: Stesichoros (6.–5. Jh. v. Chr.), der in Himera lebte und laut Cicero »in ganz Hellas zu großem Ruhm gelangte«, hinterließ im homerischen Stil abgefasste Fragmente. Von Theokrit (4.–3. Jh. v. Chr.) aus Siracusa sind Epigramme überliefert, außerdem begründete er mit seinen Liedern die Hirtendichtung. Aus der griechischen Kultur ragt ferner der Historiker Diodor oder Diodorus Siculus (1. Jh. v. Chr.) hervor.

1055 wurde in Siracusa Ibn Hamdis geboren. Dieser erste bekannte Vertreter der mittelalterlichen sizilianischen Literatur schrieb bewegende Verse, durchtränkt von der Sehnsucht nach Sizilien, das er in jungen Jahren hatte verlassen müssen.

Im 13. Jahrhundert kultivierte die sizilianische Dichterschule am Hof von Kaiser Friedrich II. und dessen Nachfolger Manfred erstmals das Italienische. Zu ihren Schlüsselfiguren zählten Jacopo da Lentini, Pier della Vigna, Stefano Pronotaro, Rinaldo d'Aquino und Guido delle Colonne. Sie griffen Themen der provenzalischen Minnedichtung auf, bedienten sich jedoch der italienischen Umgangssprache statt des Lateinischen. Der psychologische Scharfsinn sowie die stilistischen und metrischen Neuerungen dieser Lyrik ebneten dem Sonett den Weg. Danach sank, zusammen mit dem allgemeinen Niedergang, der Stern der sizilianischen Literatur. Diese erhielt weder in Renaissance noch Barock Auftrieb. Einzig bemerkenswerter Autor jener Ära ist Antonio Veneziano, der 1543 in Monreale geboren wurde. Er verfasste Liebesgedichte im örtlichen Dialekt. Erst Mitte des 19. Jahrhunderts erlebte Sizilien wieder literarische Höhenflüge: Giovanni Verga und Federico de Roberto taten sich als Hauptvertreter des *verismo* (Verismus) hervor. Dieser italienische Realismus stellte eine extreme, graduell feinere Variante des von Émile Zola repräsentierten französischen Naturalismus dar. Giovanni Verga, der 1840 in Catania geboren wurde, gab zunächst seiner spätromantischen Ader nach. Nach 1870 aber wandte er sich dem französischen Naturalismus zu und beschrieb in seiner »Dichtung der Unterlegenen« die Härten der sozialen Wirklichkeit. Kurzgeschichten vor ländlichem Hintergrund (die erste hieß *Nedda*, 1873) folgten seine Meisterwerke *I Malavoglia* (*Die Malavoglia*, 1881) und *Mastro Don Gesualdo* (1889). Beide Romane schildern die starre sizilianische Gesellschaft jener Tage. Sie sollten dem auf fünf Romane veranschlagten, doch unvollendeten *ciclo dei vinti* (»Zyklus der Unterlegenen«) angehören. Der erste, ein stilistisch wie linguistisch innovatives Werk, erzählt von einer Fischerfamilie in Aci Trezza, die nach relativem Wohlstand in den Abgrund von Armut und Leid stürzt. *Mastro Don Gesualdo* beschreibt aus sozialer wie existenzieller Perspektive, wie ein Meister *(mastro)* durch Heirat zum »Don« aufsteigt. Die gleiche Stilrichtung wie Verga vertraten die sizilianischen Schriftsteller Luigi Capuana (1839–1915) und, be-

Reiseführer von Federico de Roberto

Giovanni Verga, Autor von *I Malavoglia* (1881)

deutender noch, Federico de Roberto (1861–1927), dessen in Catania angesiedelter Roman *I Viceré* (»Die Vizekönige«, 1894) von einer Adelsfamilie des 19. Jahrhunderts handelt.

Die sizilianische Literatur hielt sich im 20. Jahrhundert an der Spitze, in der ersten Hälfte mit Luigi Pirandello (1867–1936), 1934 Nobelpreisträger für Literatur. In Pirandellos Romanen, darunter *Mattia Pascal* (1904), sowie knapp 300 Kurzgeschichten, Dramen *(siehe S. 29)* und Essays verbinden sich Witz und eine scharfe, teils schonungslose Beleuchtung der Realität. Zu Siziliens vielen namhaften Nachkriegsautoren gehört der Lyriker Salvatore Quasimodo (1901–1968), ein Hauptvertreter des Hermetismus und 1959 Nobelpreisträger. Die Gedichtsammlung *Ed è subito sera* (»Und plötzlich ist es Abend«, 1942) stammt aus seiner Feder. Giuseppe Tomasi di Lampedusa (1896–1957) zeichnete in dem später verfilmten Roman *Il Gattopardo* (»Der Leopard«, auch: »Der Gattopard«, 1958; *siehe S. 126*) ein Porträt des dem Untergang geweihten Feudalismus Siziliens. Leonardo Sciascia (1921–1989) ging in Erzählungen, Romanen und Essays auf die Nachkriegsära ein. Gesualdo Bufalino (1920–1996) wurde mit seinem Erstling *Diceria dell'untore* (»Das Pesthaus«, 1981) berühmt. Die Figur *Commissario Montalbano* machte Andrea Camilleri (geb. 1925) zum Bestsellerautor.

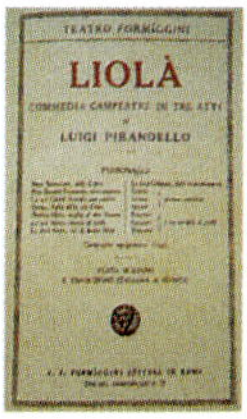

Eines der frühesten Dramen Pirandellos

Leonardo Sciascia (1921–1989)

Renato Guttuso: *Boogie-Woogie* (1953/54)

Bildende Künstler

Bis zur Renaissance war die sizilianische Kunst im Wesentlichen dekorativ. Unter den Griechen machte die Malerei im 7. Jahrhundert v. Chr. entscheidende Fortschritte, als sikelische Vasenmaler sich von Vorbildern des Festlands lösten. Auf Grundlage der rotfigurigen griechischen Motive entwickelten sie einen erfrischend eklektischen Stil. Namentlich bekannt – durch schriftliche Überlieferung, nicht durch Werke – ist einzig der Künstler Zeuxis. Erlesene Wandmalereien waren die Highlights der Römerzeit. Sie wurden mit Wachsfarben aufgetragen und durch Erhitzen fixiert. Aus der dekorativen Kunst des Mittelalters ragen die Mosaiken hervor. Zu den frühen Glanzlichtern zählen die spätrömischen Mosaiken in Piazza Armerina sowie jene in Palermos Cappella Palatina und der Kathedrale von Cefalù, die byzantinische, arabische und normannische Stilelemente kombinieren. In der Renaissance wirkten Künstler wie Giuffrè (15. Jh.), Quartararo (1484–1501), der unbekannte Schöpfer des *Trionfo della morte* (»Triumph des Todes«) und der geniale Antonello da Messina (1430–1479), der unter dem Einfluss der flämischen Malerei die Technik der Harzölmalerei in Italien einführte.

Die Insel war immer ein beliebtes Sujet der großen europäischen Landschaftsmaler, doch selbst brachte sie vom 17. bis 19. Jahrhundert nur einen Maler von Rang hervor: Pietro Novelli (1603–1647), »der Mann aus Monreale«. Später reüssierte Francesco Lojacono (1838–1915) in diesem Genre.

Im 20. Jahrhundert vertrat der auf Sizilien geborene Maler und Grafiker Renato Guttuso (1912–1987) den modernen Realismus. Piero Guccione (geb. 1935) ist der bekannteste Vertreter der modernen Kunstszene Siziliens.

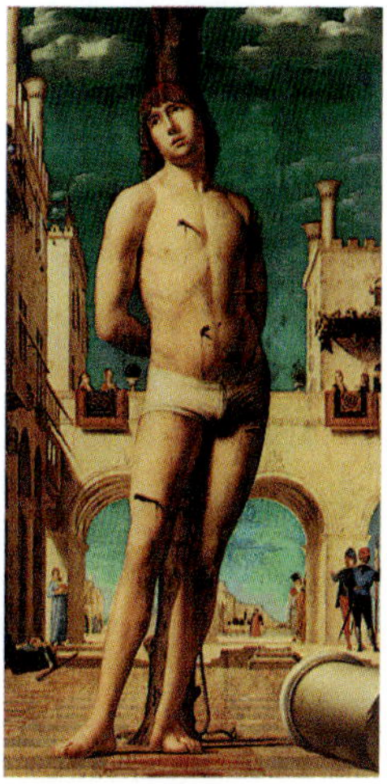
Antonello da Messina: *Heiliger Sebastian* (1476)

Film und Theater

Wer den Farbenrausch des sizilianischen Karnevals oder das Getümmel auf Palermos Vucciria-Markt erlebt, erkennt deutlich: Sizilien ist ein theatralischer Ort. Vielleicht liegt dies in Siziliens turbulenter Geschichte begründet. Die Insel ist ein Quell der Inspiration, aus dem Film und Theater ihre Themen schöpfen, seien es bäuerliches Leben, dekadente Aristokratie oder die Mafia. Sie hat weltberühmte Dramatiker wie Luigi Pirandello hervorgebracht und war Anregung für preisgekrönte Filme.

Burt Lancaster als Fürst von Salina in *Der Leopard* (1963)

Kino

Der Regisseur Nino Martoglio machte als erster Sizilianer in der siebten Kunst Karriere. 1914 drehte er in Neapel den Film *Sperduti nel buio* (»Verloren im Dunkeln«), der sich durch die originelle Schneidetechnik auszeichnet. Kurz darauf, 1919, schrieb der Dramatiker Pirandello die Drehbücher *Pantera di neve* (»Schneepanther«) und *La rosa* (»Die Rose«), denen 1933 *Acciaio* (»Stahl«) folgte, Misserfolge an der Kasse. Nach dem Zweiten Weltkrieg hatten sizilianische Filme sowie auf Sizilien spielende Filmproduktionen Hochkonjunktur: 1948 drehte der Mailänder Regisseur Luchino Visconti in Anlehnung an *I Malavoglia (siehe S. 173)* von Giovanni Verga *La terra trema* (»Die Erde bebt«). 1962 kehrte er auf die Insel zurück, um mit Burt Lancaster, Alain Delon und Claudia Cardinale *Il Gattopardo* (»Der Leopard«, *siehe S. 126*) von Tomasi di Lampedusa zu verfilmen. 1961, nach faszinierenden Dokumentarfilmen über Sizilien, drehte der aus Palermo stammende Regisseur Vittorio De Seta auf Sardinien den Spielfilm *Banditi a Orgosolo* (»Banditen in Orgosolo«). Der Neapolitaner Francesco Rosi rollte mit *Salvatore Giuliano* (»Wer erschoss Salvatore G.?«, 1961) das Leben des gleichnamigen sizilianischen Banditen und Volkshelden auf. Der Film heimste etliche Preise ein, so den Silbernen Bären. Im selben Jahr diente Sizilien als Schauplatz für Pietro Germis Klassiker *Divorzio all'italiana* (»Scheidung auf Italienisch«) mit Marcello Mastroianni und Stefania Sandrelli. Im Sizilien der 1960er Jahre spielt *A ciascuno il suo* (»Zwei Särge auf Bestellung«, 1967) des römischen Regisseurs Elio Petri. Der Film basiert auf dem Roman *Tote auf Bestellung* von Leonardo Sciascia *(siehe S. 27)*. In den 1970er und 1980er Jahren entstanden mehrere Mafia-Filme. 1990 erhielt *Nuovo Cinema Paradiso* (»Cinema Paradiso«), ein Werk des Sizilianers Giuseppe Tornatore *(siehe S. 124)*, den Oscar und beim Filmfestival Cannes 1989 den großen Preis der Jury. Die erfolgreiche Serie *Il commissario Montalbano* nach den Büchern von Andrea Camilleri wurde in Ragusa gedreht.

Neonschild des *Nuovo Cinema Paradiso* in Giuseppe Tornatores preisgekröntem Film

Marlon Brando als Don Corleone in *Der Pate*

Filmkunst und Mafia

Bei den seit Ende des Zweiten Weltkriegs beliebten Filmen über die Mafia sollte man zwischen italienischen und Hollywood-Produktionen unterscheiden.

Unter den Ersten ragen Francesco Rosis *Salvatore Giuliano*, Damiano Damianis Filme *Il giorno della civetta* (»Der Tag der Eule«, 1986) nach dem Roman von Leonardo Sciascia *(siehe S. 27)* und *Confessione di un commissario di polizia al procuratore della repubblica* (»Der Clan, der seine Feinde lebendig einmauert«, 1971) sowie Elio Petris *A ciascuno il suo* heraus. Auch Giuseppe Ferrara beschäftigte sich mit dem Thema Mafia in seinen Filmen *Il sasso in bocca* (1969) und *Cento giorni a Palermo* (»Hundert Tage in Palermo«, 1983) über den 1982 von der Mafia ermordeten General Dalla Chiesa.

Hollywood-Filme über die Mafia gibt es zwar unzählige, doch spielen sie mehrheitlich unter emigrierten Italienern in Städten der USA. Absoluter Höhepunkt in puncto Kasse wie Klasse (mit drei Oscars) war Francis Ford Coppolas *Der Pate* (1972) mit Marlon Brando und Al Pacino, dem noch zwei Fortsetzungen folgten.

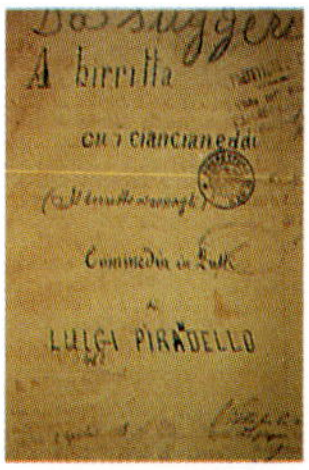

Original-Skript von Pirandellos *Il berretto a sonagli* (1917)

Theater

Sizilianisches Theater, das lässt zunächst an Luigi Pirandello (1867–1936) denken. Nicht vergessen sollte man jedoch das sizilianische Mundarttheater, dessen Tradition im Mittelalter wurzelt. Diese Kunstform hatte im späten 19. Jahrhundert ihre prominentesten Interpreten. Zu den beliebtesten Schauspielern jener Zeit zählten Giuseppe Rizzotto (*I mafiusi de la vicaria*, 1863) sowie Giovanni Grasso. Im Jahr 1903 rief der Dramatiker Nino Martoglio die Grande Compagnia Drammatica Siciliana ins Leben, die neue Werke von Pirandello spielte.

Der sizilianische Dramatiker Nino Martoglio (1870–1921)

Pirandello schrieb auch Mundartkomödien wie beispielsweise *Il berretto a sonagli* (1917), ehe er sich in den 1920er Jahren mit Dramen auf Italienisch auch international durchsetzte. Seine wohl bedeutendsten Theaterstücke *Sechs Personen suchen einen Autor* (1921) sowie *Heinrich der Vierte* (1922) behandeln die Themen, die ihn weltberühmt machten: Identitätssuche, Selbsttäuschung und das unentwirrbare Geflecht von Schein und Sein.

Opera dei pupi

Von Antiquitätenhändlern heiß begehrt: Marionettenköpfe

Die sizilianische *Opera dei pupi*, das Theaterspiel mit großen Stabmarionetten, den *pupi*, entwickelte sich im 17. Jahrhundert, zum Publikumsmagneten wurde sie im späten 19. Jahrhundert. Die traditionellen Stücke erzählen von den Abenteuern Karls des Großen oder von der Handlung des Rolandslieds. Die moderneren Stücke kreisen um Garibaldi und König Vittorio Emanuele. Zu den berühmten Puppenspielern gehörten Greco sowie die Familie Grasso.

Klassisches Theater

Beim antiken Drama blickt Sizilien auf eine stolze Tradition zurück: Aischylos (525–456 v.Chr.), der Begründer der griechischen Tragödie, verbrachte viel Zeit auf der Insel und starb auch hier. Mehrere seiner Stücke hatten in Siracusa *(siehe S. 142f)* ihre Uraufführungen. Sizilien war daher bestens mit den Themen des griechischen Dramas vertraut: Freiheit versus Schicksal, göttliche Allmacht kontra menschliches Leid, hier die Pein der Tragödie, dort die beißende Satire der Komödie.

Mit dem Weströmischen Reich ging jedoch auch die klassische Theaterkultur unter. Erst seit dem 20. Jahrhundert werden auf Sizilien wieder die großen Tragödien aufgeführt. Im Jahr 1913 beschlossen Graf Mario Tommaso Gargallo, der Archäologe Paolo Orsi *(siehe S. 144f)* und andere Honoratioren Siracusas, die Inszenierung von Aischylos' *Agamemnon* zu fördern.

Seit der Premiere am 16. April 1914 dient (mit kriegsbedingten Unterbrechungen) das Griechische Theater von Siracusa wieder als Bühne. Dies ist im Wesentlichen ein Verdienst des Istituto Nazionale del Dramma Antico, des Nationalen Instituts für antikes Drama *(siehe S. 143)*. Viele berühmte Persönlichkeiten der Theaterszene haben sich im Lauf der Jahre aktiv engagiert, beispielsweise als Übersetzer die Dichter Salvatore Quasimodo *(siehe S. 27)* und der 1975 ermordete Regisseur Pier Paolo Pasolini, als Bühnenschauspieler Giorgio Albertazzi und Vittorio Gassman (1922–2000).

Programm des Istituto Nazionale del Dramma Antico (1925 gegründet)

Die Geschichte Siziliens

Sizilien hat zahlreiche und sehr unterschiedliche Siedler angezogen. Die Insel wurde von vielen Menschen erobert, die sich ihrer bemächtigten und Sizilien durch die zentrale Lage im Mittelmeer auch immer wieder als Stützpunkt für Handel und Seefahrt nutzten. Die Sikaner, Elymer und Sikeler, die noch vor den Griechen Spuren ihrer Kulturen hinterließen, kamen aus anderen Gebieten des Mittelmeerraums. Ihnen folgten die Karthager und dann die Griechen, unter denen Sizilien seine erste glanzvolle Ära erlebte. Roms Eroberung von Siracusa 212 v. Chr. – der Mathematiker und Physiker Archimedes fand dabei den Tod – beendete die griechische Vorherrschaft. Von da an fungierte Sizilien 600 Jahre lang als Kornkammer des Römischen Reichs. Währenddessen bildete sich ein Sozialsystem aus, das Sizilien jahrhundertelang prägen sollte. Nach dem Untergang des Römischen Reichs und den Einfällen germanischer Stämme gelangte die Insel in die Hände der Byzantiner. Unter deren Nachfolgern, den Arabern, gehörte sie zu den blühendsten und tolerantesten Mittelmeerregionen. Danach legten die Normannen den Grundstein für den brillanten Hof Kaiser Friedrichs II. in Palermo. Mit dem ausgehenden Mittelalter brach ein langwieriger Niedergang an: Abwechselnd ergriffen das Haus von Anjou, die Aragonier und die Bourbonen die Macht. Statt die Lebensbedingungen der Sizilianer zu verbessern, beuteten sie die Insel wie eine Kolonie aus. Bis zur Mitte des 19. Jahrhunderts war Sizilien kaum selbstständig und wurde von anderen beherrscht. 1860 schließlich bahnte Giuseppe Garibaldis »Zug der Tausend« Italiens Einigung den Weg. Das zunächst von der italienischen Zentralregierung vernachlässigte Sizilien erhielt 1948 den Status einer autonomen Region. Als solche muss es sich allerdings noch von wirtschaftlichen und sozialen Altlasten befreien, insbesondere von der Macht der Mafia.

Siziliens drei Provinzen Val di Demona, Val di Noto und Val di Mazara (Stich von 1692)

◀ **Pietro Novelli (1603–1647):** ***Der heilige Benedikt mit dem Buch der Ordensregeln,*** **Monreale** ***(siehe S. 80f)***

Siziliens Herrscher

Wegen seiner strategischen Lage im Zentrum des Mittelmeers war Sizilien stets ein machtpolitischer Zankapfel. Unermüdlich lösten sich seine Fremdherrscher ab: griechische Tyrannen, römische Prokonsuln und germanische Häuptlinge, dann die Byzantiner, Araber und Normannen, die Staufer, die Anjou und Aragonier, die spanischen Vizekönige und – als letzte ausländische Machthaber vor der Einigung Italiens – die Bourbonen.

5. Jh. v. Chr. Griechische und phönizische Kolonisten kämpfen um die Oberhoheit

Kleandros läutet in Gela die Zeit der Tyrannis ein

Hippokrates folgt Kleandros nach und erweitert Gelas Territorium

Agathokles, König von Siracusa (317–289 v. Chr.)

König Pyrrhos ist Befreier von Siracusa (280–275 v. Chr.)

Hieron II. (265–215 v. Chr.)

Gaius Verres, als korrupt berüchtigt, amtiert 73–71 v. Chr. als Statthalter von Sizilien

Geiserich, der König der Vandalen, erobert 440 n. Chr. Sizilien

Justinian I., Kaiser von Byzanz, annektiert 555 n. Chr. Sizilien

600 v. Chr. · 400 · 200 · 1 n. Chr. · 200 · 400 · 600

Griechen · Römer · Germanen und Byza

600 v. Chr. · 400 · 200 · 1 n. Chr. · 200 · 400 · 600

Gelon erobert 490 v. Chr. Siracusa

Theron wird 488 v. Chr. Tyrann von Agrigento

Ducetius, letzter Führer der Sikeler, stirbt 440 v. Chr.

Im Peloponnesischen Krieg (431–404 v. Chr.) wird Siracusa von Athen angegriffen

Dionysios I. wird 405 v. Chr. für 38 Jahre Tyrann von Siracusa

Dionysios II. tritt 368 v. Chr. die Nachfolge seines Vaters an

Timoleon führt 339 v. Chr. in Siracusa wieder die Demokratie ein

Die Römer erobern 212 v. Chr. endgültig Sizilien

Odoaker, Führer der Ostgoten, nimmt 491 n. Chr. Sizilien ein, ihm folgt **Theoderich**

Diokletian teilt 285 n. Chr. das Römische Reich, Sizilien gehört Westrom an

Das Genie von Siracusa: Archimedes

Künstler und Wissenschaftler

Künstler und Wissenschaftler spielten in mindestens zwei Epochen der Inselgeschichte eine führende Rolle. An erster Stelle steht Archimedes, der 287 v. Chr. in Siracusa (Syrakus) geboren wurde und ein Intimus des Herrschers Hieron II. war. Dank der von ihm entwickelten Waffen konnte seine Heimatstadt drei Jahre lang (215–212 v. Chr.) römische Belagerer abwehren. In einer weiteren Hochphase Anfang des 13. Jahrhunderts wurde der Hof Friedrichs II. Sammelbecken von Künstlern, Dichtern und Architekten und Palermo tonangebendes Zentrum der Intellektuellen.

Friedrich II., ab 1216 Kaiser des Heiligen Römischen Reichs und 1197 bis zu seinem Tod 1250 König von Sizilien, verlegt den Hof nach Palermo

Tankred (1190–94)

Wilhelm I. (1154–66)

Roger I., ein Normannenfürst, besetzt nach 30 Kriegsjahren Sizilien

Karl von Anjou (1266–1285) entreißt Manfred den sizilianischen Thron

Karl II. folgt seinem Vater Karl I. auf den Thron, muss diesen aber Manfreds Tochter und deren Ehemann **Peter III. von Aragón** überlassen, der 1282 die Insel besetzt hat

Jakob II. von Aragón (1286–96)

Friedrich II. von Aragón (1296–1337)

Peter II. von Aragón (1337–41)

Ludwig von Aragón (1341–55)

Die Vizekönige (oben: Severino Filangieri) regieren Sizilien im Namen Spaniens bis 1713

Ferdinand (1759–1825) eint 1816 Sizilien und Neapel zum »Königreich beider Sizilien«

Ferdinand II. (1830–59) ist letzter Bourbonen-Herrscher Siziliens

800 | 1000 | 1200 | 1400 | 1600 | 1800

Araber | Normannen | Anjou und Aragonier | Bourbonen | Savoyer

800 | 1000 | 1200 | 1400 | 1600 | 1800

Roger II. (1105–54)

Wilhelm II. (1166–1189)

Die Araber fallen 827 erstmals ein und erobern 902 n. Chr. die Insel

Manfred, unehelicher Sohn Friedrichs II., regiert die Insel bis 1266

Heinrich VI., Kaiser und Sohn von Friedrich I. Barbarossa, erobert 1194 Sizilien und stirbt 1197

Herzog Johann von Peñafiel, Sohn Ferdinands von Kastilien, läutet 1412 die drei Jahrhunderte währende Ära der spanischen Vizekönige ein

Friedrich III. von Aragón (1355–77); sein Tod löst eine Zeit der Zwietracht und Kämpfe aus, die das Ende des Königreichs Sizilien bewirkt

Viktor Amadeus II. von Savoyen gelangt 1713 durch den Frieden von Utrecht in Besitz von Sizilien, das er 1718 den **Habsburgern** abtritt

Karl III. von Spanien erhält von Österreich 1735 die Insel und regiert bis 1759

Viktor Emanuel von Savoyen wird 1861 erster König des geeinten Italien, nach Garibaldis Eroberungszug 1860 votiert Sizilien für den Anschluss an das neue Königreich

Vorgeschichte und Antike

Als griechische Siedler im 8. Jahrhundert v. Chr. auf Sizilien eintrafen, stießen sie im Osten auf die Sikeler – ein um 1500 v. Chr. eingewandertes Mittelmeervolk – und im Westen auf die Phönizier. Während Erstere rasch assimiliert waren, wurden Letztere nach der Schlacht von Himera 480 v. Chr. von der Insel vertrieben. Damit begannen die Vorherrschaft der Griechen und die zivilisatorische Blüte Großgriechenlands, die 212 v. Chr. mit Roms Eroberung von Syrakus (Siracusa) endete. Unter den Römern erlebte Sizilien die Einrichtung von weitläufigen Latifundien, Erhebung von Steuern sowie im 3. und 4. Jahrhundert n. Chr. die Ausbreitung des Christentums.

Griechische Kolonisation im Mittelmeerraum

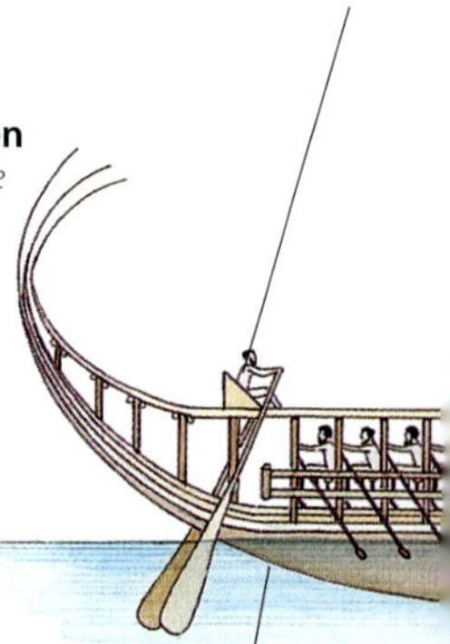

Reise nach Sizilien

Trieren bzw. Triremen hießen die Ruderschiffe, in denen die Griechen die gefahrvolle Reise nach Sizilien unternahmen. Diese etwa 35 Meter langen Galeeren waren wendiger und schneller – sie legten pro Tag etwa 100 Kilometer zurück – als die Schiffe der Phönizier. Sie waren mit 200 Mann besetzt und sowohl als Fracht- wie auch als Kriegsschiffe im Einsatz.

Mythen und Götter

Großgriechenland nahm die Religion des Mutterlands an, verflocht sie aber mit lokalen Mythen. Der Ätna galt als Haupt des Feuergotts Hephaistos, dem bei den Römern Vulcanus entsprach. Homer nannte die Insel Vulcano im Äolischen Archipel den Sitz des Aiolos, Herrscher über die Winde. Die bei Aci Trezza aus dem Ionischen Meer ragenden Felssäulen heißen »Inseln der Kyklopen«, angeblich handelt es sich um die Steine, die laut Homer der Kyklop Polyphem Odysseus nachgeschleudert hat.

Zeus, der höchste Gott der Griechen

Muttergottheit
Diese ausdrucksstarke Kalksteinfigur (Mitte 6. Jh. v. Chr.), eine archetypische Personifizierung der Weiblichkeit, ist im Archäologischen Museum von Siracusa *(siehe S. 144f)* zu sehen.

1600 v. Chr. | 1300 v. Chr. | 1000 v. Chr. | 800 v. Chr. | 600 v. Chr. | 400 v. Chr.

1500 v. Chr. Kontakte zwischen äolischer, kretischer und minoischer Kultur

1270–1000 v. Chr. Erste Phase der sikelischen Kultur

1000–850 v. Chr. Zweite Phase der sikelischen Kultur

850–730 v. Chr. Dritte Phase der sikelischen Kultur

8. Jh. v. Chr. Griechen besiedeln den Osten, Phönizier den Westen; *Panormos* (Palermo) wird gegründet

733 v. Chr. Dorer aus Korinth gründen Syrakus (Siracusa)

730–650 v. Chr. Vierte Phase der sikelischen Kultur

729 v. Chr. Gründung von *Katane* (Catania)

628 v. Chr. Gründung von Selinunte

Die Göttin Athene

480 v. Chr. Schlacht von Himera: Griechen besiegen die Karthager

413 v. Chr. Von Nikias und Alkibiades angeführter Kriegszug der Athener scheitert

Römische Villen
Die Römerherrschaft trug Sizilien das Latifundiensystem ein und damit Wohnhäuser von Gutsbesitzern wie die Villa del Casale *(siehe S. 134f)* mit ihren dank eines Bergrutsches erhaltenen Mosaiken.

Antikes Sizilien

Krater (Mischkrug), 4. Jh. v. Chr.

Fast jede Stadt hat ein archäologisches Museum. Die wichtigsten prähistorischen Siedlungsreste befinden sich auf den Tochterinseln, vor allem auf den Äolischen Inseln *(siehe S. 192–195)*, die wenigen phönizischen Relikte in Museen. Bedeutende griechische Stätten sind Segesta *(siehe S. 102)*, Selinunte *(siehe S. 108–111)*, Siracusa *(siehe S. 140–147)*, das Valle dei Templi bei Agrigento *(siehe S. 120f)* und Morgantina *(siehe S. 132f)*. Eine der besterhaltenen Römervillen ist die Villa del Casale bei Piazza Armerina *(siehe S. 133–135)*.

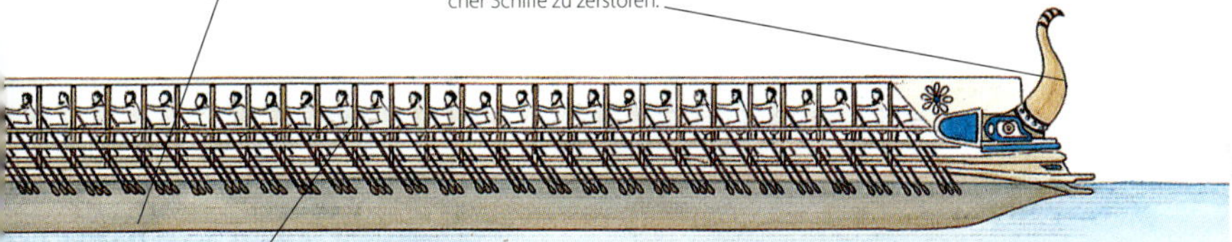

Eine Trireme hatte nur ungefähr 60 Zentimeter Tiefgang.

Der Rammsporn diente dazu, die Ruder feindlicher Schiffe zu zerstören.

Die dritte Ruderreihe (Trireme bedeutet »Dreiruderer«) ragte auf einem Außendeck aus dem Rumpf hervor. Penible Berechnungen sorgten für die Synchronisation der Bewegungen der 170 Ruderer.

Prähistorisches Dorf
Über die gesamte Insel verteilen sich Reste von Siedlungen aus dem Beginn des 1. Jahrtausends v. Chr. Die ersten Siedler (Sikaner, Elymer und Sikeler), die Spuren hinterließen, waren nicht einheimischen Ursprungs, sondern zugewandert.

Der berühmte, auch in Syrakus (Siracusa) wirkende griechische Tragödiendichter Aischylos

293 n. Chr. Kaiser Diokletian erklärt Sizilien zur *regio suburbicaria*, zur unmittelbar Rom unterstellten Region

325 n. Chr. Christianisierung des Gebiets um Syrakus (Siracusa)

535 n. Chr. Sizilien wird Teil von Justinians Oströmischem Reich

200 v. Chr. | **0** | **200 n. Chr.** | **400 n. Chr.** | **600 n. Chr.**

212 v. Chr. Römer erobern Syrakus (Siracusa); Sizilien verliert seine Selbstständigkeit

Frauenbüste aus Ton

440 n. Chr. In der Völkerwanderungszeit erobern Vandalen unter Geiserich Sizilien

491 n. Chr. Ostgoten unter Odoaker entreißen Sizilien den Vandalen

600 n. Chr. Christianisierung der Insel

Mittelalterliches Sizilien

Die Einfälle der Araber gipfelten 827 n. Chr. in Eroberungskriegen, die 902 siegreich endeten. Waren die letzten Jahre der byzantinischen Vorherrschaft von Verfall gekennzeichnet, so erlebte Sizilien unter den Arabern eine Blütezeit. Ab 1061 landeten normannische Kreuzritter, 30 Jahre später war die Insel in der Hand der Normannen. 1130 wurde das Königreich Sizilien etabliert, das mit dem Staufer Friedrich II. seinen Höhepunkt erreichte. 1266 gelangte das französische Haus Anjou an die Macht. Ihm folgte das Haus Aragón – und damit begann eine lange Zeit des Niedergangs.

Arabisches Sizilien

- Val di Demone
- Val di Noto
- Val di Mazara

Tankred
Tankred, ein unehelicher Spross von Roger III. von Apulien, usurpierte 1190 den Thron. Nach seinem Tod 1194 wurde zwar sein Sohn Wilhelm III. König, doch kurze Zeit später setzte ihn der Staufer Heinrich VI., ein Sohn Friedrich Barbarossas, ab und ließ sich selbst krönen.

Arme und Kranke bleiben verschont.

Der Hund führt in der Todesnacht den Mann.

Sizilien unter den Arabern
In den 100 Jahren der arabischen Herrschaft war Sizilien das reichste und toleranteste Land im Mittelmeerraum. Die Araber reorganisierten die Verwaltung und brachten, wie diese Truhe belegt, Kunst und Kultur zur Blüte.

725 Bilderstreit: Die Verehrung heiliger Bilder wird verboten; das Patriarchat in Konstantinopel konfisziert die Besitztümer der sizilianischen Kirche

831 Palermo wird Hauptstadt des arabischen Emirats

902 Mit Taorminas Einnahme schließen die Araber ihre Eroberung Siziliens ab

1091 Nach 30 Jahren Krie[g] macht der Normanne Roger [I.] Sizilien wieder zu einem christlichen Territorium

700 | 800 | 900 | 1000

Die Jungfrau von Odigitria, Lentini

827 Beginn der arabischen Eroberung Siziliens

Münze mit arabischer Inschrift

1038–1043 Ostsizilien fällt vorübergehend an Byzanz zurück

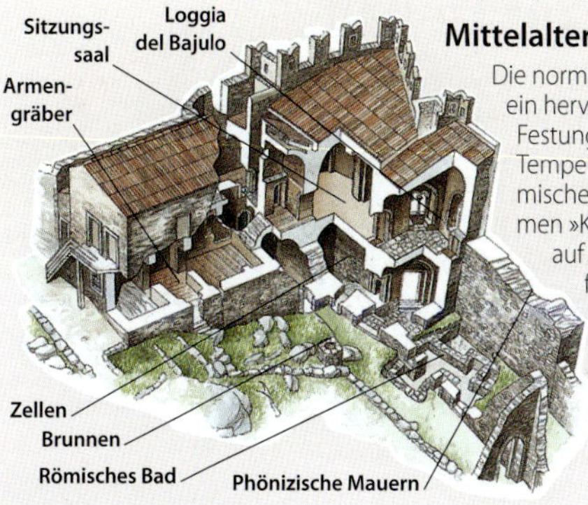

Mittelalterliche Burgen

Die normannische Burg (12./13. Jh.) von Erice ist ein hervorragendes Beispiel mittelalterlicher Festungsarchitektur. Da sie über einem antiken Tempel erbaut wurde und phönizische wie römische Elemente aufweist, trägt sie den Beinamen »Kastell der Venus«. Auf Sizilien stößt man auf zahlreiche weitere mittelalterliche Befestigungen, etwa bei Sperlinga *(siehe S. 97)*, Caccamo *(siehe S. 98f)*, Mussomeli und Naro *(siehe S. 125)*, Montechiaro und Falconara *(siehe S. 126f)*, Enna *(siehe S. 131)*, Siracusa *(siehe S. 147)*, Catania *(siehe S. 168f)*, Aci Castello *(siehe S. 172)* und Milazzo *(siehe S. 191)*.

Der Tod ist als apokalyptischer Reiter mit Pfeil und Bogen dargestellt.

Eine Dame bewahrt ihre stolze Attitüde.

Reiche und Mächtige werden mit Pfeilen getötet.

Triumph des Todes

Dieses in Palermo (siehe S. 56) *angefertigte und erhaltene Fresko von der Mitte des 15. Jahrhunderts ist von der Apokalypse inspiriert: Der Tod erscheint als mit Pfeil und Bogen bewaffneter Reiter, der die Reichen tötet und die Armen verschont. Der Triumph des Todes war ein beliebtes Thema der mittelalterlichen Ikonografie.*

Darstellung der Welt Nach ihrer Machtübernahme verleibten sich die Normannen und Staufer die Kultur der Araber ein. Ein deutliches Beispiel dafür ist diese von einem arabischen Künstler in der normannischen Ära geschaffene Darstellung der Welt.

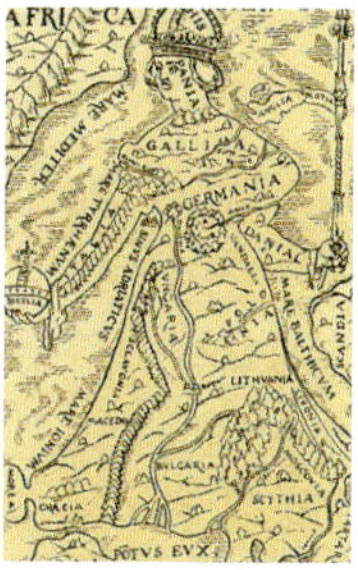

Mittelalterliches Sizilien

Neben den Burgen verdienen die Cappella Palatina in Palermo *(siehe S. 66f)*, der Dom von Monreale *(siehe S. 80f)* sowie die Städte Cefalù *(siehe S. 92–95)* und Erice *(siehe S. 104f)* mitsamt ihren Kathedralen Beachtung. Ebenfalls sehenswert sind die vielen Dörfer, die trotz baulicher Veränderungen ihre arabische Grundstruktur bewahrt haben.

Byzantinische Krone der Gemahlin Friedrichs II., Konstanze von Aragón

1100 | 1200 | 1300 | 1400

1130 Roger II. wird zum König von Sizilien gekrönt; Palermo wird Hauptstadt

1194 Heinrich VI. annektiert Sizilien und verleibt es dem Heiligen Römischen Reich ein

1250 Der Tod von Kaiser Friedrich II. markiert das Ende von Siziliens glanzvollster Ära

1265 Der Papst krönt Karl von Anjou zum König von Sizilien

1282 Der »Sizilianische Vesper« genannte Aufstand stürzt die Anjou; König von Sizilien wird Peter III. von Aragón

1302 Frieden von Caltabellotta: Das Königreich Sizilien wird unabhängig

1377 Unter Maria von Aragón bricht zwischen den Lehnsherren Krieg aus, der zum Zusammenschluss der Königreiche Sizilien und Aragón führt

1415 Ferdinand von Kastilien entsendet den ersten spanischen Vizekönig, Giovanni di Peñafiel, nach Sizilien

Von den Spaniern zur Einheit

Im Jahr 1415 wurde Sizilien aragonische Provinz und von einem Vizekönig regiert. Der wirtschaftliche und kulturelle Niedergang hielt an – teils aufgrund der Judenvertreibung. Mithilfe der päpstlichen Inquisition konnten mehrere Aufstände unterdrückt werden. Nach dem Erdbeben, das 1693 Ostsizilien verwüstete, entspannte sich die Lage etwas. Kurzzeitig fiel Sizilien an Savoyen und Österreich, 1735 gegen den fortwährenden Widerstand der Großgrundbesitzer an die Bourbonen. 1814 wurde Sizilien Provinz des Königreichs Neapel und nach dem von Garibaldi angeführten *spedizione dei Mille* (Zug der Tausend) 1860 Teil des neu gegründeten Königreichs Italien. Banditentum und Armut kennzeichneten im späten 19. Jahrhundert die ländlichen Gebiete.

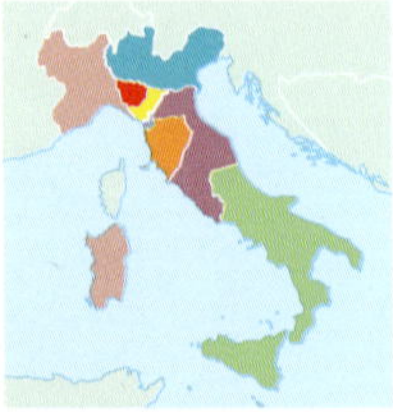

Italienische Staaten
- Königreich beider Sizilien
- Kirchenstaat
- Großherzogtum Toskana
- Habsburgische Gebiete
- Königreich Sardinien
- Herzogtum Modena
- Herzogtum Parma-Piacenza
- Herzogtum Lucca

Das Erdbeben von 1693
In der Nacht des 9. Januar 1693 erwachte der Ätna zum Leben. Zwei Tage später »schienen die Eingeweide der Erde geborsten«, kommentierte der Historiker di Blasi. Der obige zeitgenössische Stich stellt das Erdbeben, das 23 Städte ausradierte, dar.

Nino Bixio ist in Giovanni Vergas Novelle *Libertà* (1882) verewigt *(siehe S. 178)*.

Zahlreiche Freiwillige schlossen sich Garibaldis 1000 Rothemden an.

Giuseppe Garibaldi, der sozialistische Freiheitskämpfer, führte seine Freischaren trotz Cavours anfänglichem Protest nach Sizilien.

1415 Johann, Sohn von Ferdinand I. von Aragón, wird der erste Vizekönig Siziliens

1442 Alfons V. eint die Kronen von Sizilien und Neapel, wodurch das Königreich beider Sizilien entsteht

1458 Alfons V. stirbt; Sizilien wird abermals von Johann, jetzt König von Aragón, regiert

1450 | 1500 | 1550 | 1600

1535 Kaiser Karl V. besucht Sizilien

1571 In Messina ankert die christliche Flotte, die im Oktober in der Seeschlacht bei Lepanto die Osmanen besiegt

1649 Volksaufsta in Palerr

Seeschlacht bei Lepanto

Aufstand von Messina
Dieser Druck illustriert den Aufstand von Messina 1848. Ferdinand II. ließ die Stadt mit Artillerie beschießen, was ihm den Spitznamen »re bomba«, »König Bombe«, eintrug.

Schwefelbergwerke
Nach Italiens Einigung begann man, im Inselinnern Schwefel abzubauen. Kinder waren wegen ihrer zierlichen Statur und Beweglichkeit begehrte Arbeitskräfte.

Sizilianischer Barock
Giacomo Serpottas um 1690 gefertigte, in Palermo zu sehende Stuckatur *(siehe S. 60f)* schildert die *Seeschlacht bei Lepanto*. Das Werk ist ein hervorragendes Beispiel des sogenannten Sizilianischen Barock.

Garibaldi erobert Sizilien

Am 11. Mai 1860 landete Giuseppe Garibaldi (1807–1882) mit gut 1000 Freiwilligen in Marsala, um das Königreich beider Sizilien zu erobern. Das Vorhaben gelang: Im Sturm wurden Palermo, dann Messina und zuletzt Neapel eingenommen.

Komponisten und Schriftsteller
Im 19. Jahrhundert blühte das kulturelle Leben auf Sizilien. Herausragende Vertreter waren der Schriftsteller Giovanni Verga (1840–1922) und der nebenstehend porträtierte Komponist Vincenzo Bellini (1801–1835).

Das sizilianische Parlament

1650 | 1700 | 1750 | 1800 | 1850

1674 Volksaufstand in Messina

1693 Ein katastrophales Erdbeben zerstört den Großteil Ostsiziliens

1713 Durch den Frieden von Utrecht fällt Sizilien zunächst an Viktor Amadeus II. von Savoyen, 1720 an die Habsburger

1735 Die spanischen Bourbonen werden Herrscher über Sizilien

1759 Das Königreich Neapel übernimmt die Regierung von Sizilien

1812 Das sizilianische Parlament verabschiedet eine Verfassung

1820 Beginn von Aufständen

1848 Revolten erschüttern die ganze Insel

1860 Garibaldi marschiert im Mai ein; im Oktober stimmt das Volk für den Anschluss an das Königreich Italien

Giovanni Verga

Modernes Sizilien

Das 20. Jahrhundert begann unglücklich: 1908 suchte ein verheerendes Erdbeben Messina heim. Weitgehend unberührt von Modernisierungen, war Sizilien voller Widersprüche: hier reges kulturelles Leben, dort bittere Armut und Rückständigkeit – und die Mafia, die sich zu einem Staat im Staat entwickelt hatte. Inzwischen scheint die Mafia dank der Hartnäckigkeit und Zivilcourage von Staatsdienern und der kritischen Öffentlichkeit an Macht verloren zu haben.

1943 Nach schweren Bombardements landen die Alliierten am 10. Juli und nehmen 38 Tage später Sizilien ein

1902 Heftige Herbstregenfälle lösen auf Südsizilien, vor allem in Modica, eine Überschwemmung aus, die 300 Menschen das Leben kostet

1908 Größte Katastrophe des Jahrhunderts auf Sizilien: In der Nacht des 28. Dezember verwüstet ein Erdbeben Messina und tötet 100 000 Menschen

1941 Der Roman *Gespräch in Sizilien* (späterer deutscher Titel: *Tränen im Wein*) von Elio Vittorini aus Siracusa erscheint

1937 Der beliebte Schauspieler Angelo Musco aus Catania stirbt

1936 Luigi Pirandello stirbt in Rom

1950 Nachdem sein Cousin Gaspare Pisciotta ihn verraten hat, wird Salvatore Giuliano erschossen

1900 1910 1920 1930 1940 1950 1960

1900 1910 1920 1930 1940 1950 1960

1919 Don Luigi Sturzo aus Caltagirone gründet die Partito Popolare und wird Führer der Partei, die sich nach dem Zweiten Weltkrieg Democrazia Cristiana nennt

1921 Luigi Pirandello führt Regie bei der römischen Premiere seines berühmten Theaterstücks *Sechs Personen suchen einen Autor*

1923 Der Ausbruch des Ätna im Juni vernichtet die Städte Catena und Cerro, beinahe auch Linguaglossa und Castiglione; der König und Mussolini inspizieren die Schäden

1945 Finocchiaro, Gründervater der sizilianischen Separatistenbewegung, wird verhaftet

1934 Pirandello erhält den Nobelpreis für Literatur

1947 Salvatore Giulianos Banditen schießen auf Demonstranten: elf Tote, 56 Verletzte

1930 Der von Mussolini abgestellte Präfekt Cesare Mori soll mit der Mafia aufräumen

1957 Aufstand in Palermos Gefängnis Ucciardone

1959 Der Lyriker Salvatore Quasimodo aus Modica erhält – als zweiter Sizilianer in weniger als 20 Jahren – den Nobelpreis für Literatur

1980 81 Menschen sterben beim Absturz eines Flugzeugs des Typs DC 9 nahe Ustica; die Unfallursache ist bis heute ungeklärt

1983 Vulkanologen gelingt es erstmals, einen Lavastrom des Ätna umzuleiten

1984 Vito Ciancimino, Ex-Bürgermeister von Palermo, wird inhaftiert

1995 Nach jahrelangem Leben im Untergrund wird Totò Riina, »Boss der Bosse« der Mafia, verhaftet

2011 Feiern in Sizilien zum 150. Jahrestag der Einheit Italiens; der Mafiaboss Giovanni Arena wird in seinem Haus in Catania verhaftet; mehrere Menschen sterben bei Erdrutschen

1966 In Agrigento macht ein – möglicherweise durch Schwarzbauten verursachter – Erdrutsch 10 000 Menschen obdachlos

1987 In Palermo werden bei einem Prozess Hunderte von Mafiosi zu insgesamt 2600 Jahren Haft verurteilt; der Richterspruch basiert auf Geständnissen von Tommaso Buscetta

1968 In Nordwest-Sizilien sterben bei einem gewaltigen Erdbeben über 400 Menschen

2006 Nach 43 Jahren auf der Flucht wird Mafiaboss Bernardo Provenzano in Sizilien verhaftet

2014 Die Rettungsaktion *Mare Nostrum* bringt Tausende Flüchtlinge aus Afrika und dem Nahen Osten nach Sizilien

1970 1980 1990 2000 2010 2020

1970 1980 1990 2000 2010 2020

2009 Nach Regenfällen werden in Messina 35 Menschen durch Schlammlawinen getötet

1972 Im Mai sterben bei einem Flugzeugabsturz nahe Palermos Flughafen Punta Raisi 115 Menschen; im Dezember wird Mafiaboss Tommaso Buscetta verhaftet und kollaboriert als erster Mafioso mit der italienischen Justiz

2002 Im Januar ersetzt der Euro die Lira als Landeswährung.
Vor der Küste von Mazara del Vallo entdecken Fischer die Bronzestatue des *Satiro Danzante*.
Erneuter Ausbruch des Ätna

1971 Ausbruch des Ätna; in Palermo Mafiamord an Staatsanwalt Pietro Scaglione

1992 Im Juli wird Falcones Mitstreiter Richter Paolo Borsellino in Palermo ermordet

1968 In Avola sterben bei Zusammenstößen von Landarbeitern und Polizei zwei Menschen

1992 Richter Giovanni Falcone, der Mafia seit Jahren ein Dorn im Auge, wird im Mai nahe Capaci hinterrücks ermordet

Das Jahr auf Sizilien

Der Himmel über Sizilien ist der schönste der Welt, sagen die Sizilianer. Und tatsächlich scheint die Sonne über 2000 Stunden pro Jahr auf die Insel. Im Sommer kann es heiß werden: 1885 kletterte das Thermometer auf in Italien unübertroffene 49,6° Celsius. Der Winter wiederum kann Kälte und, vor allem im höher gelegenen Inland, Schnee bringen: Der Ätna trägt seine weiße Kappe bis weit in den Frühling hinein, wenn im Tiefland schon alles in voller Blüte steht. Auf Sizilien bleibt man den überlieferten Bräuchen und Überzeugungen bis heute treu: Die Feste haben oft religiöse Ursprünge und werden intensiv gefeiert. Überaus beeindruckend sind die Prozessionen in der Karwoche.

Frühling

Der Frühling zieht in der Regel früh ein, doch legt er sich wettermäßig ungern fest, schon gar nicht auf ein jährlich wiederkehrendes Muster. Im Frühjahr hängt in den Obstanbaugebieten ein betörender Blütenduft in der Luft. Blühende Blumen runden die Besichtigung antiker Stätten sinnlich ab. Es gibt auch dank Ostern mehr Feiertage, Prozessionen und Dorffeste *(sagre)* als zu jeder anderen Jahreszeit.

Karfreitag: Kreuzigungsfest (Festa della Crocifissione) in Calatafimi

April

Sagra della Ricotta e del Formaggio (Käse), Vizzini.
Sagra del Carciofo (Artischocke), Cerda, Palermo.

Teilnehmerin an Trapanis Karfreitagsprozession

Karwoche

Celebrazione dei Misteri *(gesamte Woche)*, Enna: Prozessionen und Kreuzweg.
Festa del Pane *(gesamte Woche)*, San Biagio dei Platani und Agrigento: Skulpturen und Dekorationen rund ums Brot *(pane)*.
Settimana Santa *(Mi, Do, Fr)*, Caltanissetta: »Tage des Leidens und Schmerzes« mit eindrucksvollen Prozessionen.
Gründonnerstagsprozession, Marsala: kilometerlanger Maskenumzug.
Festa del S.S. Crocifisso *(Fr)*, Calatafimi, Trapani.
Il Cristo Morto *(Fr)*, Partanna, Trapani: Inszenierung der Kreuzigung.
Processione dei Misteri *(Fr)*, Trapani: 20-stündige »Mysterienprozession« zur Erinnerung an Jesu Kreuzigung mit Statuen auf Festwagen und Kapuzen tragenden Männern.
Ballo dei Diavoli *(So)*, Prizzi, Palermo: Maskierte Männer führen den »Teufelstanz« auf, der den Kampf zwischen Gut und Böse symbolisiert.

Mai

Internationale Windsurf-Meisterschaft, Mondello und Palermo.
Klassisches Theater, jährlich abwechselnd in Siracusa und Segesta.
Settimana delle Egadi, Insel Favignana: Schauspiel der *mattanza*, des traditionellen Thunfischfangs.
L'Infiorata, Noto: Blumenteppiche bedecken die Straßen.
Sagra della Ricotta *(24. Mai)*, Mussomeli bei Caltanissetta: Fest des berühmten italienischen Molkenkäses.

Sommer

Ferienlaune, Sportevents und wichtige Musikveranstaltungen, kulinarische und Volksfeste charakterisieren den sizilianischen Sommer. Dabei wird es oft äußert warm, zuweilen sengend heiß. Das gilt vor allem

Karfreitag: Aufführung der Kreuzigung Christi in Partanna, Trapani

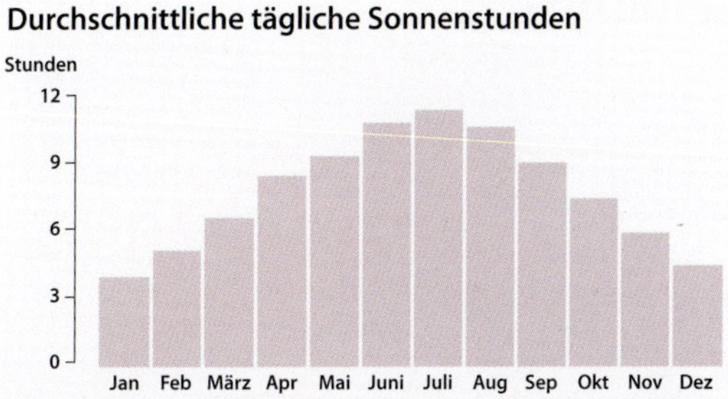

Sonnenschein
Nirgendwo in Europa scheint die Sonne im Jahresdurchschnitt häufiger als auf Sizilien. Wie das Schaubild zeigt, liegen die sonnigsten Abschnitte in den Monaten Mai bis September. Im Herbst und Winter kann es kalt und regnerisch werden.

Veranstaltungen im Sommer: Griechisches Amphitheater von Taormina

für das Inselinnere, manchmal aber auch für die Küste, wo das Meer Erfrischung bietet.

Juni

Torneo Internazionale di Tennis (Challenger-Tour) *(Anfang Juni)*, Caltanissetta: Im Tennis Club Villa Amedeo spielen einige der besten Tennisspieler (Herrentennis) der Welt.
Sagra delle Fragole e dei Frutti di Bosco (Erdbeeren und Waldfrüchte), Maletto sull' Etna, Catania: Auf dem Fest gibt es Produkte aus der Frucht sowie Theater, Musik und Volkstanz.
Taormina Arte *(Juni – Sep)*: Kulturprogramm im Griechischen Theater mit Stars.

Juli

Internazionali WTA di Sicilia *(9.–15. Juli)*, Palermo: Damentennis im Country Time Club.
Festa di Santa Rosalia *(9.–14. Juli)*, Palermo: sechstägiges Fest zu Ehren der Stadtheiligen, die laut Legende Palermo 1624 von der Pest erlöste. Am letzten Abend gibt es ein Feuerwerk am Meer.
Festa di San Giuseppe *(letzte Woche)*, Terrasini, Palermo: Prozession von Fischerbooten mit der Statue des heiligen Josef. Am Hauptplatz gibt es gebratenen Fisch.
Festa di San Giacomo *(24./25. Juli)*, Caltagirone: Personen und Szenen darstellende Kerzen leuchten zu Ehren des heiligen Jakob auf Caltagirones langer Keramiktreppe.
Internationales Kino-, Musik-, Theater- und Tanzfestival *(Juli/Aug)*, Taormina: auch jenseits der Landesgrenzen viel beachtetes Festival im Rahmen des Taormina-Arte-Programms.

August

Sagra della Spiga *(9.–14. Aug)*, Gangi, Palermo: eine Woche lang gibt es Spiele, Spektakel und Paraden.
Festa dei Burgisi *(9.–14. Aug)*, Gangi, Palermo: Fest für die antike Muttergottheit Demeter, die die Früchte der Erde beschützt, und ein Umzug mit jungen Leuten in Volkstracht.
Palio dei Normanni *(12.–14. Aug)*, Piazza Armerina: an den Normannenkönig Roger I. erinnerndes Historienspektakel mit hoch zu Ross ausgetragenen Mutproben.
Processione della Vara und Cavalcata dei Giganti *(15. Aug)*, Messina: Umzug mit Festwagen, einer riesigen Pyramide namens »Vara« mit der Schutzpatronin Madonna della Lettera sowie Pappmascheefiguren der legendären Stadtgründer Mata und Grifone.
Sagra della Mostarda e del Ficodindia, Regalbuto und Gagliano Castelferrato, Enna: ein Fest für den Senf und den Feigenkaktus.
Sagra del Pane *(letzter So im Aug)*, Monterosso, Almo, Ragusa: ein Fest zu Ehren des Brots.
Sagra del Pomodoro, Villalba, Caltanissetta: Fest zu Ehren der Tomate, eine der beliebtesten Delikatessen Siziliens.
Sagra del Grano, Raddusa, Caltanissetta: Fest zu Ehren des Weizens.

Umzug mit Mata und Grifone in Messina *(Aug)*

Durchschnittliche monatliche Niederschläge

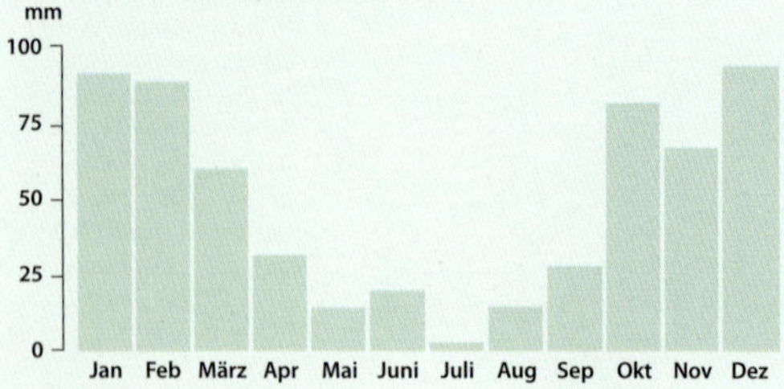

Niederschläge
Wie auf dem Schaubild erkennbar, fällt von April bis September wenig Regen. Im späten Herbst und im Winter dagegen können heftige Stürme die gesamte Insel überziehen und so den Jahresdurchschnitt der Niederschlagsmenge deutlich heben.

Herbst

Der Herbst beginnt spät, denn der September und oft noch der Oktober geben sich sonnig und warm. Zahlreiche Feste zu Ehren kulinarischer Spezialitäten wie Trauben sowie der Beginn der jährlichen Spielzeiten von Theater, Oper, Konzertmusik und Fußball stehen an.

September

Sagra del Peperone, Sutera, Caltanissetta: Peperonifest.

Sagra dell'Uva, Vallelunga, Caltanissetta, Roccazzo und Chiaramonte Gulfi, Ragusa: Wein- und Traubenfest.

Festa di San Vicenzo, Aragona, Agrigento: Prozession zu Ehren des Schutzheiligen sowie Messe und Jahrmakt mit Spezialitäten der Region *(salsiccia)*.

Festa della Madonna della Luce *(7./8. Sep)*, Mistretta, Messina: symbolischer Tanz zweier bewaffneter Giganten und Prozession der Madonna della Luce.

Madonna della Rocca *(2. Wochenende im Sep)*, Taormina: Prozession mit grandiosem Fest, die Staue der Madonna della Rocca wird in die Stadt getragen, dann wird gefeiert.

Bellini-Festival, Catania: von der örtlichen Oper organisiertes Festival zu Ehren des hier geborenen Komponisten.

ViniMilo, Sagra dei Vini dell'Etna, Catania: Verkaufsschau von Weinen aus an den Hängen des Ätna gereiften Trauben.

Efebo d'Oro International Prize *(Ende Sep – Anfang Okt)*, Agrigento: Preis für die beste Literaturverfilmung.

Statue für die Festa di San Vincenzo *(Sep)* in Aragona

Oktober

Coppa degli Assi, Palermo: Grand-Prix-Springreitturnier im Parco della Favorita.

Sagra del Miele *(1. So im Okt)*, Sortino, Siracusa: Fest rund um den Honig – Süßigkeiten, Gebäck und Liköre.

Sagra della Pesca, Leonforte, Enna: Hier werden die üppigen gelben Pfirsiche angebaut, die sogar Gütesiegel tragen. Es gibt einen Markt und Verkostungen diverser lokaler Spezialitäten und Lebensmittel.

Ottobrata, Zafferana Etnea, Catania: Jeden Sonntag im Oktober ist der Hauptplatz dieses Dorfs nahe dem Ätna voller Stände mit lokalen kulinarischen Produkten und Kunsthandwerk.

November

Woche der Kirchenmusik, Monreale: Wichtiges Musikevent, das im stimmungsvollen mittelalterlichen Kloster stattfindet.

Feiertage

Capodanno Neujahr *(1. Jan)*
Epifania Hl. Drei Könige *(6. Jan)*
Domenico di Pasqua und **Lunedì dell'Angelo** Ostern
Anniversario della Liberazione Tag der Befreiung *(25. Apr)*
Festa del lavoro *(1. Mai)*
Feste della Repubblica Italia Tag der Republik *(2. Juni)*
Ferragosto Mariä Himmelfahrt *(15. Aug)*
Ognissanti Allerheiligen *(1. Nov)*
Immacolata Concezione *(8. Dez)*
Natale und **Santo Stefano** *(25. und 26. Dez)*

Prozession zur Festa della Madonna della Luce *(Sep)*

Durchschnittliche monatliche Temperaturen

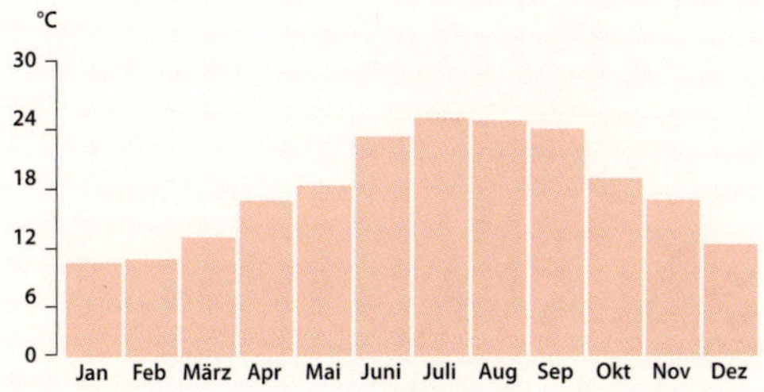

Temperaturen
Von Juni bis September fällt das Thermometer selten unter 20 °C, ansonsten nur bei extremen Wetterkapriolen unter 10 °C. An den Küsten wird es im Sommer durchschnittlich 26 °C warm. Im Juli und August kann die Quecksilbersäule auf über 40 °C steigen.

Festival di Morgana *(Okt/Nov)*, Palermo: internationaler Marionetten-Workshop der Opera dei pupi im Museo Internazionale delle Marionette. Aufführungen und Ausstellungen.
Festa di San Martino *(11. Nov)*: Verschiedene Städte und Weingüter feiern den Namenstag des Heiligen St. Martin mit festlichen Weinproben der jährlichen neuen Weine.

Winter

Der Winter auf Sizilien ist gewöhnlich kühl, oft regnerisch und nicht gerade die ideale Jahreszeit für Besuche größerer Städte und des Inselinnern. Im Februar gibt es überall Karnevalsfeiern, die für ihr originelles Lokalkolorit und den überschäumenden Enthusiasmus der Einheimischen bekannt sind. Im Januar ist es dagegen sehr ruhig, und es findet nur eine begrenzte Anzahl an Festivitäten statt.

Die im Februar in Sciacca gefeierte Madonna del Soccorso

Dezember

Convegno di Studi Pirandelliani *(Anfang Dez)*, Agrigento: Pirandello-Workshop, u. a. mit Inszenierungen seiner Stücke und Vorträgen.
Festa di Santa Lucia *(13. Dez)*, Siracusa: Prozession am Festtag der Stadtpatronin. Danach wird die Heiligenstatue für acht Tage ausgestellt.
Adventszeit *(Dez)*. Überall in Sizilien stellen Kirchen teils sehr alte, schöne Weihnachtskrippen aus, ein Brauch der auf Franz von Assisi zurückgehen soll.

Karneval in Acireale *(Feb)*, eines der buntesten Feste Siziliens

Festa del Mandorlo in Fiore *(Feb)*, Valle dei Templi bei Agrigento

Januar

Festa di San Sebastiano *(20. Jan)*, Acireale, Catania: Viele Menschen kommen zum Umzug des Prunkwagens mit der Heiligenfigur.

Februar

Festa della Madonna del Soccorso, Sciacca.
Festa del Mandorlo in Fiore, Agrigento: Stimmungsvolles Mandelblütenfest zur Begrüßung des Frühlings im Valle dei Templi. Zur gleichen Zeit bietet das **Folklorefestival** seit über 50 Jahren Volksmusik und -tanz aus aller Welt.
Festa di Sant'Agata *(3.–5. Feb)*, Catania: Die Stadt wimmelt von »Fremden«, die den Schutz der Heiligen erbitten, während die in »Sackleinen« gehüllten Catanianer die Heiligenstatue tragen.
Karneval, Acireale: symbolträchtige Festwagen, Stimmung und Menschenmassen.
Karneval, Sciacca: der neben Acireale berühmteste Karneval Siziliens.
Sagra della Salsiccia, del Dolce e della Trota, Palazzolo Acreide, Siracusa: Wurst, Forellen und Süßspeisen.

PALERMO

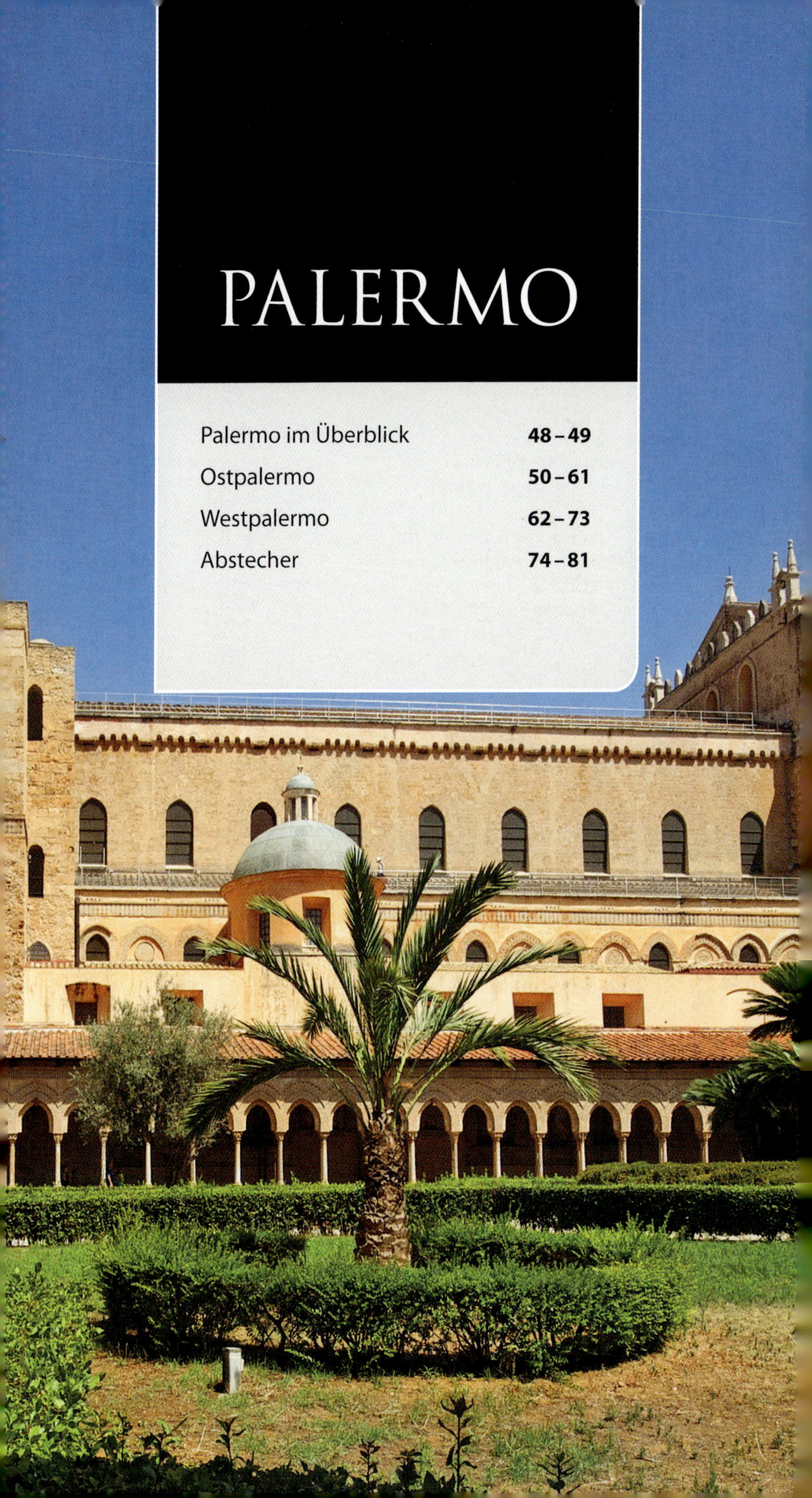

Palermo im Überblick

Palermo breitet sich an der Bucht zu Füßen des Monte Pellegrino aus. Siziliens Hauptstadt verdankt ihren Namen der Lage am Meer: In phönizischer Zeit hieß sie *Panormos*, »Hafen«. Sie florierte unter den Römern, erlebte ihr Goldenes Zeitalter jedoch erst unter den Arabern: An Schönheit konnte es Palermo mit Córdoba und Kairo aufnehmen. Später wurde Palermo Hauptstadt des normannischen Königreichs. Heute lässt nur wenig auf die märchenhafte Pracht vergangener Tage schließen. Nahöstlichen Einfluss erkennt man noch an Kirchenarchitektur, Altstadtlabyrinth und Markttreiben. Barocke Glanzzeit (17. / 18. Jh.) ist in profaner und sakraler Bausubstanz sichtbar. 1943 wurde Palermo schwer bombardiert, danach durch mafiose Machenschaften und korrupte Politiker planlos wiederaufgebaut. Doch allmählich wenden sich die Dinge zum Besseren.

Den Palazzo dei Normanni schmücken bezaubernde Mosaiken und Fresken. Er wurde von den Arabern auf punischen Fundamenten erbaut und war unter den Normannen königlicher Palast *(siehe S. 68)*.

Die Cappella Palatina, ein Meisterwerk normannischer Sakralkunst, ist von byzantinisch inspirierten, biblische Szenen illustrierenden Mosaiken überzogen *(siehe S. 66f)*.

Die Kathedrale von Palermo wurde 1185 im normannischen Stil am Standort einer alten, von den Arabern zur Moschee umgewandelten Basilika errichtet und im Verlauf der Jahrhunderte mehrfach umgebaut *(siehe S. 70f)*.

◀ **Arabische Einflüsse in der Architektur des Kreuzgangs der Kathedrale von Monreale *(siehe S. 80f)***

Das Oratorio del Rosario di Santa Cita (auch Santa Zita) bietet mit Giacomo Serpottas Stuckaturen ein brillantes Beispiel barocker Dekorationskunst *(siehe S. 60f)*.

Zur Orientierung

San Domenico gehört zu Palermos interessantesten und typischsten Barockkirchen. Zwei Glockentürme flankieren die anmutige, mit Skulpturen und Säulen geschmückte Fassade *(siehe S. 61)*.

Im Palazzo Abatellis hütet die Galleria Regionale di Sicilia eine umfangreiche Sammlung von Gemälden und Skulpturen, darunter Francesco Lauranas Meisterstück, die Büste der Eleonora von Aragón *(siehe S. 56f)*.

Η ΧΥ
ΓΕΝΝΗϹΙϹ

Ostpalermo

Zwischen der Via Maqueda und dem Meer erstreckt sich Palermos arabische Altstadt, ein pittoreskes Labyrinth von schmalen Sträßchen. Sie umfasst das Viertel Kalsa (vom arabischen *al-halisah*, »der Erwählte«), das die Araber in der ersten Hälfte des 10. Jahrhunderts als Sitz von Emirat, Verwaltung und Militär anlegten. Kalsa war unter den Normannen das Quartier von Matrosen und Fischern, erlitt jedoch im Zweiten Weltkrieg schwere Schäden. Die Restaurierung ist immer noch nicht beendet. Das Viertel beherbergt die meisten von den Aragoniern im späten Mittelalter und in der Renaissance errichteten Bauten, denn sein Zentrum, die Piazza Marina, war lange Sitz des aragonischen Hofs und des Inquisitionsgerichts. Die Via Maqueda führt zur Piazza Pretoria, Palermos Verwaltungszentrum mit dem Palazzo delle Aquile, Santa Caterina und San Giuseppe dei Teatini. Westlich des Corso Vittorio Emanuele liegt Castellammare mit dem Vucciria-Markt und dem Hafenviertel Loggia, in dem früher Katalanen, Pisaner und Genuesen lebten.

Sehenswürdigkeiten auf einen Blick

Museen und Sammlungen

2 *Palazzo Abatellis S. 56f*
4 Museo Internazionale delle Marionette
12 Galleria d'Arte Moderna Sant'Anna
15 Museo Archeologico Regionale A. Salinas

Historisches Gebäude

5 Palazzo Mirto

Platz

1 Piazza Marina

Kirchen

3 La Gancia
6 San Francesco d'Assisi
9 Santa Caterina d'Alessandria
10 La Martorana
11 San Cataldo
13 La Magione
14 Santa Maria dello Spasimo
17 Oratorio del Rosario di Santa Cita
18 San Domenico
19 Oratorio del Rosario di San Domenico

Markt

16 Mercato della Vucciria

Monumente

7 Fontana Pretoria
8 Palazzo delle Aquile

Restaurants in Palermo
siehe S. 210f

Stadtplan *1, 2*

Zeichenerklärung
siehe hintere Umschlagklappe

◀ **Christi Geburt, vergoldetes Mosaik (12. Jh.) in der Kirche La Martorana** ***(siehe S. 58)***

Im Detail: Piazza Marina

Die Piazza Marina, Hauptplatz des alten Palermo, liegt am Rand des Viertels Kalsa. Ab dem Mittelalter fanden hier Ritterturniere, Märkte, öffentliche Hinrichtungen und Theatervorführungen statt. Bei königlichen Hochzeiten, etwa bei der Heirat von Karl II. und Maria Luise 1680, wurden in eigens für diesen Anlass erbauten hölzernen Theatern prunkvolle Vorstellungen gegeben. Vorzeigebauten wie Palazzo Steri Chiaramonte, Palazzo del Castillo, Palazzo della Zecca, San Giovanni dei Napoletani, Palazzo della Gran Guardia, Santa Maria della Catena, Palazzo Galletti und Palazzo Villafiorita säumen die unregelmäßigen Seiten der Piazza Marina. In der Mitte spenden auf dem Giardino Garibaldi gewaltige Feigenbäume willkommenen Schatten.

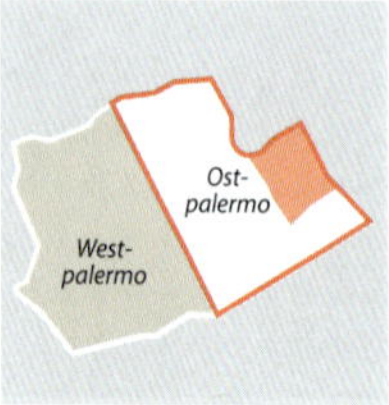

Zur Orientierung
Siehe Stadtplan 2

Santa Maria della Catena verdankt ihren Namen der über die Hafenmündung gespannten *catena*, »Kette«. Eine breite Treppe führt zum dreibogigen Portal der im Stil der Renaissance errichteten Kirche (frühes 16. Jh.).

Santa Maria dei Miracoli

❶ Piazza Marina
Die Piazza ist einer der größten Plätze Palermos. Das einstige Hafenareal wurde vor langer Zeit dem Meer abgerungen und trockengelegt. Im Garten gedeiht *Ficus magnolioides*, eine Feigenbaumart, die bizarre Luftwurzeln ausbildet.

0 Meter 60

Legende

— Routenempfehlung

Hotels und Restaurants in Palermo *siehe Seiten 202 und 210f*

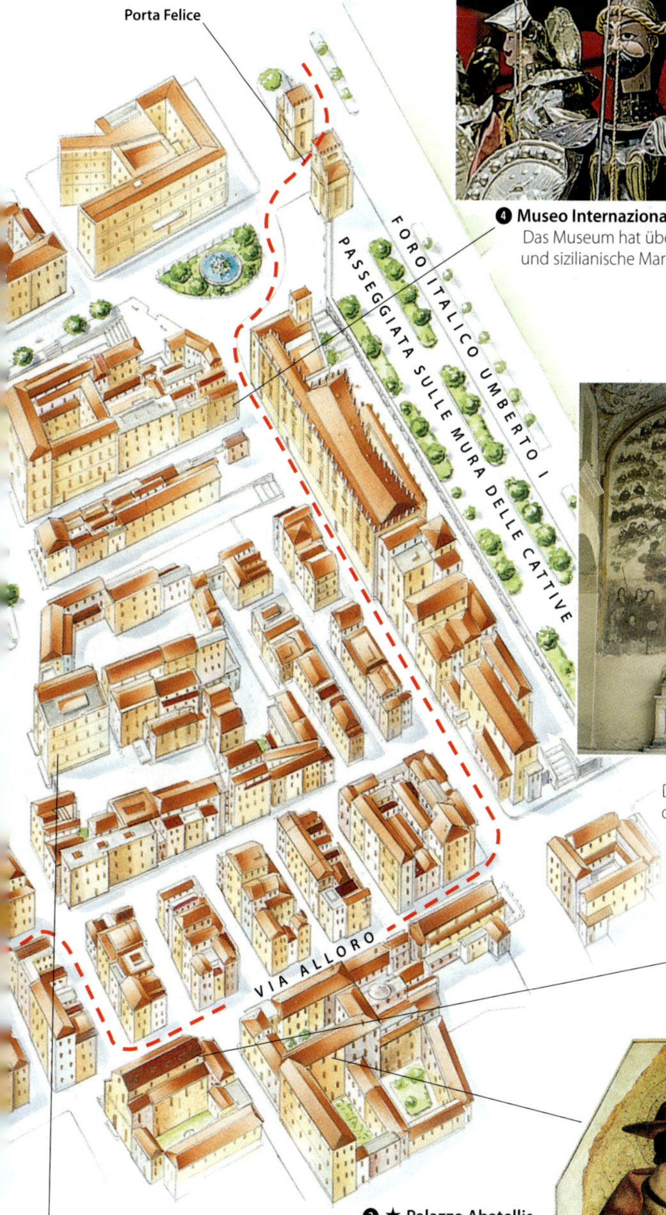

❹ Museo Internazionale delle Marionette
Das Museum hat über 2000 indonesische und sizilianische Marionetten zusammengetragen.

❸ ★ La Gancia
Die auch Santa Maria degli Angeli genannte Kirche wurde 1490 im Stil der katalanischen Spätgotik als Teil des Franziskanerklosters errichtet.

Palazzo Chiaramonte Steri, Anfang des 14. Jahrhunderts erbaut, war der Sitz von Manfredi III. Chiaramonte, einem der mächtigsten Feudalherren Siziliens während der Herrschaft der Aragonier. Heute befindet sich hier das Rektorat der Universität, die wichtigste Kulturinstitution in Palermo.

❷ ★ Palazzo Abatellis
Der ab 1490 erbaute Palazzo beherbergt die Galleria Regionale di Sicilia, zu deren Exponaten Antonello da Messinas *(siehe S. 27)* Gemälde *San Girolamo* gehört.

Stadtplan Palermo *siehe S. 82f*

Giardino Garibaldi im Zentrum der Piazza Marina

❶ Piazza Marina

Stadtplan 2 E3.

Der Platz, einer der größten der Stadt, lag einst am südlichen Ende des Hafens. G. B. Basile gestaltete 1863 den **Giardino Garibaldi** in der Mitte der Piazza. Die von ihm gepflanzten Großblättrigen Feigen *(Ficus magnolioides)* haben sich zu Riesen ausgewachsen. Pfeile und Bogen, Vögel und Kaninchen zieren den gusseisernen Gartenzaun, hinter dem man auf einen Brunnen und Büsten von Risorgimento-Helden stößt, darunter Benedetto De Lisis Denkmal für Garibaldi.

Manfredi III. Chiaramonte ließ 1307 das prägnanteste Gebäude an der Piazza Marina erbauen, den **Palazzo Chiaramonte Steri**. Die mächtige Familie Chiaramonte beherrschte im Mittelalter den Großteil Siziliens. *Steri* leitet sich von *hosterium* für »befestigtes Gebäude« ab, und in der Tat waren in den turbulenten Jahren der Normannen- und Stauferherrschaft die meisten Patrizierhäuser befestigt. Der gotisch gestaltete Palazzo lässt arabische und normannische Einflüsse erkennen. Zwei- und dreigeteilte Lanzettfenster mit farbigen Inkrustationen zieren die strenge Fassade, ein doppelbogiger Sturz aus Hausteinen schmückt das Portal.

1392 ließen die Aragonier, Siziliens neue Herren, vor dem Palazzo Andrea Chiaramonte köpfen. Danach diente der Bau als Residenz der aragonischen Könige, später der Vizekönige, im 17. Jahrhundert als Gerichtssaal des Heiligen Offiziums (des Inquisitionsgerichts), in dem Verdächtige verhört und gefoltert wurden. Später tagte hier das Stadtgericht. Der Innenhof steht Besuchern offen. Im Rahmen geführter Touren können einige Innenräume besichtigt werden.

An der anderen Platzseite steht die Renaissance-Kirche **Santa Maria dei Miracoli** (1547), an der Nordostecke **San Giovanni dei Napoletani** (1526–1617) mit einem trapezförmigen Portikus. An der Ecke zum Corso Vittorio Emanuele sprudelt die von Paolo Amato entworfene **Fontana del Garraffo**. Delfinköpfe tragen die drei Muschelbecken des barocken Brunnens.

❷ Palazzo Abatellis

Siehe S. 56f.

La Gancias gotisches Portal, mit Bogen und Flachrelief

❸ La Gancia

Via Alloro 27. **Stadtplan** 2 E3.
📞 338-451 20 11 oder 338-722 87 75.
◯ Mo–Sa 9.30–13.30. ● So u. Feiertage.

Die Kirche von 1485 ist Santa Maria degli Angeli geweiht. Zwei Portale im Stil der spanischen Gotik ziehen den Blick auf sich. Das Langhaus besitzt keine Seitenschiffe, dafür aber 16 Seitenkapellen, einen Boden aus farbigem Marmor, eine gemusterte Holzdecke aus dem späten 16. Jahrhundert und von Giacomo Serpotta hinzugefügte barocke Stuckaturen. Die schöne Orgel im separaten Chor am Eingang stammt aus dem späten 16. Jahrhundert. Antonio Grano fertigte im Jahr 1697 die Holzgemälde mit Abbildungen der Heiligen der Franziskaner.

Palermische Marionette aus dem Theater Francesco Sclafanis

❹ Museo Internazionale delle Marionette

Piazzetta A. Pasqualino 5. **Stadtplan** 2 E3. 📞 091-32 80 60. ◯ Juni–Aug: Mo–Sa 9–13, 14.30–18.30 Uhr; Sep–Mai: Mo–Sa 9–13, 14.30–18.30 Uhr, So 10–13 Uhr. ● eine Woche Mitte Aug. Aufführungen variieren, informieren Sie sich auf der Website.
W museomarionettepalermo.it

Das Museum beherbergt eine der international besten und sehenswertesten Sammlungen von Puppen, Marionetten und Schattenspielfiguren.

Der erste Saal ist bedeutenden Puppenspielschulen wie

Bühnenkulisse mit Rittern, Museo Internazionale delle Marionette

denen von Catania, Neapel, Lüttich und Brüssel gewidmet. Der zweite Saal zeigt Marionetten von Puppenspielern wie Alcamo, Partinico und Castellammare del Golfo sowie Bühnenbilder. Die internationale Abteilung umfasst Schattenspielfiguren aus China, thailändische Handpuppen *(hun krabok)*, Figuren aus Vietnam, Marionetten aus Burma und Rajasthan, Wayang-Figuren aus Java sowie bewegliche Figuren aus Ozeanien und Afrika. Die Kulissen des Puppentheaters von Gaspare Canino di Alcamo illustrieren die Abenteuer von Roland (Orlando), dem Neffen Karls des Großen, von dessen Rittern die *Opera dei pupi* *(siehe S. 29)* oft erzählt.Das Museum veranstaltet jährlich *(siehe S. 45)* das Festival di Morgana mit Puppenspielern aus aller Welt.

❺ Palazzo Mirto

Via Merlo 2. **Stadtplan** 2 D3. 091-616 75 41. Di–Sa 9–18 Uhr, So u. Feiertage 9–13 Uhr. Mo.

Das Adelspalais wirkt wie aus einem Bilderbuch entsprungen – und wie durch ein Wunder ist seine Originaleinrichtung erhalten. Das im 18. Jahrhundert über Vorgängerbauten aus dem 15. und 16. Jahrhundert errichtete Palais ging von der Familie De Spuches an die ebenfalls adligen Filangeri über, die es als Wohnsitz behielten, bis der letzte Erbe ihn dem Staat vermachte.

Wappen am Palazzo Mirto

Man betritt den Hof durch ein mit dem Filangeri-Familienwappen geschmücktes Portal (18. Jh.). Von dort führt eine majestätische Marmortreppe zu den eleganten Salons des Piano nobile im ersten Stock. Zunächst kommt man in die mit mythologischen Malereien – ein Werk (1804) Giuseppe Velascos – verzierte Sala degli Arazzi (»Gobelinsaal«), danach in den »Chinesischen« Salon und in den Baldachinsalon mit seinen allegorischen Fresken aus dem späten 18. Jahrhundert. Mobiliar und übriges Inventar stammen aus dem 18. und 19. Jahrhundert.

Einige Räume gehen auf den Hofgarten mit seinem pompösen, von zwei Vogelhäusern flankierten Rokoko-Brunnen.

Einer der mit Originalmöbeln eingerichteten Salons des Palazzo Mirto

❻ San Francesco d'Assisi

Piazza San Francesco d'Assisi. **Stadtplan** 2 D3. 091-616 28 19. Mo–Fr 9–17, Sa 9–11 Uhr.

Trotz zahlreicher Veränderungen haftet dieser Kirche noch ein mittelalterliches Flair an. Sie entstand im frühen 13. Jahrhundert zusammen mit dem Franziskanerkloster. Bald darauf, nach seiner Exkommunikation durch den Papst, ließ Friedrich II. sie zerstören. Der 1255 begonnene und 1277 vollendete Neubau bekam im 15. und vor allem 16. Jahrhundert An- und Umbauten, bei denen u.a. sein Holzdach ersetzt und das Presbyterium vergrößert wurde.

Das 1943 bombardierte Gotteshaus wurde in seiner ursprünglichen Gestalt restauriert. Die Fassade ist nüchtern mit großer Fensterrosette und gotischem Portal. Das Innere ist mit Skulpturen von Giacomo Serpotta und Antonello Gagini und anderen Kunstschätzen bestückt. Beachtung verdienen das Chorgestühl beim Hochaltar (1520) sowie die Gemälde (17. Jh.) *Christi Auferstehung*, *Himmelfahrt* und der *Missionsbefehl*.

In den Seitenkapellen befinden sich Grabplatten und Sarkophage. Mit dem Portal der vierten Kapelle des linken Seitenschiffs, der Cappella Mastrantonio, schuf Francesco Laurana eines der ersten Renaissance-Kunstwerke Siziliens.

❷ Palazzo Abatellis

Der schlichte Bau im Stil der katalanischen Spätgotik beherbergt die Galleria Regionale della Sicilia. Das elegante Eingangstor leitet in den weiten Hof mit einem Portikus zur Rechten und einer zu den Obergeschossen aufsteigenden Treppe. Im Erdgeschoss ist eine erlesene Sammlung von Statuen Antonello Gaginis und Francesco Lauranas zu sehen, in der früheren Kapelle ein Prunkstück der Galerie: das Fresko *Triumph des Todes*, das Werk eines unbekannten Malers. Der erste Stock präsentiert filigrane spätmittelalterliche Kruzifixe, darunter eines von Pietro Ruzzolone (16. Jh.), sowie Gemälde von Antonello da Messina. Unter den ausländischen Kunstwerken ragt das *Malvagna-Triptychon* von Jan Gossaert, genannt Mabuse, hervor.

★ Annunziata
Das berühmte Werk Antonello da Messinas (1430–1479) belegt den Einfluss der flämischen Malerei mit ihrem Detailrealismus und die Wirkung der von Antonello erstmals verwendeten Ölfarben in der italienischen Malerei.

★ Triumph des Todes
Zu den Attraktionen in diesem Raum gehört das bewundernswerte Fresko, das den Tod als berittenen Bogenschützen zeigt *(siehe S. 36f)*.

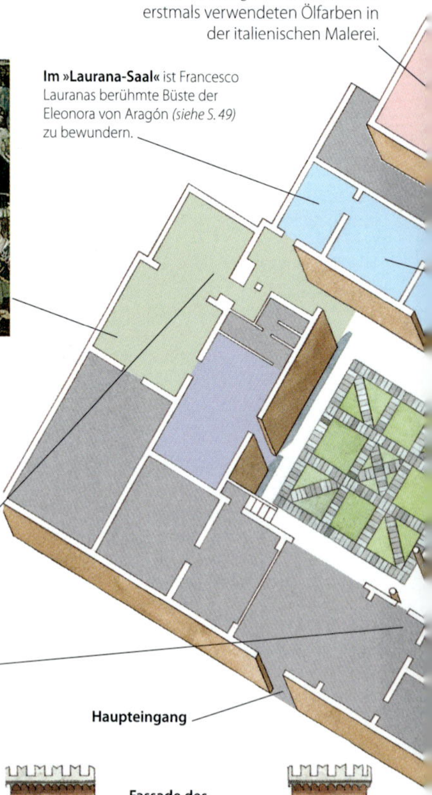

Im »Laurana-Saal« ist Francesco Lauranas berühmte Büste der Eleonora von Aragón *(siehe S. 49)* zu bewundern.

Erdgeschoss

Haupteingang

Die Jungfrau mit dem Kind
Diese Domenico Gagini zugeschriebene Skulpturengruppe entstammt der Basilica di San Francesco d'Assisi *(siehe S. 55)*. Besonders fein herausgearbeitet sind Marias Gesichtszüge.

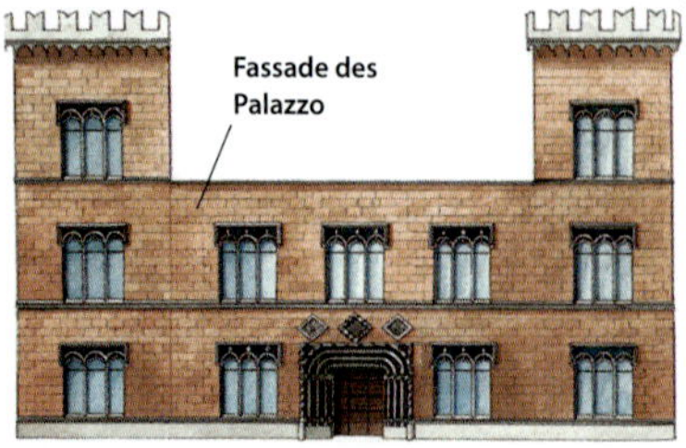

Fassade des Palazzo

Malvagna-Triptychon Der Flügelaltar des Flamen Mabuse (1478–1532) zeigt Maria mit dem Kind inmitten von Engeln und Heiligen.

Infobox

Information

Via Alloro 4. **Stadtplan** 2 E3. ☎ 091-623 00 11. ◯ Di–Fr 9–18.30, Sa, So, Feiertage 9–13.30 Uhr. ● Mo. Es sind verschiedene Kombitickets mit anderen Museen und Palazzi erhältlich.

W regione.sicilia.it/beniculturali/palazzoabatellis

W palermoweb.com

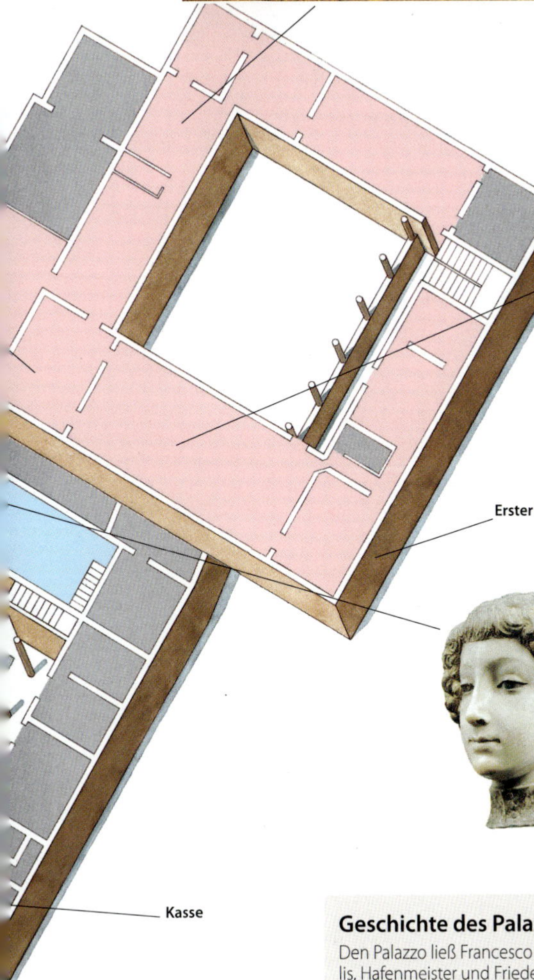

Hölzernes Kruzifix Auf der Vorderseite des Kreuzes stellte Pietro Ruzzolone (15./16. Jh.) aus Palermo die Kreuzigung dar *(oben)*, auf der Rückseite die Auferstehung Christi.

Bildnis eines Jünglings Diese Domenico Gaginis Sohn Antonello (1478–1536) zugeschriebene Skulptur ist das Fragment einer Statue des heiligen Vitus, die einst in der Kirche San Vito stand. Die Gesichtszüge verraten den Einfluss Francesco Lauranas.

Legende

- Schnitzereien (12. Jh.)
- Skulpturen (14.–15. Jh.) Majolika (14.–16. Jh.)
- Skulpturen und Gemälde (15.–16. Jh.)
- Gemälde (13.–16. Jh.)
- Keine Ausstellungsfläche

Geschichte des Palazzo

Den Palazzo ließ Francesco Abatellis, Hafenmeister und Friedensrichter von Palermo, mit dem Wunsch nach standesgemäßem Wohnkomfort 1490–95 nach Plänen von Matteo Carnalivari erbauen. Da Abatellis keine Erben hinterließ, fiel der Bau nach seinem Tod an den Benediktinerorden, später an die Region Sizilien. Der Architekt Carlo Scarpa hat das 1943 ausgebombte Gebäude nach dem Krieg restauriert.

Loggia, Palazzo Abatellis

Stadtplan Palermo *siehe S. 82f*

Fontana Pretoria, wegen ihrer nackten Figuren einst »Brunnen der Scham« genannt

❼ Fontana Pretoria

Piazza Pretoria. **Stadtplan** 1 C3.

Der Brunnen im Herzen Palermos liegt etwas höher als die Via Maqueda. Er wurde 1552–55 vom toskanischen Bildhauer Francesco Camilliani für den Garten einer florentinischen Villa gefertigt und später hierher versetzt. Mythologische Figuren, u. a. Tritonen und Sirenen, sowie Allegorien der vier Flüsse Oreto, Papireto, Gabriele und Maredolce schmücken seine auf drei Ebenen angeordneten konzentrischen Becken. Wegen der vielen nackten Skulpturen war er früher auch als der »Brunnen der Scham« bekannt.

Statue der Fontana Pretoria

❽ Palazzo delle Aquile

Piazza Pretoria. **Stadtplan** 1 C3. ☎ 091-740 11 11. ◷ Mo–Fr 9–13.30, 15–19 Uhr, Sa 9–13 Uhr.

Der Palazzo Senatorio bzw. Municipio – so sein eigentlicher Name – wird wegen seiner vier Adlerfiguren an der Fassade und am Portal als »delle Aquile« bezeichnet. Das heutige Rathaus ist Palermos imposantestes öffentliches Gebäude. Das Original stammt aus dem 16. Jahrhundert, wurde aber im 19. Jahrhundert stark umgestaltet. Eine Statue von Santa Rosalia von Carlo d'Aprile (1661) befindet sich in einer Fassadennische. Das beeindruckende Treppenhaus mit Kassettendecke führt im Obergeschoss zu mehreren öffentlichen Räumen: Sala delle Lapidi, Sala dei Gonfaloni und Sala Rossa (Bürgermeistersaal).

❾ Santa Caterina d'Alessandria

Piazza Bellini. **Stadtplan** 1 C3. ◷ Sommer: Mo–Sa 9.30–13, 15–19 Uhr, So u. Feiertage 9.30–13 Uhr; Winter: tägl. 9.30–13 Uhr. ♿

Die Kirche der Dominikanerabtei gilt als Meisterwerk des Sizilianischen Barock. Sie entstand wie das Kloster im 14. Jahrhundert, der heutige Bau stammt von 1580–96. Blickfang der Fassade im Stil der Spätrenaissance sind die Doppeltreppe und die Statue der hl. Katharina in der Mitte des Portals. Die Kuppel stammt von der Mitte des 18. Jahrhunderts. Das Innere zeigt eine reiche Dekoration mit verschiedenfarbigen Marmorintarsien, Skulpturen, Stuck und Fresken. In der Kapelle rechts des Querschiffs steht eine anmutige Statue Antonello Gaginis (1534), die nochmals die heilige Katharina darstellt.

❿ La Martorana

Piazza Bellini 3. **Stadtplan** 1 C4. ☎ 345 828 82 31. ◷ Mo–Sa 9.30–13, 15.30–17.30, So u. Feiertage 9–13 Uhr.

Santa Maria dell'Ammiraglio ist auch als La Martorana, nach Eloisa della Martorana, Stifterin des nahe gelegenen Benediktinerinnenklosters, bekannt. Eloisa schmückte die Kirche mit selbst gemachten Marzipanfrüchten – heute sind die Frutti di Martorana Palermos bekannteste Nascherei. Die Kirche wurde 1143 über dem Grundriss eines griechischen Kreuzes errichtet und im Barock vergrößert und zeigt normannische und barocke Stilelemente.

Portal der barocken Fassade von La Martorana

Durch den seit dem Erdbeben von 1726 kuppellosen Glockenturm betritt man den mit Stuck und Email verzierten Innenraum. Im Gewölbe beeindrucken Fresken wie Olivio Sozzis *Madonna in den himmlischen Sphären* (1744). Die Mosaiken (12. Jh.) sind wahrscheinlich Werke der Künstler, die auch in der Cappella Palatina arbeiteten. Sie zeigen in der Kuppel *Christus als Pantokrator im Kreis der Engel*, im Tambour *Die Propheten* und *Die vier Evangelisten*, an den Bogen Heiligenfiguren, an den Wänden Christi Geburt, den *Auftritt im Tempel* sowie *Mariä Verkündigung*.

⑪ San Cataldo

Piazza Bellini 3. **Stadtplan** 1 C4. 091-34 87 28. Mo–Sa 9.30–12.30, 15.30–17.30, So u. Feiertage 9.30–13.30 Uhr.

Die Kirche entstand ursprünglich als Kapelle eines Palazzo, den Majo von Bari, Großadmiral Wilhelms I., im 12. Jahrhundert erbauen ließ.

Mit den drei roten Kuppeln, den Spitzbogenfenstern und der Zinnenverzierung hat sich das Gotteshaus sein arabisch-normannisches Gepräge über die Jahrhunderte hinweg bewahrt. Auch Inschriften mit Koranzitaten sind noch erkennbar. Der Innenraum ist – bis auf den gemusterten Mosaikboden – schmucklos. In der Mitte stützen antike Säulen maurische Bogen.

⑫ Galleria d'Arte Moderna Sant'Anna

Via Sant'Anna 21, Palermo. **Stadtplan** 2 D3. 091-843 16 05. Di–So 9.30–18.30 Uhr.

Die Sammlung im Kloster Sant'Anna (15. Jh.) präsentiert Werke aus den vergangenen 150 Jahren. Einige der hier vertretenen Künstler haben auch bei der Biennale in Venedig ausgestellt.

⑬ La Magione

Via Magione 44. **Stadtplan** 2 D4. 091-617 05 96. Sommer: tägl. 9–19; Winter: Mo–Sa 9–19, So 9–13 Uhr. Kreuzgang und Kapellen: Mo–Sa 9.30–18.30, So u. Feiertage 9.30–12.30 Uhr.

Matteo d'Aiello stiftete Mitte des 12. Jahrhunderts die Kirche und das dazugehörige Zisterzienserkloster. 1197–1492 war La Magione Sitz des Deutschen Ordens. 1943 wurde die oft umgebaute Kirche bombardiert, danach sorgfältig im normannischen Stil restauriert. Ein barock gestalteter Portikus gewährt Zugang zu einem idyllischen Garten. Drei Portale betonen die Fassade. Spitzbogen säumen das Mittelschiff.

San Cataldo, ein Bau mit unverkennbar arabischem Einschlag

Blick ins dachlose Innere von Santa Maria dello Spasimo

⑭ Santa Maria dello Spasimo

Via dello Spasimo. **Stadtplan** 2 E4. 091-616 14 86. tägl. 9.30–17.30 Uhr.

Mönche aus Santa Maria di Monte Oliveto gründeten 1506 das Kloster Santa Maria dello Spasimo. Raffaels *Kreuztragung Christi* mit der trauernden Maria von 1516 war der Blickfang des Kirchenraums. Das Altarbild hängt heute im Prado in Madrid. Die von Klosterzellen umstandene Kirche nahm als Palermos letztes Bauwerk im katalanisch-spätgotischen Stil eine besondere Stellung ein. 1536 wurde der damals vor den Stadtmauern gelegene Komplex in einen Schutzwall integriert, was die Kirche wie einen Wachturm erscheinen lässt. Nach Aufkauf durch die Stadt im 16. Jahrhundert diente der Bau zeitweise als Lager, Armenhaus und Krankenhaus. Nach langer Zeit des Verfalls, unter anderem durch Flut und Erdbeben, wurde er saniert und ab 1998 als Kulturzentrum eröffnet und dient als Veranstaltungssaal. Im teils unüberdachten Inneren finden Ausstellungen und Konzerte statt.

Ausstellungsraum des Museo Archeologico Regionale A. Salinas

⓯ Museo Archeologico Regionale A. Salinas

Piazza Olivella 24. **Stadtplan** 1 C2. ☎ 091-611 68 05/6/7. 🕒 Mo–Fr 9–13.15, 15–18.15, Sa, So, Feiertage 9–13.15 Uhr. ♿

Das Archäologische Museum in einem Kloster (17. Jh.) hütet Funde aus allen Teilen der Insel. Vom Eingang gelangt man zum Klosterhof mit Tritonen-Brunnen. Zu den Exponaten in den ehemaligen Mönchszellen zählen phönizische Sarkophage in Menschengestalt (6.–5. Jh. v. Chr.) und die *Pietra di Palermo* (2900 v. Chr.), ein Stein mit hieroglyphischer Inschrift.

Römischer Kopf im Museo Archeologico

Der erste Stock präsentiert punische Inschriften sowie Terrakotta- und Bronzeskulpturen, u. a. eine kunstvolle Widderbronze (3. Jh. v. Chr.), die einst das Hauptportal des Castello Maniace in Siracusa schmückte. Im zweiten Stock zeigt die Sala dei Mosaici in Palermo, Solunto und Marsala geborgene Mosaiken und Fresken. Römische Statuen und Steintafeln stehen im Klosterhof, an dessen Ende in drei Räumen Metopen und andere Schätze aus den Tempeln von Selinunte zu sehen sind, darunter ein Löwenkopf aus dem Siegestempel. Darstellungen auf den Metopen von Tempel C sind *Der Wagen des Helios*, *Perseus tötet mit Athenes Hilfe die Gorgo Medusa* und *Herakles straft die Kerkopen*. Die Metopen von Tempel E zeigen *Herakles kämpft gegen die Amazonen*, *Hera und Zeus am Berg Ida*, *Hunde greifen Aktaion in Artemis' Beisein an (siehe S. 26)* und *Athene erschlägt den Giganten Enkelados*.

⓰ Mercato della Vucciria

Piazza Caracciolo und angrenzende Straßen. **Stadtplan** 1 C3.

Mit dem Gemälde *La Vucciria* hat Renato Guttuso Palermos bekanntesten Markt verewigt *(siehe S. 218)*. Zur Namensgebung des Marktes gibt es zwei Theorien: Für die einen leitet sich *Vucciria* aus dem französischen *boucherie* für »Metzgerei« ab, die anderen übersetzen den Begriff als »Ort der lauten Stimmen«, nach den einstigen Marktschreiern. Heute offeriert der Markt außer Gemüse, Trockenobst und Eingemachtem auch Käse, Fisch, Fleisch und andere Lebensmittel.

Das Potpourri der Farben, Gerüche und Geräusche erinnert an die Basare Nordafrikas. Der Markt fasziniert vor allem bei Sonnenuntergang, wenn Tausende von Lichtern aufflammen. An Ständen können Sie sich mit Oktopus oder Innereien am Spieß stärken. Eine weitere Spezialität ist gekochte Milz, eine Zutat des beliebten Brotsnacks *ca' meusa*. Von der Piazza San Domenico erreicht man den Markt über die Via Maccheronai, in der die Nudeln im Freien trockneten.

⓱ Oratorio del Rosario di Santa Cita

Via Valverde 3. **Stadtplan** 1 C2. ☎ 091-33 27 79. 🕒 Apr–Okt: Mo–Fr 9–13, Sa 9–15 Uhr; Nov–März: Mo–Sa 9–15 Uhr. ♿

Gestiftet wurde die Kapelle 1590 von der Rosenkranzbruderschaft. Einst war sie eines der prächtigsten Oratorien Palermos. Eine Marmortreppe führt zum Hof und weiter zur mit Marmorbüsten bestückten oberen Loggia und zum Vestibül, in dem Porträts der Superioren der Bruderschaft hängen. Die 2005 restaurierte Kapelle

Palermos pittoresker Mercato della Vucciria

Hotels und Restaurants in Palermo *siehe Seiten 202 und 210f*

Barockfassade von San Domenico

ist eine barocke Meisterleistung von Giacomo Serpotta *(siehe S. 39)*: Putten an den Voluten, den Statuen, Stuckgirlanden und -blumen zeigen die Freude am Dekor. Prachtstücke sind die Skulpturengruppe *Seeschlacht bei Lepanto (siehe S. 39)* und das Altarblatt *Madonna vom Rosenkranz* (1695), ein Werk von Carlo Maratta. Statuen der Esther und der Judith schmücken seitlich die Galerie, Perlmuttintarsien die Sitzreihe an den Wänden. Der Boden besteht aus rotem, weißem und schwarzem Marmor.

Stuckdetail von Santa Cita

⓲ San Domenico

Piazza San Domenico. **Stadtplan** 1 C3. 338-722 87 75/451 20 11. Di–Sa 9.30–12.30 Uhr.

Die Dominikaner-Klosterkirche hat in den vergangenen sechs Jahrhunderten zahlreiche Umbauten erlebt, besonders drastisch 1640, als Andrea Cirincione sie auf Kosten von Teilen des Kreuzgangs vergrößerte. 1724 wurde bei der Umgestaltung der Piazza San Domenico auch die Fassade erneuert. Ihr barockes Kleid wirkt durch die geschwungene Linienführung, vorspringende Säulen, Statuen, Nischen und die Zwillingsglockentürme dynamisch.

Der Innenraum zeigt den klassischen Grundriss des lateinischen Kreuzes mit zwei Seitenschiffen und niedriger halbrunder Kuppel. Der völlige Verzicht auf Ornamentik unterstreicht die Eleganz der Architektur. Die Kapellen, seit dem 19. Jahrhundert Grablege der berühmtesten Bürger der Stadt, sind dagegen reich dekoriert. Die dritte Kapelle, die Grabstätte der Familie Oneto di Sperlinga, ist mit Stuckaturen und Putten an den Wänden, einer Statue des heiligen Josef und Grabmalen aus buntem Marmor ausgestattet. Bronzefriese und Seitenvoluten zieren den Altar im Querhaus, Halbedelsteine den marmornen Hochaltar aus dem 18. Jahrhundert.

⓳ Oratorio del Rosario di San Domenico

Via dei Bambinai. **Stadtplan** 1 C2. 091-33 27 79. Apr–Okt: Mo–Fr 9–18, Sa 9–15 Uhr; Nov–März: Mo–Sa 9–15 Uhr.

Hinter San Lorenzo, auf dem Gelände des Vucciria-Markts, steht das Ende des 16. Jahrhunderts erbaute Oratorium der Rosenkranzbruderschaft. Ihr gehörten der Maler Pietro Novelli und der Bildhauer Giacomo Serpotta an, die der eleganten Kapelle ihre originellen Stempel aufgedrückt haben.

Der schwarz-weiße Majolikaboden harmoniert mit edlen Damen, Rittern und Putten. Diese bilden sozusagen den profanen Rahmen für Serpottas Statuen der christlichen Tugenden sowie die von Novelli und flämischen Malern illustrierten Rosenkranzgeheimnisse.

Das Altarbild *Rosenkranzmadonna* (1628), das auch den heiligen Dominikus und die Schutzheiligen von Palermo zeigt, schuf der Flame Anthonis van Dyck. Novellis *Marienkrönung* ist der zentrale Blickfang des Kuppelgewölbes.

Van Dycks berühmtes Altarbild *Rosenkranzmadonna*

Westpalermo

Die Viertel südlich der Via Roma bedecken die Hänge, an denen sich die ursprünglich phönizische, unter den Römern erweiterte Siedlung ausbreitete. Im 11. Jahrhundert bauten die Araber am Standort des heutigen Palazzo dei Normanni eine Burg. Daher setzte sich der arabische Begriff *Al Qasar*, »die Burg«, als Name für das Viertel und die zur Burg führende Straße durch. Letztere heißt heute Corso Vittorio Emanuele, im Volksmund »Cassaro« genannt. In der Gegend stehen zahlreiche Profan- und Sakralbauten, darunter die Kathedrale, sowie gute Läden und Hotels. Im Viertel Albergheria zwischen Palazzo dei Normanni und Via Maqueda waren im Mittelalter die Händler und Handwerker ansässig. Von ihrem Wohlstand zeugen heute die Oratorien mittelalterlicher Bruderschaften. Für Leben sorgt täglich der Mercato di Ballarò. Er ist zwar nicht so bekannt, dafür aber authentischer als der Vucciria-Markt. In der ersten Hälfte des 20. Jahrhunderts wurden Teile Westpalermos Opfer von Abrissarbeiten, im Jahr 1943 von Luftangriffen.

Sehenswürdigkeiten auf einen Blick

Straßen und Plätze

1. Piazza della Vittoria
6. Corso Vittorio Emanuele
8. Quattro Canti

Kirchen

3. *Cappella Palatina S. 66f*
4. San Giovanni degli Eremiti
5. *Kathedrale S. 70f*
9. San Giuseppe dei Teatini
10. Chiesa del Gesù und Casa Professa
11. Sant'Orsola
12. Chiesa del Carmine

Historische Gebäude

2. Palazzo dei Normanni
7. Museo Regionale d'Arte Moderna e Contemporanea Belmonte-Riso
13. Teatro Massimo

Stadtplan *1*

Restaurants in Palermo
siehe S. 210f

0 Meter 350

Zeichenerklärung
siehe hintere Umschlagklappe

◀ **Detail der Kathedrale mit ihren unterschiedlichen architektonischen Merkmalen *(siehe S. 70f)***

Im Detail: Piazza della Vittoria

Die Piazza della Vittoria gegenüber dem Palazzo dei Normanni zählt zu den stattlichsten Plätzen Palermos. Seit den Zeiten des römischen *castrum superius* (Militärlager), des arabischen Alkazars und des normannischen Palasts schlug hier Siziliens politisches Herz. Als im 12. Jahrhundert die Kathedrale hinzukam, gewann der Platz auch religiös an Prestige. Im 17. und 18. Jahrhundert war er Schauplatz staatlicher Feierlichkeiten. Erst Anfang des 20. Jahrhunderts verwandelte man ihn in einen Park. Imposante Bauten wie Palazzo Sclafani, Palazzo Arcivescovile und Porta Nuova säumen ihn.

Das Denkmal für Philipp V. im Zentrum der Piazza della Vittoria wurde 1662 aus Marmor errichtet.

Ehemaliges Krankenhaus San Giacomo

❷ **Palazzo dei Normanni**
Hier hatten seit alters die Stadtregenten ihre Residenz. Das Äußere lässt noch Spuren der ursprünglichen arabisch-normannischen Architektur erkennen.

Die Porta Nuova wurde 1583 zum Gedenken an einen Besuch Karls V. in Palermo 1535 erbaut.

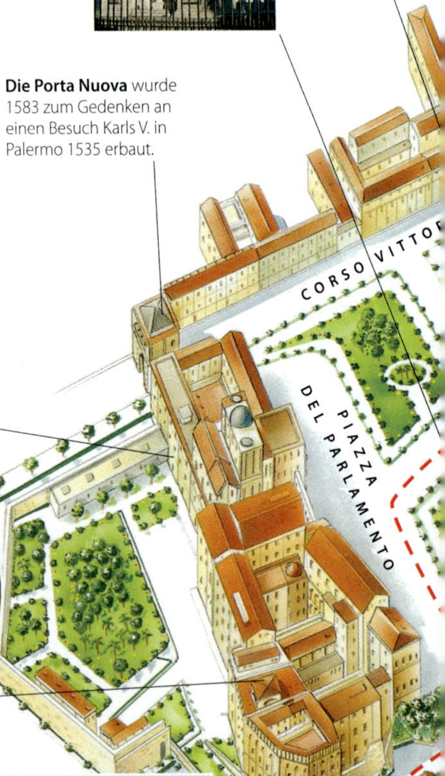

❸ ★ **Cappella Palatina**
Highlight der 1130 vom Normannenkönig Roger II. gestifteten Kapelle ist ihr Mosaikenzyklus.

❹ ★ **San Giovanni degli Eremiti**
Die in einem üppig begrünten Garten stehende Kirche zählt, nicht zuletzt wegen der arabisch-normannischen Architektur, zu Palermos bedeutendsten Baudenkmälern.

Hotels und Restaurants in Palermo *siehe Seiten 202 und 210f*

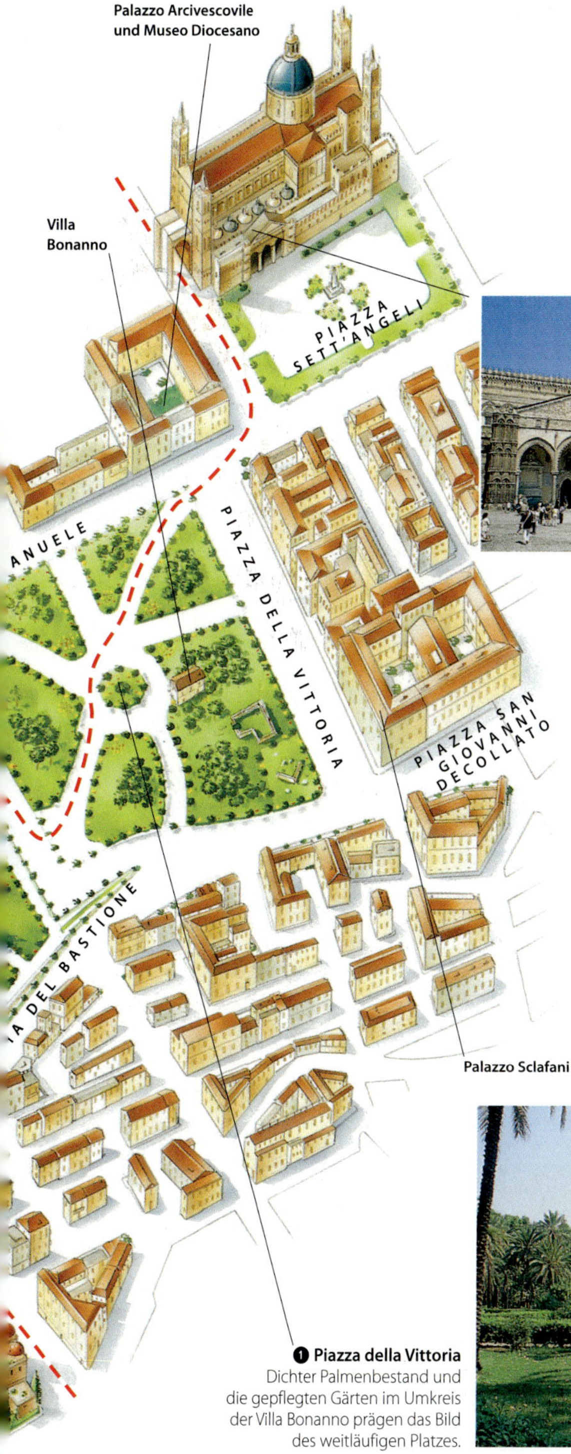

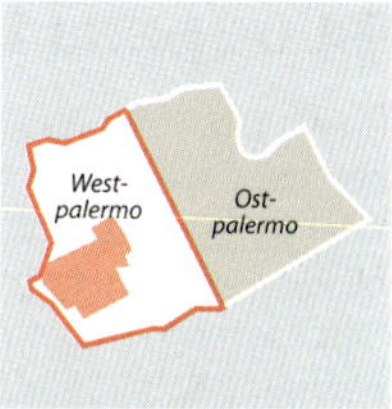

Zur Orientierung
Siehe Stadtplan 1

5 ★ Kathedrale
Die unterschiedlichen Baustile zeugen von der bewegten Stadtgeschichte.

Legende

— Routenempfehlung

1 Piazza della Vittoria
Dichter Palmenbestand und die gepflegten Gärten im Umkreis der Villa Bonanno prägen das Bild des weitläufigen Platzes.

Stadtplan Palermo *siehe S. 82f*

❸ Cappella Palatina

Die im Jahr 1130 von Roger II. *(siehe S. 33)* gestiftete Cappella Palatina hat die Struktur einer Basilika mit zwei Seitenschiffen und drei Apsiden. Granitsäulen gliedern das Langhaus. Ihr Mosaikdekor ist ein Juwel der arabisch-normannischen Kunst. Zu sehen sind biblische Episoden, in der Kuppel der von Engeln umringte Pantokrator. Aus den Kuppelnischen blicken die vier Evangelisten, von den Bogen Könige und Propheten. In der mittleren Apsis segnet Christus die Gläubigen. An den Wänden des Querhauses sind Szenen aus den Evangelien zu sehen. Weitere Glanzlichter sind die Holzdecke, ein Meisterwerk islamischer Kunst, sowie Marmorkanzel und -kandelaber. Die Harmonie und Perfektion der Details machen die Kapelle zu einem einzigartigen Gesamtkunstwerk.

★ Mittelschiff
Im Zentrum segnet Christus die Gläubigen, unter ihm ist die Jungfrau Maria abgebildet.

★ Holzdecke
Die Decke über dem mittleren Abschnitt des Langhauses besteht aus geschnitzten, nach arabischer Tradition mit Temperamalereien ausgestalteten Kassetten.

Königsthron
Die zugespitzte Rückenlehne des gegenüber der Hauptapsis aufgestellten Throns ist in Quadrate unterteilt, die das aragonische Wappen tragen.

★ Pantokrator-Mosaik
In der Kuppelmitte ist dieses prächtige Mosaik zu sehen: Christus Pantokrator, thronender Allherrscher, umgeben von Engeln und Erzengeln, gekleidet in normannische Kriegergewänder.

Infobox

Information
Piazza Indipendenza. **Stadtplan** 1 A5. 091-626 28 33.
Mo–Sa 8.15–17, So u. Feiertage 8.15–12.15 Uhr.
federicosecondo.org

Kandelaber
Dieser ganz und gar aus Marmor gearbeitete Kandelaber ist Siziliens ältestes romanisches Kunstwerk (12. Jh.). Vier Beute verschlingende Löwen zieren seine Basis, ineinander verwobene Blumen- und figürliche Motive den Schaft. Drei schlanke Figuren tragen den runden Aufsatz für die Osterkerze.

Krypta
Die Krypta unterhalb des Presbyteriums, möglicherweise König Rogers ursprüngliche Kapelle, besitzt einen quadratischen Grundriss. Sie birgt sakrale Schätze wie diese byzantinische *Madonna mit Kind.*

Außerdem

① **Den Eingang** bildet ein Portal aus dem 19. Jahrhundert mit einer zweiflügeligen Holztür.

② **Die Nebenapsis** schmücken Bildnisse des heiligen Paulus und der Jungfrau Maria.

Stadtplan Palermo *siehe S. 82f*

Die Piazza della Vittoria mit dem Palazzo dei Normanni im Hintergrund

❶ Piazza della Vittoria

Der Platz wird ganz vom Garten der **Villa Bonanno** eingenommen. In der Mitte sprudelt der zu Ehren von Philipp V. aufgestellte Brunnen **Teatro Marmoreo**. Statuen symbolisieren die Kontinente, die zum Teil Philipps Herrschaftsgebiet angehörten. Archäologen haben hier römische Villen und Mosaiken ausgegraben, die Funde sind im Museo Archeologico Regionale *(siehe S. 60)* und im Pavillon Sala dell'Orfeo ausgestellt. Auf den Park blicken Palazzi und Kirchen, so die barocke, mit buntem Marmor und Stuck dekorierte **Cappella della Soledad** und das frühere Krankenhaus **San Giacomo**, heute Sitz der Bonsignore-Kaserne, mit der normannischen Kirche **Santa Maria Maddalena**.

❷ Palazzo dei Normanni

Piazza Indipendenza. **Stadtplan** 1 A5. 091-626 28 33. Mo, Fr, Sa 8.15–17, So u. Feiertage 8.15–12.15 Uhr.
federicosecondo.org

Der Palazzo wurde von den Arabern im 11. Jahrhundert über den Ruinen einer Römerfestung erbaut und im 12. Jahrhundert zur Residenz von König Roger II. vergrößert. Arabische Architekten und Handwerker errichteten die Türme und Pavillons. Aus der normannischen Ära ist nur wenig erhalten, u. a. weil der Palast verlassen wurde, als Friedrich II. seinen Hof in Palermo aufgab. Die spanischen Vizekönige wiederum bevorzugten den moderneren Palazzo Steri. Sein heutiges Aussehen verdankt der Palazzo, nun Sitz des sizilianischen Regionalparlaments, mehreren Umbauten im 16. und 17. Jahrhundert.

Vom Eingang an der Piazza Indipendenza führt ein kurzer Aufstieg zum Maqueda-Hof (1600) mit Arkaden an drei Seiten. Von dort geht man die Treppe zum ersten Stock und zur Cappella Palatina *(siehe S. 66f)*, einem der wenigen normannischen Relikte hoch. Die nur in Begleitung von Führern zu besichtigenden ehemaligen königlichen Gemächer befinden sich im zweiten Stock. Sehenswert ist die Sala di Re Ruggero, der König-Roger-Saal. Mosaiken aus dem 12. Jahrhundert bedecken Wände und Bogen. Die naturalistischen Pflanzen- und Tiermotive – Kentauren, Leoparden, Löwen, Pfauen – wirken, als seien sie persisch inspiriert. Geometrische Muster sowie mit Eulen, Hirschen, Kentauren und Löwen ornamentierte Medaillons zieren das Gewölbe. Der Chinesische Saal mit Fresken von Giovanni und Salvatore Patricolo und die Sala Gialla mit Malereien im Gewölbe schließen die Tour ab.

❸ Cappella Palatina

Siehe S. 66f.

❹ San Giovanni degli Eremiti

Via dei Benedettini 18. **Stadtplan** 1 A5. 091-651 50 19. Mo–Sa 9–18.30, So u. Feiertage 9–13 Uhr.

König Roger II. *(siehe S. 33)* ließ die Kirche 1132 über einem 581 von Papst Gregor dem Großen gestifteten Benediktinerkloster errichten. Rote Kuppeln und kubische Formen verleihen dem Bau, einem Gemeinschaftswerk von Arabern und Normannen, einen

Der mosaikenreiche König-Roger-Saal im Palazzo dei Normanni

Die arabischen Kuppeln von San Giovanni degli Eremiti

orientalischen Anstrich. Prächtige Granatapfel- und Zitronenbäume, Rosen und Jasmin gedeihen im Garten, der zu den Resten des Klosters führt, einem idyllischen Kreuzgang mit Zwillingssäulen, Spitzbogen und einem Brunnen.

Die einschiffige Kirche ist kreuzförmig angelegt. Drei Apsiden bilden das Presbyterium am Ende des Langhauses. Über der rechten Apsis erhebt sich eine der roten Kuppeln, über der linken ein Glockenturm mit Spitzbogenfenstern und einer kleinen Kuppel.

❺ Kathedrale

Siehe S. 70f.

❻ Corso Vittorio Emanuele

Die Hauptstraße im Herzen von Palermo ist eine der ältesten Straßen der Stadt. Sie folgt der phönizischen Straße, die einst die antike Stadt und den Hafen verband. Ihr Rufname »Cassaro« stammt vom arabischen *Al Qasar* ab, der »Burg«, auf die die Straße zulief. Im Mittelalter war der Cassaro der wichtigste Verkehrsweg der Stadt, im 16. Jahrhundert putzte sich die unter den Spaniern Via Toledo genannte Straße fein heraus. Sie wurde seewärts verlängert und mit zwei Stadttoren versehen, der **Porta Felice** im Norden und der **Porta Nuova** im Süden nahe dem Palazzo dei Normanni. Mehrere beeindruckende Patrizierhäuser säumen den Abschnitt zwischen der Porta Nuova und den Quattro Canti. An der Westseite stechen hervor: das Krankenhaus San Giacomo (heute Kaserne), das barocke **Collegio Massimo dei Gesuiti** (nun Regionalbibliothek), der barocke, in Rokoko-Manier umgestaltete **Palazzo Geraci**, Palazzo Risi und **Palazzo Tarallo della Miraglia** (18. Jh.; nun Hotel Centrale). An der Ostseite stehen zwei Kirchen: **San Salvatore**, ein ansehnlicher Barockbau mit elliptischem Grundriss, und **San Giuseppe dei Teatini**. Jenseits des Vicolo Castelbuono umrahmen Barockbauten die **Piazza Bologna**.

❼ Museo Regionale d'Arte Moderna e Contemporanea Belmonte-Riso

Corsa Vittorio Emanuele 365. ☎ 091-32 05 32. ◷ Di, Mi, So 10–19.30, Do–Sa 10 Uhr bis Mitternacht. ♿ 🎧 W palazzoriso.it

Der sorgfältig restaurierte Palazzo gegenüber der Piazza Bologni wurde 1784 von Venanzio Marvuglia, einem der bekanntesten Architekten seiner Zeit, errichtet. Seit 2008 ist hier das Museum zeitgenössischer Kunst mit Buchladen, Café und Multimedia-Raum untergebracht. Bei einem Rundgang durch die vielfältige Sammlung lassen sich das gesamte Gebäude sowie seine alten Höfe entdecken. Unter den Werken vorwiegend zeitgenössischer italienischer Künstler finden sich Arbeiten von Pietro Consagra, Andrea Di Marco, Alessandro Bazan und Carla Accardi. Darüber hinaus sind internationale Künstler wie Christian Boltanski und Richard Long vertreten. Das Museum bietet zahlreiche Veranstaltungen, auch Workshops und Kurse für Familien an.

❽ Quattro Canti

Piazza Vigliena. **Stadtplan** 1 C3.

An der Kreuzung des Corso Vittorio Emanuele mit der Via Maqueda liegt Palermos schönster Platz. Der Quattro Canti entstand, als Palermo 1600 in vier Stadtteile, die *mandamenti*, unterteilt wurde: *Kalsa* im Nordosten, *Albergheria* im Südosten, *Capo* im Südwesten sowie *Castellammare* oder *Loggia* im Nordwesten. Durch die konkaven Fassaden der vier Gebäude an seinen *quattro canti*, den »vier Ecken«, erscheint der Platz gerundet.

Die Eckbauten sind mit vorgesetzten dorischen, korinthischen und ionischen Säulen, je einem Brunnen sowie mit Statuen der Schutzheiligen der *mandamenti*, den Jahreszeiten und spanischen Königen dekoriert.

Einer der Eckbauten des Platzes Quattro Canti

❺ Kathedrale

An der Stelle der heutigen Kathedrale von Palermo stand zunächst eine frühchristliche Basilika, dann eine Moschee. Wegen der vielen Umbauten ist vom Ursprungsbau (1185) äußerst wenig erhalten. Ende des 18. Jahrhunderts wurde das Langhaus erweitert und die Mittelkuppel aufgesetzt. Vom normannischen Bau zeugen unterhalb der kleinen, mit Majolikafliesen verzierten Kuppeln die gebogenen Zinnenfriese an den Wänden sowie an den Außenmauern der Apsiden die Kreuzbogenfriese und kleinen Säulen. Durch ihre Stilmixtur gleicht die rechte Seite einer in Stein gehauenen Stadtchronik. Gegenüber der Fassade, auf der anderen Straßenseite, ragt der mittelalterliche Glockenturm auf. Die byzantinische Krone von Konstanze von Aragón wird hier aufbewahrt *(siehe S. 3 und S. 37)*.

Kuppeln mit Majolikadekor
Die kleinen Kuppeln wurden 1781 den Seitenkapellen aufgesetzt, deren Anbau das Bild der Kirche einschneidend veränderte.

Außerdem

① **Das Portal** (15. Jh.) besitzt eine aufwendig geschnitzte zweiflügelige Holztür und darüber ein Madonnenmosaik.

② **Die Kuppel** wurde Ende des 18. Jahrhunderts nach einem barocken Entwurf von Ferdinando Fugo hinzugefügt.

③ **Die Zinnenfriese** entlang der rechten Wand sind ein typisch normannisches Schmuckmotiv.

④ **Die Fassaden der Apsiden** sind mit Kreuzbogenfriesen verziert und der besterhaltene Teil des ursprünglichen Baus.

★ Katalanisch-gotischer Portikus
Die Vorhalle, ein Werk von Antonio Gambara (1430), besitzt drei Spitzbogen und ein gotisches Tympanon, dessen Flachreliefs biblische Szenen und das Stadtwappen darstellen.

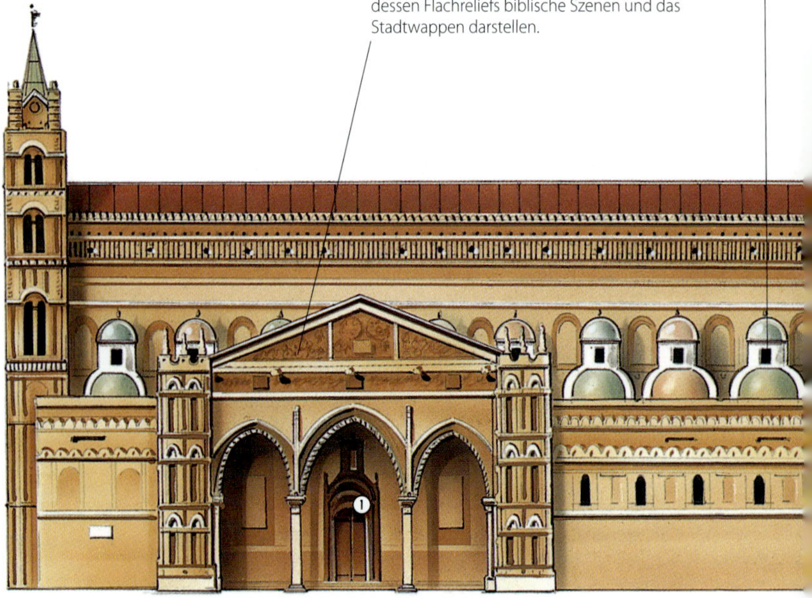

Innenraum der Kathedrale

Im 18. Jahrhundert erhielt das Innere ein klassizistisches Aussehen. Von den Kapellen sollte man drei nicht übersehen: die Cappella di Santa Rosalia sowie die zwei ersten auf der rechten Seite des Langhauses. Hier ruhen in Porphyrsarkophagen Kaiser Friedrich II. und sein Vater Heinrich VI.

Cappella di Santa Rosalia mit dem silbernen Reliquienschrein

Mittelteil des Langschiffs mit Statuen von Antonello Gagini

Infobox

Information

Corso Vittorio Emanuele. **Stadtplan** 1 B4. ☎ 091-33 43 73. ◯ März–Okt: Mo–Sa 9–17.30 Uhr; Nov–Feb: Mo–Sa 9.30–13 Uhr, So: außerhalb der Gottesdienste. ✝ Mo–Sa 7.30, 18, So u. Feiertage 8.45, 9.45, 11, 18 Uhr. Königsgräber, Krypta und Dächer. **W cattedrale.palermo.it**

Anfahrt

104.

Arabische Inschrift
An die frühere Moschee erinnern einige Relikte wie diese Inschrift eines Koranverses an der linken Säule des südlichen Portikus.

★ Türme mit Lanzettfenstern
Die schlanken gotischen Türmchen an den vier Ecken des Glockenturms kamen im 14. und 15. Jahrhundert hinzu.

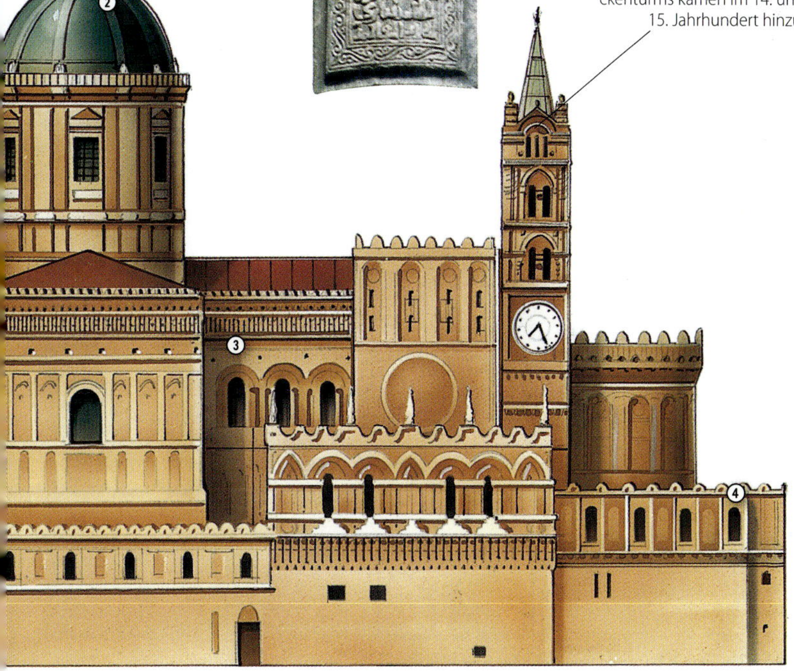

Stadtplan Palermo *siehe S. 82f*

Das üppige Barockinterieur der Chiesa del Gesù

9 San Giuseppe dei Teatini

Piazza Pretoria. **Stadtplan** 1 C4. ☎ 091-33 12 39. ◯ Mitte Juli – Mitte Sep: Mo – Sa 7.30 – 11, 18 – 20, So 9 – 12, 6.15 – 20 Uhr; Mitte Sep – Mitte Juli: Mo – Sa 7.30 – 12, 17.30 – 20, So 8.30 – 13, 18 – 20 Uhr.

Der Theatinerorden scheute bei der Errichtung der Kirche (1612 – 45) keine Kosten. Trotz der klassizistischen Fassadengestaltung (1844) verströmt sie barockes Flair. Es strahlt von der mit Majolikafliesen bedeckten Kuppel aus, um sich innen zu verdichten: Mächtige monolithische Marmorsäulen flankieren das dreischiffige Langhaus, Fresken überziehen die Gewölbe, bunter Marmor die Wände. Fresken und Stuckaturen schmücken auch die Seitenkapellen, Halbedelsteine den Hochaltar.

10 Chiesa del Gesù und Casa Professa

Piazza Casa Professa. **Stadtplan** 1 C4. ☎ 091-58 06 55 o. 338-451 20 11/722 87 75. ◯ Mo – Sa 9.30 – 13.30, 16 – 19, So u. Feiertage 9 – 12.30, 17 – 18.30 Uhr.

Einen exzessiveren barocken Überschwang als in dieser Jesuitenkirche findet man in Palermo schwerlich. Die Fassade (spätes 16. Jh.) diente als Kulisse im Film *Der Leopard* *(siehe S. 28)*. An der Innendekoration wurde von 1597 bis zur Vertreibung der Jesuiten 1860 gearbeitet. Marmorinkrustationen in einer Überfülle von Formen und Farben überziehen Wände, Säulen und Boden. Mit ihnen harmonieren die Stuckaturen von Giacomo Serpotta *(siehe S. 39)*, die Schein-Flachreliefsäulen und anderen Schmuckelemente. Die Kanzel in der Mitte des Langhauses ist eine Arbeit der Genueser Schule (1646).

An die Kirche schließt rechts die Westfassade der Casa Professa an. Das Portal des Ordenshauses stammt von 1685, der Hof (heute der Zugang zur Stadtbibliothek) aus dem 18. Jahrhundert.

11 Sant'Orsola

Via Maqueda. **Stadtplan** 1 C4. ☎ 091-616 23 21. ◯ tägl. 8.30 – 11 Uhr (Oratorium nur nach Vereinbarung).

Die Kirche entstand im 17. Jahrhundert im Auftrag des Ursulinenordens, der – wegen der schwarzen Tracht, die die Nonnen bei Prozessionen trugen – »Dei Negri« genannt wurde. Die Spätrenaissance-Fassade zeigt Figuren von Seelen im Fegefeuer und Engel, der Architrav drei Schädel. Innen empfängt ein einschiffiger Barockraum mit tiefen halbrunden Kapellen, die durch Galerien verbunden sind. Das Fresko *Lobpreisung der heiligen Ursula* sowie zwei Medaillons mit Sinnbildern des Glaubens und der Wohltätigkeit zieren das Langhausgewölbe. Die zweite Kapelle rechts birgt Pietro Novellis *(siehe S. 27)* Gemälde *Das Martyrium der heiligen Ursula* und Fresken mit Szenen aus dem Leben der Heiligen, die Sakristei Novellis *Muttergottes mit dem Heiland*. Von dort gelangt man ins Oratorio di Sant'Orsola (17. Jh.) mit sehenswerten Bildern und Stuckaturen.

Blick in den Hof (18. Jh.) der Casa Professa

Hotels und Restaurants in Palermo *siehe Seiten 202 und 210f*

Historische Ansichtskarte um 1900 von Palermos neuer Oper, dem Teatro Massimo

⑫ Chiesa del Carmine

Via Giovanni Grasso 13f. **Stadtplan** 1 C5. 📞 091-651 20 18. 🕐 Mo–Sa 8.30–11.30 Uhr.

Die Kirche des Karmeliterordens aus dem 17. Jahrhundert liegt beträchtlich höher als der nahe Mercato di Ballarò. Vier große Atlanten stützen ihre mit bunten Majolikafliesen verkleidete Kuppel. Innen dominiert der prächtige Altar. Er ruht auf paarigen Spiralsäulen, deren Stuck – ein großartiges Werk von Giuseppe und Giacomo Serpotta (1683) – Szenen aus dem Leben von Maria wiedergibt.

Sehenswert ist auch Pietro Novellis *(siehe S. 27)* ausdrucksstarkes Gemälde *Vision des Sant'Andrea Corsini*.

⑬ Teatro Massimo

Piazza Giuseppe Verdi. **Stadtplan** 1 B2. 📞 091-605 35 21. 🕐 für Führungen: Di–So 9.30–17.30 Uhr (außer bei Proben). ♿ **W teatromassimo.it**

Das jahrelang geschlossene und nun wiedereröffnete Teatro Massimo hat sich als Wahrzeichen von Palermos Neugeburt etabliert. Das Opernhaus mit 7700 Quadratmeter Fläche wurde 1864 von Giovanni Battista Filippo Basile entworfen und 1897 vollendet. Ihm mussten die Stadtmauern der Porta Maqueda, das aragonische Viertel, der Konvent San Giuliano und die Chiesa delle Stimmate di San Francesco mitsamt Kloster weichen.

Das Vittorio Emanuele II gewidmete Theater ist nicht nur das größte Opernhaus Italiens, sondern auch eines der größten Europas. Die neoklassizistische Fassade ist von den griechischen Tempeln in Selinunte und Agrigento inspiriert. Der monumentale Eingang ist mit korinthischen Säulen, der Innenraum mit fünf Logenreihen sowie einem Deckenfresko von Ettore Maria Bergler und Rocco Lentini ausgestattet.

Gruppen ab zehn Personen können an der interessanten Cocktail-Tour teilnehmen, einer speziellen Theaterführung, bei der man in der Königsloge einen Cocktail einnimmt. Alternativ bieten sich Touren mit Blick hinter die Kulissen an, um einen tieferen Eindruck vom Teatro Massimo zu bekommen. Für beide Touren müssen sich Besucher mindestens eine Woche vorher anmelden.

Der bunte Majolikaschmuck der Kuppel der Chiesa del Carmine

Albergheria-Viertel

Albergheria ist eines der ärmsten und heruntergekommensten, aber auch stimmungsvollsten Altstadtviertel. Unbestrittenes Highlight ist der Mercato di Ballarò mit seiner vibrierenden Atmosphäre, seinen Farben und Gerüchen. Hier kann man typisch sizilianische Produkte probieren und erwerben. Die Einheimischen decken sich mit Gemüse, Fleisch, Fisch und auch vielen Haushaltswaren ein. Der Besuch des Markts wäre allerdings unvollständig ohne die köstlichen *panelle* (Pfannkuchen aus Kichererbsenmehl), die mit einem exzellent gewürzten »Hamburger« serviert werden.

Wandmalerei im Albergheria-Viertel

Abstecher

Ende des 18. Jahrhunderts wurden die alten Schutzwälle aus dem 16. Jahrhundert geschleift, doch erst nach der Einigung Italiens wuchs Palermo im Westen über die Stadtmauern hinaus. Neue Straßen wurden gebaut, alte Viertel abgerissen. Der Stadtkern verlagerte sich Richtung Piazza Verdi und Piazza Castelnuovo, wo das Teatro Massimo und das Teatro Politeama Garibaldi erbaut wurden. Der Expansion fielen bis auf wenige Ausnahmen, darunter das Castello della Zisa, die arabisch-normannischen Gärten zum Opfer, die als eindrucksvolle Erholungs- und Jagdreviere gedient hatten. Es entstand »Groß-Palermo«, das Mondello und den Dom von Monreale einschließt.

Sehenswürdigkeiten auf einen Blick

Museum

4 Museo Etnografico Pitrè

Historische Gebäude

3 Palazzina Cinese
5 Teatro Politeama Garibaldi
7 Castello della Zisa
8 La Cuba
13 Ponte dell'Ammiraglio

Kirchen

6 Catacombe dei Cappuccini
11 Santo Spirito
12 San Giovanni dei Lebbrosi
14 *Kathedrale von Monreale S. 80f*

Parks und Gärten

2 Parco della Favorita
9 Villa Giulia
10 Orto Botanico

Strand

1 Mondello

Restaurants bei Palermo
siehe S. 211

Legende

- Palermo Zentrum
- Stadtgebiet Palermo
- Autobahn
- Hauptstraße
- Nebenstraße
- Eisenbahn

Zeichenerklärung
siehe hintere Umschlagklappe

◀ **Mit Fresken im pompejianischen Stil verzierter Pavillon im Garten Villa Giulia** ***(siehe S. 78)***

Der farbenfrohe Fischerhafen von Mondello

❶ Mondello

10 km nördlich von Palermo.

Unweit des Stadtzentrums, zwischen den Vorgebirgen Monte Pellegrino und Monte Gallo, liegt Mondello, der Lieblingsstrand der Palermer und seit den 1970er Jahren ein Wohngebiet im Grünen.

Einst war Mondello ein Dorf, das vom Thunfischfang lebte und wenig mehr als einen Turm (15. Jh.) vorwies. Um 1900 blühte es auf, als wohlhabende Palermer hier hübsche Jugendstil-Villen errichteten und eine Art Gartenstadt entstand. Aus jener Zeit stammt das Badehaus, das ein paar Meter vom Strand entfernt auf Pfeilern im Meer steht. Rudolph Stualket hat es im Jugendstil, dekoriert mit mythologischen Wesen und Meeresungeheuern, gestaltet. Palermos Einwohner schätzen Mondello seit Generationen nicht zuletzt als abendliches Ausflugsziel: Hier erholen sie sich von der Hitze des Tages und genießen frisches Meeresgetier in den Seafood-Lokalen, die im alten Fischerviertel die Straße säumen.

❷ Parco della Favorita

Viale d'Ercole, Viale Diana.

Der heute leider vernachlässigte Park dehnt sich jenseits des Monte Pellegrino knapp drei Kilometer aus. König Ferdinand I. *(siehe S. 33)* wies 1799, als Napoléons Truppen ihn von Neapel ins Exil trieben, das einstige Jagdrevier als öffentlichen Park aus. Zwei große Straßen erschließen ihn: der nach Mondello führende Viale Diana und der ihn kreuzende Viale d'Ercole. Am Ende des Letzteren steht ein Marmorbrunnen mit einer Kopie der Statue des Farnesischen Herkules, die König Ferdinand in Neapel hatte aufstellen wollen.

Sportstätten (Tennisplätze, Schwimmbecken, ein Stadion und eine Rennbahn) belegen einen Großteil des Geländes. Den Park säumen sehenswerte Villen aus dem 18. Jahrhundert, die dem sizilianischen Adel einst als Sommerresidenzen dienten. Zu den interessantesten Gebauden zählen die in ein Krankenhaus verwandelte Villa Sofia, die Villa Castelnuovo, Sitz eines landwirtschaftlichen Instituts, und die Villa Niscemi, die heute dem Bürgermeister zu Repräsentationszwecken dient, die man allerdings auch besichtigen kann.

Die extravagante Fassade der Palazzina Cinese

❸ Palazzina Cinese

Viale Duca degli Abruzzi, Parco della Favorita. ☎ 091-707 14 08. 🕘 Di–Sa 9–17, So u. Feiertage 9–13 Uhr.

Während ihres sizilianischen Exils nutzten Ferdinand I. und seine Gattin Maria Carolina das »Chinesische Schlösschen« am Rand des Parco della Favorita als Sommerresidenz und empfingen darin illustre Gäste wie Horatio Nelson und Lady Hamilton. Venanzio Marvuglia (und wohl teilweise auch der

Rosalia-Heiligtum auf dem Monte Pellegrino

Festwagen der heiligen Rosalia (alter Stich)

Auf dem Monte Pellegrino, Palermos »Hausberg«, liegt die Grotte der heiligen Rosalia. In dieser lebte Rosalia, Tochter des Grafen von Sinibaldo, als Einsiedlerin. Sie starb 1166. Fünf Jahrhunderte später fand man ihre Gebeine – und just zu diesem Zeitpunkt endete die in Palermo wütende Pest. Seither ehrt Palermo zweimal jährlich seine Schutzpatronin: Beim Fest der heiligen Rosalia vom 11. bis 15. Juli zieht ein Prunkwagen mit den Reliquien durch die Stadt, es wird mit Umzügen und Feuerwerk gefeiert. Am 4. September findet eine ähnliche Prozession zum 1625 eingerichteten Heiligtum statt, das aus einem Konvent und der von Votivtafeln überquellenden Grotte besteht.

König) entwarf 1799 diesen eklektischen Bau, der als erster in Palermo chinesische mit gotischen, ägyptischen und arabischen Elementen vereinte. Details wie die pagodenförmigen Glocken an Zaun, Gesims und Dach tragen zum extravaganten Äußeren bei. Das Innere des Schlösschens ist nicht minder ausgefallen: Zu Stuckaturen und Malereien im klassizistischen und pompejischen Stil gesellen sich die im 18. Jahrhundert in Adelskreisen sehr beliebten Chinoiserien, beispielsweise dekorative Szenen aus dem chinesischen Leben.

Das Bauwerk steht vor einer umfassenden Renovierung, um es in alter Schönheit erstrahlen zu lassen.

Das klassizistische Teatro Politeama aus der Vogelperspektive

❹ Museo Etnografico Pitrè

Viale Duca degli Abruzzi. ☎ 091-616 01 24. 🕘 Di–So 9.30–18 Uhr.

Das Ethnografische Museum nahe der Palazzina Cinese dokumentiert mit über 4000 Exponaten Leben, Bräuche und Volkskunst der Sizilianer. Es wurde zu Ehren des in Palermo geborenen Volkskundlers und Autors Giuseppe Pitrè (1841–1916) gegründet, der das erste zweisprachige italisch-sizilianische Wörterbuch verfasste. Die Bibliothek des Museums umfasst mehr als 26 000 Bände.

Den Anfang der Ausstellung machen Stick- und Webarbeiten, gefolgt von Trachten und Teppichen, Töpfer- und Glasobjekten sowie einer sehenswerten Sammlung von Öllampen. Eine weitere Abteilung präsentiert traditionelle bemalte Bauernkarren, die noch bis in die 1950er Jahre im Straßenbild zu finden waren, Glasmalerei (spätes 19. Jh.) sowie der heiligen Rosalia geweihte Festwagen und Karren. In der Sala del Teatrino dell'Opera dei Pupi sind Stabpuppen des traditionellen Puppentheaters zu sehen sowie mit Szenen aus der Arbeit der Puppenspieler illustrierte Programmhefte. In der Sala dei Presepi sind mehr als 300 weihnachtliche Krippenszenen, beispielsweise von Giovanni Matera (18. Jh.), ausgestellt.

Eingang zum Museo Pitrè, das Volkskunst und Brauchtum vorstellt

❺ Teatro Politeama Garibaldi

Piazza Ruggero Settimo. **Stadtplan** 1 B1. ☎ 091-607 25 11 (Tickets: 091-607 25 32).

An der Kreuzung der Via Ruggero Settimo mit dem baumbestandenen Viale delle Libertà befindet sich das oft als »Open-Air-Wohnzimmer« Palermos bezeichnete prächtige Theater Politeama. Giuseppe Damiani Almeyda ließ sich von pompejianischen Bauten inspirieren und entwarf den klassizistischen Bau (1867–74) in Form eines Hufeisens mit dorischen und ionischen Säulengängen. Rot-goldene »pompejische« Fresken schmücken das Äußere. Die Fassade ist ein Triumphbogen mit skulpturenverzierter Attika, die von einem Streitwagen von Mario Rutelli bekrönt ist. Während der Schließung des Teatro Massimo war das Teatro Politeama der Nabel des kulturellen Lebens der Stadt. Klassische Konzerte sowie Opern- und Theateraufführungen gibt es von Oktober bis Juni.

Stadtplan Palermo *siehe S. 82f*

❻ Catacombe dei Cappuccini

Via Cappuccini. ☎ 091-652 41 56 oder 329-415 04 62. ◯ 9–12.30, 15–17.30 Uhr. ● Okt–März: So nachmittags.

In den Katakomben des Convento dei Cappuccini ruhen, gruppiert nach Geschlecht, Beruf und Rang, verstorbene geistliche Würdenträger und gut situierte Bürger Palermos. Ihre Überreste – Mumien wie Skelette – sind in teils von Motten zerfressene Sonntagskleidung gewandet. Man kann auch die Zellen besichtigen, in denen die Leichname getrocknet wurden. 1599 wurde hier der erste Tote bestattet, Fra' Silvestro da Gubbio. Der Mönch hat seine Ruhestatt am Ende der Treppe. 1881 hatten die Katakomben als Grablege ausgedient. In der Cappella dell'Addolorata ruht jedoch ein erst 1920 verstorbenes Mädchen. Es scheint zu schlafen, so perfekt ist es einbalsamiert. Der Friedhof hinter den Katakomben birgt das Grab von Giuseppe di Lampedusa.

Skelett in der Krypta

❼ Castello della Zisa

Piazza Zisa 1. ☎ 091-652 02 69. ◯ Mo–Sa 9–19, So u. Feiertage 9–13.30 Uhr. **Museo d'Arte Islamica** ◯ wie Castello della Zisa.

Einst blickte der zwischen 1165 und 1167 entstandene Bau inmitten eines weiten, von Fischteichen und Wasserläufen durchzogenen Parks auf einen Teich. Heute erhebt er sich in einem hässlichen Randgebiet von Palermo. Nach jahrelanger Vernachlässigung wurde er gründlich restauriert und wird jetzt wieder seiner arabischen Bezeichnung gerecht: *aziz*, »glanzvoll«. Er hat das Aussehen einer rechteckigen Festung mit zwei eckigen Türmen an den kurzen Seiten. Blendarkaden, die früher Lanzettfenster einfassten, verleihen ihm Eleganz. Die Sala della Fontana, der mit Wandmosaiken verkleidete »Brunnensaal« im Erdgeschoss, hat einen kreuzförmigen Grundriss mit drei Exedren (nischenartigen Räumen). Typisch arabische *mukarnas*, kleine Stalaktitengewölbe, verbinden ihr zentrales Kreuzgewölbe mit den Seitennischen. Ein von Brunnen gespeister Wasserlauf plätschert gemächlich durch eine Wandrinne in zwei quadratische Fischbecken am Boden. Die warme Luft wurde durch Belüftungsrohre zur Sala della Fontana geleitet, um sich dort abzukühlen. Die zweite Etage beherbergt eine Sammlung arabischer Kunst.

❽ La Cuba

Corso Calatafimi 100. ☎ 091-59 02 99. ◯ Mo–Sa 9–18.30, So u. Feiertage 8–13 Uhr.

Auch dieses normannische Gebäude, das Wilhelm I. 1180 im Fatimidenstil errichten ließ, lag einst in einem großzügigen Park namens Genoardo. Er war von einem künstlichen Teich umgeben und diente als erquickende Zuflucht an heißen Nachmittagen. Er war in ganz Italien so berühmt, dass Boccaccio ihn zum Schauplatz einer Novelle seines *Decamerone* erwählte (Tag 5, Nr. 6). Die spitzbogigen Blendarkaden verleihen dem rechteckigen Bau eine reizvolle lebendige Rhythmik und Dynamik. Die Nischen unter den kleinen Türmen spendeten in früherer Zeit kühles Nass.

❾ Villa Giulia

Via Abramo Lincoln.

Entgegen dem Namen ist die Villa Giulia kein Haus, sondern ein italienisch inspirierter Garten. Die 1778 von Nicolò Palma entworfene, 1866 erweiterte Anlage ist nach Giulia Avalos Guevara, der Gattin des Vizekönigs, benannt. Dies war Palermos erster öffentlicher Park. Von zahlreichen interessanten Skulpturen wie dem Marmorbildnis *Der Genius von Palermo* und den Statuen *Sieg der Ehre über den Neid* und *Der Überfluss vertreibt die Not* gesäumte Wege durchschneiden die quadratische Anlage. Giuseppe Damiani Almeyda schuf die vier mit Fresken im pompejischen Stil verzierten – allerdings renovierungsbedürftigen – Nischen am zentralen Schnittpunkt der Wege.

Die Fatimiden-Architektur des La Cuba wählte Boccaccio als Schauplatz einer der Novellen seines *Decamerone*

Beispiel arabisch-normannischer Baukunst: San Giovanni dei Lebbrosi

⑩ Orto Botanico

Via Abramo Lincoln 2B. **Stadtplan** 2 E4. 091-2389 12 36. März, Okt: 9–17 Uhr; Apr, Sep: 9–18 Uhr; Mai–Aug: 9–19 Uhr; Nov–Feb: 9–16 Uhr. **ortobotanico.unipa.it**

Der 1785 angelegte Botanische Garten zeigt eine artenreiche Flora, darunter Palmen, Bambus, Drachenbäume, Kakteen, Wolfsmilchgewächse, Tropenpflanzen und Kapokbäume mit flaschenförmigen Stämmen. Zu den Prachtexemplaren gehört eine 150-jährige Großblättrige Feige *(Ficus magnolioides)* mit mächtigen Luftwurzeln. Am Eingang befinden sich ein neoklassizistisches *Gymnasion*, eine Bibliothek und ein Herbarium, im Zentrum ein Teich mit Seerosen und Papyrus, an den Seiten befinden sich die Treibhäuser.

⑪ Santo Spirito

Via Santo Spirito, Cimitero di Sant'Orsola. 091-42 26 91. tägl. 8–12 Uhr.

Die Normannenkirche auf dem Friedhof Sant'Orsola wurde 1178 im Auftrag von Erzbischof Gualtiero Offamilio erbaut. Sie trägt den Beinamen »Chiesa di Vespri«, weil vor ihrer Tür zur Vesperstunde des 31. März 1282 der »Sizilianische Vesper« genannte Aufstand gegen die Anjou-Herrschaft ausbrach *(siehe S. 37)*. Der Bau ist von schlichter Eleganz. Inkrustationen aus schwarzem Vulkangestein zieren Südseite und Apsis. Der Innenraum – ein Hauptschiff mit zwei Seitenschiffen und drei Apsiden – wirkt karg, aber luftig. Die Holzdecke ist mit Pflanzenornamenten, der Hochaltar mit einem kunstvollen Holzkreuz geschmückt.

⑫ San Giovanni dei Lebbrosi

Via Cappello 38. 091-475 024. Mo–Sa 9.30–11, 16–19 (Di nur vorm.), So u. Feiertage 7.30–12.30 Uhr.

In einem üppigen Palmengarten stößt man auf San Giovanni dei Lebbrosi. Die Normannenkirche, eine der ältesten Siziliens, wurde 1071 auf Geheiß Rogers I. errichtet, das benachbarte Leprahospital 1119 – daher der Name. Die doppelt umrahmten Spitzbogenfenster, die auch San Giovanni degli Eremiti *(siehe S. 68f)* und San Cataldo *(siehe S. 59)* kennzeichnen, lassen auf arabische Baumeister schließen. Durch die von einem Glockentürmchen gekrönte Vorhalle betritt man den Innenraum. Das Querhaus besitzt drei Apsiden, Tragbalken stützen die Decke. Rechts von der Kirche wurden Reste der Sarazenenfestung Yahia ausgegraben, die einst Palermos Südosten schützte.

⑬ Ponte dell'Ammiraglio

Via dei Mille.

Bauherr der gut erhaltenen »Admiralsbrücke« (1113) war Georg von Antiochia, Großadmiral von Roger II. Sie überspannte den Oreto, bis man den Fluss umleitete und der Bau buchstäblich auf dem Trockenen stand. Die Brücke bietet daher einen etwas verwunderlichen, aber hübschen Anblick. Die grob behauenen Kalksteinblöcke ruhen auf zwölf Spitzbogen, fünf davon sind kaum mehr als Mini-Öffnungen über den Tragplatten.

Die beeindruckenden Spitzbogen des Ponte dell'Ammiraglio (12. Jh.)

⑭ Kathedrale von Monreale

Der hoch über der Conca d'Oro thronende Dom gilt als Juwel der arabisch-normannischen Kunst. Berühmt sind u. a. seine herrlichen Goldmosaiken mit Szenen aus dem Alten und Neuen Testament. Wilhelm II. gab den Bau 1172 in Auftrag, er stiftete auch das benachbarte Benediktinerkloster. Den Kreuzgang *(siehe S. 46f)* umstehen 228 marmorne Zwillingssäulen. Ihre skulptierten Kapitelle sind mit biblischen, die arabischen Spitzbogen darüber mit geometrischen Motiven verziert.

★ Christus Pantokrator
Das Mosaik in der Mittelapsis ist Blickfang der über dem Grundriss eines lateinischen Kreuzes errichteten Kirche.

Fassade der Apsis
Mit Blendarkaden aus Marmor und Kalktuff und den Schmuckmotiven ist die Fassade ein Meisterwerk normannischer Ornamentik.

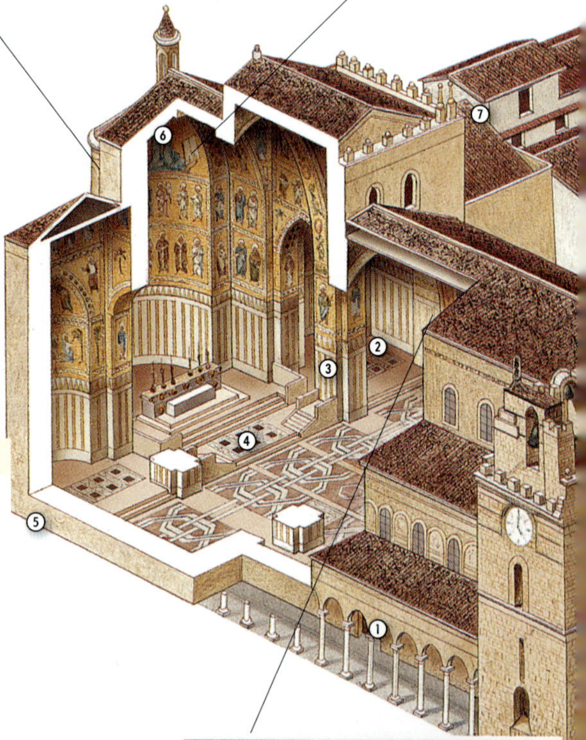

Außerdem

① **Die Bronzetür des Nordportals** ist ein Werk von Barisano da Trani (1179), der Portikus ein Entwurf von Gian Domenico und Fazio Gagini (1547–69).

② **Der Sarkophag Wilhelms II.** aus skulptiertem weißem Marmor steht in einer Ecke des Querhauses neben dem Grabmal Wilhelms I.

③ **Römische Säulen** im Langhaus.

④ **Fußboden**

⑤ **Eingang zur Cappella del Crocifisso und zur Schatzkammer**

⑥ **Vergoldete Holzdecke**

⑦ **Cappella di San Placido**

⑧ **Ein Flügel des einstigen Klosters** überlagert den südlichen Portikus.

⑨ **Arabisch beeinflusster Brunnen**

⑩ **Portikus aus dem 18. Jahrhundert**, flankiert von zwei Glockentürmen.

★ Mosaikzyklus
Die überwältigenden Mosaiken (12./13. Jh.) verkleiden das gesamte Hauptschiff, die Seitenschiffe, den Chor und das Querhaus. Sie illustrieren Episoden aus dem Alten und Neuen Testament.

★ Kreuzgang
228 unterschiedlich verzierte Säulenpaare umringen dieses Juwel normannischer Kunst. Eine Augenweide sind die aufwendigen, von arabisch inspirierten Bogen überspannten Kapitelle.

Infobox

Information

Kathedrale Piazza Guglielmo II. 091-640 44 13. Mo–Sa 8.30–12.30, 14.30–17, So u. Feiertage 8–10, 14.30–17 Uhr. Dachführung, Führung nördliches Querschiff, Schatzkammer.

Kreuzgang Piazza Guglielmo II Normanno 15. 091-640 44 03. Di–Sa 9–13.30, 14–18.30, So, Mo, Feiertage 9–13 Uhr.

cattedralemonreale.it

Anfahrt

AMAT 389 oder AST ab Piazza Indipendenza

Säulen
Handwerker aus allen Teilen Süditaliens fertigten die Säulen des Kreuzgangs. Die Schmuckplastik zeigt Adam und Eva.

Bronzetür des Westportals
Die von Bonanno da Pisa 1185 geschaffene Tür ist ein Gesamtkunstwerk aus 42 Bildfeldern mit u. a. biblischen Motiven. Löwe und Greif waren normannische Symbole.

Stadtplan Palermo *siehe S. 82f*

1
A
B
C
1
2
3
4
5
VIA PRINCIPE DI VILLAFRANCA
VIA E. PARISI
VIA N. GARZILLI
VIA XII GENNAIO
VIA XX SETTEMBRE
VIA CARDUCCI
VIALE D. LIBERTÀ
VIA DANTE
PIAZZA STURZO
Teatro Politeama Garibaldi
VIA B. GRAVINA
VIA EMERICO AMARI
VIA AMMIRAGLIO GRAVINA
VIA FRANCESCO CRISPI
PIAZZA FLORIO
Galleria d'Arte Moderna
PIAZZA POLITEAMA
PIAZZA CASTELNUOVO
VIA DANTE
VIA PATERNOSTRO
VIA RUGGERO SETTIMO
VIA PRINCIPE DI BELMONTE
VIA MICHELE AMARI
VIA GRANATELLI
VIA STABILE
VIA MARIANO STABILE
VIA PRINCIPE GRANATELLI
VIA ROMA
VIA PRINCIPE DI SCORDIA
VIA ONORATO
VIA GUARDIONE
VIA PAOLO PATERNOSTRO
VIA OLIVIA
VIA GUCCIA
VIA VILLAREALE
VIA S. MECCIO
VIA FRANCESCO CRISPI
VIA CAVOUR
PIAZZA AMENDOLA
VIA CLUVERIO
PIAZZA S. FRANCESCO DI PAOLA
VIA MARIANO
PIAZZA UNGHERIA
VIA R. PILO
VIA N. COZZO
VIA CAVOUR
VIA PIGNATELLI ARAGONA
PIAZZA VERDI
VIA S.SPINUZZA
VIA BARA OLIVELLA
Museo Archeologico Regionale A. Salinas
Oratorio del Rosario di Santa Cita
PIAZZA OLIVELLA
VIA CARINI
VIA NICOLO TUNISI
Teatro Massimo
VIA DELL' OROLOGIO
VIA VALVERDE
VIA GAGINI
VIA ROMA
VIA VOLTURNO
VIA MONTELEONE
PIAZZA VITTORIO EMANUELE ORLANDO
VIA MURA DI SAN VITO
VIA SCARLATTI
VIA ROSSINI
VIA TRABIA
San Domenico
VIA PORTA CARINI
VIA SAN GREGORIO
VIA PAGANO
VIA A.AMICO
VIA MAQUEDA
PIAZZA SAN DOMENICO
VIA BANDIERA
PIAZZA S. ANDREA
VIA DEL NOVIZIATO
VIA DEL QUATTRO CORONATI
VIA SANT' AGOSTINO
VIA BARI
VIA NAPOLI
PIAZZA CARACCIOLO
VIA VENEZIA
PIAZZA DEL NOVIZIATO
VIA DELLE CAPPUCCINELLE
PIAZZA DEL MONTE
VIA PANNERIA
DISCESA DEI CANDELAI
SALITA S. ANTONIO
CAPO
PIAZZA BEATI PAOLI
VIA JUDICA
VIA DELLE API
VIA CANDELAI
VICOLO MORI
VIA PAPIRETO
VIA CARRETTIERI
VIA GIANFERRARA
VIA GIOIAMIA
VIA BUSARI
VIA MATTEO
VIA G. GIOENI
VIA BEATI PAOLI
VIA DEL CELSO
PIAZZA CANCELLIERI
VICOLO RAGUSI
VIA MONTEVERGINI
PIAZZA PRETORIA
PIAZZA DELLA VERGOGNA (QUATTRO CANTI)
Palazzo delle Aquile
Santa Caterina
CORSO ALBERTO AMEDEO
PIAZZA PERANINI
PIAZZA PAPIRETO
VIA BONELLO
San Giuseppe dei Teatini
Fontana Pretoria
PIAZZA BELLINI
DISCESA D. GIUDICI
La Martorana
PIAZZA BOLOGNI
Cattedrale
PIAZZA CATTEDRALE
CORSO VITTORIO EMANUELE
VIA PROTONOTARO
San Cataldo
VIA CALDERAI
VIA DELL' UNIVERSITÀ
VIA PONTICELLO
VIA MAQUEDA
VIA LAMPEDUSA
VICOLO BRUGNO
PIAZZA S. CHIARA
PIAZZA CASA PROFESSA
Chiesa del Gesù & Casa Professa
Sant' Orsola
PIAZZA DELLA VITTORIA
VIA DEI BISCOTTARI
PIAZZA LA PORTA
PIAZZA DEL PARLAMENTO
PIAZZA SAN GIOVANNI
VIA DI CASTRO
VIA NUNZIO NASI
PIAZZA BALLARÒ
VIA DEL BOSCO
VIA DEL BASTIONE
Palazzo dei Normanni
Cappella Palatina
PIAZZA INDIPENDENZA
VIA PORTA DI CASTRO
VIA BARBIERI
VIA VILLANUEVA
Chiesa del Carmine
PIAZZA DEL CARMINE
VIA CELESIA
VIA BALATE
VIA ANTONIO MONGITORE
VIA L. SICILIANO
VIA GIOVANNI VERGA
VIA GRASSO
VIA DELLE PERGOLE
VIA CARMINE
PIAZZA PORTA DI CASTRO
PIAZZA D'ORLEANS
VIA DEI BENEDETTINI
VIA GENERALE CADORNA
VIA ALBERGHERIA
VIA GIOVANNI M. MIGNOSI
VIA MURA S. AGATA
San Giovanni degli Eremiti
PARCO D'ORLEANS
ALBERGHERIA
CORSO TUKORI
Palazzo Reale-Orleans
CORSO RE RUGGERO
PIAZZA PORTA MONTALTO
VIA FORLANINI
PORTA S. AGATA
VIA CARLO PISACANE
VIA A. MARINUZZI
CORSO TUKORI
A
B
C

Stadtplan Palermo
Legende
Hauptsehenswürdigkeit
Sehenswürdigkeit
Bahnhof
Bus
Information
Polizei
Kirche
Eisenbahn
0 Meter
300
D
E
F
2
1
3
4
5
VIA SAMMUZZO
CRISPI
VIA FILIPPO PATTI
PIAZZA XIII VITTIME
VIA DEI BARILAI
VIA CASTELLO
VICOLO PANTELERIA
La Cala
VIA DELLA CALA
VIA MELI
VUCCIRIA
VIA CASSARI
CORSO VITTORIO EMANUELE
Museo Internazionale delle Marionette
PIAZZA MARINA
GIARDINO GARIBALDI
VIA GARRAFFELLO
VIA BOTTAI
VIA BUTERA
FORO ITALICO
VILLA A MARE
San Francesco d'Assisi
VIA D. CARTARI
VIA A. PATERNOSTRO
VIA IV APRILE
VIA SCOPARI
VIA ALLORO
VIA TORREMUZZA
VIA MERLO
VIA LUNGARINI
Palazzo Mirto
PIAZZA CASSA DI RISPARMIO
La Gancia
Palazzo Abatellis
PIAZZA KALSA
LA KALSA
Galleria d'Arte Moderna Sant'Anna
VIA DELLA VETRIERA
VIA DI SPASIMO
VIA CERVELLO
PIAZZA D'ARAGONA
PIAZZA S. CARLO
VIA FRANCESCO RISO
VIA CASTRO FILIPPO
VIA SCHIAVUZZO
VIA ARAGONA
VIA CALGARI
Santa Maria dello Spasimo
LINCOLN
La Magione
PIAZZA DELLA RIVOLUZIONE
PIAZZA MAGIONE
VIA DIVISI
VIA MAESTRO D'ACQUA
VIA MAGIONE
VIA ABRAMO
VILLA GIULIA
ORTO BOTANICO
ROMA
VIA M. SANTO
VIA D. TARTARI
VIA GORIZIA
VIA GARIBALDI
VIA S. ROSALIA
VIA MILANO
VIA TORINO
VIA TRIESTE
PIAZZA GIULIO CESARE
VIA P. BALSAMO
CORSO DEI MILLE
VIA ANTONIO DI RUDINI
VIA A. UGO
VIA M. CIPOLLA
VIA ARCHIRAFI
PIAZZA S. ANTONINO
Stazione Centrale
VIA PIRRI
VIA R. GREGORIO
VIA ORETO
VIA F. PEREZ
VIA FEDELE FORTUNATO
VIA TIRO A SEGNO
VIA MARIO ADORNO

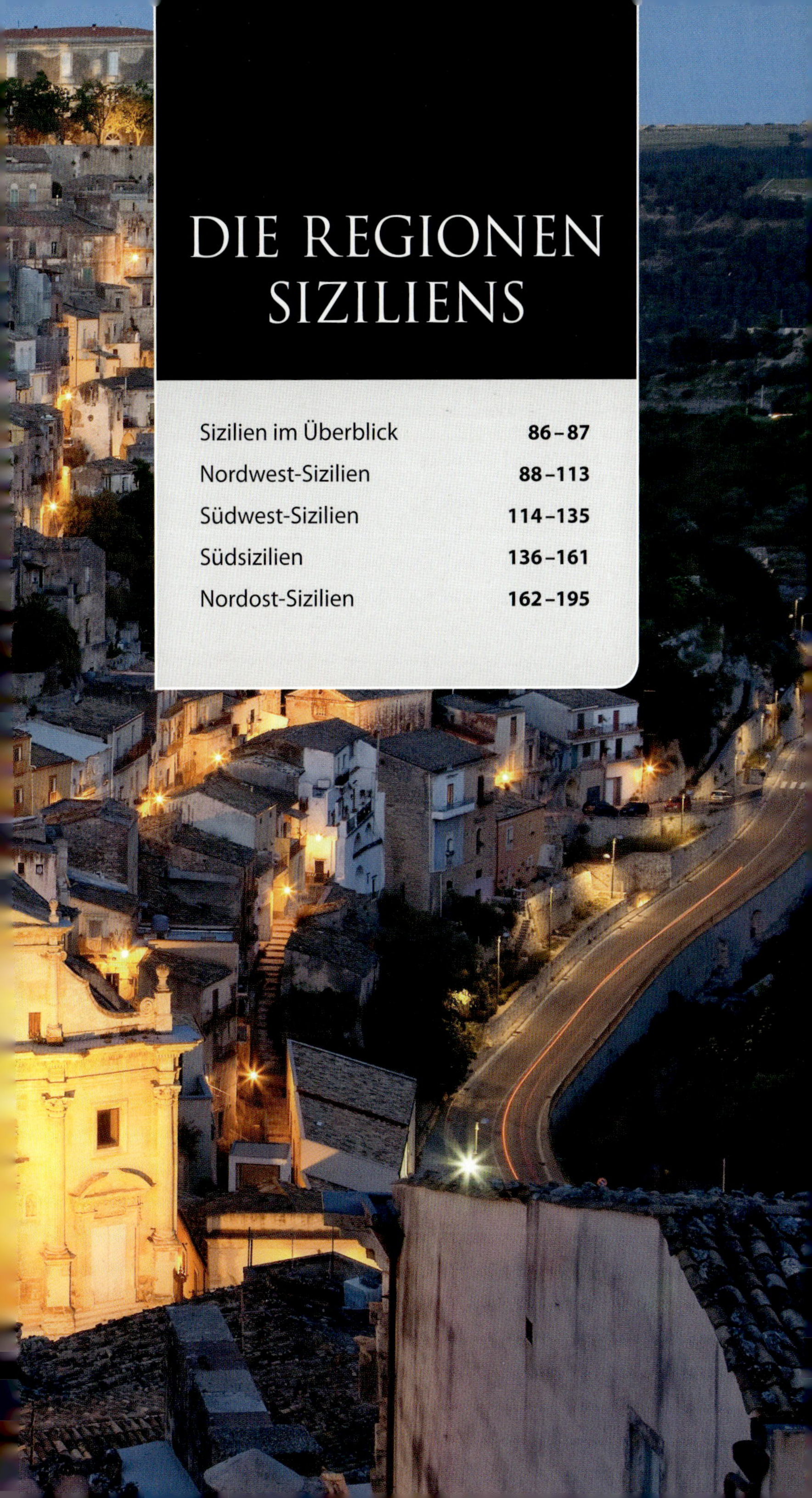

DIE REGIONEN SIZILIENS

Sizilien im Überblick

Nur wenige Mittelmeerregionen können es mit Siziliens Landschaft und Geschichte aufnehmen. Zwischen dem Osten und Westen der Insel bestehen deutliche Unterschiede, war der Osten kulturell doch griechisch, der Westen phönizisch und arabisch beeinflusst. Doch es wäre zu einfach, nur zwischen Ost und West zu differenzieren. Vielmehr hat jede Stadt, ja jedes Dorf eine eigene Geschichte. Im Umkreis weniger Kilometer kann man sattgrüne Küsten und trockene, sonnenverbrannte Hügel vorfinden sowie – Seite an Seite oder überlappend – Spuren verschiedener Zivilisationen. Manchmal erkennt man an ein und derselben Stätte oder am selben Gebäude griechische, arabische, normannische und barocke Einflüsse.

Die Chiesa Madre in Erice *(siehe S. 104f)* aus dem 14. Jahrhundert ist ein gutes Beispiel für arabisch-normannische Sakralarchitektur.

Die Thermen von Sciacca *(siehe S. 122f)* sind die ältesten Siziliens. Sie sollen ein Werk von Daidalos, dem Baumeister der griechischen Mythologie, sein.

Der Dom von Cefalù *(siehe S. 92 u. 94)* aus dem 12. Jahrhundert überragt die abwechslungsvoll gestaltete Piazza Duomo.

Der Dom von Catania *(siehe S. 167)* wurde barock wiederaufgebaut, nachdem 1693 ein Erdbeben die gesamte Stadt zerstört hatte.

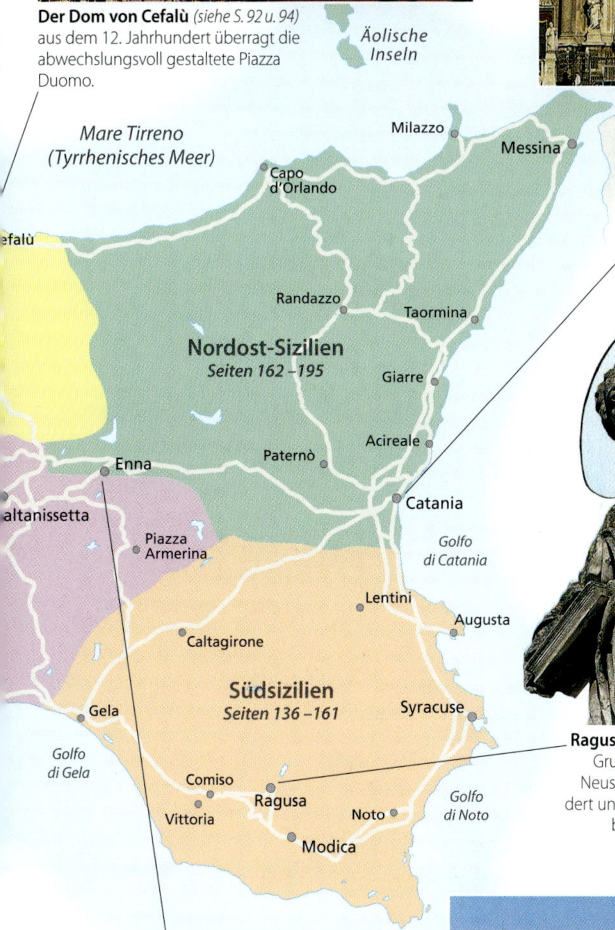

Ragusa *(siehe S. 154f)* besteht im Grunde aus zwei Städten: der Neustadt aus dem 18. Jahrhundert und dem in frühesten Zeiten begründeten Stadtteil Ibla.

Das Castello di Lombardia in Enna *(siehe S. 131)* zählt zu Siziliens bedeutendsten mittelalterlichen Festungen.

Nordwest-Sizilien

Nordwest-Sizilien war den kulturellen Einflüssen der Besiedler im Lauf der Jahrhunderte besonders stark ausgesetzt. Die Phönizier ließen sich in Mozia nieder und gründeten Hafenstädte beim heutigen Palermo und Solunto. Ihnen folgten die Griechen und die Araber, die von Marsala aus die Insel eroberten.

An die frühen Kulturen erinnern die Namen von Orten und Sehenswürdigkeiten, die Architektur und die Anlage von Städten wie Marsala und Mazara del Vallo. Leider ist Siziliens Nordwesten besonders stark von den Auswirkungen planloser Bebauung und mangelnden Umweltbewusstseins betroffen. Das gilt beispielsweise für den Landstrich zwischen Palermo und Castellammare, in dem hässliche Häuser einen der reizvollsten Küstenstreifen Siziliens entstellt haben, und die trostlosen, nach dem Erdbeben von 1968 erbärmlich wiederaufgebauten Landstriche im Valle del Belice. Immerhin bemühen sich andere Orte stärker, ihr historisches Erbe zu bewahren und neu zu beleben. In Erice etwa wurden die mittelalterliche Anlage und Bausubstanz erhalten und viele Kirchen in Kunst- und Kulturzentren umgewandelt, statt sie zu vernachlässigen. Dasselbe trifft auf Cefalù, Nicosia, Sperlinga und die beiden Petralias zu. Ferner bietet der Nordwesten, nicht nur in Naturschutzgebieten, unversehrte Landschaften. Das Naturreservat Zingaro, das erste, das in den 1980er Jahren auf Sizilien gegründet wurde, bietet herrliche Badebuchten und reizvolle Wanderwege. Faszinierend sind die Umgebungen von Trapani und Belice sowie die zerklüfteten Täler im Inselinnern, oberhalb derer Dörfer an den Steilhängen kleben und großartige Aussichten bieten. Unvergessliche Naturschönheiten bieten auch die Ägadischen Inseln und Ustica.

Erices Torretta Pepoli, die im 19. Jahrhundert in eine Villa umgebaut wurde

◀ Strandvergnügen in einer geschützten Bucht im Naturschutzgebiet Riserva dello Zingaro ***(siehe S. 101)***

Überblick: Nordwest-Sizilien

Die großartigen Ruinen von Segesta, Selinunte und Mozia machen Siziliens Nordwesten zu einer archäologischen Schatzkammer. Sehenswert sind auch die mittelalterlichen Städte Cefalù und Erice und die Dörfer im Inselinneren. Dort, vor allem in den Bergen der Madonie, scheint die Zeit stehen geblieben zu sein. Naturliebhabern seien die kristallklaren Gewässer von Ustica und den Ägadischen Inseln empfohlen, aber auch die Riserva Naturale Marina und die Riserva Naturale dello Zingaro zwischen Scopello und San Vito Lo Capo.

Windmühle in den Salzmarschen nahe Trapani

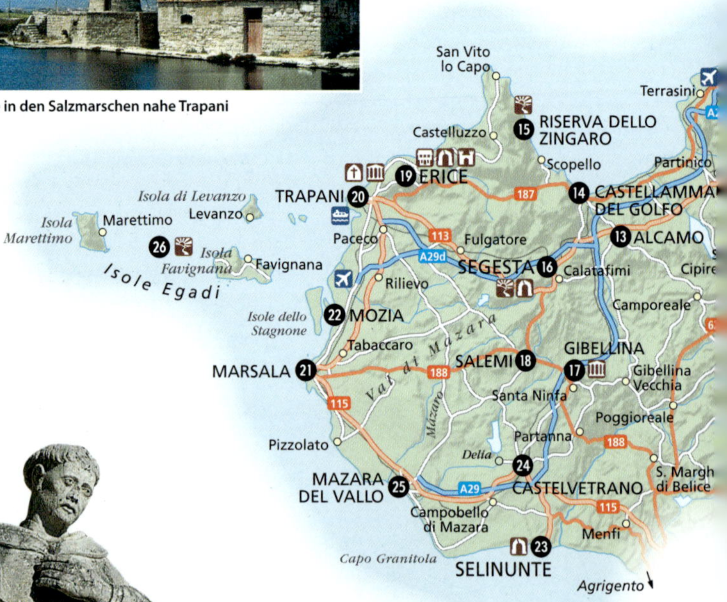

Statue an der Kathedrale von Caccamo

Legende

- Autobahn
- Schnellstraße
- Hauptstraße
- Nebenstraße
- Eisenbahn (Hauptstrecke)
- Eisenbahn (Nebenstrecke)

0 Kilometer 20

Weitere Zeichenerklärungen *siehe hintere Umschlagklappe*

Sehenswürdigkeiten auf einen Blick

1. *Cefalù S. 92–95*
2. Castel di Tusa
3. Santo Stefano di Camastra
4. Nicosia
5. Sperlinga
6. Gangi
7. Petralia Sottana
8. Petralia Soprana
9. Polizzi Generosa
10. Caccamo
11. Solunto
12. Piana degli Albanesi
13. Alcamo
14. Castellammare del Golfo
16. *Segesta S. 102*
17. Gibellina
18. Salemi
19. *Erice S. 104f*
20. Trapani
21. Marsala
22. Mozia
23. *Selinunte S. 108–111*
24. Castelvetrano
25. Mazara del Vallo

Inseln

26. Ägadische Inseln (Isole Egadi)
27. Ustica

Tour

15. Riserva dello Zingaro

In Nordwest-Sizilien unterwegs

Die mautfreie *autostrada* (Autobahn) A29 verbindet Palermo mit Mazara del Vallo, von ihr zweigt eine Autobahn nach Trapani ab. Ostwärts führt die mautpflichtige A20 nach Messina. Die großen Schnellstraßen entlang der Küste und im Valle del Belice befinden sich in gutem Zustand. Die zu den Dörfern am Fuß der Berge führenden Straßen dagegen sind kurvenreich und nur langsam befahrbar, im Winter ist mit Eis und Schnee zu rechnen. Züge verbinden Messina häufig, Trapani, Marsala und Mazara seltener mit Palermo. Das Busnetz bietet Anschluss an die Hauptorte, aber auch in die abgelegeneren Dörfer.

Die Landschaft war bei griechischen Theatern – hier das Theater von Segesta auf dem Monte Barbaro – ein wesentlicher Teil des Bühnenbilds

❶ Im Detail: Cefalù

Cefalù liegt vor einem steilen Felsen auf halbem Weg zwischen Palermo und dem Capo d'Orlando. Im Areal um die von Roger II. gestiftete normannische Kathedrale (12. Jh.) hat sie sich ein mittelalterliches Ambiente bewahrt. Häuser mit kunstvollem Bauschmuck flankieren die schmalen Sträßchen im Zentrum. Die vielen Kirchen künden von Cefalùs Rang als Bischofssitz. Im malerischen Fischerviertel drängen sich am Hafen alte Häuser. Der lange Pulversandstrand gilt als einer der schönsten Streifen der Nordküste.

★ Kathedrale
Die Kathedrale, eines der brillantesten Werke der normannischen Kunst, besitzt kostbare Mosaiken.

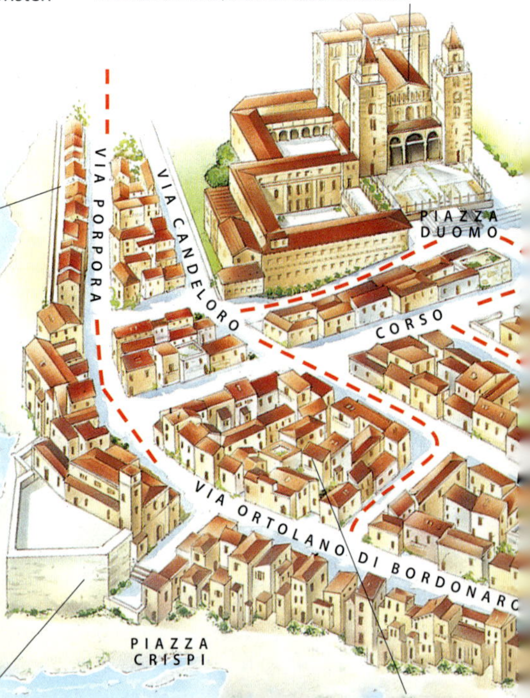

Befestigungen aus dem 17. Jahrhundert

Legende

— Routenempfehlung

Wehrmauer aus dem 16./17. Jahrhundert am Capo Marchiafava

0 Meter 40

Die Straßen von Cefalù
Cefalùs gitterförmiges Straßenraster wird in Nord-Süd-Richtung vom Corso Ruggero und der Via Vittorio Emanuele durchschnitten und von mittelalterlichen Gassen durchkreuzt.

Chiesa del Purgatorio
Cefalùs viele Kirchen stammen meist aus dem 17. Jahrhundert. Die »Fegefeuerkirche« (1668) am Corso Ruggero betritt man durch ein reich verziertes Barockportal.

Infobox

Information
Straßenkarte D2. 14 000.
Corso Ruggero 77. 0921-42 10 50. Sa. Processione del Venerdì Santo (Karfreitagsprozession); Festa di San Salvatore (2.–6. Aug); Ra pasta a Taianu (Aug); Vecchia Strina (31. Dez).
cefalu.it

Anfahrt
Falcone Borsellino.
FS Messina – Palermo, 89 20 21.

★ Museo Mandralisca
Enrico Piraino, Baron von Mandralisca, war Gründer des Museums. Die breit gefächerte Sammlung umfasst Preziosen wie diese Tragödienmaske (4. Jh. v. Chr.).

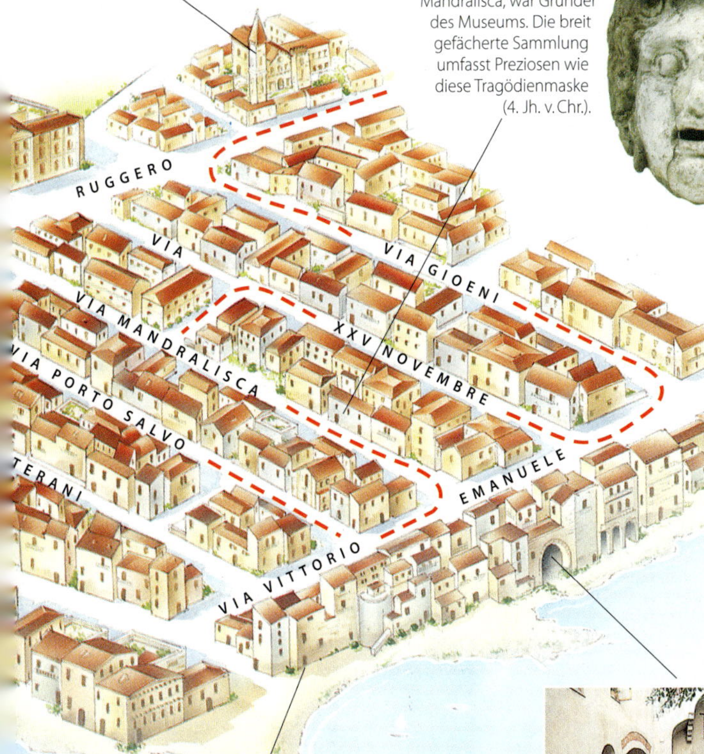

Porta Pescara
Dieses ungewöhnliche Stadttor am Meer hat die Form eines gotischen Spitzbogens. Es ist das einzig erhaltene der vier Stadtmauertore, die in die Stadt führten.

Arabischer Brunnen
Der originalgetreu restaurierte Steinbrunnen diente vor wenigen Jahren noch zum Wäschewaschen.

Straßenkarte *siehe hintere Umschlaginnenseiten*

Überblick: Cefalù

Cefalù, das dem griechischen Geschichtsschreiber Diodor zufolge erstmals 396 v. Chr. erwähnt wurde, ist für seine mittelalterliche Bausubstanz bekannt. Als Ausgangspunkt für einen Rundgang eignet sich die Piazza Garibaldi. Von hier führt der Corso Ruggero zur Piazza Duomo, an der eine von Siziliens prächtigsten Kathedralen aufragt.

Die Fassade der Kathedrale von Cefalù

Piazza Duomo

Im Schatten der mächtigen **Kathedrale** und der steilen **Rocca**, des Burgbergs, liegt der Domplatz, das Herz der Stadt. Ihn umgrenzen Bauten diverser Stile, so im Süden das **Oratorio del Santissimo Sacramento**, der **Palazzo Maria**, versehen mit spitzbogigem Portal und gotischem Fenster und wohl frühere Residenz von Roger II. *(siehe S. 33)*, sowie der **Palazzo Piraino** mit einem Tor (spätes 16. Jh.) aus Bruchstein. Das **Seminario** und der **Palazzo Vescovile** säumen die Nordseite. Im Westen steht der **Palazzo del Municipio**, das Rathaus der Stadt, dem das ehemalige **Kloster Santa Caterina** eingegliedert ist.

Kathedrale (Dom)

Piazza Duomo. 0921-92 20 21.
Öffnungszeiten und Gottesdienste siehe Website.
(Kreuzgang).
cattedraledicefalu.com

Roger II. ließ die Kathedrale von Cefalù, eines der großartigsten normannischen Bauwerke Siziliens, ab 1131 errichten. Nach seinem Tod wurden die Bauarbeiten phasenweise fortgesetzt. Zwei wuchtige Glockentürme mit ein- und zweiteiligen Lanzettfenstern flankieren die Fassade. Diese besitzt eine dreibogige Vorhalle, darüber Blendarkaden. Kreuzbogenfriese schmücken die drei Nebenapsiden zur Rechten. Innen unterteilen von Marmorsäulen getragene Bogen das Langhaus. Die Holzdecke mit Balkenbemalung ist deutlich islamisch inspiriert, das Presbyterium mit herrlichen Mosaiken ausgestattet. Die Mosaiken zeigen in der Apsis Christus Pantokrator, die Muttergottes, die Erzengel und Apostel, an den Chorwänden Heilige und Propheten, im Gewölbe Cherubim und Seraphim. Vom nördlichen Seitenschiff führt eine Tür zum wunderschönen **Kreuzgang**.

Bischofsstatue, Dom von Cefalù

Corso Ruggero

Der Boulevard führt mitten durch die Altstadt. Er beginnt an der **Piazza Garibaldi**, bei der einst das Stadttor **Porta di Terra** stand. Einige Schritte weiter sieht man links den (wie es heißt, für die Familie Ventimiglia erbauten) **Palazzo Osterio Magno** (13./14. Jh.). Im modernen Gebäude fast genau gegenüber kann man zwischen 9 und 16.30 Uhr die Relikte der alten Römerstraße besichtigen. Bummelt man rechts weiter, gelangt man zur **Piazzetta Spinola** mit der Kirche **Santo Stefano** (Delle Anime Purganti), zu deren Barockfassade eine elegante Doppeltreppe führt.

Museo Mandralisca

Via Mandralisca 13. 0921-42 15 47.
tägl. 9–19 Uhr (Aug bis 23 Uhr).
fondazionemandralisca.it

Enrico Piraino, Baron von Mandralisca, gründete das Museum im 19. Jahrhundert. Die zugehörige Bibliothek hütet über 9000 historische und naturwissenschaftliche Werke, u. a. Inkunabeln, Bücher aus dem 16. Jahrhundert und Seekarten. Die Bildergalerie zeigt neben Antonello da Messinas *Bildnis eines Mannes* Francesco Bevilacquas *Ansicht von Cefalù*, Johannes de Mattas *Christus am Tag des Jüngsten Gerichts* (Mitte 16. Jh.) sowie Ikonen.

Die weiteren Bestände umfassen Muscheln, Münzen und archäologische Funde. Auf

Mittelalterliche Fischerhäuser am Hafen

***Bildnis eines Mannes* (1465) von Antonello da Messina**

einem Krater (Weinmischkrug) aus dem 4. Jahrhundert v. Chr. ist ein Mann zu sehen, der einen Thunfisch schneidet und verkauft – eine der wenigen volkstümlichen Darstellungen. Sehenswert ist auch die Kollektion von Patience-Karten.

Via Vittorio Emanuele

Die Straße verläuft parallel zum Ufer, eine Zeile mittelalterlicher Bauten trennt sie vom Meer. Dort steht das **Lavatoio**, jener *U Ciumi* (»Fluss«) genannte arabische Steinbrunnen, der vom Dichter Boccaccio erwähnt und bis vor wenigen Jahren zum Waschen genutzt wurde. Eine Treppe führt zum Becken, in das aus Öffnungen an drei Wänden Wasser fließt. Durch die hübsche **Porta Pescara**, das einzige verbliebene von vier Stadttoren, gelangt man zum malerischen Fischerviertel, in dem einige Szenen des Films *Cinema Paradiso* *(siehe S. 124)* gedreht wurden.

La Rocca

Folgt man bei der Piazza Garibaldi dem Pfad auf die Rocca, den Burgberg, erwartet einen auf halber Höhe ein herrlicher Panoramablick über die Altstadt und das Meer. Am Weg liegen die Relikte einer vermutlich byzantinischen Feste und der **Tempio di Diana**, eine Kultanlage mit einem Portal aus dem 9. Jahrhundert v. Chr. Am Gipfel stößt man auf die Ruinen einer Burg aus dem 12. und 13. Jahrhundert.

Umgebung: Das **Santuario di Gibilmanna** (17./18. Jh.) an den Hängen des Pizzo Sant'Angelo ist Siziliens beliebteste Wallfahrtskirche. In den ehemaligen Stallungen des Kapuzinerklosters zeigt das **Museo dell'Ordine** Gemälde, Skulpturen und Gewänder. Am interessantesten sind die Krippenfiguren, emaillierten Reliquienschreine, der Alabasterrosenkranz (16. Jh.) und die weiße Marmorpietà des einheimischen Bildhauers und Michelangelo-Schülers Jacopo lo Duca (16. Jh.).

Statuette (16. Jh.), Santuario di Gibilmanna

❷ Castel di Tusa

Straßenkarte D2. 👥 3900. FS 89 20 21. i 0921-33 04 05.

Der ansprechende kleine Badeort wird von den Ruinen einer Burg aus dem 14. Jahrhundert überragt. Alte Steinhäuser säumen die Gassen, die in den gepflasterten zentralen Platz münden. Der Weg zum kleinen Hafen unterquert die Eisenbahn. Die Ufer des nahen Flusses Tusa wurden zu einer Open-Air-Galerie umgewandelt, in der zeitgenössische Künstler wie der Bildhauer Pietro Consagra ihre Arbeiten ausstellen. Nur wenige Kilometer entfernt liegt das antike **Halaesa Arconidea**.

Ruinen von Halaesa Arconidea

3 km nördlich der Straße nach Tusa. ☎ 0921-33 45 31. ◯ Sommer: 9–19.30 Uhr; Winter: 9–16.30 Uhr.

Auf einem von Olivenbäumen und Affodill bewachsenen Hügel liegen die Reste von Halaesa Arconidea. Die von Griechen 403 v. Chr. gegründete Stadt blühte, bis der römische Prätor Verres sie plünderte. Zu sehen sind noch die Agora sowie Relikte von Kyklopenmauern und einem hellenischen Tempel. Nahebei liegt das Kloster **Santa Maria della Palate**.

Ruine des hellenischen Tempels von Halaesa Arconidea, umgeben von Olivenbäumen und Affodillgewächsen

❸ Santo Stefano di Camastra

Straßenkarte D2. 4500. Messina – Palermo. Rathaus. 0921-33 11 27 oder 0921-33 11 10. Osterwoche.

Vasen, Krüge, Fliesen … die Auslagen der Kunsthandwerker in Santo Stefano di Camastra verraten es: Dieser Ort am Tyrrhenischen Meer zählt zu Siziliens führenden Keramikzentren. Die meisten Töpferwaren haben historische Vorbilder wie jene in der **Villa Comunale**. Die auch San Nicolò genannte **Chiesa Madre** im Ortszentrum hat ein Renaissance-Portal und im Innern Stuckdekor aus dem späten 18. Jahrhundert.

❹ Nicosia

Straßenkarte D3. 14 000. 129 km von Catania, 44 km von Enna. Rathaus, Piazza Garibaldi. 0935-67 21 11. Osterwoche, O'Scontro (Ostern); Makkaroni-Fest (Mai); Palio (2. Woche im Aug); Festival Nicosia da Vivere (Juli – Sep).

Nicosia erstreckt sich im Schatten einer verfallenen arabisch-normannischen Burg über vier Hügel. Beim Streifzug durch die aufsteigenden schmalen Straßen und Gassen eröffnen sich faszinierende Panoramablicke. Von den Lombarden und Piemontesen, die unter den Normannen die ursprünglich byzantinische Siedlung bevölkerten, zeugt der örtliche Zungenschlag. Aufgrund des früheren Wohlstands gibt es eine Vielzahl an Kirchen und

Die Villa Comunale in Santo Stefano di Camastra

Patrizierhäusern. Historische Bauten, darunter das heutige Rathaus und die gotische Kathedrale **San Nicolò**, umstehen die **Piazza Garibaldi**. Über die Stufen der **Salita Salomone** erreicht man **San Salvatore**, eine romanische Kirche mit mehreren Sonnenuhren und schönem Altstadtblick beim Portal. Die von aristokratischen Palazzi gesäumte **Via Salomone** führt zur Kirche **Santa Maria Maggiore** am Fuß des Burgfelsens. Am Eingang überraschen die Statuen von Jupiter, Venus und Ceres. Im Inneren erinnert der Thron Karls V. an die Visite des Kaisers anno 1535. Sehenswert sind ferner Antonello Gaginis vergoldetes Altarbild sowie das Kruzifix des *Barmherzigen Gottvaters*. Weiter den Berg hinauf gelangt man zur **Burg** mit einer normannischen Zugbrücke und Resten des Verlieses. Glockentürme aus dem 15. Jahrhundert und schmucklose Apsiden charakterisieren die am Fuß der Burg errichtete normannische **Basilica di San Michele**.

Decke (Ausschnitt) der Kathedrale von Nicosia

Kathedrale

Piazza Garibaldi 38. Informationen unter 0935-64 67 92.

Die Nicosias Schutzpatron geweihte Kathedrale San Nicolò wurde im 19. Jahrhundert teilweise umgebaut. Aus ihrer Gründerzeit, dem 14. Jahrhundert, stammen die Fassade mit Portikus zur Linken sowie der Glockenturm mit seinen drei stilistisch unterschiedlichen Abschnitten (von arabisch bis romanisch). Schätze des umgestalteten Innenraums sind ein Fra Umile de Petralia zugeschriebenes Kruzifix, ein Taufstein von Antonello Gagini sowie das von örtlichen Künstlern aus Walnussholz geschnitzte Chorgestühl. Das Gewölbe wurde im 19. Jahrhundert mit Fresken ausgemalt. Farbenfrohe Episoden aus dem Leben von Heiligen, wilde Tiere, Jagdszenen, Menschenköpfe, stilisierte Blumen und geometrische Motive zieren seine normannische Decke.

Die Hügelstadt Nicosia, einst eine wichtige Verteidigungsbastion

Panoramablick von der Normannenburg (um 1100) in Sperlinga

❺ Sperlinga

Straßenkarte D3. 900. 47 km von Enna. 0935-64 30 25 oder 0935-64 31 77. Sagra del Tortone (16. Aug).

Parallelstraßen auf verschiedenen Ebenen, dazwischen Stufen – Sperlinga sieht aus wie an der steilen Felswand aufgehängt. Im Osten sind Höhlenbehausungen in den Sandstein gehauen, von denen viele bis Mitte der 1960er Jahre noch bewohnt waren. Einige fungieren nun als ethnografisches Museum. Zur Zeit der Normannen lebten hier Norditaliener und Südfranzosen zusammen, deshalb sprechen die Einheimischen der Gegend noch einen merkwürdigen Dialekt namens Galloitalico.

Normannenburg

Via Castello. 0935-64 30 25.
Apr–Sep: 9–13.30, 15–19 Uhr; Okt–März: 9–13, 14–18 Uhr.
Museum wie Burg.
castellodisperlinga.it

Um 1100 errichteten die Normannen unter Roger I. in Sperlinga auf dem uneinnehmbaren Felsen eine Burg. König Friedrich II. ließ die Befestigung später verstärken. Sie war während der »Sizilianischen Vesper« *(siehe S. 36f)* die letzte Zuflucht der Anjou-Herrscher, die die Angriffe der Aufständischen ein Jahr lang abwehren konnten. Diesen Ereignissen ist im Vestibül die gemeißelte Inschrift *Quod Siculis placuit sola Sperlinga negavit* (»Nur Sperlinga verweigerte den Sizilianern, was sie sich wünschten«) gewidmet. Die Vielzahl der Gemächer macht die Burg zu einem wahren Labyrinth. Über Zugbrücke, Graben und die Sala del Principe (Prinzenhalle) kommt man zu Ställen, einer Schmiede, einem Gefängnis, zu Futtersilos, den Wasserreservoirs für Regenwasser und einer Gießerei. Die Kirche **San Domenico** wurde auf den Ruinen wiederaufgebaut. Eine Treppenflucht führt zum Gipfel mit herrlicher Aussicht.

❻ Gangi

Straßenkarte D3. 7000. 51 km von Cefalù. Piazzetta Zoppo di Gangi. 0921-50 14 71. Sagra della Spiga (2. So im Aug).

In Gangi, am Südwesthang des Monte Marone vis-à-vis den Madonie-Bergen, wurden die Maler Gaspare Vazano und Giuseppe Salerno geboren. Mit den gewundenen Sträßchen und steilen Stufen strahlt der Ort mittelalterliches Flair aus. Er wird von der **Chiesa Madre** und ihrem Glockenturm (14. Jh.) überragt. Das Highlight der Kirche, Salernos *Jüngstes Gericht*, ist von Michelangelos Sixtinischer Kapelle inspiriert.

❼ Petralia Sottana

Straßenkarte D3. 3800. 98 km von Palermo. Rathaus, Corso Agliata. 0921-68 43 11/ 64 18 11. Ballo della Cordella-Tanz (1. So nach dem 15. Aug); Prozession San Calogero (18. Juni); Festa dei Sapori Madoniti (handwerkliche Lebensmittel, letztes Wochenende im Okt).

Vor den Bergen der Madonie blickt dieses Dorf auf einem Felsen in 1000 Meter Höhe über das Imera-Tal. Es ist um die **Via Agliata** herum angelegt. Diese endet an der **Piazza Umberto I** gegenüber der spätgotischen, im 17. Jahrhundert umgebauten **Chiesa Madre**. Der dreiteilige Altaraufsatz *Maria mit dem Kind zwischen Petrus und Paulus* ist sehenswert. Die Kirche **Santissima Trinità** besitzt ein marmornes Altarbild von Domenico Gagini.

Petralia Sottana inmitten des grünen Valle dell'Imera

Petralia Soprana, das höchstgelegene Dorf in der Madonie

❽ Petralia Soprana

Stadtplan D3. 3000. 104 km von Palermo. Rathaus 0921-684-111. Sagra del Salgemma, Fest des Steinsalzes (Aug).

Das Plateau des höchstgelegenen Dorfs der Madonie (1147 m über dem Meeresspiegel) eröffnet ein Panorama von den Nebrodi-Bergen bis hin zum Kegel des Ätna. Unter den Griechen und Phöniziern war die antike Stadt, die *civitas* »Petra«, von höchster Bedeutung. Im Römischen Reich war sie einer der wichtigsten Weizenlieferanten. Von den Arabern wurde sie *Batraliah* genannt, die Normannen bauten sie zur mächtigen Feste aus. Später lenkten Adelsfamilien die Geschicke von Petralia Soprana und Petralia Sottana.

Schmale Pflasterstraßen, alte Steinbauten, Patrizierhäuser und Kirchen prägen das mittelalterliche Ortsbild. An einem schmucken Platz steht die Petrus und Paulus geweihte, im 14. Jahrhundert wiederaufgebaute **Chiesa Madre**. Die Gebrüder Serpotta entwarfen ihre von Doppelsäulen gestützte Kolonnade (17. Jh.). Die Kirche hütet das erste von Fra' Umile Pintorno (1580–1639) bemalte Kruzifix. Weitere Kreuze von Pintorno kann man allerorten auf der Insel bewundern. Zwei Glockentürme flankieren die Fassade der Kirche **Santa Maria di Loreto** (18. Jh.), die über einem kreuzförmigen Grundriss auf einer Burgruine errichtet wurde.

❾ Polizzi Generosa

Stadtplan D3. 3700. 93 km von Palermo. Pro Loco, Via Garibaldi 13. 329-337 75 66. Sagra delle Nocciole, Fest der Haselnüsse (1. So nach dem 15. Aug).

Das Dorf an den Westhängen der Madonie-Berge entstand um eine alte, von den Normannen wiederaufgebaute Festung. Es besitzt zahlreiche Kirchen, darunter die **Chiesa Madre**, deren Altarbild *Maria mit dem Kind* (16. Jh.) das Werk eines unbekannten flämischen Künstlers ist. Ein Museum widmet sich der Naturgeschichte von Le Madonie.

Umgebung: Von Polizzi aus kann man nach Piano Battaglia fahren und auf Wanderwegen oder Skipisten den Madonie-Naturpark erkunden.

❿ Caccamo

Stadtplan C2. 8500. 48 km von Palermo. Rathaus, Piazza Duomo, 091-810 32 07. Sa.

In lieblicher Hügellandschaft, nur zehn Kilometer von der Autobahn Palermo–Catania entfernt, stößt man auf Caccamo. Der Ort breitet sich auf mehreren Ebenen zu Füßen einer zinnenbewehrten **Normannenburg** aus. Seine gepflegten Straßen münden in hübsche Plätze wie die entzückende **Piazza Duomo** mit der San Giorgio geweihten **Chiesa Madre**. Die Kirche flankieren Statuen und zwei symmetrisch gestaltete Barockgebäude, das **Oratorio della Compagnia del Sacramento** und die **Chiesa delle Anime Sante del Purgatorio**. Das Oratorio entstand unter den Normannen, wurde aber im 17. Jahrhundert erweitert. Sein reiches Interieur umfasst einen Taufstein aus der Gagini-Werkstatt. Die Chiesa besitzt Katakomben, in denen viele Einwohner bis 1850 beerdigt wurden. Unweit entdeckt man die Kirchen **Annunziata** (zu erkennen an den Zwillingstürmen), **San Marco** und **Benedetto alla Badia**. Letztere ist die schönste, barock herausgeputzt mit Stuck und Majolika sowie einem farbigen Fußboden, auf dem ein Schiff auf hoher See inmitten von Engeln die Segel bläht.

Wappen einer Adelsfamilie aus Caccamo

Blick in die trutzige Normannenburg von Caccamo

Gymnasion von Solunto mit dorischen Säulen

Normannenburg

Di–Fr 8.30–12.30, 15–19, Sa, So, Feiertage 9.15–12.30, 15.30–18.30 Uhr. 091-814 92 52.

Auf einem steilen Fels und von massiven Mauerringen umgeben, scheint die Normannenburg von Caccamo uneinnehmbar und gegen jeden Feind gefeit zu sein. Der untere erste Eingang führt zu einer breiten, von zinnenbewehrten Mauern flankierten Treppe und diese wiederum zum zweiten, einst von einem Wachhaus geschützten Eingang.

Nach dem Überqueren der Zugbrücke gelangt man durch ein weiteres Tor zum Innenhof und hier zur berühmten Sala della Congiura. Der Name »Verschwörungssaal« verweist auf das Komplott, das die normannischen Lehnsherren 1160 hier gegen Wilhelm I. schmiedeten. Die Aussicht von der großen Westterrasse ist grandios.

⑪ Solunto

Straßenkarte C2. FS Santa Flavia – Solunto – Porticello. Di–Fr 9–19 (letzter Einlass 18.30), Sa, So u. Feiertage 9.30–13.30 (letzter Einlass 13 Uhr). **Museum** 338-784 51 40.

Das Ruinenfeld von Solunto an den Hängen des Monte Catalfano, eine der ältesten phönizischen Siedlungen Siziliens, gibt einen großartigen Blick aufs Meer frei. Schon der griechische Geschichtsschreiber Thukydides hat Solunto zusammen mit Palermo und Mozia erwähnt. Die Stadt wurde 254 v. Chr. von den Römern erobert und war im 2. Jahrhundert n. Chr. weitgehend verlassen. Die Sarazenen zerstörten sie nahezu vollständig.

Am Eingang sind im Antiquarium (ein kleines Museum) Funde der 1826 begonnenen, noch andauernden Grabungen ausgestellt. Soluntos Anlage entsprach einem traditionellen Schema. Auf dem Pfad zum Ausgrabungsfeld erreicht man die mit Ziegelpflaster und Abflussrinnen versehene Via dell'Agorà. Die Straße verläuft im rechten Winkel zu den Stufen, die seitlich die *insulae* (Wohnblocks) begrenzen. Vom *gymnasion* sind sechs dorische Säulen erhalten, von anderen *insulae* Mosaikböden sowie verputzte, teils bemalte Wände. Am Ostende befindet sich die Agora mit Werkstätten, Zisternen für Regenwasser und einem Theater, von dessen Stufen die Zuschauer einen erhabenen Blick aufs Meer hatten.

Ruinenfeld von Solunto

Kunstvolle Treppe und Fassade der Villa Palagonia

Villen von Bagheria

Im 18. Jahrhundert flüchtete der Adel Palermos gern in die Sommerfrische nach Bagheria. Inmitten von Orangenhainen entstanden luxuriöse Villen. Den Anfang machte 1657 Prinz Ettore Branciforti mit der Villa Barbera. Ihm folgten die Valguarneras, Gravinas und andere Familien. Am berühmtesten ist die 2006 restaurierte Villa Palagonia (091-93 20 88; www.villapalagonia.it), und zwar wegen ihrer Hundertschaften von Statuen, die grotesk verzerrte mythologische Figuren darstellen. Besucher können den einstigen Ballraum Salone degli Specchi (»Spiegelsaal«) und einen Saal mit Herkules-Fresken besichtigen. Wegen der hohen Unterhaltskosten wurden die Villen aufgegeben. Als auch ihre Gärten eingeebnet wurden, um hässliche (und illegale) Wohnungsbauten aufzuziehen, verlor das Areal seinen Charme.

Monsterfigur, Villa Palagonia

Trachten aus Piana degli Albanesi

⓬ Piana degli Albanesi

Straßenkarte B2. 6200. Pro Loco, Via Kastriota 207. 091-857 45 04. Sagra del Cannolo (Apr).
pianalbanesi.it

Die Expansion des Osmanischen Reichs auf dem Balkan trieb zahlreiche Albaner *(Albanesi)* nach Italien. Ende des 15. Jahrhunderts erlaubte Johann II. einer Gruppe, hier zu siedeln. Weil seine Bewohner der griechisch-orthodoxen Kirche angehörten, hieß der Ort Piana dei Greci (»Ebene der Griechen«), bis er 1941 in Piana degli Albanesi umbenannt wurde. Er ist bekannt für seine farbenfrohen religiösen Feiern, etwa das Oster- und Dreikönigsfest, die noch nach dem orthodoxen Kalender begangen werden. Eine gute Besuchszeit ist das Fest der Schutzpatronin Santa Maria Odigitria, dem traditionelle Feierlichkeiten folgen.

An der zentralen **Piazza Vittorio Emanuele** liegt die byzantinische **Santa Maria Odigitria** mit schöner Ikonostase. Gegenüber steht **San Giorgio**, die älteste (Mitte des 18. Jh. umgestaltete) Kirche Pianas.

In der Via Kastriota – benannt nach Giorgio Kastriota Skanderbeg, einem albanischen Nationalhelden, befindet sich die Kathedrale **San Demetrio**. Nach orthodoxem Usus trennt eine Ikonostase Altar- und Gemeinderaum, das Gewölbefresko von Pietro Novelli zeigt Christus mit den Aposteln und vier Patriarchen. Nahe dem Ort wurde in den 1920er Jahren ein **See** (32 Millionen Kubikmeter Wasser) aufgestaut.

⓭ Alcamo

Straßenkarte B2. 46 000. FS Palermo – Trapani. Rathaus, Piazza Ciullo. 0924-223 01.

Die Feste *Manzil Alqamah* entstand unter den Arabern als Knoten im regionalen Verteidigungsnetz, die Siedlung Alcamo später. Vom 13. bis 14. Jahrhundert hatte sich die Stadt um die Chiesa Madre und die restaurierte Burg herum entwickelt. Mit der Bevölkerung ist sie in den vergangenen Jahrzehnten – auf Kosten von Teilen der alten Stadtmauer – gewachsen. An der Piazza Ciullo steht die 1724 über einem Vorgängerbau errichtete Kirche **Sant'Oliva**, nahebei die mit Fresken (15. Jh.) geschmückte **Chiesa del Rosario**. In der Kirche **Santa Maria del Gesù** an der Piazza della Repubblica zeigt das als Griechische Madonna bekannte Altarbild (1516) die Muttergottes mit den Grafen von Modica. Die **Chiesa Madre**, das interessanteste Gotteshaus, stammt aus dem 14. Jahrhundert, ebenso ihr von Lanzettfenstern durchbrochener Glockenturm an der zur Piazza IV Novembre gekehrten Barockfassade. Einen Blick lohnen die Bilder und Skulpturen in den Kapellen.

⓮ Castellammare del Golfo

Straßenkarte B2. 15 000. FS Palermo – Trapani. Pro Loco, Corso B. Mattarella 24. 0924-351 75.
prolococastellammare.it

Zunächst war der Ort der Hafen der griechischen Siedlungen Segesta und Erice, später eine arabische Festung. Im Mittelalter entwickelte sich die Stadt zum Zentrum von Handel und Thunfischfang. Ihr Kern mit der normannische **Burg** und den Gassen des *castri di la terra* genannten mittelalterlichen Viertels liegt auf einer Landenge. In der Via Garibaldi steht die im 18./19. Jahrhundert umgebaute **Chiesa Madre**.

Castellammare del Golfo, in arabisch-normannischer Zeit ein bedeutender Hafen am Tyrrhenischen Meer

Hotels und Restaurants in Nordwest-Sizilien *siehe Seiten 202f und 211–213*

⓯ Riserva dello Zingaro

Die Riserva dello Zingaro erstreckt sich 20 Kilometer von Erice entfernt entlang der Küste in Richtung Palermo. Das 1600 Hektar große, zum Meer abfallende Naturschutzgebiet ist ein Paradies für Vögel. Man sieht Greifvögel wie Habichtsadler, Wanderfalken, Milane und bisweilen sogar Steinadler.

① San Vito Lo Capo
Das Kap fällt nördlich des Schutzgebiets steil ins Meer ab.

② Grotta dell'Uzzo
In der Grotte wurden über 12 000 Jahre alte menschliche Skelette entdeckt.

⑥ Portella Mandra Nuova
Das malerische Dorf liegt 700 Meter über dem Meeresspiegel.

③ Grotta del Sughero
Hier haben sich Füchse, Kaninchen, Stachelschweine und andere Tiere angesiedelt.

④ Contrada Capreria
In dem Gebiet, einem der reizvollsten des Naturreservats, liegt die Landspitze Punta di Capreria.

Routeninfos

Straßenkarte: C2
Länge: Es gibt vier markierte Wanderwege. Für den kürzesten (6 km) von Scopello nach Tonarella dell'Uzzo rechnet man etwa zweieinhalb Stunden, für den längsten (19 km) ca. 9 Stunden. Man kann das Gebiet auch zu Pferd erkunden.
W riservazingaro.it

⑤ Baglio di Scopello
Der Bauernweiler Scopello gruppiert sich um eine Feste aus dem 18. Jahrhundert.

0 Kilometer 2

Straßenkarte *siehe hintere Umschlaginnenseiten*

⑯ Segesta

Segesta, so die Überlieferung, wurde von Flüchtlingen aus Troja gegründet. Die antike Hauptstadt der Elymer im Hügelland von Castellammare del Golfo war unversöhnlich zerstritten mit Selinunte und häufig Angriffen ausgesetzt. Wie durch ein Wunder hat der dorische Tempel Plünderung und Verwitterung getrotzt: Auf einem Hügel gegenüber dem Monte Barbaro steht er in erhabener Abgeschiedenheit da. Oberhalb des Tempels, auf der Kuppe des Barbaro, wurde die Stadt Segesta erbaut. Von ihr zeugen einige Ruinen und das Theater (3. Jh. v. Chr.), in dem jeden zweiten Sommer Theateraufführungen stattfinden.

Infobox

Information
Straßenkarte B2. 0924-95 23 56. tägl. 9 Uhr bis 1 Std. vor Sonnenuntergang. Klassisches Theater (Juli, Aug).

Anfahrt
32 km von Trapani.
FS Trapani – Palermo (Bus zum Theater).

Tempel
Der im 5. Jahrhundert v. Chr. errichtete Tempel befindet sich in gutem Zustand. 36 dorische Säulen tragen Giebel und Gebälk.

Panorama
Das Ruinenfeld und die idyllische Lage schaffen eine stimmungsvolle Atmosphäre.

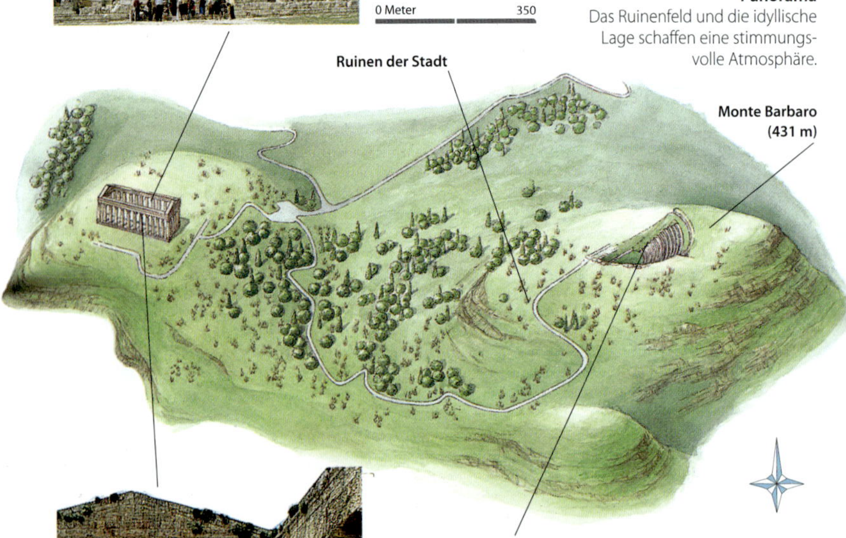

Tempelinnenraum
Der Tempel wurde wahrscheinlich nie ausgebaut. Experten vermuten, dass die kriegerischen Auseinandersetzungen mit Selinunte seine Vollendung verhindert haben.

Theater
Das in die Kuppe des Monte Barbaro gehauene Halbrund des Theaters hat einen Durchmesser von 63 Meter. Die Bühne ist – wohl der Aussicht auf Hügel und Meer zuliebe – nach Norden ausgerichtet.

Hotels und Restaurants in Nordwest-Sizilien *siehe Seiten 202f und 211 – 213*

⑰ Gibellina

Stadtplan B3. 5000. 89 km von Trapani. Rathaus, Piazza XV Gennaio. 0924-678 77. Oresteia (alle 2 Jahre im Sommer klassisches Theater: 2016, 2018 …).
fondazioneorestiadi.it

Im Jahr 1968 verwüstete ein schweres Erdbeben die Ortschaften in und um das Valle del Belice. Betroffen war auch Gibellina, das nach jahrelanger Blockade der Bürokratie 20 Kilometer entfernt im Salinella-Gebiet wiederaufgebaut wurde. Mehr als 40 Jahre nach der Katastrophe sieht das neue Gibellina recht traurig und alt aus. Dennoch lohnt ein Besuch, denn die Arbeit von Architekten und Künstlern hat der Gegend zahlreiche Kunstwerke beschert, so Pietro Consagras Skulptur *Stella* (»Stern«) di Gibellina, Stadttor und Wahrzeichen von Gibellina Nuova.

Zu den weiteren Attraktionen gehören die **Torre Civica Carillon** an der Piazza del Municipio und das über den Resten des **Palazzo Di Lorenzo** (17. Jh.) erbaute **Centro Culturale**. Ebenfalls sehenswert sind das dem örtlichen Brauchtum und Werkzeugen gewidmete **Museo Antropologico-Etnologico** und das **Museo Civico d'Arte Contemporanea**, das Werke, darunter auch Skulpturen und Grafiken, von namhaften zeitgenössischen Künstlern wie Fausto Pirandello, Renato Guttuso, Antonio Sanfilippo und Mario Schifano präsentiert.

Salemi, das von seiner mittelalterlichen Burg dominiert wird

Museo Civico d'Arte Contemporanea

Via Segesta. 0924-674 28. Mo–Sa 9–13, 16–19 Uhr.

Pietro Consagras *Stella di Gibellina*

Umgebung: 18 Kilometer vom neuen entfernt liegt das zerstörte Gibellina Vecchia. Der Künstler Alberto Burri schuf das verstörende gigantische Kunstwerk *Il Cretto*: Er überzog die Ruinen des alten Orts mit einer dicken Schicht Beton, durch die sich ein Labyrinth von begehbaren »Rissen« zieht, die dem Verlauf der alten Straßen und Gässchen folgen.

Alberto Burris *Il Cretto* (1985), Materialkunst im alten Gibellina

⑱ Salemi

Stadtplan B3. 12 500. 95 km von Palermo. Rathaus, Piazza Dittatura 1. 0924-99 11 11. Sa. San Giuseppe (März).

Der landwirtschaftlich geprägte Ort im Valle del Delia besteht seit der Antike. Vermutlich entspricht er dem von Diodor erwähnten Halikyae. Trotz des Erdbebens von 1968 besitzt es noch sein arabisches Grundschema mit dem Straßengewirr zu Füßen der drei Türme der **Burg**. In der im 12. Jahrhundert unter Friedrich II. errichteten, 1210 umgebauten Burg erklärte sich Garibaldi *(siehe S. 38f)* am 14. Mai 1860 im Namen von König Viktor Emanuel zum Regenten von Sizilien.

In der Altstadt sind an Sehenswürdigkeiten hervorzuheben: **Sant'Agostino** mit seinem großen Kreuzgang, das **Collegio dei Gesuiti** (17. Jh.) mit der **Chiesa dei Gesuiti**, das **Oratorio del Ritiro** sowie die städtischen Museen, allen voran das **Museo Civico d'Arte Sacra**.

Museo Civico d'Arte Sacra

Collegio dei Gesuiti. 0924-98 23 76. Di–Sa 10–12.30, 16–18.30 Uhr.

Das Museum für sakrale Kunst hütet Skulpturen des 15. und 16. Jahrhunderts, darunter eine Madonna mit Kind von Francesco Laurana, Bilder aus dem 17. Jahrhundert und barocke Holzplastiken. Die Risorgimento-Abteilung beschäftigt sich mit den Leistungen Garibaldis.

⓲ Erice

Der Kult um die Fruchtbarkeitsgöttin Venus Erycina verweist auf Erices antike Ursprünge. Die dreieckig angelegte Stadt thront auf dem gleichnamigen Berg. Sie scheint direkt dem Mittelalter entsprungen, mit ihren Stadtmauern und verwunschenen Pflastersträßchen, den schmucken Eingängen der alten Häuser aus Stein, den kleinen Plätzen und vielen Kirchen – darunter die mittelalterliche Chiesa Madre –, die nun vielfach als Bühne wissenschaftlicher und kultureller Aktivitäten dienen.

Kyklopenmauer

Die 700 m lange Mauer erstreckt sich vom nördlichen Stadtrand von der Porta Spada bis zur Porta Trapani.

Die Phönizier errichteten – eingemeißelte Buchstaben des phönizischen Alphabets belegen dies – aus wuchtigen Steinblöcken den unteren, die Normannen später den oberen Mauerteil und die Tore, darunter die **Porta Spada**. Der Name Spada (»Schwert«) verweist auf die Massakrierung der hiesigen Anjou-Herrscher während der »Sizilianischen Vesper« *(siehe S. 36f)*. Ganz in der Nähe stehen die Kirchen **Sant'Antonio Abate** und **Sant'Orsola**. Letztere weist Bauteile aus Gotik und Renaissance auf und beherbergt die Skulpturen (18. Jh.), die bei der »Mysterienprozession« am Karfreitag zum Einsatz kommen.

Castello di Venere

Via Conte Pepoli. ☎ 3666-71 28 32. ◯ Apr–Okt: tägl. 10–18 (im Sommer bis 20 Uhr); Nov–März: Sa u. Feiertage 10–16 Uhr, Wochentage nach tel. Voranmeldung.
W fondazioneericearte.org/castellodivenere.php

Die Burg wurde von Normannen auf einem Felsen über den Ruinen des **Tempels der Venus Erycina** erbaut. Der einzige original erhaltene Teil ist der von Ghibellinenzinnen bekrönte Gefängnis- und Wachturm, durch den man die Burg betritt. Über dem spitzbogigen Eingang gibt es eine Tafel mit dem Wappen der spanischen Habsburger, darüber ein zweiteiliges Lanzettfenster (14. Jh.), innen einen Brunnen sowie die Relikte des Tempels der Venus Erycina, eines phönizischen Hauses und eines römischen Bads. Die Burg ist Ausgangspunkt einer Wehranlage, zu der die **Torri del Balio**, ehemals Hauptquartier des normannischen Statthalters, gehören. Auf einem Felsvorsprung oberhalb des Pinienwalds Pineta dei Runzi erhebt sich ein Wahrzeichen von Erice, die 1872–80 als Jagdhaus errichtete **Torretta Pepoli** *(siehe S. 89)*. Zwischen Burg und östlichem Stadtrand lädt der Park **Giardini del Balio** (19. Jh.) zum Spazierengehen ein.

Die normannische Burg, erbaut über der alten Kultstätte der Venus Erycina

Zentrum von Erice

① Chiesa Matrice
② Kyklopenmauer
③ Polo Museale A. Cordici
④ Corso Vittorio Emanuele
⑤ Via General Salerno
⑥ San Pietro
⑦ San Giovanni Battista
⑧ Castello di Venere

0 Meter 200

Zeichenerklärung
siehe hintere Umschlagklappe

Hotels und Restaurants in Nordwest-Sizilien *siehe Seiten 202f und 211–213*

Die schlichte Fassade der Chiesa Madre in Erice

Chiesa Matrice

Piazza Matrice. 0923-86 91 23. März: 10–16 Uhr; Apr–Juni, Okt: 10–18 Uhr; Juli, Sep: 10–19 Uhr; Aug: 10–20 Uhr; Nov–Feb: 10–12.30 Uhr.

Die der Assunta geweihte Kirche stammt von 1314. Ihre Fassade ist dezent gestaltet mit einem spitzbogigen Portikus unter einer Fensterrosette. Gegenüber steht frei ihr Glockenturm, ein 1312 als Wachturm entstandener Bau mit Lanzettfenstern. Das 1865 restaurierte Kircheninnere hat von seinem ursprünglichen Aussehen nur wenig bewahrt.

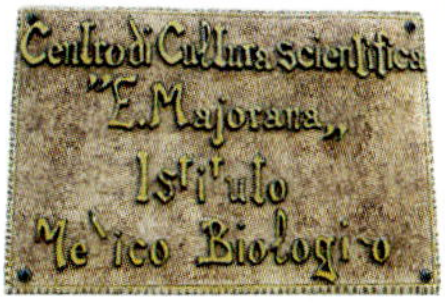

Gedenktafel für den Wissenschaftler Ettore Majorana

Corso Vittorio Emanuele

Der früher Via Regia genannte Corso Vittorio Emanuele ist Erices Hauptstraße. Er führt von der **Porta Trapani**, einem der drei Tore der mächtigen Stadtmauer, bergan. Ihn säumen barocke Patrizierhäuser und verführerische Konditoreien. Die Kirche **San Salvatore** besitzt ein sehenswertes Portal aus dem 15. Jahrhundert.

Der Corso mündet in die im 19. Jahrhundert umgestaltete **Piazza Umberto I**. Dort beherbergt das Rathaus, der **Palazzo del Municipio**, den **Polo Museale A. Cordici**.

Polo Museale A. Cordici

Via V. Carvini. 3465-77 35 50. Apr–Okt: tägl. 10–18 (Sommer bis 20 Uhr); Nov–März: Sa u. Feiertage 10–16 Uhr, Wochentage nach tel. Voranmeldung.
fondazioneericearte.org/museocordici.php

Die Exponate umfassen Funde aus der Nekropolis, Münzen, Objekte aus Terrakotta und einen kleinen Venuskopf, aber auch Gewänder, alte Gemälde und Skulpturen, so Antonello Gaginis *Mariä Verkündigung* aus Marmor.

San Pietro

Via Filippo Guarnotti.

Die zentral gelegene Kirche geht auf das 14. Jahrhundert zurück. Während eines Umbaus erhielt sie 1745 ein kunstvolles Barockportal. Im nahen Kloster ist nun auch ein Ausstellungsort des **Polo Museale A. Cordici**. Das Anfang der 1960er Jahre dort gegründete Zentrum – Centro di Cultura Scientifica Ettore Majorana – heißt nach dem sizilianischen Wissenschaftler Ettore Majorana, der vor Ausbruch des Zweiten Weltkriegs unter höchst mysteriösen Umständen verschwand. Das Zentrum veranstaltet Kurse und Kongresse zu den Themen Medizin, Seismologie, Mathematik, Physik und Logik.

Via General Salerno

Diese Straße führt, vorbei an noblen Palazzi, vom **Corso Vittorio Emanuele** zum Burgviertel. Gleich links steht die Normannenkirche **San Martino**. Sehenswert ist ihr Barockportal. Innen verdient das Chorgestühl (17. Jh.) einen Blick. Die Sakristei führt zum **Oratorio dei Confrati del Purgatorio**, einem beschwingten Rokoko-Bau mit golden stuckiertem Altar. Ein Stück weiter überblickt die Kirche **San Giuliano** einen Platz, der seine Ausstrahlung nicht zuletzt dem Rosaton ihrer Fassade verdankt. Das Gotteshaus wurde 1080 unter Roger I. gegründet, im 17. Jahrhundert umgestaltet und nach Einsturz des Gewölbes im Langhaus schließlich geschlossen. Inzwischen wurde es restauriert und zu einem Kultur- und Kunstzentrum umfunktioniert.

Infobox

Information
Straßenkarte A2. 25 000. Viale Conte A. Pepoli 11. 348-691 23 35. Mo. Processione dei Misteri (Karfreitag); Estate Ericina (Juli–Sep).

Anfahrt
16 km von Trapani. Seilbahn Erice–Trapani, 0923-56 93 06.

Eines der hübschen Pflastersträßchen von Erice

San Giovanni Battista

Piazza San Giovanni. 0923-86 91 23. nur zu Veranstaltungen.

Die weiß überkuppelte Kirche, die größte und vermutlich älteste der Stadt, wurde immer wieder durch »Schönheitsoperationen« verändert. Den letzten Eingriff, den vollständigen Umbau des Langhauses, musste das Gebäude im 17. Jahrhundert erdulden.

Obwohl die Kirche nur noch als Auditorium dient, hat sie interessante Kunstwerke vorzuweisen, u. a. eine Statue Johannes' des Täufers von Antonello Gagini, dem Spross einer Bildhauerfamilie. Gagini schuf als Erster Arbeiten im Stil der Renaissance auf Sizilien. Die Fresken stammen ursprünglich aus der säkularisierten Kirche Maria Maddalena (14. Jh.).

Straßenkarte *siehe hintere Umschlaginnenseiten*

Boote im großen Hafen von Trapani

⑳ Trapani

Straßenkarte A2. 70 000. Vincenzo Florio a Birgi. 0923-84 25 02. FS 89 20 21. 0923-87 19 22. Rathaus, nur telefonische Anfragen. 0923-87 70 48/49. Do. Processione dei Misteri (Karfreitag).

Die Stadt wurde auf einer schmalen Landzunge gegründet, die gegenüber den Ägadischen Inseln sichelförmig – daher ihr griechischer Name *Drepanon*, »Sichel« – ins Meer ragt. Als Hafen von Erice *(siehe S. 104f)* florierte sie in der Antike unter den Karthagern, um dann unter den Vandalen, Byzantinern und Sarazenen einen deutlichen Abstieg zu erleben. Die stets vom Meer abhängige Wirtschaft verdankte ihre Hochkonjunktur im 17. und 18. Jahrhundert den Werften und dem Thunfischfang. Heute reicht Trapani über die Landzunge hinaus bis an den Monte Erice und den Rand der Salzsümpfe.

Museo Pepoli

Via Conte Agostino Pepoli 200. 0923-55 32 69. Mo–Sa 9–13.30 Uhr, So u. Feiertage 9–12.30 Uhr. (erste Woche im Monat frei).

Graf Agostino Pepoli stiftete den Grundstock des 1906 in einem früheren Karmeliterkloster eröffneten Museums. Zu bewundern sind Ausgrabungsfunde, sizilianische Malerei (12.–18. Jh.), Schmuck und Keramik sowie Kunstwerke aus Trapani: Holzengel aus dem 16. Jahrhundert, eine aus Korallen und Alabaster gefertigte Krippe (18. Jh.), Schmuck, Uhren mit bemalten Zifferblättern, korallenverzierte Wandteppiche und Majolika aus Santa Maria delle Grazie.

Via Garibaldi

Die Straße führt von der **Piazza Vittorio Veneto**, dem Zentrum der Stadt mit dem **Palazzo d'Ali** (heute Rathaus), durch ein Spalier von Patrizierhäusern wie dem **Palazzo Riccio di Morana** und **Palazzo Fardella Fontana** in die Altstadt. Fast genau vis-à-vis der Barockfassade (1621) von **Santa Maria d'Itria** führen Stufen zur Kirche **San Domenico** aus dem 14. Jahrhundert hinauf. Letztere wurde im 18. Jahrhundert umgestaltet und hütet den Sarkophag von König Manfred, dem Sohn Friedrichs II. *(siehe S. 33)*.

Corso Vittorio Emanuele

Spätbarocke Bausubstanz prägt den Corso, die Hauptstraße der Altstadt. Hier steht die Kathedrale **San Lorenzo**. Sie besitzt einen hübschen Portikus. Innen sind vor allem die Deckengemälde, Stuckaturen und am rechten Altar die van Dyck zugeschriebene *Kreuzigung* sehenswert.

Santuario di Maria Santissima Annunziata

Via Conte Agostino Pepoli. 0923-53 91 84. Winter: 7–12, 16–19 Uhr (auch Feiertage); Sommer: 7–12, 16–20 Uhr (Feiertage 7–13, 16–20 Uhr).
madonnaditrapani.org

Karmeliter gründeten 1224 die auch als Madonna di Trapani bekannte Kirche. Vom Originalbau blieben nur das Portal und ein Teil der Fensterrose erhalten. Ansonsten gibt seit 1714 Barock den Ton an. Sehenswert sind innen die Cappella dei Pescatori, die Cappella dei Marinai und die Cappella della Madonna di Trapani mit Nino Pisanos exquisiter gotischer

Windmühlen dienen zum Umpumpen der Salzwasserbecken

Salzsümpfe

Arbeiter in den Salzgärten der Lagune vor Marsala

Die wirtschaftliche Nutzung der Salzsümpfe von Marsala und Trapani wurzelt in der Antike vor 3000 Jahren. Ihren Höhepunkt erreichte sie im 19. Jahrhundert, als man das Meersalz bis Norwegen exportierte. Seit 30 Jahren geht die Nachfrage zurück. Fünf bis sechs Monate Sonnenschein jährlich und der wasserundurchlässige Boden machen die Sümpfe äußerst ergiebig. Einst lieferten Windmühlen die Energie für die Ägyptischen Schrauben, mit denen das Salzwasser in mehreren Becken umgepumpt wurde (siehe www.de.wikipedia.org/wiki/Meersalz_von_Trapani).

In Nubia zeigt das Museo delle Saline (Salzgartenmuseum: www.museodelsale.it) diese Produktion. Das Naturschutzgebiet Isole dello Stagnone sorgt die Reinhaltung des Meerwassers.

Glockenturm des Santuario di Maria Santissima Annunziata in Trapani

Skulptur *Muttergottes mit Kind*. Auch die Reliquie des Heiligen Albert von Trapani wird hier aufbewahrt.

Chiesa del Purgatorio

Via San Francesco d'Assisi. 0923-232 61 (Curia Vescovile). Di 10–12, Fr 10–12, 17–19 Uhr (Fastenzeit tägl. 10–12, 16–19 Uhr; Juli, Aug: 9–24 Uhr).

Die Kirche bewahrt die hölzernen, mit Silber verzierten Statuen der Kreuzwegstationen *(Misteri)*, die bei der 24-stündigen Karfreitagsprozession durch Trapani getragen werden. Sie stammen aus dem 18. Jahrhundert.

Museo di Preistoria

Torre di Ligny. 0923-54 72 75. Sommer: 10–12.30, 17–19.30 Uhr.

Der **Torre di Ligny** (1671) am Zipfel der Halbinsel eröffnet eine gute Sicht über Stadt und Hafen. Im Turm zeigt ein archäologisches Museum Objekte aus der Zeit der Punischen Kriege sowie Funde aus Wracks von Handelsschiffen, darunter Amphoren, in denen Wein, Datteln und die Fischsauce *garum* transportiert wurden.

Museo del Sale

Via delle Saline, Contrada Nubia, Paceco. 0923-867 061. tägl. 9.30–19 Uhr.
WWF-Reservat 0923-86 77 00.

Mit seinen Salzsümpfen und Windmühlen mutet der naturgeschützte Küstenstreifen zwischen Trapani und Marsala bizarr an. Zugvögel finden hier einen einzigartigen Lebensraum vor, menschliche Gäste ein Museum, das die traditionelle Salzgewinnung erläutert.

21 Marsala

Straßenkarte A3. 83 000. 124 km von Marsala und 31 km von Trapani. 0923-71 40 97. Di. Prozession am Gründonnerstag.

Gegründet wurde Marsala, heute Siziliens größtes Weinbauzentrum, von Überlebenden des Massakers, das Dionysios I. 397 v. Chr. in Mozia angerichtet hatte. Im Ersten Punischen Krieg nahmen die Römer die karthagische Bastion ein und machten sie zum Hauptstützpunkt ihrer Mittelmeerflotte. Der Stadtplan ist im Kern noch römisch. Andere Viertel entstanden unter den Arabern, die 830 die Stadt erobern konnten und in einen blühenden Handelsplatz verwandelten.

An der **Piazza della Repubblica** im Herzen der Stadt erheben sich der **Palazzo Senatorio** und die **Kathedrale**. An der von den Normannen gegründeten und Thomas Becket geweihten Kathedrale wurde noch im 20. Jahrhundert gebaut. Im Inneren lassen sich zahlreiche Skulpturen aus der Werkstatt der Gaginis bewundern. Das **Museo degli Arazzi Fiamminghi** hinter der Apsis ist stolz auf eine Schenkung Philipps II. von Spanien an den Erzbischof von Messina: acht flämische Wandteppiche aus dem 16. Jahrhundert, auf denen Titus gegen die Hebräer kämpft.

Museo degli Arazzi Fiamminghi

Chiesa Madre, Via G. Garaffa 57. 0923-71 13 27. 9–13, 16–18 Uhr. Mo.

Museo Archeologico Regionale Baglio Anselmi

Lungomare Boéo. 0923-95 25 35. Di–Sa 9–19, Mo 9–13 Uhr, So u. Feiertage 15–19.30 Uhr.

Das archäologische Museum stellt prähistorische und antike Funde der Umgebung aus, darunter Mosaiken aus den Römerruinen von Capo Boco und ein karthagisches Schiffswrack (3. Jh. v. Chr.).

22 Mozia

Straßenkarte A2–3. von Trapani und Marsala (Sonnenauf- bis -untergang). STR Trapani. 0923-56 54 12/87 26 52. **Museum** 0923-71 25 98. Apr–Okt: 9.30–18.30 Uhr; Nov–März: 9–15 Uhr.
fondazionewhitaker.it

Punischer Kopf, Museum in Mozia

Auf der Insel San Pantaleo liegt die antike phönizische Stadt Mozia in Trümmern. Anfang des 20. Jahrhunderts erstand Joseph Whitaker, Sohn eines Marsala-Weinhändlers, die Insel. Er begann 1913 mit Ausgrabungen und gründete das Museum, dessen Highlight die Statue »Jüngling aus Mozia« ist. Zu besichtigen sind auch die Trockendocks, neben jenen von Karthago die ältesten im Mittelmeer.

Das verfallene Nordtor der 397 v. Chr. zerstörten Inselstadt Mozia

Straßenkarte *siehe hintere Umschlaginnenseiten*

㉓ Selinunte

Siedler aus Megara Hyblaea gründeten im 7. Jahrhundert v. Chr. Selinunte, das rasch zu einer mächtigen Stadt mit regem Handel und künstlerischer Blüte aufstieg. 409 v. Chr. machten die Karthager dem Streit der Stadt mit ihren Rivalinnen Segesta und Mozia ein Ende, indem sie Selinunte zerstörten. Geblieben ist eines der aufschlussreichsten, die phönizische und griechische Kultur verschmelzenden Ruinenfelder im Mittelmeerraum. Im ältesten Geländeteil dauern die Ausgrabungen noch an. Freigelegt sind acht Tempel mit mächtigen dorischen Säulen und eine Befestigungsanlage.

★ Tempel C (580 – 550 v. Chr.)
Der größte und älteste Tempel der Akropolis war Herakles oder Apollon geweiht. Seine Metopen sind in Palermo ausgestellt.

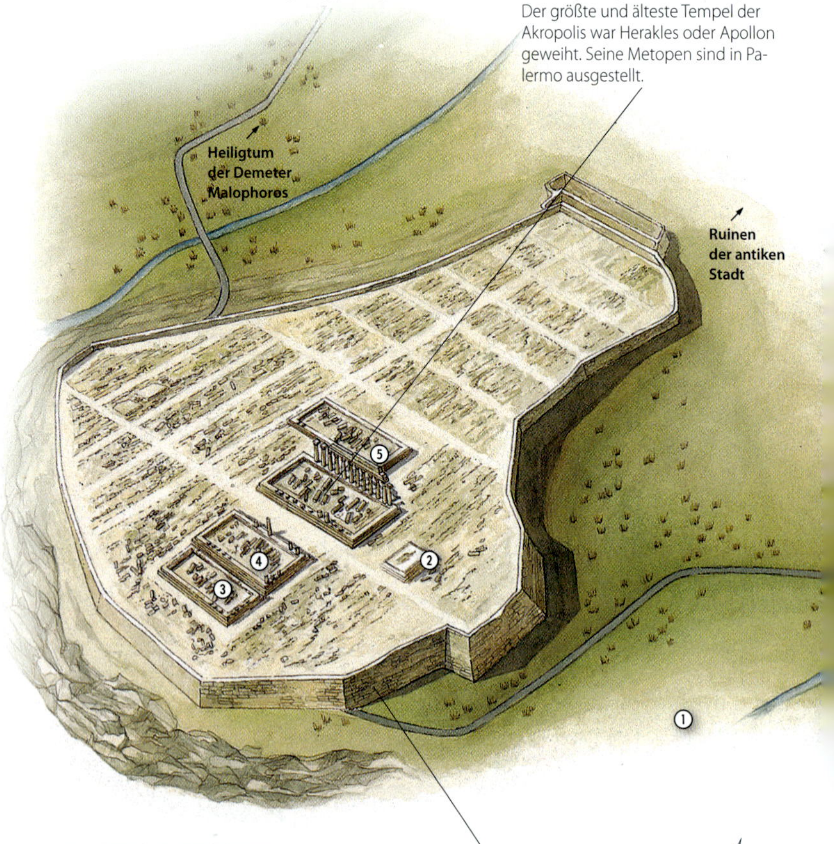

★ Akropolis
Die Akropolis bildete den Brennpunkt des öffentlichen Lebens. Sie wurde von zwei breiten Straßen geviertelt und von einer 1260 Meter langen Mauer geschützt.

★ Tempel E (490–480 v. Chr.)
Der nach 1960 teils rekonstruierte dorische Tempel steht auf einem achtstufigen Unterbau (Krepidoma). Er war laut Inschrift auf einer Votivstele der Hera geweiht.

Außerdem

① **Parkplatz**

② **Tempel B (um 250 v. Chr.)**, vermutlich einziger hellenistischer.

③ **Tempel O (480–470 v. Chr.)** war möglicherweise Pollux geweiht.

④ **Tempel A (480–470 v. Chr.)** (480–470 v. Chr.) war möglicherweise Kastor oder der Leto geweiht.

⑤ **Tempel D (570–550 v. Chr.)** war wahrscheinlich Aphrodite gewidmet.

⑥ **Das Hafengebiet** lag am Treffpunkt des Flusses Cotone mit der Verbindungsstraße von Akropolis und Osthügel.

⑦ **Tempel F (560–530 v. Chr.)**, vielleicht Athene geweiht, der älteste auf dem Osthügel und restlos zerstört.

⑧ **Osthügel**

⑨ **Eingang und Parkplatz**

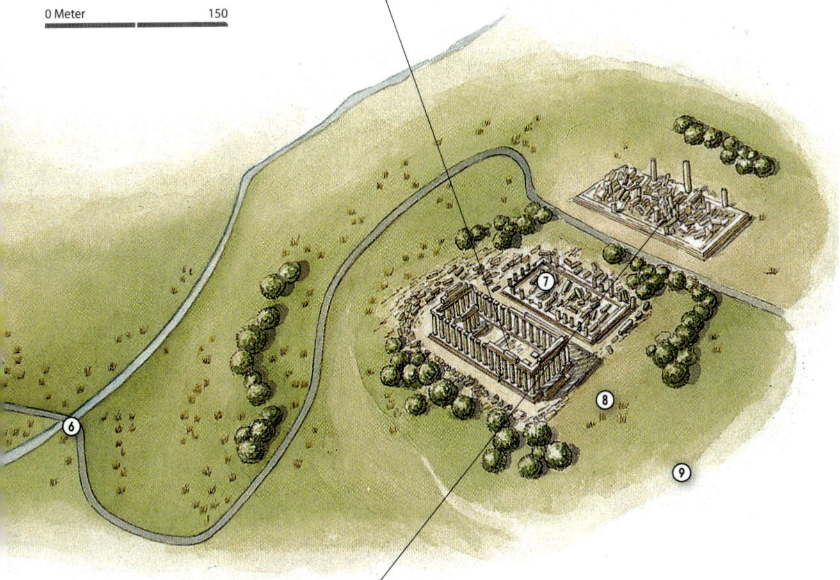

Tempel G (540–480 v. Chr.)
Der völlig verfallene Tempel ist gleichwohl bedeutend: Mit 6120 Quadratmetern Fläche und über 30 Metern Höhe war der Apollon geweihte Tempel eines der größten Heiligtümer der Antike.

Infobox

Information
Straßenkarte B3. ℹ 0924-462 77 oder 462 51. 🕘 9–18 Uhr (im Winter bis 16 Uhr). ♿

Anfahrt
✈ Palermo Punta Raisi »Falcone Borsellino«; Trapani-Birgi.
FS Castelvetrano ☎ 89 20 21.
🚌 Castelvetrano.

Überblick: Selinunte

Das Ausgrabungsgebiet von Selinunte gliedert sich von Ost nach West in folgende vier Bereiche: die Tempel am Osthügel, die Akropolis, die antike Stadt und das Heiligtum der Demeter Malophoros. Die reizvolle Landschaft und der Blick aufs Meer runden die kulturell-historische Faszination der Besichtigung, für die mindestens zwei Stunden eingeplant werden sollten, sinnlich ab.

Die Metopen des Tempels C sind in Palermo ausgestellt ***(siehe S. 60)***

Akropolis

Die Akropolis liegt auf einem Hügel am Meer zwischen dem Modione im Westen und Gorgo Cottone im Osten, zwei verlandeten Flüssen, an deren Mündungen sich Selinuntes Hafen befand. Wuchtige, drei Meter hohe Steinmauern umgaben die Akropolis. Zwei Tore, das größere im Norden, gewährten Zugang zu diesem Bezirk, in dem – mit Blick nach Osten – die öffentlichen Gebäude und Tempel standen.

Von Süden stößt man zunächst auf die spärlichen Relikte der benachbarten **Tempel A** und **O**. Sie waren – mit sechs Säulen an den schmalen und 14 Säulen an den langen Seiten – sehr ähnlich angelegt, womöglich weil sie Kastor und Pollux geweiht waren.

Hellenistische Vasen, Museo Archeologico, Palermo ***(siehe S. 60)***

Ein Stück weiter wurde im kleinen hellenistischen **Tempel B** vermutlich der Agrigenter Philosoph und Wissenschaftler Empedokles verehrt, der Selinuntes Sümpfe trockengelegt haben soll.

Tempel C, der älteste auf der Akropolis und möglicherweise eine dem Apollon geweihte Kultstätte, besaß sechs Säulen an den Schmalseiten und 17 Säulen an den Längsseiten. Überaus prächtige Metopen schmückten sein Giebelfeld, drei davon sind inzwischen in Palermos Museo Archeologico *(siehe S. 60)* zu bewundern. An der Nordseite von Tempel C wurden in den Jahren 1925 und 1926 14 Säulen, teils samt Architrav, rekonstruiert – ein inmitten des Trümmerfelds im wahrsten Sinne des Wortes »erhebender« Anblick.

Auch vom **Tempel D** sind lediglich einige wenige Fragmente übrig geblieben. Stufen führen zu den beiden breiten Straßen, die die Akropolis einst durchschnitten und einen rechten Winkel bildeten.

Bronzener Ephebe, Selinunte

Osthügel

Nahe dem Eingang der Ausgrabungsstätte liegen die drei parallel ausgerichteten Tempel des früher umfriedeten heiligen Bezirks. Der dorische, teilweise rekonstruierte **Tempel E** war laut der Inschrift auf einer im Jahr 1865 geborgenen Votivstele der Göttin Hera (Juno) geweiht. Einige seiner ursprünglich 68 Säulen stützen noch immer das verbliebene Gebälk.

Acht Stufen führen zum **Tempel F**, dem kleinsten und am ärgsten verfallenen des Trios. Der archaische Bau war von 36 über neun Meter hohen Säulen und die Säulenhalle

Tempel E, eines der besten Beispiele dorischer Architektur auf Sizilien

Collegio dei Gesuiti, Heimstatt des Museo Civico von Mazara del Vallo

wiederum von einer Mauer umgeben. Die Vorhalle besaß zwei Säulenreihen.

Der gigantische, 110 mal 50 Meter große **Tempel G** war dem Gott Apollon geweiht. Er wurde allerdings schon damals nicht vollendet. Das einstige Ausmaß, das dieses Heiligtum erreicht hätte, lässt heute nur noch ein weitläufiges Ruinenfeld mit einer einzelnen im Jahr 1832 restaurierten Säule in der Mitte erahnen.

Antike Stadt

Die antike Stadt auf der Collina di Manuzza, einem Hügel nördlich der Akropolis, wird erst seit einigen wenigen Jahren ausgegraben. Nach Selinuntes Zerstörung im Jahr 409 v. Chr. nutzten sie die verbliebenen Einwohner als Nekropole (Totenstadt), als Friedhof, auf dem sie ihre Toten begruben.

Heiligtum der Demeter Malophoros

Die Kultstätte liegt einen Kilometer von der Akropolis entfernt westlich des Modione. Sie ist wahrscheinlich älter als die Stadt Selinunte.

Im umfriedeten Hauptgebäude des Heiligtums wurde einst der Fruchtbarkeitsgöttin Demeter Malophoros (»Trägerin des Granatapfels«) gehuldigt. In der Umgebung fand man zahlreiche Statuetten der Fruchtbarkeitsgöttin. Nach Ansicht von Wissenschaftlern machten hier die Leichenzüge auf dem langen Weg zur Nekropole von Manicalunga Zwischenstation.

㉔ Castelvetrano

Straßenkarte B3. 31 000. 73 km von Trapani, 110 km von Palermo. Rathaus, Piazza Aragona e Tagliavia. 0924-90 20 04. Di. Funzione dell'Aurora (Ostern).

Drei ineinander übergehende Plätze bilden das Zentrum. Am größten, der **Piazza Garibaldi**, steht die **Chiesa Madre** (vorwiegend 16. Jh.). Sehenswert sind ihr mittelalterliches Portal, die Stuckaturen von Ferraro und Serpotta sowie die *Madonna* aus der Gagini-Werkstatt. Neben der Kirche stehen **Municipio** (Rathaus), **Campanile** und **Fontana della Ninfa**, nahebei das dorisch angehauchte **Teatro Selinus** (1873) und die **Chiesa del Purgatorio** (1624–64) mit reichem Fassadendekor.

Umgebung: Einen Besuch lohnt die normannische Kirche Santa Trinità im vierKilometer entfernten **Delia**. Im Inneren beeindruckt ein Marmorsarkophag.

㉕ Mazara del Vallo

Straßenkarte A3. 51 000. 50 km von Trapani, 124 km von Palermo. Via XX Settembre. 0923-94 46 10. Mi. Festino di San Vito (Aug).

Die Stadt am Canale di Sicilia an der Mündung des Mazaro ins Mittelmeer gehörte zu Selinunte. Auch Mazara del Vallo wurde 409 v. Chr. von Karthago zerstört und fiel später an die Römer. Die Araber machten die Stadt zur Hauptstadt eines der drei »Täler«, in die sie Sizilien aufteilten *(siehe S. 36)*. 1072 eroberte Roger I. Mazara und berief hier das erste normannische Parlament ein.

An der **Piazza Mokarta** sind Relikte der normannischen Burg zu sehen. Dahinter liegt die mittelalterliche, 1694 im Barockstil umgebaute **Kathedrale**, in der sich Antonello Gaginis Skulptur *Verklärung Christi* befindet. An der Piazza della Repubblica liegen das **Seminario dei Chierici** und der **Palazzo Vescovile**. Beim Lungomare Mazzini mit dem **Museo Civico** im **Collegio dei Gesuiti** kann man in die arabische Altstadt eintauchen.

Museo del Satiro Danzante

Piazza Plebiscito. 0923-93 39 17. tägl. 9–18.30 Uhr.

Das Museum präsentiert mehrere interessante Exponate, Highlight ist jedoch die Statue des Tanzenden Satyrs, eine seltene griechische Bronze.

Mazara del Vallo, einer von Italiens bedeutendsten Fischereihäfen

26 Ägadische Inseln

Straßenkarte A2. 4300. ab Trapani, Siremar, 0923-249 68. Favignana, Rathaus. 0923-92 54 43/56 54 12; STR Trapani. 0923-80 68 00. **isoleegadi.it**

Vor 600 000 Jahren waren die Inseln Favignana (die größte Insel), Levanzo und Marettimo noch mit der Hauptinsel Sizilien verbunden. Als die Landverbindung mit dem Ansteigen des Meeresspiegels allmählich unterbrochen wurde, blieb am Ende schließlich dieser Archipel zurück. Heute sind die Inseln ein beliebtes Ferien- und Badeziel. Von Trapani aus sind sie bequem in ungefähr 20 Minuten zu erreichen.

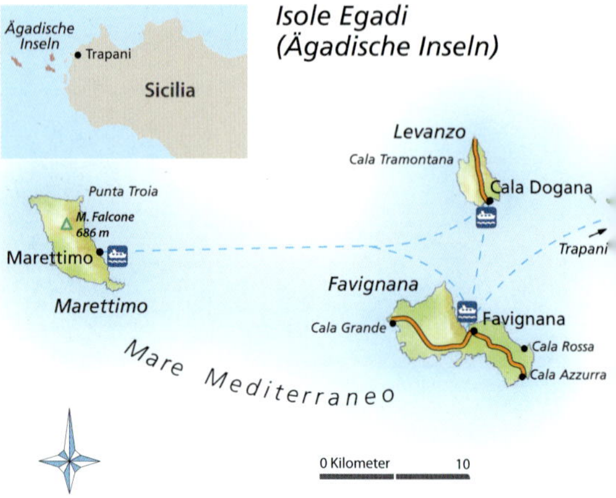

Uferstreifen der Insel Favignana

Favignana

Der Osten und der Westen der Insel unterscheiden sich deutlich. Ersterer weist flaches Acker- und Weideland auf, während der andere zerklüftet und karg ist. In der Mitte liegt das Städtchen **Favignana**, das im 17. Jahrhundert auf seinem mittelalterlichen Raster neu erstand. Einen Besuch lohnen die der Madonna Immaculata geweihte **Chiesa Matrice**, die Bauten aus der Blütezeit des Thunfischfangs und der zum Rathaus umfunktionierte **Palazzo Florio** (19. Jh.).

Es gibt hübsche Buchten zu entdecken – von der **Cala Stornello** bis zum Inselchen **Previto**, von **Cala Rotonda** bis **Cala Grande** und von **Punta Ferro** bis **Punta Faraglione** mit prähistorischen Höhlen, in denen steinzeitliche Funde zu sehen sind. Der östliche Teil führt von **Punta San Nicola** bis **Cala Rossa** mit Tuffsteinhalden von den Steinbrüchen der Insel. Von **Cala Rossa** bis **Bue Marino** und **Cala Azzurra** bis **Punta Lunga** bietet die Küste traumhafte Strände aus feinem Tuffstein – und kristallklares Wasser.

Levanzo

Die kleinste der Ägadischen Inseln wirkt wilder und verlassener als Favignana: Es gibt nur ein Dorf, das winzige **Cala Dogana**. Die Landschaft ist öde bis auf Fleckchen grüner Macchia und ein bewirtschaftetes Plateau oberhalb des hohen Felsufers. Auf zahlreichen Fußwegen kann man die Insel erkunden und zur hübschen Bucht **Cala Tramontana** wandern.

Die **Grotta del Genovese** nördlich von Cala Dogana erreicht man zu Fuß in zwei Stunden oder mit dem Boot. In die Wände der Höhle sind alt- und jungsteinzeitliche Felszeichnungen geritzt, die teils recht naturalistisch, teils eher schematisch Menschen, Tiere und mythologisch-kultische Motive darstellen.

Marettimo

Diese Insel löste sich als erste des Archipels von der Hauptinsel Sizilien. Zerklüftet, gebirgig und abwechslungsreich, ist sie landschaftlich ungemein beeindruckend. Es gibt weder Hotels noch Straßen, lediglich Wanderwege, denen man durch eine Welt von Felsnasen und Höhlen aus Kalkstein auf den 686 Meter hohen Monte Falcone folgen kann. Wegen ihrer langen Isolation ist die Insel reich an Pflanzen, die ausschließlich hier gedeihen. An Tieren wurden Wildschafe und Wildschweine eingeführt.

Im Fort **Punta Troia** hatten die Bourbonen eine Strafkolonie eingerichtet. Dort verbrachte der Risorgimento-Held Guglielmo Pepe drei Jahre in Haft. Beim Weiler Marettimo finden sich Römerruinen sowie eine kleine byzantinische Kirche.

Der kleine Hafen von Cala Dogana, dem einzigen Dorf auf Levanzo

Hotels und Restaurants in Nordwest-Sizilien *siehe Seiten 202f und 211–213*

Die Grotta Azzurra, ein Highlight der Bootstouren um Ustica

㉗ Ustica

Straßenkarte B1. 1300. ab Palermo, Siremar, 091-749 33 15; Ustica Lines, 092-387 38 13. Palermo Falcone Borsellino, 091-59 16 63. STR Palermo. 091-639 80 28/11; Rathaus. 091-844 81 24; Guardia Costiera. 0923-844 96 52.
ampustica.it

Vulkanismus hat vor langer Zeit diese nur 800 Hektar große Insel, 46 Kilometer vor Siziliens Nordwestküste, geschaffen: Sie ist die sichtbare Kuppe eines gigantischen Unterwasservulkans. Schwarzes Lavagestein prägt ihr apartes Aussehen – Ustica leitet sich von *ustum* (»verbrannt«) ab. Dank der äußerst fruchtbaren Lava wirft das Land reiche Trauben-, Weizen- und Gemüseernten ab. Landschaft und steile Felsküsten haben Ustica zum beliebten Urlaubsziel für Unterwassersportler gemacht.

Zum Schutz der Unterwasserwelt wurde am 12. November 1986 hier Italiens erster **Meerespark**, die Area marina protetta Isola di Ustica, ausgewiesen. Die drei Zonen des von den örtlichen Behörden verwalteten Reservats genießen Teil- bis Vollnaturschutz (zwischen Caletta und Cala Sidoti). Der Park organisiert Touren. Im Juli finden internationale Wettbewerbe im Sporttauchen statt. Fast eine archäologische Unterwasserexpedition ist der Tauchgang, der von der **Punta Gavazzi** aus antiken römischen Amphoren nachspürt. Dazwischen entdeckt man hochbetagte Anker und andere Relikte von Schiffen, deren Kurs seit uralten Zeiten in diesen Teil des Mittelmeers führte. Es gibt ein kleines Museum mit Unterwasserfunden.

Das Leben des Mitte des 18. Jahrhunderts gegründeten Orts **Ustica** dreht sich um die Piazza Umberto I mit der weiß getünchten Pfarrkirche. Darüber ragt das **Capo Falconara** auf, dessen kleines bourbonisches Fort einen herrlichen Blick bis hinüber nach Sizilien eröffnet.

Funde belegen, dass die Insel schon 1500 v. Chr. bewohnt war. Von der alten Besiedlung künden Stätten wie das prähistorische Dorf **Faraglioni** und die von Griechen, Römern und Byzantinern in unterschiedlicher Weise zweckentfremdeten phönizischen Grabstätten in der Nähe von **Falconara**.

Die Attraktion der angebotenen Bootstouren sind die Unterwasserhöhlen der felsigen Küste, darunter – um nur einige zu nennen – die **Grotta Azzurra**, vor deren große Kavernen die Natur einen majestätischen Torbogen gespannt hat, die **Grotta delle Colonne** und die gleichnamige Klippe sowie die **Grotta Blasi**, die **Grotta dell'Oro** und die **Grotta delle Barche**, in der die Fischer der Gegend bei Sturm ihre Boote sichern können.

Unterwasserexpedition im Umkreis der Insel Ustica

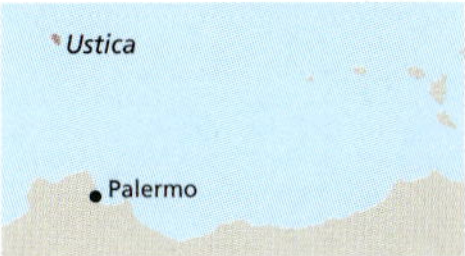

Ustica

Zeichenerklärung
siehe hintere Umschlagklappe

0 Kilometer 2

Straßenkarte *siehe hintere Umschlaginnenseiten*

Südwest-Sizilien

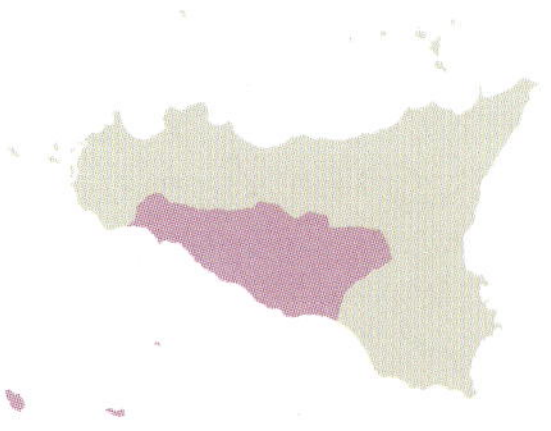

Südwest-Sizilien liegt nur einen Katzensprung von Nordafrika entfernt. Die Landschaft ist oft hügelig bis gebirgig, an der Küste teils von schroffen Klippen, im Inland von ausgedörrten Plateaus gekennzeichnet. Die Griechen hinterließen schöne Tempel in Agrigento. Von den Römern hat sich in Piazza Armerina eine große, im Schlamm konservierte Villa erhalten.

An der Küste wechseln sich steile, mitunter zerklüftete und bizarre Klippen und flachere Sandstreifen ab. Der Süden, u. a. mit den Orten Agrigento, Eraclea und Sciacca war ein bevorzugter Anlaufpunkt für Schiffe, die das Mittelmeer befuhren.

Die Griechen machten Agrigento zum Zentrum ihrer Kultur. Von ihrer Baukunst zeugt ein ganzes Tal voller Tempel: Einige Monumente haben 2500 Jahre bestens überstanden. In Piazza Armerina wiederum gewähren die fabelhaft erhaltenen Mosaiken der Villa del Casale Einblicke in die römische Lebensweise.

Von der Küste steigt das Terrain zunächst zu sanft gewelltem Hügelland an, geht dann wieder recht unvermittelt zu schroffem Bergland über. Manche Flüsse führen nur einige Wochen im Jahr Wasser. Um Enna und Caltanissetta herum liegt Siziliens »steinernes Herz«, dessen Steinbrüche und Schwefelgruben schon seit Jahrhunderten ausgebeutet werden. Aber auch Weizen, Artischocken, Oliven und Mandeln werden hier angebaut. Das Binnenland Südwest-Siziliens scheint Welten entfernt von der Küste. Es ist nur dünn besiedelt, und in den einsam auf Gipfeln liegenden Orten wie Enna hält sich eine tief verwurzelte Frömmigkeit, die in den Prozessionen der Karwoche *(siehe S. 130)* eindringlich zum Ausdruck kommt.

In Richtung Meer, wo Oliven- und Orangenhaine das Land durchsetzen, befand sich das Reich der Großgrundbesitzer, das Giuseppe Tomasi di Lampedusa in *Der Leopard* lebendig beschrieben hat. Dies ist womöglich der »sizilianischste« Teil Siziliens und zudem Heimat des berühmten Schriftstellers Luigi Pirandello.

Jäger erlegen ein Wildschwein, Mosaik in der Villa del Casale, Piazza Armerina

◀ **Die gut erhaltenen Säulen des Hera-Tempels im Valle dei Templi, Agrigento** ***(siehe S. 121)***

Überblick: Südwest-Sizilien

Als Ausgangspunkt für eine Erkundung Südwest-Siziliens empfiehlt sich Agrigento. Die Stadt ist – via Palma di Montechiaro und Licata – mit Megara Hyblaea an der Ostküste gleichermaßen gut verbunden wie mit Sciacca an der Westküste. Hauptverkehrsrouten führen ins Hinterland, Richtung Nordosten nach Caltanissetta und Enna und Richtung Westen nach Palermo. Zwischen dem Hafen von Agrigento und den Inseln Lampedusa und Linosa verkehren regelmäßig Schiffe.

Büste der Persephone, Fundstück aus Aidone

In Südwest-Sizilien unterwegs

Agrigentos Sehenswürdigkeiten erreicht man mit öffentlichen Verkehrsmitteln, für Besuche des Hinterlands ist jedoch ein eigenes Fahrzeug unabdingbar. Die wichtigsten Straßen der Region sind: die SS189 Agrigento – Palermo, die SS640 nach Caltanissetta (sie setzt sich von Caltanissetta bis Enna als SS117b fort und führt via Piazza Armerina und Gela zur Küste zurück) sowie die SS115, die an der ganzen Südwestküste Siziliens verläuft.

Weitere Zeichenerklärungen *siehe hintere Umschlagklappe*

Ruinen der hellenistischen Stadt Morgantina

Sehenswürdigkeiten auf einen Blick

- ❶ *Agrigento S. 118–121*
- ❷ Siculiana
- ❸ Eraclea Minoa
- ❹ Sciacca
- ❺ Caltabellotta
- ❻ Palazzo Adriano
- ❼ Prizzi
- ❽ Cammarata
- ❾ Mussomeli
- ❿ Racalmuto
- ⓫ Naro
- ⓬ Canicattì
- ⓭ Palma di Montechiaro
- ⓮ Licata
- ⓯ Castello di Falconara
- ⓳ Caltanissetta
- ⓴ Enna
- ㉑ *Morgantina S. 132*
- ㉒ *Piazza Armerina S. 133–135*

Inseln

- ⓰ Pantelleria
- ⓱ Lampedusa
- ⓲ Linosa

Legende

- Autobahn
- Schnellstraße
- Hauptstraße
- Nebenstraße
- Eisenbahn (Nebenstrecke)
- Gipfel

❶ Agrigento

Agrigento hat zwei Hauptattraktionen: die großartigen Überreste der griechischen Siedlung im Valle dei Templi *(siehe S. 120f)* und den Felshügel, auf dem die mittelalterliche Stadt entstand. Die Siedlung wurde von den Griechen unter dem Namen Akragas gegründet. Nachdem die Römer sie 210 v. Chr. eroberten, nannten sie sie Agrigentum. Während der Zeit der Völkerwanderung verlagerte man sie vom Tal auf den Felsen. Später fiel sie an die Byzantiner, dann an die Araber und 1087 an die Normannen.

Infobox

Information
Straßenkarte C4. 59 000.
STR. 0922-203 91.
Valle dei Templi 0922-62 16 11. tägl. 8.30–19 Uhr (Juli–Mitte Sep: bis 23 Uhr).
parcodeitempli.net
Museo Archeologico 0922-40 15 65. Di–Sa 9–19, So, Mo u. Feiertage 9–13 Uhr.

Anfahrt
Palermo. FS ab Palermo, 89 20 21.

Fassade der Kathedrale von Agrigento aus dem 11. Jahrhundert

Kathedrale und Museo Diocesano

Piazza Don Minzoni. **Museo Diocesano** 0922-49 00 40. tägl.
museodiocesanoag.it

Seine zu verschiedenen Zeiten ausgeführten »Liftings« sieht man der im 12. Jahrhundert erbauten Kathedrale an: Die einfachen Lanzettfenster des Campanile etwa geben sich katalanisch-gotisch, andere Fenster sind dagegen noch ganz normannisch.

Innen führt ein elegantes gotisches Portal in die nach dem Bischof und Kathedralenstifter benannte Cappella di San Gerlando. Die Decke weist sowohl bemalte als auch kassettierte Partien (16./17. Jh.) auf. Interessant ist das Phänomen des *portavoce* (»Sprachrohrs«), ein Echo: Wenn man unter der Apsis steht, kann man jedes Wort verstehen, das am 80 Meter entfernten Ende des Hauptschiffs geflüstert wird.

Das **Museum** zeigt mehrere römische Sarkophage und 1951 von den Kathedralenwänden entfernte Fresken.

Teatro Pirandello

Piazza Pirandello. 0922-59 03 60 oder 0922-59 02 20.
teatroluigipirandello.it

Das Theater wurde 1870 als Teatro Regina Margherita gegründet und später nach dem in Agrigento geborenen Nobelpreisträger umbenannt. Dionisio Sciascia entwarf den Bau, der Teil des Rathausgebäudes ist. Giovanni Basile sorgte für die Ausstattung.

Museo Civico Santo Spirito

Via Santo Spirito 8. 0922-59 03 71 oder 0922-40 14 50. Mo–Fr 9–13 Uhr, Do, Fr auch 15.30–18.30 Uhr. **Collegio dei Filippini** Via Atenea 270. Mo–Sa 9–13, 15–19 Uhr.

Das Museum liegt beim alten Convento Suore Benedettine. Es beherbergt Skulpturen und eine ethnografisch-anthropologische Sammlung. Das nahe **Collegio dei Filippini** zeigt Gemälde (14.–20. Jahrhundert).

San Lorenzo

Piazza del Purgatorio. tägl.

Vom Ursprungsbau der auch Chiesa del Purgatorio genannten Kirche ist seit der Barockisierung im 17. Jahrhundert wenig erkennbar. Außen imponieren der Glockenturm, die zweistöckige Fassade und die beiden gewundenen Säulen an den Flanken des Portals. Innen gibt es ein Madonnenbildnis von Antonello Gagini sowie eine ihm zugeschriebene Madonna. Außen wie innen versinnbildlichen Statuen die christlichen Tugenden – bei den Allegorien handelt es sich um Werke von Giuseppe und Giacomo Serpotta aus dem frühen 18. Jahrhundert.

Zentrum von Agrigento

① Kathedrale und Museo Diocesano
② Teatro Pirandello
③ Museo Civico Santo Spirito
④ San Lorenzo
⑤ Convento di Santo Spirito
⑥ Piazza Vittorio Emanuele
⑦ Museo Archeologico Regionale
⑧ *Valle dei Templi S. 120f*

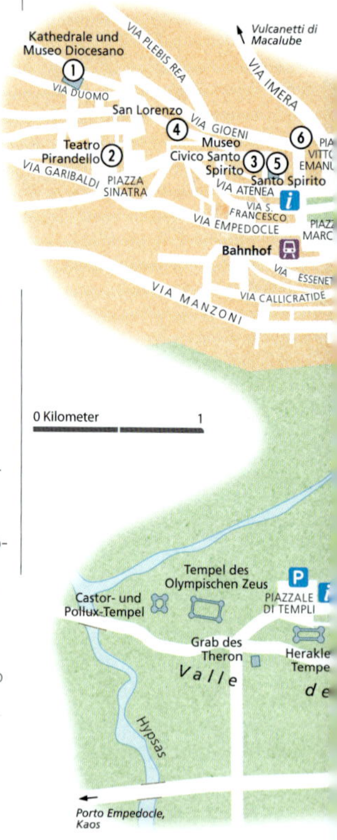

Zweiteilige Bogenfenster des Convento di Santo Spirito (1295)

In der Nähe verbirgt sich unter einem Steinlöwen das Ipogeo del Purgatorio. Über dieses von den Griechen bereits im 5. Jahrhundert v. Chr. verlegte unterirdische Leitungssystem wurden die Stadtteile mit Wasser versorgt.

Convento di Santo Spirito

Salita Santo Spirito. tägl.

Gräfin Prefoglio, eine Angehörige der mächtigen Familie Chiaramonte, stiftete im 13. Jahrhundert diese Zisterzienserinnenabtei. Kirche und Kloster wurden mehrfach umgestaltet, insbesondere die Kirchenfassade, deren Portal und Fensterrose dennoch in ihrem gotischen Erscheinungsbild erhalten sind. Die Kirche war viele Jahrhunderte lang die bedeutendste in der Gegend und als Badia Grande (»Große Abtei«) bekannt. Das Mittelschiff erhielt im 18. Jahrhundert üppige Stuckaturen und skulptierte Vertäfelungen. Im Kloster lohnen der Kreuzgang und der von gotischen Arkaden gesäumte Kapitelsaal eine Visite.

Zeichenerklärung
siehe hintere Umschlagklappe

Piazza Vittorio Emanuele

Die Piazza Vittorio Emanuele, ein weitläufiger, sehr lebhafter und verkehrsreicher Platz, verbindet Agrigentos Altstadt Girgenti im Westen mit dem im 19. Jahrhundert entstandenen Viertel Rupe Atenea im Osten. Das Tal zwischen den beiden Stadtteilen wurde im späten 19. Jahrhundert aufgefüllt. Damit wurde die »Bresche des Empedokles« verstopft, die es aufgrund des hier wehenden Nordwinds ermöglichte, die Sommerhitze im Tal zu lindern.

Umgebung: Zu Füßen von Agrigento, in Richtung Meer und Porto Empedocle, hütet die Gemeinde Kaos das **Geburtshaus von Luigi Pirandello** *(siehe S. 27, S. 29)*, das zu einem Museum mit Reminiszenzen an den 1934 mit dem Nobelpreis ausgezeichneten Schriftsteller und Theaterautor umgestaltet wurde. Die Urne mit Pirandellos Asche ist in der Nähe des Dorfs in einer Felsspalte über dem Meer beigesetzt.

Weiter in Richtung Meer erreicht man **Porto Empedocle**, einen einst wichtigen Umschlaghafen der Bergbauindustrie im Hinterland. Im alten Hafen fasziniert die Bastione di Carlo V, das Bollwerk von Karl V. Im industrialisierten Bereich tummeln sich Fischerboote.

Verlässt man die SS189 nördlich von Agrigento bei der Abzweigung nach Comitini und fährt die unbefestigte Straße Richtung Süden, hat man nach ungefähr zwei Kilometern Fahrt eine geologische Rarität vor Augen: die **Vulcanetti di Macalube**, kleine vulkanförmige Kegel in einer unfruchtbaren Mondlandschaft, aus denen Methangas und brackiger Schlamm blubbern.

Museo Archeologico Regionale

Contrada San Nicola. 0922-40 15 65. Di – Sa 9 – 19.30, So, Mo u. Feiertage 9 – 13.30 Uhr.

Das archäologische Museum im Convento di San Nicola, das wunderschön gelegen ist und einen grandiosen Blick über das Valle dei Templi *(siehe S. 120f)* ermöglicht, zeigt Funde von verschiedenen Ausgrabungen aus der Umgebung. In der großartigen und zu Recht berühmten Vasensammlung findet man außergewöhnliche attische Stücke. Unter den Statuen fällt das Marmorbildnis eines jungen Athleten auf, *Ephebe von Agrigento* genannt. Interessant ist auch die Rekonstruktion eines Tempels.

Die beeindruckende Szenerie der Vulcanetti di Macalube

Straßenkarte *siehe hintere Umschlaginnenseiten*

Valle dei Templi

Siedler aus Gela gründeten 581 v. Chr. Akragas, das heutige Agrigento. Nur ein Jahrhundert später zählte die Stadt bereits 200 000 Einwohner. Als »schönste der von Sterblichen bewohnten Städte« pries sie der griechische Dichter Pindar. Kurzzeitig fiel Akragas an die Karthager. Im Valle dei Templi, dem Tal der Tempel, liegen die dem Olympischen Zeus, Herakles, der Concordia und Hera geweihten Haupttempel, kleinere Schreine des Heiligtums, die chthonischen Gottheiten gewidmet sind, sowie das Archäologische Museum.

★ Museo Archeologico
Das Archäologische Museum wurde im Jahr 1967 eröffnet. Die 13 Räume zeigen Objekte von der Urzeit bis zur frühchristlichen Zeit, darunter Werke der antiken griechischen Zeit.

Tempel des Olympischen Zeus (5. Jh. v. Chr.)
Von dem Tempel zeugen nichts als Trümmer – bis auf diesen im Museo Archeologico ausgestellten Telamon (gigantischen Atlanten).

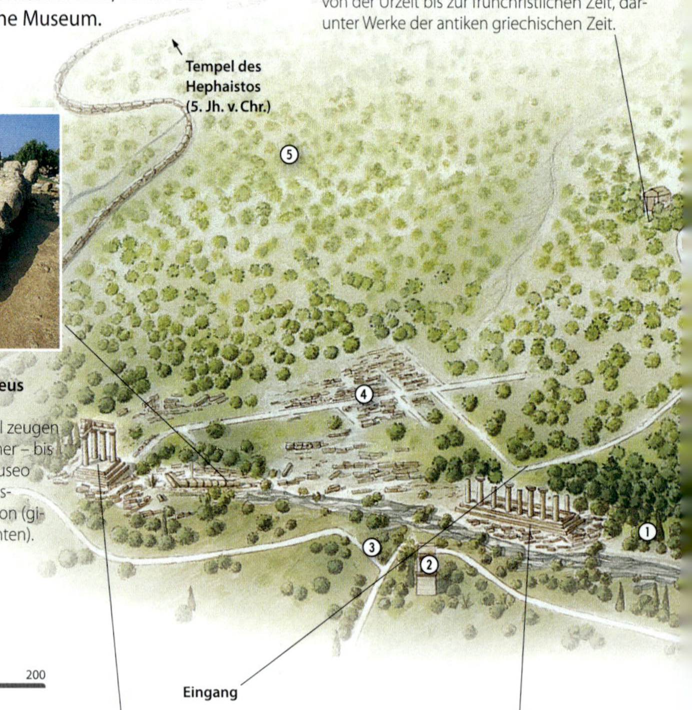

Castor-und-Pollux-Tempel (5. Jh. v. Chr.)
Die im 19. Jahrhundert restaurierten vier Säulen sind ein Wahrzeichen des Valle dei Templi.

Herakles-Tempel (6. Jh. v. Chr.)
Der älteste Tempel des Tals war dem von Griechen wie Römern verehrten Helden gewidmet. Der archaisch-dorische Bau erhob sich über dem Grundriss eines Rechtecks. 1924 stellte man acht seiner Säulen wieder auf.

Die in Böden und Wände gehauenen Nischen

Frühchristliche Katakomben

Außer den großartigen Baudenkmälern aus der Ära Großgriechenlands weist das Valle dei Templi frühchristliche Ruinen vor. Zwischen dem Herakles- und dem Concordia-Tempel wurde das Hypogäum (Grotta di Frangipane) der Villa Igea in den Fels gehauen. Diese Gruft diente als frühchristlicher Friedhof. Steinplatten trennen die Nischen, zwischen denen sich Kapellen mit Spuren von Fresken finden.

★ Hera-Tempel (5. Jh. v. Chr.)
Der von den Römern restaurierte Tempel ist recht gut erhalten, die Säulenreihe seiner Nordseite sogar mitsamt Architrav.

★ Concordia-Tempel (5. Jh. v. Chr.)
Mit seinen 34 Säulen ist der Bau einer der am besten erhaltenen dorischen Tempel. Dies ist auch dem Umstand zu verdanken, dass man ihn im 4. Jahrhundert n. Chr. in eine Kirche verwandelte. Er wurde 1748 seinem klassischen Original getreu restauriert.

Außerdem

① **Villa Igea** *(siehe Kasten).*

② **Grab des Theron (1. Jh. v. Chr.)**

③ **Porta Aurea**

④ **Heiligtum der chthonischen Gottheiten (6.–5. Jh. v. Chr.)** Die Schreine und heiligen Bezirke dieser Kultstätte waren der Demeter und der auch Kore genannten Persephone geweiht.

⑤ **Giardino della Kolymbetra** gilt als der schönste Garten in Italien.

⑥ **Das hellenistisch-römische Viertel** ist der einzige Überrest der einst weitläufigen nachklassischen Siedlung.

⑦ **Befestigungsgürtel**

❷ Siciliana

Straßenkarte C4. 4600. FS ab Palermo und Trapani nach Castelvetrano, dann . i Rathaus, Piazza Basile 23. 0922-81 80 11.
siculianaonline.it

Das heutige Siculiana entstand über einem arabischen Fort, das die Normannen im späten 11. Jahrhundert zerstört hatten. Unter der Familie Chiaramonte aus Agrigento wurde die Festung im 14. Jahrhundert wieder auf- und danach mehrfach umgebaut. Trotz aller Änderungen: Ganz hat der Ort sich sein arabisches Flair nicht nehmen lassen.

Auf einer Treppenflucht überragt die barocke, San Leonardo Abate geweihte **Chiesa Madre** die zentrale Piazza Umberto I. Der alte Ortskern ist in große Häuserblocks unterteilt. Dort erspäht man Gassen und Höfe, die für die überdachte arabische Stadt typisch waren.

Siculiana, von den Arabern auf einem Hügel gegründet

Die nahe der Felsküste gelegene archäologische Stätte Eraclea Minoa

❸ Eraclea Minoa

Straßenkarte B4. **Ausgrabungen** Cattolica Eraclea. 0922-84 60 05. Sommer: 9–19 Uhr; Winter: 9 bis 1 Std. vor Sonnenuntergang.

Gegründet wurde die antike Siedlung in mykenischer Zeit. Im 6. Jahrhundert v. Chr. bauten Siedler aus Sparta sie aus und gaben ihr den Namen Herakleia Minoa. Die Stadt war ein ständiger Zankapfel zwischen Agrigento und Karthago. Rom verleibte sie sich später als Kolonie ein. Die nur einen Steinwurf von der Küste entfernte Stätte – die Ausgrabungen begannen nach 1950 – besticht durch ihre reizvolle Lage und stimmungsvollen Ruinen. Das gut erhaltene **Theater** dient als Bühne für klassische Theateraufführungen (die Regenschutzplane ist allerdings nicht gerade ästhetisch passend). Um das Theater verteilen sich die Ruinen der antiken Stadt mit ihrer Befestigung und ihren Nekropolen.

❹ Sciacca

Straßenkarte B3. 41 000. FS ab Palermo und Trapani. i STR, Corso Vittorio Emanuele 84. 0925-211 82 oder 227 44; AAR Terme di Sciacca, Via Agatocle 2. 0925-96 11 11.
sciacca.it

Aus der Ferne scheint das Thermalbad Sciacca vom Monte San Calogero fast erdrückt zu werden. Dessen Schwefelwasser und -dampf verdankt es seinen frühen Ruhm. Obwohl die heißen Quellen schon in prähistorischer Zeit genutzt wurden, entstand der Ort als rein militärischer Außenposten von Selinunte während der Phase der Auseinandersetzungen mit Agrigento. Von den Römern wurde Sciacca *Thermae Selinuntinae* (»Selinuntinische Bäder«) genannt. Unter den Arabern entwickelte sich *as-saqah* zügig weiter. Spuren der arabischen Kultur entdeckt man zuhauf in den alten, von Sackgassen und überdachten Höfen durchzogenen Vierteln

Orangen aus Ribera

Festschmuck aus Orangen

Orangen werden vornehmlich in der Ebene um den Ätna angebaut, stellen aber auch im Südwesten Siziliens eine nicht unwesentliche Einnahmequelle dar. In der Umgebung von Ribera, dem Geburtsort des Politikers Francesco Crispi, kultiviert man eine köstliche große Naveloranqe, die Amerika-Heimkehrer mitgebracht haben. Beim jährlichen Orangenfest schmücken Skulpturen aus Früchten die öffentlichen Parks. Der Duft der fast das ganze Jahr hindurch blühenden Orangenbäume ist schlicht überwältigend.

Nahe Ribera thront über den bewaldeten Schluchten des Flusses Verdura die Burgruine Poggio Diana.

Orangen werden in der Gegend um Ribera noch von Hand geerntet

Bossenwerk-Fassade des katalanisch-gotischen Palazzo Steripinto

Rabato und Giudecca-Cadda. Die Normannen erkannten rasch die Bedeutung von Sciaccas strategisch enorm günstiger Lage an den Handelsrouten und verstärkten die Verteidigungsanlagen. Die Stadt wurde immer wieder umkämpft und befestigt, vor allem gegen Karl I. von Valois.

Mit einer Bossenwerk-Fassade trumpft der katalanisch-gotische **Palazzo Steripinto** (1501) im Stadtzentrum auf. Eine Augenweide ist das gotische Portal der Kirche **Santa Margherita**, das Flachrelief im Tympanon zeigt Santa Margherita, den Erzengel Gabriel, Mariä Himmelfahrt, San Calogero und Santa Maddalena. Ebenfalls besichtigen sollte man den Kreuzgang des ehemaligen **Klosters San Francesco** und die unvollendete Barockfassade der **Chiesa del Carmine** – die Fensterrose stammt noch aus dem 14. Jahrhundert. Die Santa Maria Maddalena geweihte, 1656 umgebaute **Kathedrale** an der zentralen Piazza Don Minzoni brilliert mit drei normannischen Apsiden.

Sciaccas Hauptattraktion sind allerdings der Monte San Calogero mit seiner abwechslungsreichen Landschaft und seinen heißen Quellen. Am großen Platz auf dem knapp 400 Meter hohen Gipfel gedenkt ein Heiligtum des Missionars San Calogero, der im 5. Jahrhundert hier tätig war. Das großartige Gipfelpanorama reicht bei klarer Sicht vom Capo Bianco bis zum Capo Lilibeo und von der Insel Pantelleria bis zum Kalksteingrat von Caltabellotta. Die älteren Heilbäder liegen an den Hängen des Bergs, die neueren befinden sich näher am Meer.

Sciaccas schon von Diodor (1. Jh. v. Chr.) gerühmte Töpferkunst florierte insbesondere unter den Arabern und im 16. Jahrhundert. Die hiesigen Töpfer sind stolz darauf bedacht, diese Tradition auch in heutiger Zeit aufrechtzuerhalten.

❺ Caltabellotta

Straßenkarte B3. 4000. Rathaus, Piazza Umberto I 7. 0925-95 10 13. **caltabellotta.com**

In und um Sciacca drängt sich überall der 950 Meter hohe Felskamm ins Blickfeld, auf dem Caltabellotta liegt. Er war schon vor Jahrtausenden bewohnt, wie antike Nekropolen und unterirdische Kulträume beweisen. Das Areal wurde wiederholt befestigt. Unter den Arabern erhielt die Burg ihr endgültiges Aussehen und den Namen *Kal'at-at-al ballut* (»Eichenfels«). Caltabellotta erlebte 1302, als Hauptstadt der Grafschaft, die Unterzeichnung des Friedensvertrags, in dem Karl I. von Valois Friedrich II. von Aragón die Herrschaft über Sizilien zugestand *(siehe S. 33)*. Oberhalb des Viertels Torrevecchia liegen die Ruinen der **Normannenburg** und der Kirche **San Salvatore**. Die von Roger I. zur Feier seines Siegs über die Araber gestiftete **Chiesa Madre** auf der anderen Seite des Felsens wurde renoviert. Am Westhang befindet sich die **Einsiedelei San Pellegrino**, ein Klosterkomplex mit Kapelle.

Skulptur in der Einsiedelei San Pellegrino

Das Städtchen Caltabellotta am Fuß des Monte Castello

Die Fassade von San Nicolò im oberen Teil von Palazzo Adriano

6 Palazzo Adriano

Straßenkarte C3. 2300. Pro Loco, Piazza Umberto I. 091-834 99 01/28.

Albaner, die vor den Türken geflohen waren, gründeten Mitte des 15. Jahrhunderts diesen 700 Meter über dem Meeresspiegel auf dem Kamm des Cozzo Braduscia gelegenen Ort. An der zentralen Piazza Umberto I stehen zwei Gotteshäuser: die im 16. Jahrhundert errichtete, später umgebaute griechisch-orthodoxe Kirche **Santa Maria Assunta** (innen bezaubern die Ikonostase und eine Assunta-Ikone) und ihre katholische Schwester **Santa Maria del Lume** aus dem 18. Jahrhundert. In der Mitte des lauschigen Platzes, begrenzt vom Rathaus im **Palazzo Dara** und dem **Palazzo Mancuso**, sprudelt ein hübsch skulptierter achteckiger Brunnen aus dem Jahr 1607.

Höher am Hang überragt die Kirche **San Nicolò** (15. Jh.) mit ihrem markanten Glockenturm die Gassen des ältesten Viertels. Letzteres entstand im Umkreis der Festung, die schon vor Gründung des Orts die Gegend abgesichert hatte.

7 Prizzi

Straßenkarte C3. 5200. Rathaus, Corso Umberto I 64. 091-834 46 11.

Die windigen, weit über die Täler blickenden Hänge des Monte Prizzi sind seit alter Zeit bewohnt. Einst war Prizzi eine befestigte arabische Siedlung, heute zeigt es ein vorwiegend mittelalterliches Gesicht. Seine Gassen verzweigen sich hinauf bis zum 960 Meter hohen Gipfel, den eine verfallene mittelalterliche Burg krönt. Beim Bummel durch die engen Straßen und Gässchen stößt man auf **San Rocco**, einen großen Platz mit der Kirche **Santa Maria delle Grazie** und der dem heiligen Georg, dem Schutzpatron der Prizzi, geweihten **Chiesa Madre** (18. Jh.), Hüterin einer bemerkenswerten Statue des Erzengels Michael.

8 Cammarata

Straßenkarte C3. 6500. FS ab Palermo und Agrigento. Rathaus, Via Roma. 0922-90 72 33.

Urkundlich erwähnt wurde der Bergort erstmals in normannischer Zeit, als Roger I., Graf von Sizilien, ihn Lucia de Cammarata zum Lehen gab. Sehenswürdigkeiten sind die **Chiesa Madre**, die Kirche **San Nicolò di Bari** mit einem Gemälde der Madonna della Catena, das **Dominikanerkloster** mit seiner in den 1930er Jahren renovierten Kirche und vor allem der Ort selbst: sein mittelalterliches Labyrinth aus Gassen und teils schmalen, teils breiten Stufen, die fantastische Blicke auf die Talszenerie freigeben.

Cinema Paradiso

1990 erhielt *Cinema Paradiso* den Oscar als bester fremdsprachiger Film *(siehe S. 28)*. In ihm erzählt der sizilianische Regisseur Giuseppe Tornatore (geb. 1956 in Bagheria bei Palermo), welche Faszination das Kino (das »Nuovo Cinema Paradiso«) auf die Einwohner eines sizilianischen Dorfs ausübt und wie es den Lebensweg des Hauptdarstellers, eines Jungen, beeinflusst. Tornatore, der wie der Protagonist des Films seine Kindheit auf Sizilien verbrachte und später fortging, drehte den Film in den Straßen und auf den Plätzen von Palazzo Adriano und ließ eine große Anzahl von Einwohnern als Statisten mitwirken. An einer Ecke der Piazza Umberto I erinnert eine Majolikatafel an die Dreharbeiten.

Gedenktafel an die Dreharbeiten zu *Cinema Paradiso*

Steinerner Trinkwassertrog an Racalmutos Piazza Fontana

❾ Mussomeli

Straßenkarte C3. 11 000. 0934-96 11 11. **Castello Manfredonico** 0934-99 20 09. Sommer: tägl. 9.30–12, 15.30–18 Uhr; Winter: tägl. 9.30–12 Uhr. Mo.
comunedimussomeli.it

Manfredi III. Chiaramonte gründete die Siedlung im 14. Jahrhundert. Heute ist sie ein Zentrum der regionalen Landwirtschaft. Über einer Stauferfeste ließ Manfredi die mächtige **Burg** erbauen, die noch heute den Ort überragt. Sie wurde zu seinen Ehren Manfredano oder Chiaramontano genannt und im 15. Jahrhundert von der Familie Castellar umgestaltet. In ihrem Inneren sind die zweite Ringmauer, die Sala dei Baroni und ihre Portale sehenswert. Von den Außenmauern tun sich schöne Panoramablicke über die Täler und Hügel des Inselinneren auf.

❿ Racalmuto

Straßenkarte C4. 9000. ab Catania und Palermo (über Caltanissetta). Rathaus. 0922-94 00 43.

Federico Chiaramonte ließ den Ort auf einer Festung erbauen. Sein Name leitet sich vom arabischen *rabalmut* (»zerstörter Weiler«) ab. Jahrhundertelang entwickelte sich Racalmuto zusammen mit den Orden der Karmeliter, Franziskaner, Minoriten und Augustiner. Gleichwohl sind noch seine arabischen, von Höfen und Gassen geprägten Grundzüge erkennbar. Ebenfalls lange Zeit lebte Racalmuto vom Steinsalz- und Schwefelabbau. Heute ist es als landwirtschaftliches Zentrum bekannt – in erster Linie für die süßen Trauben, die nicht zu Wein verarbeitet werden. Zudem ist es der Geburtsort des Schriftstellers Leonardo Sciascia *(siehe S. 27)*.

An der Piazza Umberto I im Ortszentrum stehen die innen üppig stuckierte **Chiesa Madre dell'Annunziata** (17. Jh.), die Kirche **San Giuseppe** und die verfallene **Chiaramonte-Burg** (13. Jh.), die nicht zugänglich ist. Stufen führen hinauf zur Piazza del Municipio mit dem Rathaus im einstigen Kloster **Santa Chiara** und dem 1879 von Dionisio Sciascia gegründeten **Teatro Regina Margherita**. Weiter bergan, am Ende der Stufen, birgt das **Heiligtum der Santa Maria del Monte** eine Marienstatue aus dem Jahr 1503. Es ist alljährlich Schauplatz eines Fests (11.–14. Juli).

Sehenswert sind auch die mit Gemälden von Pietro D'Asaro bestückte Karmeliterkirche, die Itria-Kirche und die San-Giuliano-Kirche, ehemals Kapelle des **Klosters Sant'Agostino**. Vom Zentrum aus führt ein kurzer Spaziergang zur **Piazza Fontana**, bei der ein Steintrog Trinkwasser spendet, und zum (im 17. Jh. umgebauten) Kloster der Franziskaner-Konventualen (Minoriten) an der Piazza San Francesco.

⓫ Naro

Straßenkarte C4. 8000. Pro Loco. 0922-95 30 21/009.

Der ursprünglich griechische Name (*naron* bedeutet »Fluss«, ebenso das arabische Wort *nahr*) verweist auf das stattliche Alter und den Wasserreichtum der Siedlung. Der auf einem Hügel liegende Ort, unter dem Staufer Friedrich II. eine glanzvolle Königsstadt, wurde mehrmals befestigt. Außer der Ruine der meist geschlossenen mittelalterlichen **Chiaramonte-Burg** sind Barockkirchen, Überreste von Klöstern sowie die Kirche Santa Caterina (14. Jh.) und die Chiesa Madre (16. Jh.) zu sehen.

Die Chiaramonte-Burg von Naro aus dem 14. Jahrhundert

Stimmungsvolle Ruine des Castello di Montechiaro (15. Jh.) mit fantastischer Aussicht

⓬ Canicattì

Straßenkarte C4. 35 000. Rathaus. 0922-73 41 11/73 45 08; Pro Loco Largo Aosta. 328-677 13 61.

Die Stadt, ein bedeutendes Zentrum der Landwirtschaft, ist für ihre süßen Trauben bekannt. Jeden Herbst gibt es daher ein großes Traubenfest. Von arabischen Geografen wurde sie *al-Qattà* genannt, im 14. Jahrhundert ging sie als Lehen der Familie Palmieri aus Naro in Siziliens Urkundenregister ein. Hochkonjunktur hatte Canicattì im späten 18. Jahrhundert unter der Familie Bonanno, die zahlreiche öffentliche Bauprojekte in die Wege leitete.

Sehenswürdigkeiten des Zentrums sind die Ruine des **Castello Bonanno** und die in den 1930er Jahren renovierte **Torre dell'Orologio**. Vom Wohlstand künden die vielen Gotteshäuser: die im Barock umgestaltete, stuckverzierte Kirche **San Diego**, die **Chiesa del Purgatorio**, Bewahrerin einer Herz-Jesu-Statue, und die **Chiesa del Carmelo**, die im frühen 20. Jahrhundert mit Spenden von Kumpeln des Schwefelbergbaus umgestaltet wurde. Hinzu kommen Profanbauten wie der **Neptunbrunnen** und das **Teatro Sociale**.

Die **Chiesa Madre** wurde Anfang des 20. Jahrhunderts aufgefrischt, u.a. mit einer Fassade von Francesco Basile. Unter ihren vielen Gemälden und Plastiken ragt die im byzantinischen Stil prächtig skulptierte *Madonna delle Grazie* (16. Jh.) hervor.

An der Hauptstraße der Oberstadt bieten sich gleich drei sehenswerte Klöster zur Besichtigung an.

Barocker Fassadenschmuck in Licata

»Il Gattopardo« (Der Leopard)

Giuseppe Tomasi di Lampedusa (1896–1957)

Tomasi di Lampedusas 1958 posthum erschienener Roman *(siehe S. 27)* wurde auf einen Schlag zum Bestseller und von Luchino Visconti meisterhaft verfilmt. Für die Veröffentlichung setzte sich der Schriftsteller Giorgio Bassani ein, der Tomasi di Lampedusa 1954, drei Jahre vor dessen Tod, begegnete. Der Roman – auf Deutsch *Der Leopard* oder *Der Gattopard* – spielt vorwiegend in Palermo, beschreibt aber auch heute noch atmosphärisch dicht und wiedererkennenbar Dörfer und Landschaften dieser Ecke Siziliens, der der Autor stark verhaftet war.

⓭ Palma di Montechiaro

Straßenkarte C4. 24 000. Rathaus. 800-47 67 38.

Der Name des von Carlo Tomasi, Prinz von Lampedusa, 1637 gegründeten Orts verweist auf die Palme im Familienwappen der De Caros, einer Seitenlinie der Tomasis. Die Stadt war bis ins frühe 19. Jahrhundert Lehen der Familie Tomasi di Lampedusa. Die Familie wurde durch den Roman *Il Gattopardo* (»Der Leopard« bzw. in anderer Übersetzung korrekter »Der Gattopard«) einer internationalen Öffentlichkeit bekannt.

Palmas Stadtplanung geht zum Teil auf Entwürfe von Giovanni Battista Odierna, einem Astronomen des 17. Jahrhunderts, zurück. Den Mittelpunkt bildet die **Piazza Provenzani** mit der Kirche **Santissimo Rosario** und einem Benediktinerkloster. Oberhalb davon führt eine monumentale Treppe zur Piazza Santa Rosalia. Auf diesem Platz flankieren zwei Glockentürme die zweistöckige Prunkfassade der **Chiesa Madre** (spätes 17. Jh.), die ihre Umgebung sonn- und feiertags zum urbanen Zentrum werden lässt. Beim Stadtbummel kann man interessante Barockbauten entdecken.

Teatro Sociale in Canicatti, im Jahr 1908 vollendet

Einige Kilometer außerhalb der Stadt, unweit der Küste, steht die stimmungsvolle Ruine des **Castello di Montechiaro** (15. Jh.), die allein schon wegen des sich hier bietenden Ausblicks auf ein einzigartiges Küstenpanorama sehenswert ist. Als Bauherr dieser Burg gilt Federico III. Chiaramonte.

⓮ Licata

Straßenkarte C4. 39 000. FS ab Siracusa, Palermo u. Catania, über Caltanissetta, 0922-77 41 22. Rathaus. 0922-86 81 11; Pro Loco 328-061 36 53/349-508 19 50. **prolocolicata.it**

Licata ist eines der wichtigsten Zentren für Gemüseanbau im südlichen Sizilien. Es wurde von Griechen gegründet, der Überlieferung zufolge 280 v. Chr. von Phintias, dem Tyrannen von Agrigento. Die Römer verschifften von Licata aus die Ernteprodukte der Region. Vom einstigen Reichtum zeugen die vielen in den Fels getriebenen byzantinischen Kirchen. Nach den Arabern verleibte sich Friedrich II. 1234 Licata ein. Seine Befestigungen fielen jedoch dem Zahn der Zeit zum Opfer, schließlich zerstörten Türken nach einer Belagerung 1561 das Castel Nuovo.

Geschichte schrieb Licata erst wieder am 10. Juli 1943, als in der Nähe die Alliierten landeten und von hier aus zur Eroberung Italiens antraten.

Licatas urbaner Puls schlägt an der Piazza Progresso mit dem **Municipio**, dem Rathaus. Der von Ernesto Basile 1935 im Art-déco-Stil gestaltete Bau birgt einige interessante Kunstwerke, darunter eine Statue der *Maria mit Kind* und ein Triptychon aus dem 15. Jahrhundert.

Die Exponate des **Museo Archeologico** umfassen prähistorische Artefakte vom Paläolithikum bis zur Bronzezeit, griechische Fundstücke aus archaischer (vor allem Grabbeigaben) und hellenistischer Zeit sowie mittelalterliche Statuen, die die christlichen Tugenden verkörpern.

Zur Küste führt der Corso Vittorio Emanuele. Er ist gesäumt von Patrizierhäusern wie dem **Palazzo Frangipane**, dessen Fassade (18. Jh.) Reliefs schmücken. Am Corso erhebt sich auch die **Chiesa Matrice di Santa Maria la Nova** aus dem 16. Jahrhundert. Sie birgt ein Kruzifix aus dem 16. und eine flämische Krippenszene aus dem 17. Jahrhundert.

Die neue Marina di Cala del Sole ist beliebt zum Bummeln, Einkaufen und Essengehen. Sie ist das Zentrum von Licatas Segelszene und bietet Besuchern Bars, Cafés, ein Einkaufszentrum und ein Multiplex-Kino.

Museo Archeologico
Via Dante, Badia di Licata 0922-77 26 02. Mo–Sa 8–20 Uhr, So 8–13 Uhr.

⓯ Castello di Falconara

Straßenkarte D4. nur nach Vereinbarung. 091-32 90 82. **castellodifalconara.it**

Unweit von Licata, an der Straße nach Gela, liegt das Dorf Falconara. Hauptattraktion ist das majestätische Castello di Falconara (15. Jh.), das in traumhafter Lage auf einem Felsvorsprung hoch oberhalb des Meers thront. Die Burg wird teils als Hotel genutzt, man kann mit dem Kustoden einen Besichtigungstermin vereinbaren.

In Richtung Licata trifft man auf den Salso, Siziliens zweitgrößten Fluss. Er durchströmt steinsalzhaltige Felsen, weshalb sein Wasser *salso* (»salzig«) schmeckt. Der Salso bahnt sich seinen Weg durch das Sommatino-Plateau und eine Reihe von Schluchten, ehe er still durch die Küstenebene mäandert.

Grüne Idylle oberhalb des Meers: Castello di Falconara (15. Jh.)

Straßenkarte *siehe hintere Umschlaginnenseiten*

⑯ Pantelleria

Straßenkarte A5. 8000. Rathaus. 0923-695 035/036; Pro Loco. 334-390 93 60 oder 338-810 56 44. **comune.pantelleria.it**

Pantelleria, die größte Insel vor Siziliens Küste, liegt näher an Tunesiens Capo Mustafà (70 km) als an Siziliens Capo Granitola (100 km). Trotz ihrer Abgeschiedenheit wurde sie von Phöniziern, dann von Griechen besiedelt. Die Araber beherrschten sie knapp 400 Jahre lang. Der Name Pantelleria stammt vom arabischen *Bent el-Rhia* (»Tochter des Winds«). 1123 eroberte und befestigte Roger I. die Insel. Seither ähneln Pantellerias Geschicke jenen Siziliens.

Zum Schutz vor dem starken Wind sind Felder und Gärten von Einfriedungen umschlossen und die Olivenbäume durch kräftiges Stutzen niederwüchsig. Gegen Wind und Wetter isoliert ist auch das inseltypische *dammuso*, ein Bauernhaus mit geweißelten, teils meterdicken Mauern und winzigen Fenstern. Da es an Süßwasser mangelt, ist das Dach so konstruiert, dass es Regenwasser auffängt.

Die 53 Kilometer lange Küstenstraße führt von Pantelleria zur archäologischen Stätte **Mursia**, bei der Megalithgräber zu sehen sind. Im örtlichen Dialekt heißen sie *sesi*. Danach geht es bergan.

Am Weg liegen Naturschönheiten wie **Punta Fram**, **Cala dell'Altura** und **Punta Tre Pietre**, wo eine andere Straße zum kleinen Hafen **Scauri** abzweigt. In die steile, zerklüftete Küste schneiden sich einige Meeresarme, so die **Balata dei Turchi**, einst Schlupfloch sarazenischer Piraten, und die malerische **Cala Rotonda**. Vor der **Punta Tracino** zwischen der **Tramontana**- und der **Levante-Bucht** ragt eine bizarre Felssäule aus dem Meer. Hinter dem Dorf Gadir und dem Leuchtturm an der Punta Spasdillo fällt die Straße zur **Cala Cinque Denti** und den heißen Quellen von **Bagno dell'Acqua** ab, um dann nach **Pantelleria** zurückzukehren.

Ummauerte Gärten auf Pantelleria

Die Gemeinde Pantelleria liegt zu Füßen des **Castello Barbacane**, einer Festung unbekannten Ursprungs. Der Ort wurde im Zweiten Weltkrieg von den Alliierten fast völlig zerstört. Treffpunkte sind die **Piazza Cavour** und die neue **Chiesa Madre**. Beide wurden direkt am Meer angelegt, ein schöner Blick ist also von fast überall garantiert.

Ein Leihrad ist das ideale Fortbewegungsmittel, um die Insel kennenzulernen. Zu den Spezialitäten Pantellerias gehören Kapern und der von Kennern hochgelobte Dessertwein *Moscato passito*.

Der Arco dell'Elefante, einer der schönsten Flecken Pantellerias

Hotels und Restaurants in Südwest-Sizilien *siehe Seiten 203 und 213f*

Die Baia dei Conigli, ein Rückzugsort der gefährdeten Unechten Karettschildkröte

⓱ Lampedusa

Straßenkarte B5. (mit Linosa) 6000. ab Porto Empedocle, Ustica Lines 0923-87 38 13. 0922-97 05 88. STR Agrigento. 0922-203 91. 22. Sep.
comune.lampedusaelinosa.ag.it

Lampedusa, 200 Kilometer von Sizilien und 150 Kilometer von Malta entfernt, ist die größte der Pelagischen Inseln, zu denen Linosa und das Eiland Lampione zählen. Der griechische Name *Pelaghia* trifft das Hauptmerkmal des Archipels: abgelegen im Meer. Der Bourbone Ferdinand II. (1810–1859) ließ Lampedusa von Siedlern und Häftlingen erschließen. Ein gutes Jahrhundert später war die Insel abgeholzt, was eine fatale Bodenerosion bewirkte und Ackerbau unmöglich machte. Auch die Tierwelt wurde durch die Besiedlung drastisch dezimiert. Inzwischen steht die Baia dei Conigli als Rückzugsort der Meeresschildkröte *Caretta caretta* unter Naturschutz.

Die Hauptstrände der Insel – ihre umliegenden Gewässer gelten als Taucherparadies – erstrecken sich an der **Cala Maluk**, **Cala Croce**, **Baia dei Conigli**, **Cala Galera** und **Cala Greca**. Nahe der 1943 fast restlos zerstörten Stadt **Lampedusa** liegt das **Heiligtum der Madonna di Lampedusa**. Hier wird alljährlich am 22. September der Machtübernahme durch die Bourbonen gedacht.

Hauseingang auf Linosa

⓲ Linosa

Straßenkarte B5. (mit Lampedusa) 6000. STR Agrigento. 0922-203 91; Consorzio Albergatori 35° Parallelo.
comune.lampedusaelinosa.ag.it

Linosa liegt 40 Kilometer von Lampedusa entfernt und hieß in der Antike Aethusa. Auf der Vulkaninsel blüht die Landwirtschaft. Das Dorf Linosa mit seinen in heiteren Farben gestrichenen Häusern steht im Mittelpunkt des Insellebens. Um das Eiland zu erkunden, spaziert man am besten abseits der Straße um die Krater herum und an den eingezäunten Feldern vorbei.

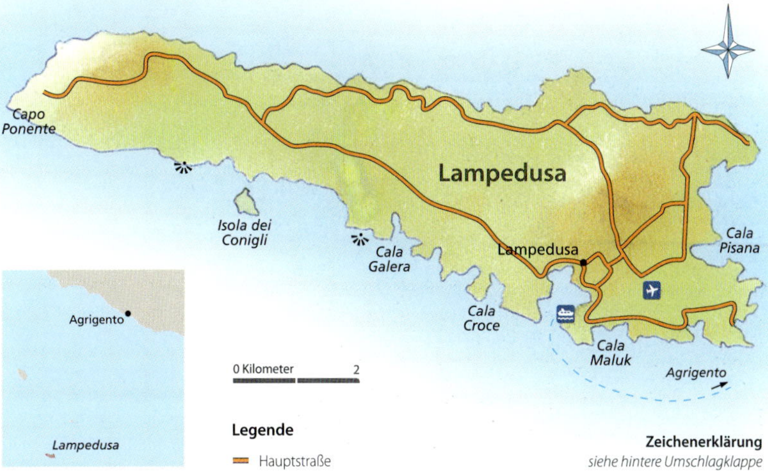

Straßenkarte *siehe hintere Umschlaginnenseiten*

⑲ Caltanissetta

Straßenkarte D3. 61 000. FS ab Catania u. Palermo, 095-53 27 19.
Pro Loco, Palazzo Moncada.
0934-58 58 90 o. 338-441 43 00.
caltanissettaturismo.it

Zu den ältesten Siedlungsspuren und interessantesten Sehenswürdigkeiten der Gegend zählt die **Abbazia di Santo Spirito** (1153), eine Ende des 11. Jahrhunderts von Roger I. und seiner Gattin Adelasia gestiftete normannische Abtei. Wie andere Bergorte im Inselinneren lag Caltanissetta in einem Schutzring mittelalterlicher Mauern. Die Stadt wuchs jedoch über diesen hinaus, als ab dem 15. Jahrhundert im Umkreis Klöster entstanden.

Nach Italiens Einigung wurde Caltanissetta dank der Ergiebigkeit der **Steinsalz- und Schwefelgruben** zu einem blühenden Bergbauzentrum, was das Gesicht der Stadt gründlich veränderte.

An Sakralbauten gibt es in Caltanissetta die Barockkirche **San Sebastiano**, Santa Maria la Nova und die San Michele geweihte **Kathedrale** sowie wenige Schritte weiter, am Corso Umberto I, **Sant'Agata** (1605).

Barockfassade der Kirche San Sebastiano

Letztere Kirche wird auch, da sie neben dem Jesuitenseminar erbaut wurde, Chiesa del Collegio genannt. Ihre reiche Ausstattung umfasst das Gemälde *Martyrium der Sant'Agata*, die Marmorstatue des *Heiligen Ignatius* auf dem Altar des linken Querhauses und in einer Seitenkapelle das Altarblatt *San Francesco Saverio*.

Unweit des verfallenen arabischen **Castello di Pietrarossa** hat sich das **Museo Archeologico** der Archäologie und modernen Kunst verschrieben. Mit Mineralien und Fossilien lockt das vom hiesigen mineralogischen Institut eingerichtete **Museo Mineralogico, Paleontologico e della Zolfara**.

Abbazia di Santo Spirito
0934-56 65 96. tägl. 9–12, 16–19 Uhr.

Museo Archeologico
Contrada Santo Spirito. 0934-56 70 62. tägl. 9–13, 15.30–19 Uhr. letzter Mo des Monats.

Museo Mineralogico
0934-59 12 80. Mo–Sa 9–13 Uhr, So auf tel. Anfrage: 349-710 25 25. 349-710 25 25.

Umgebung: An der Straße nach Enna, fünf Kilometer außerhalb, liegen die Ruinen der antiken griechischen Kolonie **Sabucina**. Sie wurde im 5. Jahrhundert v. Chr. gegründet und wohl im 4. Jahrhundert v. Chr. aufgegeben. Zu sehen: eine prähistorische Siedlung und Höhlengräber (12.–10. Jh. v. Chr.).

Sabucina
0934-56 69 82. nur nach Vereinbarung.

Badia di Santo Spirito, eine der ältesten Normannenkirchen Siziliens

Karwoche (Settimana Santa)

Einen wichtigen Platz im Festkalender nehmen die *Misteri*-Prozessionen ein, die in der Karwoche mit Skulpturen den Leidensweg Christi nachvollziehen. Tausende Besucher verfolgen die eindrucksvollen Festlichkeiten. In Enna beginnen sie am Palmsonntag. An vier Tagen ziehen 15 Bruderschaften feierlich zur Kathedrale. Die beeindruckende Karfreitagsprozession folgt im Fackelschein der Statue der Madonna der Sieben Schmerzen, dem Reliquienschrein mit Christi Dorn und der Urne Christi. Am Ostersonntag werden die Statuen des auferstandenen Christus und der Muttergottes zur Piazza Duomo getragen. In Caltanissetta macht am Mittwoch die Abendmahlprozession unter Teilnahme der elf Bruderschaften der Stadt den Anfang. Am Gründonnerstag werden die Skulpturen, die Christi Leiden veranschaulichen, durch die Stadt getragen. Den Abschluss bildet die Prozession des Schwarzen Christus am Karfreitag.

Skulpturen stellen den Leidensweg Christi dar

Hotels und Restaurants in Südwest-Sizilien *siehe Seiten 203 und 213f*

Schwefelgruben

Ente Parco Minerario Floristella, Grottacalda. 0935-95 81 05.
enteparcofloristella.it

In der Blütezeit der Floristella-Schwefelgrube im 19. Jahrhundert schufteten Hunderte von Menschen in den Gruben und an den Öfen, in denen der Schwefel aus dem Gestein herausgeschmolzen wurde. Damals ließen die Minenbesitzer den Palazzo Pennisi errichten. 1988 wurde der Schwefelabbau eingestellt. Inzwischen ist man dabei, das vom Schwefel schmutziggelb gefärbte Areal in einen – auf Sizilien einzigartigen – Industriepark umzuwandeln.

20 Enna

Straßenkarte D3. 30 000. FS ab Catania u. Palermo, 0935-500 91 10. STR Piazza Colajanni 6. 0935-50 08 75; Pro Loco. 340-148 26 41.
pro-loco-enna-proserpina.it

Enna ist knapp 979 Meter hoch gelegen und damit Italiens höchste Provinzhauptstadt. In der Antike war es erst griechisch, dann karthagisch und römisch. Die Stadt behauptete sich noch nach der arabischen Eroberung von Palermo als Bastion der Byzantiner. 859 nahm General Al-Abbas Ibn Fadhl sie ein. Ab 1089 beherrschten sie die Normannen. In der Folge wurde Enna um das Castello di Lombardia und das Castello Vecchio (heute Torre di Federico) herum befestigt. Umgrenzt von den (heute nicht mehr sichtbaren) Mauern, entstanden die Wahrzeichen der religiösen und weltlichen Macht an der heutigen Via Roma.

Ennas nach einem Brand wiederaufgebaute Kathedrale (15. Jh.)

Das über einer arabischen Festung errichtete Castello di Lombardia

Dank seiner Höhenlage genießt Enna ein im Inselinnern einzigartiges Klima mit selbst im Sommer angenehmen Temperaturen – und eine unvergleichliche Aussicht. Der Via Roma folgend, gelangt man zunächst zur Piazza Vittorio Emanuele mit der Kirche **San Francesco d'Assisi**, von deren Originalbau nur noch der hübsche Glockenturm (15. Jh.) steht.

An der Piazza Colajanni fällt der **Palazzo Pollicarini** mit seinem katalanisch-gotischen Fassadenabschnitt (neben der Treppe) ins Auge, aber auch die Kirche **Santa Chiara**.

Eleonora, die Gattin Friedrichs II. von Aragón, stiftete 1307 die **Kathedrale**, die nach einem Brand Mitte des 15. Jahrhunderts mit dem Grundriss eines lateinischen Kreuzes wiederaufgebaut wurde. Das Relief des kunstvollen Portals (16. Jh.) zeigt den *Heiligen Martin mit Bettler*. Der mit Statuen und Gemälden reich ausstaffierte Innenraum besitzt zwei Seitenschiffe.

Im Stadtzentrum steht das **Museo Musical Art 3M**, das erste Multimedia-Museum für sizilianische Kunst. Hier gibt es interessante Werke von Künstlern wie Antonello da Messina, Caravaggio und Filippo Paladini in virtueller Form zu sehen. Die Ausstellung ist mit Musik von Sebastiano Occhino unterlegt, einem bekannten Musiker und Komponisten zeitgenössischer Musik aus Enna.

Das nahe gelegene **Museo Archeologico** präsentiert Relikte aus griechischer und römischer Zeit, die in Enna, in der Umgebung und am Lago di Pergusa, dem einzigen natürlichen See Siziliens, geborgen wurden.

Der Stolz der Stadt sind indes die beiden Festungen: Das unter den Staufern errichtete, unter den Aragoniern umgestaltete **Castello di Lombardia** gilt als eine der imposantesten Burgen Siziliens. Zu besichtigen sind drei Höfe, die Torre Pisana und Rocca di Cerere (»Felsen der Ceres«). Vom Castello Vecchio steht nur noch die achteckige **Torre di Federico II** in einem Park.

Museo Musical Art 3M
Via Roma 533. 338-502 33 61 oder 339-200 24 63. tägl. 9–13, 15–19 Uhr. Mo.

Museo Archeologico
0935 507 63 19. tägl. 9 Uhr bis 1 Std. vor Sonnenuntergang.

Castello di Lombardia
0935-50 08 75 (STR).
8–20 Uhr.

Torre di Federico II
Mo–Sa 8–18, So u. Feiertage 9–13 Uhr.

Straßenkarte *siehe hintere Umschlaginnenseiten*

㉑ Morgantina

Siedler aus dem Latium gründeten um 1000 v. Chr. Morgantina. Später kamen auch Griechen hierher. Ihre Blüte als Handelsposten in hellenistischer und römischer Zeit verdankte die Stadt ihrer strategischen Lage zwischen Nord- und Südsizilien. Vom Hügel aus hat man eine exzellente Übersicht über ihre Ruinen – Theater, Agora und Straßenzüge –, die sich vier Kilometer von Aidone entfernt in die reizvolle Landschaft betten. Die berühmte Aphrodite aus dem Tempel von Morgantina wurde 2012 vom Getty-Museum zurückgegeben.

Gymnasion
Der weite Sport- und Ausbildungsplatz war mit Bädern *(siehe oben)* sowie Räumen zum Umkleiden und Aufbewahren der Sportausrüstung ausgestattet.

Markt
Der Markt lag in der Mitte der oberen Agora. Ganz oben stand ein *Tholos*, ein Rundbau.

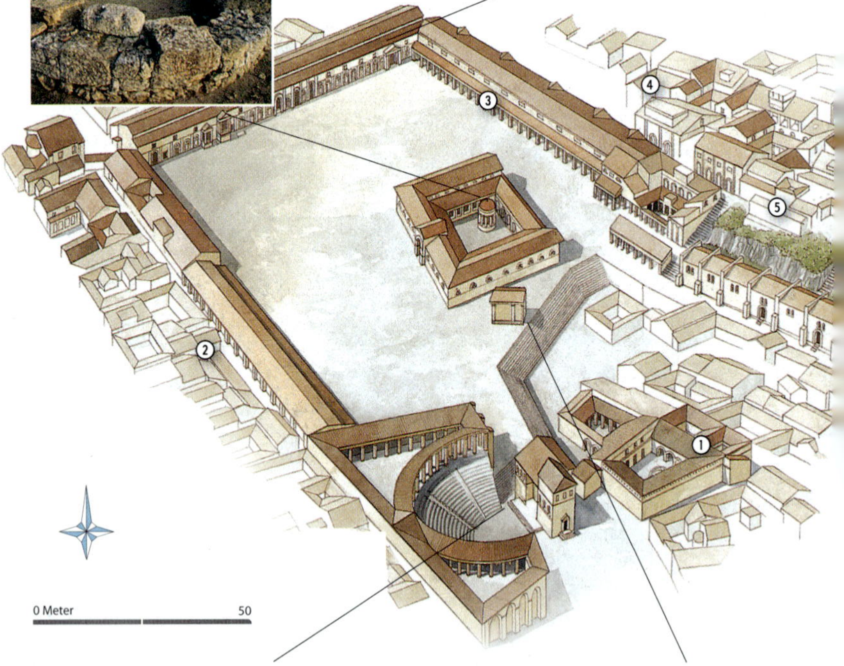

★ Theater
Das Theater wurde Ende des 4. Jahrhunderts v. Chr. in den Hang eines Hügels gebaut. Es bot Sitzplätze für ungefähr 1000 Zuschauer.

★ Agora
Die Agora (Forum) war in zwei übereinanderliegende Bereiche unterteilt, die eine trapezförmige 14-stufige Treppe verband.

Hotels und Restaurants in Südwest-Sizilien *siehe Seiten 203 und 213f*

Infobox

Information
Straßenkarte D4. STR, Via Generale Muscarà 47a, Piazza Armerina. 0935-68 02 01. **Ruinen von Morgantina** 0935-879 55. 8 Uhr bis 1 Std. vor Sonnenuntergang. **morgantina.org**

Rekonstruktion der Stadt
Die Zeichnung zeigt Morgantinas Aussehen um 300 v. Chr. Sie basiert auf Studien von Archäologen der Universität Princeton, USA.

Außerdem

① **Heiligtum der Demeter und der Persephone**

② **In dieser Gegend** hatten Handwerker, zumeist Keramiker, ihre Werkstätten.

③ **Säulenhalle *(Stoa)***

④ **Wohnviertel**

⑤ **Straßenpflaster** Im östlichen Wohnviertel sieht man die Überreste der gepflasterten Straße, die aus der Stadt führte.

㉒ Piazza Armerina

Straßenkarte D4. 21 000. STR, Via Generale Muscarà 47a. 0935-680 201. Palio dei Normanni (13.–14. Aug).

Die Stadt liegt inmitten eines seit dem 8. Jahrhundert v. Chr. besiedelten Gebiets. Sie entstand im Mittelalter, in einer Zeit der Zusammenstöße zwischen Latinern und der einheimischen, von der jahrhundertelangen arabischen Vorherrschaft geprägten Bevölkerung. Infolge dieser Kämpfe wurde sie im 12. Jahrhundert verwüstet, um den Colle Mira – im Zentrum des heutigen Viertels Monte – herum neu aufgebaut und von Lombarden, die aus der oberitalienischen Stadt Piacenza eingewandert waren, besiedelt. Im späten 14. Jahrhundert erhielt die Stadt einen neuen Mauergürtel, über den sie jedoch binnen kurzer Zeit hinauswuchs, um sich auf den Hügeln und Hängen der Umgebung auszubreiten.

Das große **Castello Spinelli** im Herzen der Stadt wurde unter dem aragonischen König Martin I. im späten 14. Jahrhundert erbaut. Ebenfalls zentral liegt die der Assunta geweihte **Kathedrale**, ihr Glockenturm ist das Relikt einer Vorgängerkirche aus dem 14. Jahrhundert. Innen sind der Chor (1627) und das bemalte Kruzifix aus dem späten 15. Jahrhundert sehenswert. Das angeschlossene kleine **Museo Diocesano** zeigt Gewänder, Monstranzen und Reliquienschreine.

Die Kathedrale in Piazza Armerina und ihr Glockenturm (14. Jh.)

Die Stadt bietet viele weitere Attraktionen, darunter die zentrale, pulsierende **Piazza Garibaldi** mit dem barocken **Palazzo del Senato** und zwei palastartige Villen der Barone von Capodarso. Eigentlich lädt die gesamte Altstadt mit ihren charmanten mittelalterlichen Gassen und Treppen zu einem Spaziergang durch die Geschichte ein.

Unweit von Piazza Armerina, am Ende der Via Tasso, blickt die **Chiesa del Priorato di Sant'Andrea** weit über ein Tal. Sie wurde 1096 errichtet und ging später in den Besitz des Ordens der Ritter vom Heiligen Grab über. Die Kirche stellt ein beeindruckendes Denkmal der sizilianischen Romanik dar. Falls sich die Möglichkeit ergibt (die Kirche ist leider nur während der Sonntagsmesse geöffnet), sollte man sich die Fresken aus dem 12. bis 15. Jahrhundert ansehen, die in den 1950er Jahren freigelegt wurden.

Colle Mira, das historische Zentrum von Piazza Armerina

Straßenkarte *siehe hintere Umschlaginnenseiten*

Piazza Armerina: Villa del Casale

Die Ende des 19. Jahrhunderts entdeckte Villa, ein Gutshaus aus dem 3. bis 4. Jahrhundert n. Chr., zählt zu den Top-Highlights der archäologischen Schatzkammer Siziliens. Außerordentlich detailfrohe Bodenmosaiken schmückten sämtliche Räume. Durch einen Bergrutsch, bei dem im 12. Jahrhundert die Villa unter Schlamm begraben wurde, blieben sie in idealer Weise erhalten. Am besten besichtigt man zunächst die Thermen, dann das große Peristyl und den langen Wandelgang mit seinen Jagdszenen und zuletzt – als Höhepunkt des Besuchs – die Privaträume des Komplexes.

★ Frigidarium
Auf den Mosaiken des Frigidariums (Kaltbad) rekeln sich Meeresgottheiten wie Nereiden und Tritonen.

Außerdem

① **Das Atrium** zeigte sich als von ionischen Säulen umstellter Hof mit Venusschrein.

② **Halbrunde Latrine**

③ **Tepidarium**

④ **Im Calidarium (Warmbad)** sind noch die Stützpfosten des erhöhten Thermenbodens erhalten.

⑤ **Den Zirkussaal** zierte das Mosaik eines Wagenrennens.

⑥ **Peristyl**

⑦ **Aquädukt**

Außenansicht der Villa del Casale

Entdeckungsgeschichte

Archäologen machten hier Ende des 19. Jahrhunderts erste Spatenstiche und führten die Arbeiten 1929 und 1935 fort, konnten aber erst 1950–60 freilegen, was die Villa del Casale zu einer Sensation werden ließ: die Bodenmosaiken. Derzeit werden die Mosaiken, die unter einer Schlammschicht die Jahrhunderte recht unbeschadet überstanden, restauriert. Möglicherweise können Sie Experten beim Zusammensetzen von Steinchen der »außergewöhnlichsten römischen Mosaiken der Welt« beobachten.

★ Korridor der großen Jagd
Die prächtigen Mosaiken dieses Wandelgangs illustrieren die Jagd auf Keiler, Löwen und andere wilde Tiere sowie das Verladen der Beute auf Schiffe.

Infobox

Information
Straßenkarte D4. ☎ 0935-68 76 67. ℹ STR, Piazza Armerina. ☎ 0935-68 02 01. ◯ Ende März bis Ende Okt: 9–19 Uhr (letzter Einlass 18 Uhr); Ende Okt bis Ende März: 9–17 Uhr (letzter Einlass 16 Uhr). ● Mo.
W villaromanadelcasale.it

Nördliche Wohnräume
Im Vestibül der Privaträume der Villa schildert ein großes Mosaik die Sage von Odysseus und dem Kyklopen Polyphem.

★ Arion-Mosaik
In dem von Kolonnaden gesäumten Atrium zeigt ein Mosaik, wie Arion von einem Delfin gerettet wird. Um ihn herum sind weibliche Figuren, Meeresgeschöpfe und Liebesgötter zu sehen.

★ Mosaik der Mädchen im Bikini
Die auf dem Mosaik abgebildeten zehn jungen Frauen beim Sport sind ein seltenes und kostbares Dokument zeitgenössischer römischer Mode.

Triclinium
Im Speisesaal zeigen Mosaiken die Taten des Herkules und andere mythologische Themen.

SSmæ NAT ARIÆ.V.Titu

Südsizilien

Südsiziliens Faszination beruht auf der eigentümlichen Mischung aus fruchtbarem Boden, großartigen Baudenkmälern und einer gewissen Nachlässigkeit – und natürlich der gigantischen Kulisse des Ätna. Viele griechische Städte und Bauten sind noch vorhanden. Besonders sichtbar wird dies in Siracusa, dem Geburtsort des Archimedes.

Val di Noto, so nannten die Araber den Süden Siziliens. Topografisch ist er ähnlich abwechslungsreich wie der Westen der Insel. Historisch unterscheidet sich der Süden jedoch in einem wesentlichen Punkt: Hier fassten die Griechen Fuß, im Norden, in und um Palermo dagegen die Phönizier. Das Griechische Theater von Siracusa ist ein Wahrzeichen Siziliens und seit 1914 wieder eine authentische Bühne für klassische Tragödien. Nahebei liegt das Ruinenfeld des griechischen Megara Hyblaea – leider vor dem unschönen Hintergrund der Ölraffinerien von Augusta.

Die Städte im Hinterland verdanken dem Wiederaufbau nach der Erdbebenkatastrophe von 1693 etliche barocke Juwele: Mit ihren konvexen und konkaven Fassaden, den üppigen Dekorationen, prunkvollen Treppen und geschwungenen Balkonen sind die Kirchen und Palazzi von Ragusa, Modica, Scicli, Noto und Chiaramonte faszinierende steinerne Hymnen auf den Sizilianischen Barock.

Eine Städtetour im Inland sollte auf jeden Fall Ragusas mittelalterliches Viertel Ibla sowie das hoch gelegene Keramikzentrum Caltagirone einschließen. Chiaramonte und Vizzini haben sich ihren ganz besonderen ursprünglichen Charme bewahrt. Die Felsen-Nekropolen von Ispica und Pantalica bieten allen Naturbegeisterten und Wanderfreunden eindrucksvolle Entdeckungen in der Stille der Schluchten.

Fischerboote im Hafen von Ortygia, Siracusa

◀ **Detail der Barockfassade am Dom von Ortygia** ***(siehe S. 146f)***

Überblick: Südsizilien

Nahezu obligatorischer Ausgangspunkt für Erkundungen der Südspitze Siziliens ist Siracusa (Syrakus). Die für ihr reiches kulturelles Erbe bekannte Stadt liegt etwa 60 Kilometer von Catanias Flughafen entfernt. Von Messina aus erreicht man sie nach zwei Stunden landschaftlich reizvoller Fahrt: Zur Linken, vor der Küste von Taormina, schimmert das Ionische Meer, zur Rechten ragt der Ätna (Monte Etna) auf. Hauptattraktionen des Südens sind neben Siracusa die traditionsreichen Städte im Hinterland: Die Ortschaften im Val di Noto (Modica, Caltagirone, Noto, Palazzolo Acreide, Ragusa und Scicli) gehören zum UNESCO-Welterbe. Weitere Zeugnisse der alten Geschichte Südsiziliens verstecken sich in den Bergen, bei Pantalica, Ispica und Lentini.

Keramikteller aus Caltagirone

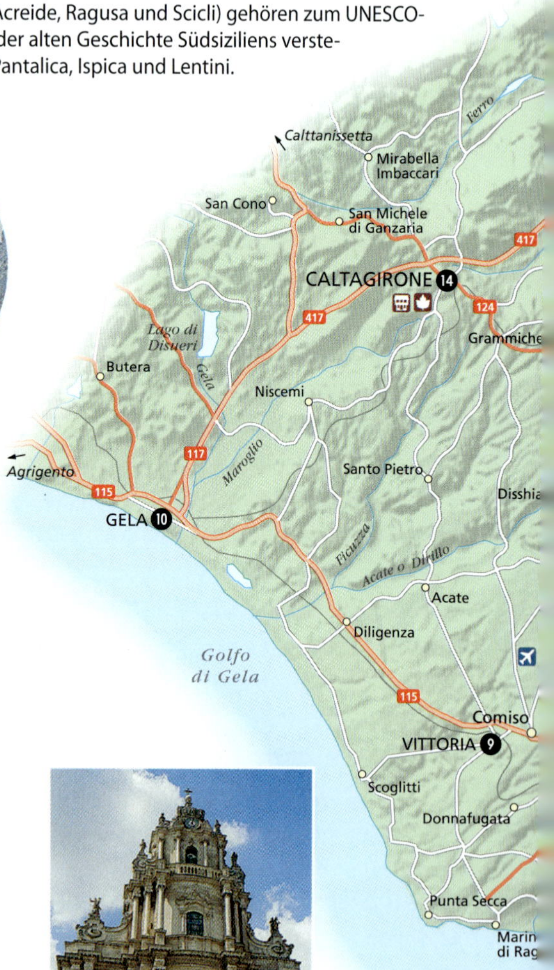

Sehenswürdigkeiten auf einen Blick

1 *Siracusa S. 140–147*
2 *Noto S. 148–151*
3 Pachino
4 Capo Passero
5 Cava d'Ispica
6 Scicli
7 *Ragusa S. 154f*
8 Modica
9 Vittoria
10 Gela
11 Chiaramonte Gulfi
12 Vizzini
13 Palazzolo Acreide
14 *Caltagirone S. 158f*
15 Lentini
16 Megara Hyblaea
17 Augusta
18 Pantalica

Die barocke Fassade der Basilica di San Giorgio, Ragusa

Weitere Zeichenerklärungen *siehe hintere Umschlagklappe*

In Südsizilien unterwegs

Zwei Routen führen von Siracusa ins Innere Südsiziliens: gemächlich – über Noto, Ispica, Modica und Ragusa – auf der SS115 nach Gela, schneller auf der Küstenstraße nach Catania und von dort auf der Autobahn A19 nach Enna oder auf der A18 nach Siracusa. Siracusa ist auch mit der Bahn zu erreichen. Über den Flughafen Comiso erreicht man den Süden Siziliens vom Festland aus direkt.

Die Altstadt von Siracusa

❶ Siracusa

Seit 2700 Jahren kommt Siracusa (Syrakus) hohe wirtschaftliche und kulturelle Bedeutung zu. Die Geschichte der Stadt – von der prähistorischen Besiedlung über die Gründung der griechischen Kolonie durch Korinther bis zum Barock – steht in den Straßen und Gebäuden so deutlich geschrieben wie in einem Lesebuch. Hervorragend erhalten ist das Griechische Theater, ebenso beeindrucken die Steinbrüche (Latomien), die das Material für viele der antiken Bauten lieferten, aber auch als Verliese dienten.

Parco Archeologico della Neapolis

Viale Paradiso 14. 0931-662 06. Sommer: 9–18 Uhr (Winter: bis 15 Uhr). Mo.

Der archäologische Park im nordwestlichen Teil der Stadt wurde 1952–55 eingerichtet. Unweit der Kasse beim Eingang steht die mittelalterliche Kirche **San Nicolò dei Cordari** aus dem 11. Jahrhundert, die einen Besuch lohnt. Sie wurde über einer aus dem Fels gehauenen *piscina* erbaut, einem Reservoir für Wasser zum Säubern des nahen Römischen Amphitheaters.

Griechisches Theater

Siehe S. 142f.

Latomien

Eine weite Senke trennt den Theaterbezirk vom südlichen Ausgrabungsgelände. In ihr lagen die Latomien, die Steinbrüche, aus denen Siracusa Millionen von Kubikmetern Baumaterial gewann. Die beim Abbau entstandenen gewaltigen Höhlen dienten jahrhundertelang auch als Gefängnis. Einer der beeindruckendsten Steinbrüche heißt **Orecchio di Dioniso**, »Ohr des Dionysios«: Die Akustik dort soll so gut gewesen sein, dass Dionysios, der Tyrann von Siracusa, flüsternde Häftlinge belauschen und auf diese Weise geplante Komplotte vereiteln konnte. Zu den be-

Eingang zum imposanten Steinbruch Orecchio di Dioniso

Zentrum von Siracusa

① Latomien
② *Griechisches Theater S. 142f*
③ Altar Hierons II.
④ Römisches Amphitheater
⑤ Arkimedeion
⑥ Katakomben von San Giovanni Evangelista
⑦ *Museo Archeologico Regionale Paolo Orsi S. 144f*
⑧ Museo del Papiro
⑨ *Ortygia S. 146f*

Zeichenerklärung
siehe hintere Umschlagklappe

Infobox

Information
Straßenkarte F4. 123 000.
STR. 0931-46 42 55.
Santa Lucia (13. Dez); Santa Lucia delle Quaglie (1. So im Mai).
siracusaturismo.net

Anfahrt
ab Messina, Neapel, Rom, Rom Piazza Stazione 89 20 21.
Interbus, 0931-146 27 11; AST, 0931-667 10.

Die große Grotta dei Cordari, die interessanteste Steinbruchhöhle

nachbarten Höhlen zählen die bis vor Kurzem von Seilern *(cordari)* genutzte **Grotta dei Cordari**, die **Latomia Intagliatella** und **Latomia di Santa Verena**. Einige der Latomien sind akut einsturzgefährdet.

Altar Hierons II. und Römisches Amphitheater

Beide Stätten liegen jenseits der Straße, die den Neapolis-Park zweiteilt. Obgleich vom **Altar Hierons II.** nur der Unterbau erhalten ist, ahnt man die kolossalen Ausmaße (198 mal 23 m) dieser dem Göttervater Zeus gewidmeten Kultstätte: Bis zu 400 Stiere konnten gleichzeitig auf dem Altar geopfert werden.

Das in der Frühzeit des Imperium Romanum erbaute **Römische Amphitheater** ist mit einem äußeren Durchmesser von 140 mal 119 Metern nur wenig kleiner als jenes der oberitalienischen Stadt Verona. Durch die Gänge unter den Sitzrängen zogen Gladiatoren und Tiere in die Arena. Diese ließ sich mit Wasser füllen, sodass hier auch Seeschlachten nachgestellt werden konnten.

Museo Archeologico Regionale Paolo Orsi

Siehe S. 144f.

Katakomben von San Giovanni Evangelista

Via San Giovanni alle Catacombe. 0931-646 94. Apr, Sep, Okt: Di–So 9–12.30, 14.30–16.30 Uhr (Mai, Juni: bis 17.30 Uhr; Juli, Aug: bis 18 Uhr).

In der unterirdischen Anlage der Katakomben von San Giovanni Evangelista (360–315 v. Chr.) gibt es Hunderte von *loculi* (Grabnischen). Hier wurden in römischer Zeit die Anhänger der christlichen Religion bestattet. Am Hauptgang folgen einige Rundkapellen mit Spuren von Fresken.

Arkimedeion

Piazza Archimede 11. 0931-611 21 o. 392-992 83 51. tägl. 9.30–19 Uhr. **arkimedeion.it**

Das Museum widmet sich der Arbeit von Archimedes, dem großen Wissenschaftler der Antike, der im 3. Jahrhundert vor Christus in Siracusa lebte *(siehe S. 32)*. Modelle seiner Maschinen und Erfindungen können teilweise interaktiv ausprobiert werden. Monitore mit Touchpads und Videos erklären die Theorie seiner Gesetze.

Museo del Papiro

Viale Teocrito 66. 0931-616 16. Di–So 9–13 Uhr.

Nahe Siracusa, am Ufer des Flusses Ciane, gedeiht Europas größte Papyruskolonie. Der Papyrusstaude *(Cyperus papyrus)* ist dieses Museum gewidmet.

Der gestufte Unterbau des Altars von Hieron II., beeindruckender Überrest der gewaltigen Opferstätte

Siracusa: Griechisches Theater

Das Teatro Greco ist eines der bedeutendsten Beispiele antiker Theaterarchitektur. Wie raffiniert es konzipiert war, verrät die Ruine nicht unbedingt, denn 1520–31 ließ Kaiser Karl V. einen Großteil für die Ummauerung von Ortygia *(siehe S. 146f)* abtragen. Das im 5. Jahrhundert v. Chr. vom griechischen Architekten Damakopos entworfene Theater wurde im 3. und 2. Jahrhundert v. Chr. unter Hieron II. erweitert. Jahrhundertelang stand es im gesellschaftlichen Mittelpunkt von Siracusa, als großartige Bühne von Theaterstücken berühmter Griechen wie Aischylos, der hier Erstaufführungen seiner Tragödien beiwohnte.

Votivnischen
Rechteckige Nischen durchlöchern die Felswand westlich der Grotte, nahe der antiken Säulenhalle. Höchstwahrscheinlich bargen sie Votivtafeln für Halbgötter.

Grotta del Museion
Die aus dem Fels gehauene Grotte galt als Musenheiligtum. Ein Aquädukt speiste ihr rechteckiges Becken.

0 Meter 10

Klassiker im Theater
Jeden Sommer werden im Theater klassische Stücke aufgeführt.

Tunnelartige Gänge
Um mehr Sitzkapazität zu schaffen, wurden in der Römerzeit die alten Durchgänge am Auditorium durch diese aus dem Fels gehauenen tunnelartigen Gänge *(criptae)* ersetzt.

Infobox

Information
Griechisches Theater und **Parco Archeologico della Neapolis**
Viale Paradiso 14. 0931-662 06. tägl. 9 Uhr bis 1 Std. vor Sonnenuntergang. **Istituto Nazionale del Dramma Antico (INDA)** Corso Matteotti 29. 0931-48 72 00. Kasse: 0931-48 72 48.
indafondazione.org

Außerdem

① **Der Gürtelring *(Diazoma)*** teilte das Auditorium in zwei Hälften.

② **Das Auditorium *(Cavea)*** hat einen Durchmesser von 138 Metern und 67 Sitzreihen. Jeder Block war über einen Treppenaufgang zugänglich und mit einem Buchstaben gekennzeichnet, was in modernen Theatern ähnlich ist.

③ **Der Bühnenbereich** wurde unter den Römern erweitert.

④ **Zwei Pfeiler aus Stein** flankierten die Spielfläche.

⑤ **Auf der *Orchestra***, dem Spielrund, befand sich eine Dionysos-Kultstätte. Um diese herum agierte der Chor.

Istituto Nazionale del Dramma Antico

Logo des INDA in Siracusa

Seit dem 16. April 1914 pflegt Siracusa wieder seine alte Theaterkultur. Jeden Mai und Juni stehen Stücke auf dem Programm, die hier schon vor über 2500 Jahren inszeniert wurden und nun mit großem, auch personellen Aufwand wieder aufgeführt werden. Für diese Tradition setzt sich das 1925 gegründete Istituto Nazionale del Dramma Antico (INDA, Nationales Institut für antikes Drama) ein, seit 1983 unterstützt von der Scuola Professionale di Teatro Antico.

Von Duilio Cambellotti 1921 entworfenes Plakat für Aischylos' *Die Schutzflehenden*

Siracusa: Museo Archeologico Regionale Paolo Orsi

Das Regionalmuseum wurde 1967 gegründet, war allerdings erst im Jahr 1988 öffentlich zugänglich. Hier wird die Fülle von Ausgrabungsfunden aus Südost-Sizilien fachgerecht aufbewahrt und präsentiert, es sind über 18 000 Exponate zu sehen. Das Museum ist nach dem herausragenden Archäologen (und ab 1888 Leiter des sizilianischen Ministeriums für Altertümer) Paolo Orsi benannt, der zahlreiche wichtige Ausgrabungen persönlich überwacht hat. Den Umzug von Ortygia in den Parco Landolina nahm man zum Anlass, die Sammlungen neu zu ordnen. Zwei weitere Abschnitte wurden seitdem eröffnet: *Il Medagliere*, eine einzigartige Münzsammlung aus der griechischen Zeit bis zum Mittelalter, und die *Rotonda di Adelfia*, wo der herrliche Sarkophag einer römischen Adligen, der in den Katakomben von San Giovanni im Nordosten von Sizilien entdeckt wurde, zu sehen ist.

★ Grabstatue
Die in Megara Hyblaea geborgene Statue wird auf 560–550 v. Chr. datiert. Laut der Inschrift auf dem rechten Oberschenkel war sie dem Arzt Sambroditas gewidmet.

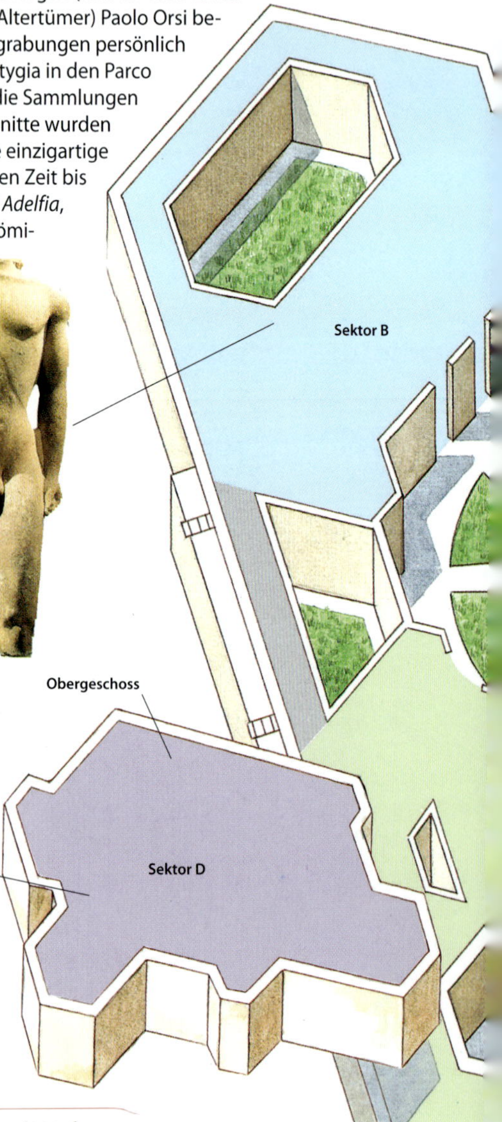

★ Venus Anadyomene
Die auch nach ihrem Entdecker »Venus Landolina« genannte Statue ist die römische Replik eines griechischen Originals.

Legende

- Ur- und Frühgeschichte
- Griechische Kolonien in Ostsizilien
- Tochterkolonien, hellenisierte Städte
- Sizilianische Kultur und Topografie
- Sarkophag von Adelphia

Siracusa-Büste
Die Tonbüste (5.–4. Jh. v. Chr.) zählt zu den vielen Funden, die bei den 20 Jahre währenden Ausgrabungen in Siracusa geborgen wurden.

Infobox

Information
Parco Landolina, Viale Teocrito 66. 0931-48 95 11. Di–Sa 9–18, So u. Feiertage 9–13 Uhr. **regione.sicilia.it/benIculturali/museopaoloorsi**

Sarkophag von Adelphia
Dieses Marmorgrab mit Reliefs, die biblische Szenen darstellen, stammt vermutlich aus dem 4. Jahrhundert n. Chr. Das Rondell in der Mitte zeigt die Edelfrau Adelphia und ihren hingebungsvollen Ehemann Valerio.

★ Sitzende Göttin
Die aus Marmor und Terrakotta gearbeitete, in Grammichele gefundene Statue (6. Jh. v. Chr.) stellt vermutlich die Göttin Kore (Persephone) dar.

Kalksteinplatten
Mit ihnen wurden bronzezeitliche Gräber abgedeckt.

Kurzführer

Das Museum ist in mehrere Abteilungen (Sektoren) gegliedert: Sektor A stellt Siziliens Geologie, seine Ur- und Vorgeschichte sowie die sikelische Kultur vor. Sektor B widmet sich den griechischen Kolonien. Sektor C zeigt Exponate aus den 663–598 v. Chr. gegründeten Tochterkolonien von Siracusa und aus hellenisierten Städten im Hinterland sowie die Funde aus Gela und Agrigento. Sektor D macht den kulturellen Einfluss von Siracusa seit 4 v. Chr. deutlich. Im Sektor F befindet sich der Sarkophag von Adelphia.

Siracusa: Überblick über Ortygia

Die bis Ende des 19. Jahrhunderts befestigte Insel Ortygia trennt die beiden Häfen von Siracusa. Sie sind durch den Dock-Kanal miteinander verbunden. Von Ortygia führen die Umbertino- und die Santa-Lucia-Brücke zum Festland. Die Insel bildet das historische Zentrum der Stadt, von deren langer Geschichte die Bausubstanz zeugt, darunter der Apollon-Tempel aus dem 6. Jahrhundert v. Chr.

Lungomare di Levante

An der Hafenpromenade am **Porto Piccolo**, dem »Kleinen Hafen«, schlägt der maritime Puls der Stadt. Die Straße führt nach Süden zur Kirche **Spirito Santo**, deren Fassade (18. Jh.) selbstbewusst das Meer zu grüßen scheint. Der Name der Kirche erinnert daran, dass sie spirituelles Zentrum der Heilig-Geist-Bruderschaft war.

Apollon-Tempel

Largo XXV Luglio.

Die Ruine des Apollon-Tempels – er maß einmal stolze 58 mal 24 Meter – nimmt einen weiten Teil der Piazza Pancali an Ortygias Festlandseite ein. Erbaut wurde der älteste erhaltene dorische Tempel Westeuropas im frühen 6. Jh. v. Chr., entdeckt wurde er 1860 in der alten spanischen Kaserne. Dass er Apollon geweiht war, bekundet eine Inschrift an der obersten Stufe des Unterbaus. Im Lauf der Zeit diente der Tempel als byzantinische Kirche, als Moschee, unter den Normannen erneut als christliches Gotteshaus. Später wurde er zur Militärbasis.

Artemision

Piazza Minerva. 333-162 67 95.
tägl. 9–21 Uhr.
artemisionsiracusa.com

Unter dem Rathaus, im als ältesten geltenden Teil der Stadt, wurde dieser ionische Tempel der Artemis, der vermutlich aus dem späten 6. Jahrhundert vor Christus stammt, ausgegraben. Den Eingang markiert ein moderner Pavillon aus Kalkstein.

Palazzo Beneventano del Bosco

beneventanodelbosco.it

Der 1779 an der Piazza Duomo errichtete Palazzo ist ein Werk von Luciano Alì. Die Fassade mit dem Balkon über dem Tor bietet einen imposanten Anblick. Innen führt eine breite Treppe zu den venezianisch möblierten Räumen, in denen Admiral Horatio Nelson und König Ferdinand III. von Bourbon logierten. Zu sehen ist auch eine Sammlung alter Stiche von Siracusa.

Fassade des Palazzo Beneventano del Bosco

Duomo (Tempio di Minerva)

Piazza Duomo 4. 0931-646 94.
tägl. 7.30–20 Uhr.

Der Dom, ein Nachbar des **Palazzo del Senato**, des heutigen Rathauses, an der Piazza Duomo, verdankt seine Fassade (1728–53) Andrea Palma. An den mächtigen Säulen der Nordfassade kann man deutlich erkennen, dass ihm ein Minerva-Tempel eingegliedert ist – der Tempel war Nachfolger einer unter dem Tyrannen Gelon im 6. Jh. v. Chr. errichteten Athene-Kultstätte. Erst Tempel, dann christliche Kirche und später Moschee, ist der Bau heute ein Vorzeigestück des Sizilianischen Barock. Zu den Highlights im Inneren zählen

Schmuckwappen an der Domfassade

Ruine des Apollon-Tempels auf der Insel Ortygia

Hotels und Restaurants in Südsizilien *siehe Seiten 204 und 214–216*

Die von Andrea Palma entworfene Barockfassade des Doms

ein Taufbecken (13. Jh.), normannische Mosaiken, erlesene Gemälde und Skulpturen sowie das geschnitzte Chorgestühl (1489) in der Sakristei. Die Seitenkapelle der St. Lucia ist reich geschmückt und bewahrt eine Silberstatue der Heiligen aus dem Jahr 1599.

Galleria Regionale di Palazzo Bellomo

Via Capodieci 14. 0931-695 11 oder 653 43. Di–Sa 9–19, So 9–13 Uhr.

Das Kunstmuseum ist in den Palazzi **Parisio** und **Bellomo** untergebracht, zwei weitgehend original erhaltenen Bauten aus der Staufer-Ära. Die ersten Räume zeigen Skulpturen aus Mittelalter und Renaissance. Durch den mit Wappen geschmückten Hof gelangt man zum ersten Stock und dem Prunkstück der Galerie: Antonello da Messinas *Mariä Verkündigung* (1474, *siehe S. 27*). Im nächsten Raum sind Krippen, am Ende des Rundgangs faszinierende arabische und sizilianische Keramiken und Schmuckstücke ausgestellt.

Fonte Aretusa

Einst, so erzählen Pindar und Virgil, verwandelte die Göttin Artemis die Nymphe Arethusa in eine Quelle. Wie in den Tagen der griechischen Antike sprudelt diese Quelle am Lago Aretusa beim **Porto Grande** (»Großer Hafen«).

San Filippo Apostolo

Die Kirche wurde im Herzen von Giudecca, Siracusas jüdischem Viertel, über der alten Synagoge erbaut. In der Krypta ist noch die Mikwe, das Wasserbecken, zu sehen, in dem jüdische Frauen ihre rituellen Waschungen vornahmen.

Palazzo Margulensi-Montalto

Nahe der **Piazza Archimede** mit dem **Artemis-Brunnen** (19. Jh.) steht dieser Palazzo, eines der interessantesten mittelalterlichen Gebäude der Stadt. Eine Inschrift über dem Portal datiert sein Baujahr auf 1397. Vom Original sind die gotischen Fenster der von gewundenen Säulen gestützten Fassade, die Treppe und die Arkade erhalten.

Castello Maniace

0931-46 44 20. Di–So 9.30–13 Uhr.

Die Burg, deren Reste den Hafen von Siracusa dominieren, ist nach dem byzantinischen Feldherrn Georg Maniakes benannt. Er entriss Siracusa den Arabern. Das Kastell wurde im 13. Jahrhundert unter dem Staufer Friedrich II. am Südzipfel von Ortygia errichtet. Wahrscheinlich standen dort einst der Hera-Tempel und die Villa des römischen Statthalters. Die Burg diente im Lauf der Jahrhunderte als königliche Residenz, Militärbastion und Lager.

Umgebung: Dionysios I. ließ 402 v. Chr. zur Verteidigung der Stadt das **Castello Eurialo** errichten. Der Bau gilt als das bedeutendste Exemplar griechischer Festungsarchitektur. Im Osten schützten zwei in den Fels gehauene Gräben und ein Turm die Festung. Im Zentrum wachten ein 15 Meter hoher Bergfried, Türme und Mauern.

Castello Eurialo

Frazione Belvedere, 8 km von Siracusa. 0931-711 773/723. tägl. 9–18 Uhr (So u. Feiertage: 8–14 Uhr; Sommer: bis 19 Uhr; Winter: bis 17 Uhr).

Ruine des weitläufigen Castello Eurialo

❷ Im Detail: Noto

Nach dem Erdbeben von 1693 glich Noto das ganze 18. Jahrhundert hindurch einer Großbaustelle. Die verwüstete Stadt bot sich Stadtplanern und namhaften Architekten wie Rosario Gagliardi, Vincenzo Sinatra und Antonio Mazza als reiches Tätigkeitsfeld an. Heute stellt sie ein auf Sizilien unübertroffenes Werk barocker Stadtbaukunst dar, wenn auch viele Gebäude recht verfallen sind. Seit die Stadt UNESCO-Welterbe ist, werden ihre Bauten jedoch nach und nach restauriert.

0 Meter 70

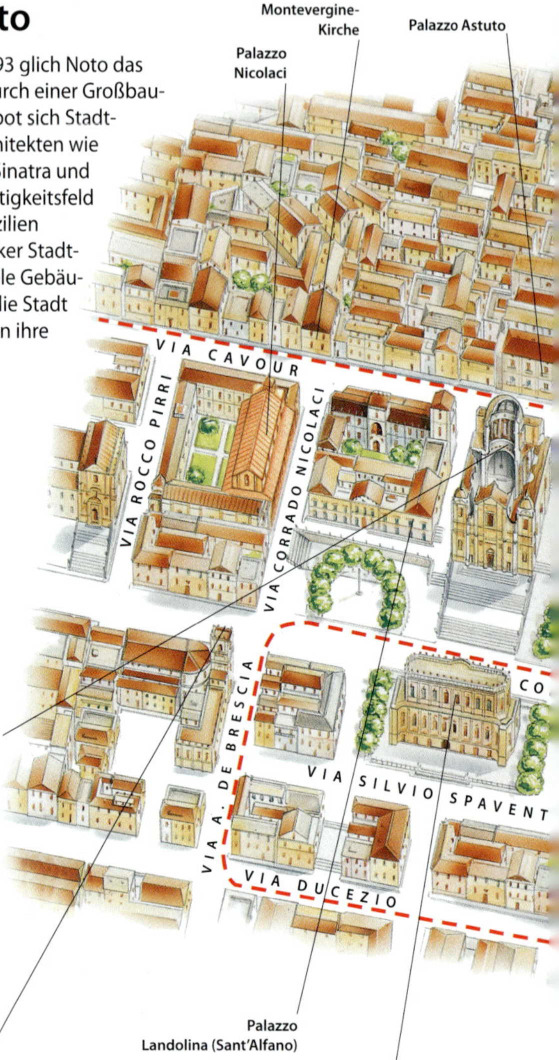

★ Kathedrale
Die San Nicolò geweihte Kathedrale schmückt eine breit angelegte Fassade. Ihre Kuppel stürzte 1996 ein.

★ San Carlo al Corso
Die offiziell San Carlo Borromeo genannte Kirche birgt Gemälde und Fresken, die Carasi zugeschrieben werden.

Palazzo Ducezio
Der Palazzo gegenüber der Kirche beherbergt das Rathaus. »Triumph der Säulen« – so wurde seine mit anmutigen Rundbogen geschmückte Fassade gepriesen.

Hotels und Restaurants in Südsizilien *siehe Seiten 204 und 214–216*

★ Palazzo Trigona
Geschwungene Balkone und Doppelpilaster kennzeichnen die Fassade des prächtigen Gebäudes. Die Fresken des Salons stammen von Antonio Mazza.

Das Salvatore-Kloster war im 18. Jahrhundert Heimstatt für adlige Nonnen.

San Francesco all'Immacolate
Eine Barocktreppe führt zu der mit dem Grundriss eines lateinischen Kreuzes erbauten Kirche.

Museo Civico

Legende

— Routenempfehlung

Santa Chiara
Rosario Gagliardi entwarf die Kirche mit einem ovalen Grundriss. Der Palermer Künstler Lo Forte schuf das Altarbild (19. Jh.), das San Benedetto und Santa Scolastica darstellt.

Infobox

Information
Straßenkarte E5. 23 000.
Piazza XVI Maggio. 0931-57 37 79. 0931-83 52 01 oder 0931-83 50 05. Blumenfestival (3. So im Mai).
comune.noto.sr.it
infioratadinoto.it

Anfahrt
Catania Fontanarossa (80 km).
FS ab Siracusa, 89 20 21.

Straßenkarte *siehe hintere Umschlaginnenseiten*

Überblick: Noto

Die Hauptstraße der Stadt ist der moderne Viale Marconi, der ab dem monumentalen Stadttor Porta Reale (Porta Ferdinandea) Corso Vittorio Emanuele genannt wird. Dieser passiert die Piazza XXIV Maggio, die Piazza Municipio und die Piazza XXX Ottobre. Stufen führen in die Oberstadt mit herrlicher Aussicht auf das Umland.

Die Kathedrale vor 1996

Die Kathedrale nach dem Einsturz

Kathedrale

Im Winter 1996 ging ein kostbares Stück Sizilianischer Barock verloren: Mit Getöse stürzte die Kuppel der San Nicolò geweihten Kathedrale (1776), bedingt durch Verwitterung und Materialermüdung, ein. Nach der aufwendigen Restaurierung von Kuppel und dreischiffigem Langhaus wurde die Kathedrale am 18. Juni 2007 wiedereröffnet und ist nun wieder ein bedeutendes Wahrzeichen der Stadt. Paolo Labisi entwarf die breite, dreiläufige Prunktreppe, über der sich die Kathedrale und die Zwillingsglockentürme erheben. Ein Bronzeportal führt in das vor allem in den Seitenkapellen reich mit Fresken und anderem Schmuck ausgestattete Gotteshaus.

Palazzo Ducezio

Piazza Trigona. tägl. 9.30–13.30, 15–18 Uhr.

Der Palazzo (1746) gegenüber der Kathedrale ist ein Werk Vincenzo Sinatras. Heute ist hier das Rathaus von Noto untergebracht. An seiner Fassade dominieren Säulen, innen der mit Gold, Stuck und Deckenfresko von Antonio Mazza im Louis-XV-Stil gestaltete Salon.

Fassadenskulptur der Kathedrale

Museo Civico

Corso Vittorio Emanuele III 34.
0931-83 64 62. Di–So 9–13, 15.30–19.30 Uhr.

Das (teilweise wegen Restaurierung geschlossene) Stadtmuseum bewahrt antike und mittelalterliche Relikte aus dem alten Noto, Noto Antica, und den Nachbarorten.

San Francesco all'Immacolate

Corso Vitt. Emanuele III 142. tägl. 8.30–12.30, 16.30–18.30 Uhr.

An der Breitseite der Piazza XXX Ottobre führt eine Monumentaltreppe zu der als Gymnasium genutzten Klosterkirche empor. Das Innendekor umfasst zarte Stuckaturen, Gemälde und eine hölzerne Marienstatue (1564), die wohl aus einer Kirche von Noto Antica stammt.

Palazzo Trigona

für die Öffentlichkeit.

Dies ist der vielleicht »klassischste« Barockbau der Stadt. Seine Fassade mit den geschwungenen Balkonen passt sich, ganz im Sinn von Notos Architekten, harmonisch den Sakral- und Profanbauten in seiner Nachbarschaft an. Antonio Mazza schmückte die Salons mit klassizistischen Fresken aus.

Fassadenkunst in Noto

Nach dem verheerenden Erdbeben im Jahr 1693 gab es im Osten Siziliens in der ersten Hälfte des 18. Jahrhunderts ein ehrgeiziges Wiederaufbauprogramm. Die damit betrauten Architekten entwickelten daraus den typischen Sizilianischen Barock. Egal, ob es sich um sakrale oder profane Bauten handelte, auf die Fassadengestaltung legten sie ganz besonderen Wert. An Wiedererkennungseffekten mangelt es Notos Straßenbild nicht. Einige Architekten kamen aus der Handwerksbranche, so Rosario Gagliardi, der Baumeister von Notos Kirchen Santa Chiara, Santissimo Crocefisso und San Domenico. Von ihrer Fachkenntnis zeugt die detaillierte, wohlüberlegte Fassadengestaltung. Wie Phönix aus der Asche stiegen in dieser Phase die Klöster hervor, die im 18. und 19. Jahrhundert neben dem grundbesitzenden Kleinadel das ökonomische und soziale Rückgrat Notos darstellten. Im Jahr 2002 wurde Noto in die Liste der UNESCO-Welterbestätten aufgenommen.

Barocker Balkon (18. Jh.) des Palazzo Nicolaci Villadorata, Noto

Hotels und Restaurants in Südsizilien *siehe Seiten 204 und 214–216*

San Carlo al Corso

Wegen des einst angeschlossenen Jesuitenklosters wird die Kirche am Corso Vittorio Emanuele auch Chiesa del Collegio genannt. Ihre leicht konvexe Fassade besitzt drei Ebenen, die sowohl ionische wie auch dorische und korinthische Stilelemente aufweisen. Der eindrucksvolle Innenraum erhebt sich über dem Grundriss eines lateinischen Kreuzes

San Domenico

Die schmucke Kirche an der Piazza XXIV Maggio gehört zum Komplex des **Dominikanerinnenkonvents**. Letzterer wurde nach Auflösung der kongregationalistischen Orden durch die italienische Regierung 1866 aufgegeben, verdient aber wegen des reich mit Friesen geschmückten Eingangs Beachtung. Rosario Gagliardi gestaltete die Kirche, die im Zentrum eine konvexe Fassade zeigt. Der dreischiffige Innenraum besitzt fünf mit feiner Stuckornamentik versehene Kuppelgewölbe.

Die konvexe Fassade von San Domenico, ein Entwurf Gagliardis

Palazzo Nicolaci Villadorata

tägl. 10–13, 15 Uhr bis 1 Std. vor Sonnenuntergang.

palazzonicolaci.it

In der Via Nicolaci fällt der Palazzo Nicolaci del Principe di Villadorata auf. Aufwendig mit Schmiedeeisen, grotesken und mythologischen Figuren wie

Palazzo Landolina, einst Residenz der Familie Sant'Alfano

Löwen, Sirenen, Cherubim und Greifen verzierte Konsolen stützen seine sechs Balkone ab. Im Inneren des Palazzo fesseln die Fresken der Prunkräume, vor allem die des Salone delle Feste, des Festsaals. Im Palazzo ist auch die Mitte des 19. Jahrhunderts begründete **Biblioteca Comunale** mit einer Vielzahl alter literarischer Werke sowie den originalen Bauplänen der Stadt untergebracht.

Barockes Schmuckdetail

Palazzo Landolina

Die Kathedrale wird rechts vom **Palazzo Vescovile** (bischöfliches Palais, 19. Jh.) flankiert, links vom Palazzo Landolina. Letzterer war Sitz der mächtigen normannischen Adelsfamilie Sant'Alfano. Hinter seiner eleganten Barockfassade öffnet sich ein Hof, in dem eine von zwei Sphingen bewachte Treppe zur Hauptetage mit den freskenverzierten Räumen führt.

Chiesa del Crocefisso

0931-89 16 22.

Die Kirche erhebt sich inmitten von Noto Alta, der Oberstadt – am Ende der bei der Piazza Municipio und der Kathedrale aufsteigenden Straße einerseits und der bei der Piazza Mazzini beginnenden Treppe andererseits. Rosario Gagliardi entwarf ihre unvollendete Fassade. Ein großes Barockportal führt in den Innenraum. Am Ende des linken Seitenschiffs prunkt die Cappella Landolina. Francesco Lauranas kostbare Renaissance-Statue *Madonna della Neve* (»Madonna vom Schnee«, 1471) hat das Erdbeben von 1693 überlebt. Auch die romanischen Löwenfiguren stammen aus dem alten Noto.

Wenn Sie aus der Kirche treten, sollten Sie sich noch Zeit lassen, um den Anblick der Palazzi, Klöster und Kirchen in der Umgebung zu genießen. Insbesondere die Abtei **Badia della Santissima Annunziata** sowie die Kirchen **Sant'Agata** und **Santa Maria del Gesù** sind schön anzusehen.

Die Chiesa del Crocefisso in Noto Alta

Die Straße nach Pachino, einem der wichtigsten Landwirtschaftszentren Südsiziliens

❸ Pachino

Straßenkarte E5. 22 000.
Rathaus, nur wochentags.
0931-80 35 57.

Der Ort wurde im Jahr 1758 von den Fürsten von Giardinelli gegründet und danach von ein paar Dutzend Familien besiedelt. Heute hat er sich zu einem wichtigen Zentrum von Landwirtschaft und Weinbau gemausert. Trotz der modernen Architektur sind noch Spuren des alten Stadtplans auszumachen: Ein Geflecht von Höfen und Gassen kündet vom arabischen Einfluss.

Italiener denken bei der Erwähnung von Pachino an Tomaten, nämlich an die kleinen roten *pachini*, die man im ganzen Land für Saucen und Salate verwendet. Ferner ist die Gegend für ihren guten Rotwein (DOC-Klassifikation) bekannt.

❹ Capo Passero

Straßenkarte E5.

An Siziliens Südzipfel, auf der Landspitze des Capo Passero, liegt das beschauliche Städtchen **Portopalo di Capo Passero**, ein Zentrum von Fischerei und Landwirtschaft. Zusammen mit dem Nachbarort **Marzamemi** zieht es zunehmend Sommerurlauber an. Nicht weit entfernt liegt das Naturreservat Riserva naturale orientata Oasi faunistica di Vendicari. Die kleine Insel **Capo Passero** vor der Küste diente lange Zeit als Beobachtungsposten. Ihr Wachturm ersetzte im 17. Jahrhundert teils antike Befestigungen.

Gegenüber dem **Capo delle Correnti** am südlichsten Punkt der Landspitze ragt auf einer Insel, der **Isola delle Correnti**, ein Leuchtturm auf. In der Nähe, bei Portopalo, landeten am 10. Juli 1943 alliierte Truppen, um auf Sizilien einen Brückenkopf einzurichten.

Fischerboote am Strand von Capo Passero

Nördlich von Portopalo sind eine *tonnara* und eine Fabrik auf den Fang und die Verarbeitung von Thunfischen spezialisiert. Auch das nahe Marzamemi hat sich um eine *tonnara* und die Residenz ihrer Inhaber, der Adelsfamilie Villadorata, entwickelt.

Immer noch suchen große Thunfischschwärme alljährlich ihre Laichplätze in den Küstengewässern des zentralen Mittelmeers auf. Beim *mattanza* genannten traditionellen Thunfischfang werden die Schwärme Richtung *tonnara* getrieben, in einem ausgeklügelten System von Netzen gefangen und unter schnellem Blutverlust getötet. Das Fleisch der auf diese Weise geschlachteten Thunfische gilt als hochwertiger als das ihrer auf hoher See getöteten Artgenossen. Durch den raschen Blutverlust wird das Geschmacksaroma angeblich verstärkt.

Castello Tafuri, 1933 erbaut, in Portopalo di Capo Passero

Hotels und Restaurants in Südsizilien *siehe Seiten 204 und 214–216*

Byzantinisches Fresko in der Grotta di San Nicola in der Cava d'Ispica

❺ Cava d'Ispica

Straßenkarte E5. Zufahrt von der SS115 von Ispica nach Modica, bei Bettola del Capitano rechts abbiegen, dann ca. 5,5 km der Markierung bis zur Mühle Cavallo d'Ispica folgen. FS Siracusa–Ispica, 89 20 21. 0932-77 16 67. Apr–Okt: Mo–Sa 9–19, So u. Feiertage 9–13 Uhr; Nov–März: Mo–Sa 9–13.30 Uhr.

Ein Fluss grub vor Urzeiten die Cava d'Ispica in den Fels. Heute gleicht die Schlucht einem Freilichtmuseum: Gräber, Kultstätten und Wohnhöhlen von religiösen Einsiedlern, die hier Erleuchtung suchten, durchlöchern die Steilhänge.

Der ägyptische Eremit Sant'Ilarione (291–371) begründete das Mönchstum in der Schlucht, die im Altertum als Nekropole diente. Noch bis 1935 lebten einige Menschen in den *spaccaforna* genannten Höhlen. Heute steht das beeindruckende Katakomben-Labyrinth der **Larderia-Nekropole** (samt kleinem Museum) den Besuchern offen. Allerdings erschwert eine Einfriedung den Überblick über den Höhlenkomplex, der den Ruhm der Cava d'Ispica begründet hat.

Auf Anfrage kann man in der Nähe des Eingangs die **Grotta di San Nicola**, eine mit byzantinischem Madonnenfresko geschmückte Höhle, und die umfriedete byzantinische Kirche **San Pancrazio** besichtigen.

Auch der frei zugängliche Teil der Schlucht ist trotz des recht schwierigen Geländes unbedingt sehenswert. Jeder Schritt des anstrengenden Aufstiegs wird mit reizvollen Ausblicken auf die wunderbare Landschaft belohnt.

❻ Scicli

Straßenkarte E5. 25 200. FS ab Siracusa, 89 20 21. ab Noto. Rathaus. 800-22 16 78; Palazzo Spadaro. 0932-839 608. Festa delle Milizie: letzter So im Juni.
W **comune.scicli.rg.it**

Die Stadt, ein UNESCO-Welterbe, liegt am Fluss Modica mit den Tälern Santa Maria la Nova und San Bartolomeo. Sie war ein wichtiger Kontrollposten zwischen Küste und Hochland.

Zunächst war Scicli ein Stützpunkt der Araber, unter den Normannen wurde sie Königsstadt. Nach dem Erdbeben von 1693 wurde sie komplett wiederaufgebaut – barock, versteht sich.

Reist man aus Modica durch das großartige Panoramablicke eröffnende San-Bartolomeo-Tal an, bietet sich als erster Halt San Bartolomeo und dann die neue, nach Aufgabe der alten Bergsiedlung in der Ebene entstandene Stadt Scicli an. Im Zentrum stehen die mehrfach umgebaute, heute klassizistische Kirche **Santa Maria la Nova**, der barock inspirierte **Palazzo Beneventano**, das einstige **Karmeliterinnenkloster** und die angrenzende **Chiesa del Carmine**. Die **Chiesa Madre** an der Piazza Italia ist wegen ihrer Pappmascheefigur, der Madonna dei Milici, und der Via Mormino Penna, einer Barockstraße, sehenswert. Etwas höher liegt die Ruine der alten Kathedrale **San Matteo** zu Füßen einer verfallenen arabischen **Burg**. Die Stadt dient oft als Filmkulisse, etwa für Marco Bellocchios *Il regista di matrimoni* (2006).

Klassizistisch aufgefrischt: Santa Maria la Nova in Scicli

7 Ragusa und Ibla

Sikeler, die von den Griechen ins Inselinnere abgedrängt worden waren, gründeten Ragusa, das alte Hybla Heraia. Die Stadt, seit 2002 ein UNESCO-Welterbe, besteht aus zwei Teilen: dem barocken Ragusa, der nach dem Erdbeben von 1693 auf dem Plateau erbauten Oberstadt, und dem beschaulichen, stimmungsvollen Ibla, das ein Felskamm mit der modernen Stadt verbindet.

Überblick: Ragusa

Das nach dem Erdbeben von 1693 entstandene Ragusa Superiore weist ein regelmäßiges Straßengitter auf achteckigem Grundriss auf. Zielgruppe der Planer waren die »Aufsteiger« des 17. Jahrhunderts: die Angehörigen des landbesitzenden Kleinadels. Anders als dieser zog die alte Feudalaristokratie ihre gewohnte Bleibe in Ibla vor.

Die landschaftliche Schönheit, Sandstrände und Barock- sowie Jugendstil-Architektur machen die ganze Gegend zu einem Freiluft-Spektakel. Die TV-Serie *Il commissario Montalbano* spielt in dieser sonnenverwöhnte Ecke.

Kathedrale (San Giovanni Battista)

Piazza San Giovanni.
tägl. 8–12, 16–19 Uhr.

Die Kathedrale (1706–60) im Zentrum der Oberstadt ist Johannes dem Täufer geweiht. Sie wurde an der Stelle eines »Provisoriums« erbaut, das nach dem Erdbeben 1693 errichtet worden war. Die verzierte Fassade mit dem kunstvollen Portal und dem sich nach oben hin verjüngenden Glockenturm ist ein Musterbeispiel für den Sizilianischen Barock. Der als lateinisches Kreuz ausgelegte Innenraum hat zwei Seitenschiffe und besticht durch filigrane Stuckaturen.

Museo Archeologico Ibleo

Via Natalelli. 0932-62 29 63.
tägl. 9–13.30, 15.30–19.30 Uhr.

Die sechs Abteilungen des Archäologischen Museums stellen die einflussreichen alten Kulturen der Provinz Ragusa vor. Die erste Abteilung zeigt prähistorische Funde aus Modica, Pantalica und der Cava d'Ispica, die zweite erst jüngst in Kamarina ausgegrabene Keramiken, Statuen und Terrakottafigurinen. Kamarina, nahe dem heutigen Vittoria und der Küste am Ufer des Ippari, war eine Tochterkolonie von Siracusa und wichtige Handelspartnerin des antiken Ibla. Die dritte Abteilung des Museums beleuchtet die sikelischen Kulturen, die vierte zeigt hellenistische Relikte, insbesondere aus der Handels- und Raststation Scornavacche, sowie einen rekonstruierten Töpferofen. In der fünften Abteilung wird die Ära der Römer illustriert, die sechste wartet mit Funden aus

Der Duomo von Ibla im Herzen der Altstadt

dem antiken Hafen Caucana auf und zeigt die Entwicklung der Region während der byzantinischen Zeit.

Santa Maria delle Scale

Ihr Name verweist auf die 340 Ibla und Ragusa verbindenden Stufen *(scale)*, an deren oberem Absatz sie aufragt. Sie wurde im 14. Jahrhundert über einem normannischen Kloster

errichtet. Nach dem Erdbeben 1693 wurde sie wiederaufgebaut. Vom Original sind der gotische Torweg sowie die Außenkanzel des Glockenturms, des *campanile*, erhalten.

Überblick: Ibla

Der Hügel von Ibla, Ragusas Unterstadt, ist geschichtsträchtiges Gelände: Wahrscheinlich war der Ort schon im 3. Jahrtausend v. Chr. besiedelt. Das heutige UNESCO-Welterbe lockt mit schönen alten Straßen und architektonischen Sehenswürdigkeiten.

Duomo (San Giorgio)

Von der **Piazza Duomo**, Iblas Zentrum, führt eine Treppe zum Dom hinauf. Er ist dem heiligen Georg, dem Schutzpatron der Stadt, geweiht. Der Dom wurde von 1738 bis 1775 nach den Plänen von Rosario Gagliardi auf den Fundamenten der 1693 eingestürzten Kirche San Nicolò erbaut. Die Fassade strebt machtvoll himmelwärts. Dies wird effektvoll durch drei Säulenetagen und den vertikalen Zug der Monumentaltreppe unterstrichen. Über dem Langhaus beeindruckt eine klassizistische Kuppel, die erst 1820 errichtet wurde. Die Innenausstattung umfasst Gemälde aus verschiedenen Epochen, etwa eine *Unbefleckte Empfängnis* von Vito D'Anna aus dem 18. Jahrhundert, sowie 33 Bleiglasfenster.

Circolo di Conversazione

Wenn man vom Dom den Corso XXV Aprile hinabgeht, sieht man links den Circolo di Conversazione, den Gesellschaftsclub. Mit seinem luxuriösen klassizistischen Interieur versetzt einen dieser Privatclub zurück ins Ibla des 19. Jahrhunderts.

Statue von San Giuseppe

San Giuseppe

Ebenfalls am Corso XXV Aprile, an der Piazza Pola, stößt man auf die Kirche **San Giuseppe**. Weil das barocke Bauwerk dem Dom ähnelt, schreibt man es einem Mitarbeiter Rosario Gagliardis zu. Eine Kuppel überspannt den ovalen Innenraum; Sebastiano Lo Monaco schuf ihr Fresko *Der heilige Benedikt in der himmlischen Herrlichkeit*.

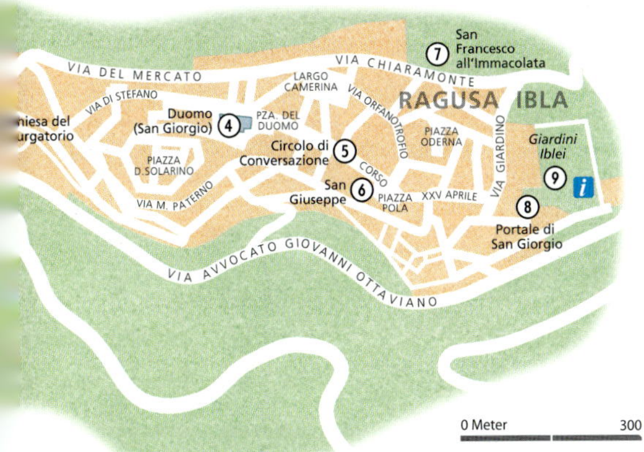

Zeichenerklärung
siehe hintere Umschlagklappe

Zentrum von Ragusa und Ibla

① Kathedrale (San Giovanni Battista)
② Museo Archeologico Ibleo
③ Santa Maria delle Scale
④ Duomo (San Giorgio)
⑤ Circolo di Conversazione
⑥ San Giuseppe
⑦ San Francesco all'Immacolata
⑧ Portale di San Giorgio
⑨ Giardini Iblei

Infobox

Information
Straßenkarte E5. 70 000.
Infotourist. 0932-68 47 80.
comune.ragusa.gov.it

Anfahrt
Comiso. FS Piazza Stazione, 89 20 21. Interbus-Etna Trasporti, 331-687 76 78.

Die mit korinthischen Säulen gestaltete Fassade von San Giuseppe

Von hier aus führt links die Via Orfanotrofio weiter in Richtung der Piazza Chiaramonte und zu der schönen Kirche **San Francesco all'Immacolata**. Ihr gotisches Portal stammt noch vom Vorgängerbau, dem Adelspalast Palazzo Chiaramonte.

Portale di San Giorgio

Die Kirche wurde beim Erdbeben 1693 weitgehend zerstört. Vom alten Bau ist das herrliche spätgotische Portal im katalanischen Stil erhalten. Auf dem Flachrelief seines Tympanons ist zu sehen, wie der heilige Georg den Drachen tötet. Über dem Portal prangen die Wappenadler des Hauses Aragón.

Giardini Iblei

Der reizende öffentliche Park (19. Jh.) wartet mit einer schönen Aussicht und mehreren Kirchen auf, darunter San Giacomo (14. Jh.) und die Chiesa dei Cappuccini. Diese hütet sehenswerte Altarbilder (15. Jh.), auch eines von Pietro Novelli.

Straßenkarte *siehe hintere Umschlaginnenseiten*

Der Dom von Modica, ein Prunkstück des Sizilianischen Barock

❽ Modica

Straßenkarte E5. 52 500.
FS ab Siracusa, 0931-46 44 67.
i Rathaus, Corso Umberto I 141.
☎ 0932-75 96 34.

Das schon in sikelischer Zeit bewohnte Modica (heute UNESCO-Welterbe) tat sich 212 v. Chr. durch einen Aufstand gegen die Römerherrschaft hervor. Dank seiner strategischen Lage war es in Mittelalter und Renaissance eine der wichtigsten Städte Siziliens. Peter I. von Aragón erhob es zur Hauptstadt eines Gebiets, das ungefähr der heutigen Provinz Ragusa entsprach. Später herrschten hier längere Zeit die Familien Chiaramonte und Cabrera.

Modica entstand auf den Felsvorsprüngen, welche sich in einem großen »Y« erheben, das durch den Zusammenfluss von Janni Mauru und Pozzo dei Pruni gebildet wird. Nach einigen verheerenden Überschwemmungen wurden die Flüsse zugeschüttet, woraufhin sich die Stadt auch im Tal ausbreitete. Teils monumentale Treppen verbinden Modica Alta, die Oberstadt, mit Modica Bassa, der Unterstadt. 250 Stufen zählt die im 19. Jahrhundert angelegte Treppe, die von San Giorgio absteigt. Durchgänge und Gassen erinnern daran, dass die ummauerte Stadt von 844 bis 1091 eine bedeutende arabische Bastion namens *Mohac* war.

Skulptur am Corso Umberto I

Duomo (San Giorgio)

Der dem heiligen Georg geweihte Dom lohnt den Aufstieg. Graf Alfonso Henriquez Cabrera ließ ihn über einer Kirche aus dem 13. Jahrhundert erbauen, die einem Erdbeben zum Opfer gefallen war. Die Fassade türmt sich in drei Säulenreihen elegant auf. Sie gilt wegen ihrer Ähnlichkeit mit Kirchen in Noto als Werk Rosario Gagliardis. Innen zeigt ein Flügelaltar von Bernardino Niger (16. Jh.) in zehn Paneelen Szenen des Neuen Testaments.

Herrliche Palazzi aus dem 19. Jahrhundert säumen den **Corso Regina Margherita**, Modica Altas Hauptstraße.

Santa Maria di Betlem

Einem der zugeschütteten Flussarme im Tal folgt die Via Marchesa Tedeschi. Sie führt zur nach 1693 wiederaufgebauten Kirche Santa Maria di Betlem (16. Jh.). Ein Juwel der Spätgotik und Frührenaissance ist die Cappella del Sacramento am Ende des rechten Seitenschiffs. Sie wurde im Auftrag der Familie Cabrera errichtet, die eine Zeit lang die Geschicke von Modica bestimmte.

Corso Umberto I

An Modicas Hauptstraße verdienen zahlreiche Bauten Beachtung, so das **Monastero delle Benedettine** (früher Benediktinerinnenkonvent, heute Gerichtshof), das **Teatro Garibaldi** (19. Jh.), der **Palazzo Tedeschi**, die Kirche **Santa Maria del Soccorso** und der **Palazzo Manenti** mit seinen grotesken Figuren an den Kragsteinen.

San Pietro

Apostelstatuen flankieren die barocke **Monumentaltreppe**, die am Corso Umberto I zu **San Pietro** führt. Die Kirche ersetzte nach 1693 einen Vorgängerbau (14. Jh). In der zweiten Kapelle im rechten Seitenschiff steht die *Madonna dell'Ausilio*, eine Skulptur der Gagini-Schule. Rechts neben San Pietro befindet sich die Höhlenkirche **San Nicolò Inferiore** (12. Jh.) mit byzantinischen Wandbildern.

San Pietro steht am oberen Ende einer barocken Monumentaltreppe

Museo Civico Belgiorno

Corso Umberto I 149. ☎ 0932-75 96 42. Sommer: Di–So 10–13, 17–20 Uhr; Winter: Di–So 10–13, 15.30–19.30 Uhr.

In dem Museum sind Fossilien und Majolikafliesen zusammen mit griechischer und römischer Keramik sowie Funden aus den Gräbern von Modica zu sehen, darunter auch aus der Cava d'Ispica. Beachtenswertes Highlight ist eine Bronzestatuette des Herkules in griechischem Stil, die auf das 3. Jahrhundert v. Chr. zurückgeht.

Griechische Mauerreste am Capo Soprano

❾ Vittoria

Straßenkarte D5. 54 300.
Pro Loco 0932-99 29 53.

Die landwirtschaftlich geprägte, 1603 von Vittoria Colonna gegründete Stadt liegt in der Ebene zwischen den Flüssen Ippari und Dirillo. An der Piazza del Popolo geben sich das **Teatro Comunale** (1877) und die nach 1693 wiederaufgebaute Barockkirche **Santa Maria delle Grazie** ein Stelldichein.

❿ Gela

Straßenkarte D4. 72 000. FS ab Siracusa, 89 20 21. AAST 0931-46 27 11. **Festungsanlagen Capo Soprano** 0933-91 26 26. tägl. 9 Uhr bis 1 Std. vor Sonnenuntergang. **Museo Archeologico Comunale** 0933-91 26 26. 9–18 Uhr. Mo; Winter: So u. Feiertage. Kombiticket mit Ausgrabungen. **Ausgrabungen an der Akropolis** tägl. 9 Uhr bis 1 Std. vor Sonnenuntergang.

Nach dem Geschichtsschreiber Thukydides entstand Gela 688 v. Chr., also 45 Jahre später als Siracusa. Gelas Einwohner gründeten im 6. Jahrhundert v. Chr. wiederum Agrigento. Die über zwei Hänge – das heutige Areal der **Akropolis** und die Landspitze **Capo Soprano** – verteilte Stadt blühte unter Friedrich II. Heute trüben hässliche Bauten das Bild. Das mindert nicht den Reiz der archäologischen Stätten: Die unter Timoleon erbaute Wehrmauer am Capo Soprano sowie der heilige Bezirk und der Athene-Tempel auf der **Akropolis** stimmen auf das **Archäologische Museum** ein.

⓫ Chiaramonte Gulfi

Straßenkarte E4. 8000.
comune.chiaramonte-gulfi.gov.it

Manfredi Chiaramonte, Graf von Modica, gründete die Stadt an den Hängen eines Hügels. Im Zentrum stehen die **Chiesa del Salvatore** und die Kirche **Matrice Santa Maria la Nova**, am Ortsrand das Heiligtum der **Madonna delle Grazie**.

⓬ Vizzini

Straßenkarte E4. 7000. Rathaus. 0933-96 82 11.

Der Reiz Vizzinis liegt in den Gassen der Altstadt, die ihre ursprüngliche Anlage beibehalten hat, was angesichts Siziliens moderner Urbanisierung zunehmend seltener wird. Im Ort gibt es einige schöne Kirchen und Palazzi. Architektonisch besonders gelungen ist die **Chiesa Madre di San Gregorio**. Ihr gotisches Portal wurde vom zerstörten Palazzo di Città übernommen.

⓭ Palazzolo Acreide

Straßenkarte E4. 9000. Rathaus. 0931-87 12 60.

Die von Siracusa als Akrai gegründete Stadt (UNESCO-Welterbe) besitzt sehenswerte Barockbauten, etwa die **Chiesa Madre di San Nicolò**, den **Palazzo Zocco** und die **Chiesa dell'Annunziata** (18. Jh.). Am meisten fasziniert jedoch der herrliche Blick auf die beschauliche Ebene mit den **Ruinen von Akrai**.

Barocker Balkon im Zentrum von Palazzolo Acreide

Ausgrabungen in Akrai

2 km vom Zentrum. 0931-87 66 02. tägl. 9 Uhr bis 1 Std. vor Sonnenuntergang (Nov – Apr: 9 –13, 15.30 –17 Uhr).

Die Gegend war bereits vor der Gründung von Akrai besiedelt. Neben einigen freigelegten Straßen sieht man die Reste eines sehr gut erhaltenen **Theaters**, bei der **Akropolis** eine **Agora**, zwei **Latomien** *(siehe S. 140f)* und die Ruine eines **Aphrodite-Tempels**. Etwas entfernt im Tal Valletta liegen die **Santoni**, zwölf Felsskulpturen der Göttin Kybele.

Das Theater der im frühen 7. Jahrhundert v. Chr. gegründeten Siedlung bei Palazzolo Acreide

⓮ Caltagirone

Wo die Monti Erei und die Monti Iblei aufeinandertreffen, liegt die »Burg der Vasen«, so eine Übersetzung von *Kalat at Giarin*, dem arabischen Namen der Stadt. In der Tat durchzieht eine Konstante Caltagirones Geschichte: die Töpferei. In der Umgebung wurden prähistorische Tonwaren gefunden. Im Mittelalter waren Caltagirones Töpfer berühmt. Heute zählt die Stadt zum UNESCO-Welterbe.

Im 20. Jahrhundert aufgefrischt: San Giuliano

Überblick: Caltagirone
Es ist ein Vergnügen, die Straßen, Plätze und Handwerkerateliers von Caltagirone zu Fuß zu erkunden und duch die teils engen Gassen zu bummeln. Bedenken Sie allerdings den beträchtlichen Höhenunterschied zwischen der Unter- und der Oberstadt mit der Kirche Santa Maria del Monte.

Piazza Municipio
Im Zentrum der Keramikstadt, der Piazza Municipio (früher Piano della Loggia), treffen die Hauptstraßen aufeinander. Am Platz stehen das **Rathaus** und der aus dem 15. Jahrhundert stammende **Palazzo Senatorio**, früher das Stadttheater und heute die Galleria Sturzo.

Duomo di San Giuliano
Die herrliche Kathedrale an der Piazza Umberto I blickt auf eine lange Geschichte zurück. Sie wurde möglicherweise noch zu normannischen Zeiten, sicher aber im Mittelalter errichtet, später barock. Zuletzt wurde sie im 20. Jahrhundert umgebaut, die Fassade 1909, der Glockenturm erst 1954. Sie hütet ein Holzkreuz aus dem 16. Jahrhundert. In Richtung **Ponte San Francesco** führt die Via Roma zu einem schönen Platz mit der Kirche **Sant'Agata** und dem einstigen Gefängnis der Bourbonen.

Ansicht des Ponte San Francesco

Museo Civico
Via Roma. ☎ 0933-315 90. 🕒 Di, Fr–So 16–19 Uhr.
Das Stadtmuseum dokumentiert im ehemaligen Bourbonen-Gefängnis (17. Jh.) Vorgeschichte sowie Griechen- und Römerzeit. Auch stellt es Skulpturen und Keramiken vom 16. Jahrhundert bis heute vor.

San Francesco d'Assisi
Die Kirche des heiligen Franz von Assisi erreicht man über den farbenfroh gefliesten Ponte San Francesco. Sie wurde schon im 12. Jahrhundert errichtet, erstand aber nach dem Erdbeben von 1693 in barockem Kleid neu.

Giardino Pubblico
Die Via Roma führt zu diesem Mitte des 19. Jahrhunderts von Giovanni Battista Basile hübsch gestalteten städtischen Park. Seine Balustrade und der Musikpavillon sind mit Keramikfliesen verkleidet.

Museo Regionale della Ceramica
Viale Giardini Pubblici. ☎ 0933-584 18. 🕒 tägl. 9–18.30 Uhr.
Vom Belvedere del Teatrino im Giardino della Villa ist es nicht weit zum Keramikmuseum. Die Ausstellung umfasst bronzezeitliche Gefäße, griechische und römische Krater (Mischkrüge) und Figurinen, arabische Vasen und sizilianische Arbeiten aus dem Mittelalter, neuere Apothekergefäße und Vasen mit sakralen Motiven.

Scala Santa Maria del Monte
Es lohnt sich, die 142 Stufen dieser mit Majolikafliesen verzierten Monumentaltreppe im Stadtzentrum langsam und ge-

Majolikafliesen zieren die Stufen der Scala Santa Maria del Monte

nussvoll emporzusteigen. Die Prachttreppe wurde im Jahr 1606 als Verbindung zwischen den Sitzen der religiösen und der weltlichen Macht – der Kathedrale und dem **Palazzo Senatorio** – angelegt und bewältigt einen Höhenunterschied von etwa 45 Metern. Am 24. und 25. Juli, zum Fest von San Giacomo *(siehe S. 43)*, erstrahlt die Treppe abends im Schein von Tausenden effektvoll arrangierten Lichtern.

Infobox

Information
Straßenkarte D4. 37 500. STR, Volta Libertini 4. 09 33-538 09. Festa di San Giacomo (24., 25. Juli).

Anfahrt
FS ab Catania, Gela, 89 20 21.

Santa Maria del Monte

Am oberen Treppenabsatz steht die ehemalige Kathedrale von Caltagirone (Mitte 16. Jh.). Beim Wiederaufbau nach dem Erdbeben von 1693 fügte man den von Natale Bonaiuto entworfenen Glockenturm an.

Auf dem einst massiv befestigten Gipfel des Hügels stehen das **Kloster Sant'Agostino** und die Kirche **San Nicola**, zwei Bauten aus dem 18. Jahrhundert.

Zentrum von Caltagirone

1. Piazza Municipio
2. Duomo di San Giuliano
3. Museo Civico
4. San Francesco d'Assisi
5. Giardino Pubblico
6. Museo Regionale della Ceramica
7. Scala Santa Maria del Monte
8. Santa Maria del Monte (ehemals Chiesa Matrice)

Zeichenerklärung
siehe hintere Umschlagklappe

Straßenkarte *siehe hintere Umschlaginnenseiten*

Die Sant'Alfio geweihte Kathedrale von Lentini an der Piazza Duomo

⓯ Lentini

Straßenkarte E4. 24 000. ab Catania, Siracusa und Messina, 095-53 27 19. APT Siracusa. 0931-48 12 00 oder 0931-46 42 55; Pro Loco Lentini, Piazza Umberto 2. 095-90 14 33. **Museo Archeologico** Via del Museo 1. 095-783 29 62. wg. Renovierung (aktuelle Infos bitte tel. erfragen). **Grabungen bei Leontinoi** tägl. 9 Uhr bis 1 Std. vor Sonnenuntergang. Scesa e Cruci (Karfreitag); Orangenblütenfest (1. Woche im Mai).

Lentini, das alte sikelische Xuthia, wurde im Jahr 729 v. Chr. von Chalkidiern erobert. Mit Unterstützung Athens kämpfte es gegen das benachbarte Siracusa. Es wurde geschlagen, dann von den Römern besetzt und durchlebte eine Phase des Niedergangs. Im Mittelalter stieg es zu einem wichtigen Zentrum der Landwirtschaft auf. Das örtliche Museum zeigt historische Funde, vor allem aus der sikelischen und griechischen Ära. Am Ortsrand, beim Colle Castellaccio, liegt das Ausgrabungsfeld des antiken Leontinoi, das man durch das alte Stadttor Porta Siracusana erreicht. Dort wurden Grabstätten und Reste von Ummauerungen, die von Lentinis kämpferischer Vergangenheit zeugen, freigelegt.

⓰ Megara Hyblaea

Straßenkarte F4. Augusta-Bahnhof. 0931-51 23 64. tägl. 9–18 Uhr (im Winter bis 15 Uhr).

Siedler aus Megara gründeten hier 728 v. Chr. eine der ersten griechischen Kolonien auf Sizilien. Der Sage nach waren die Gründer aus Kreta geflohene Gefolgsleute des sagenhaften Daidalos, der mithilfe selbst gefertigter Flügel hierherkam. Wie dem auch sei: Schon bald befand sich Megara Hyblaea im Krieg mit Siracusa und Leontinoi. Nach einem Jahrhundert gründete es seinerseits Selinunte im Westen Siziliens *(siehe S. 108f)*.

Die Ausgrabungen erfolgten unter Aufsicht des namhaften Archäologen Paolo Orsi und der École Française in Rom. Leider passt die heutige Kulisse von Augustas Ölraffinerien ganz und gar nicht zur schönen Atmosphäre der antiken Stätte. Zu sehen sind Relikte der hellenistischen Stadtmauer, des Viertels um die Agora sowie die Reste einiger Tempel, Bäder und Kolonnaden. Informationstafeln erleichtern die Orientierung.

Fund aus Megara Hyblaea (Museo Archeologico, Siracusa)

Mauerreste des antiken, im 8. Jahrhundert v. Chr. gegründeten Megara Hyblaea

Hotels und Restaurants in Südsizilien *siehe Seiten 204 und 214–216*

Augustas altes Stadttor, die Porta Spagnola (1681)

17 Augusta

Straßenkarte F4. 34 000.
FS ab Catania, Siracusa und Messina, 0931-89 20 21. Rathaus Augusta. 0931-98 01 11.

Das teilweise auf einer Insel gelegene Augusta entstand unter Friedrich II. als von einer Burg bewehrter Hafen. Unter den Aragoniern musste die Stadt osmanische und nordafrikanische Piraten abwehren, 1693 fiel sie dem Erdbeben zum Opfer.

Anfang des 20. Jahrhunderts begann sie sich auszudehnen und zum Umschlaghafen der Petrochemie zu entwickeln, was das Landschaftsbild drastisch verändert hat. In die Altstadt führt die 1681 unter Vizekönig Benavides erbaute **Porta Spagnola**. Neben Resten der Stadtmauer lohnen die **Chiesa delle Anime Sante**, die **Chiesa Madre** (1769) und das **Museo delle Armi** eine Besichtigung.

18 Pantalica

Straßenkarte E4 (19 km ab Ferla, 45 km ab Siracusa). Sa, So 7–19 Uhr (Reservierung).

Gräber, Wohnhöhlen und Tempel zieren die Steilwände der Kalksteinschluchten am Zusammenfluss von Bottiglieria und Anapo. Pantalica war die Hauptstadt des Königreichs Hybla, das in seiner Blütezeit Siracusa als Hafen nutzte. Im 8. Jahrhundert v. Chr., als ihre Küstenkolonien gesichert waren, eroberten Griechen die Stadt. Erneute Bedeutung errang Pantalica im frühen Mittelalter, als seine Einwohner in den schwer zugänglichen Schluchten Zuflucht vor den Arabern und ständigen Kriegen suchten. Aus jener Zeit stammen die Einsiedeleien und Wohnhöhlen, ebenso die Ruinen des »byzantinischen Dorfs« und eine Felsenkirche.

Blick auf die tiefen Schluchten der Nekropole von Pantalica

Wanderung durch Pantalica

Wegen ihrer steilen Schluchten lässt sich die weitläufige archäologische Stätte – Siziliens größte Nekropole und seit 2005 UNESCO-Welterbe – nur zu Fuß erkunden. Etwa neun Kilometer von Ferla liegt die Filiporto-Nekropole mit über 1000 in den Fels getriebenen Grabgrotten. Als Nächstes erreicht man die Nördliche Nekropole. Die letzte Parkmöglichkeit bietet sich nahe dem *Anaktoron*, dem Palast des Königs von Hybla aus dem 12. Jahrhundert v. Chr. Wo die Straße nach einem weiteren Kilometer endet, führt ein Pfad zum Fluss Bottiglieria hinab. Dort durchlöchern künstliche Höhlen die schroffen Felswände. Ein anderer Weg führt zum »byzantinischen Dorf«, der in den Fels gearbeiteten Kirche San Micidiario und den übrigen Nekropolen. Weniger empfehlenswert ist der Weg von Sortino am Nordhang nach Pantalica – er ist extrem lang.

Nördliche Nekropole von Pantalica

Nordost-Sizilien

Heftige Eruptionen des Ätna haben die Küstenregion des Ionischen Meers schon oft erschüttert. Bei einem der verheerendsten Ausbrüche 1669 floss die Lava bis Catania und ins Meer. Die Lavaströme haben die einzigartige Landschaft des Ätna geformt. Putten und Girlanden aus schwarzem Lavagestein zieren zahlreiche Kirchen und Profanbauten in Catania und Umgebung, viele Gebäude sind ebenfalls daraus erbaut.

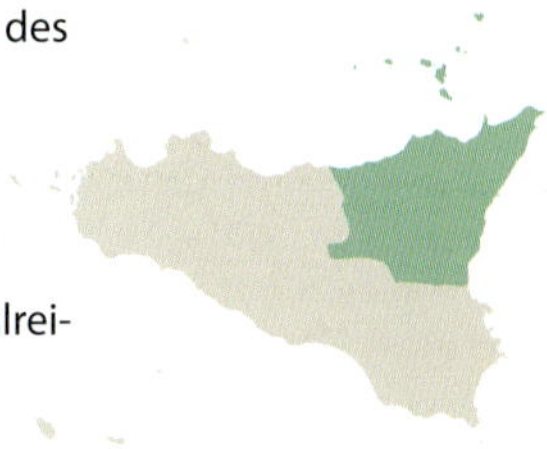

735 v.Chr. landeten zum ersten Mal griechische Siedler an diesem Küstenstreifen. Sie gründeten Naxos, die erste einer Reihe mächtiger griechischer Kolonien auf Sizilien. Damit begann eine Zeit der wirtschaftlichen und kulturellen Blüte. Leider haben Vulkanausbrüche und Erdbeben in diesem Inselteil fast alle Spuren der großartigen griechischen Städte getilgt.

Eine Ausnahme bildet das von den Römern umgebaute Theater von Taormina. Herrliche Aussichten, architektonische Perlen und milde Witterung haben diese Küste zum beliebten Urlaubsziel gemacht. Die ersten Besucher waren im 18. Jahrhundert Bildungsreisende, unter ihnen Goethe. Im Sommer ist die Ionische Küste mit ihren schönen Stränden ziemlich überlaufen. Sie hat aber auch im Winter ihren Reiz, wenn Schnee auf dem Ätna liegt und die Obstbäume voller Zitrusfrüchte sind. Besonders verlockend ist die Region im Frühling, wenn bei angenehmen Temperaturen die Luft nach Orangenblüten duftet und in den Gärten die Blumen blühen.

Ein weiteres attraktives Reiseziel Nordost-Siziliens sind die vulkanischen Isole Eolie (Äolische oder Liparische Inseln), wo sich schon sehr früh ein großes Umweltbewusstsein der Bewohner entwickelte.

Catanias alter Hafen mit Blick auf die Kirchenkuppeln der Stadt

◀ **Der schneebedeckte Ätna, vom Griechischen Theater in Taormina aus betrachtet** ***(siehe S. 174f und 180f)***

Überblick: Nordost-Sizilien

Wegen der überwältigenden Panoramablicke gilt Taormina als Juwel der Ionischen Küste. Doch Siziliens Nordosten hat noch mehr Reize zu bieten, etwa die Fischerdörfer Aci Trezza und Aci Castello sowie Catanias barocke Bausubstanz – und natürlich den Ätna. Man kann zum Rand seiner Ehrfurcht gebietenden Krater wandern, mit dem Jeep hinauffahren oder mit der Ferrovia Circumetnea die Dörfer an seinen schwarzen Lavahängen abklappern. Wen vor allem das Meer lockt, der ist auf den Isole Eolie, den Äolischen oder Liparischen Inseln, bestens aufgehoben.

Die Schlucht des Flusses Alcantara nahe Taormina

Sehenswürdigkeiten auf einen Blick

1. *Catania S. 166–169*
2. Motta Sant'Anastasia
3. Paternò
4. Centuripe
5. Regalbuto
6. Agira
7. Adrano
8. Mascalucia
9. Aci Castello
10. Aci Trezza
11. Acireale
12. Zafferana Etnea
13. *Ätna S. 174–177*
14. Bronte
15. Randazzo
16. Linguaglossa
17. Giarre
18. *Taormina S. 180–184*
19. Giardini-Naxos
20. Castiglione di Sicilia
21. *Messina S. 186–189*
22. Tindari
23. Patti
24. Capo d'Orlando
25. Milazzo

Inseln

26. *Äolische (Liparische) Inseln S. 192–195*

Legende

- Autobahn
- Schnellstraße
- Hauptstraße
- Nebenstraße
- Eisenbahn (Hauptstrecke)
- Eisenbahn (Nebenstrecke)
- △ Gipfel

Das Kloster Santa Lucia in Adrano nahe dem Ätna

Weitere Zeichenerklärungen *siehe hintere Umschlagklappe*

In Nordost-Sizilien unterwegs

Fähren pendeln recht häufig zwischen Reggio di Calabria auf dem italienischen Festland und Messina auf Sizilien, man muss selten länger als eine halbe Stunde warten. Die wichtigste Verkehrsader Nordost-Siziliens ist die mautpflichtige Autobahn *(autostrada)* A18 zwischen Messina und Catania. Die Straßen sind entlang dem Ionischen Meer gut in Schuss und beschildert, im Hinterland, im Umkreis des Ätna und in den Tälern der Monti Peloritani sehr kurvenreich. Im Winter können Eis und Schnee das Autofahren behindern. Trenitalia-Züge verkehren entlang der Ionischen Küste, Züge der Ferrovia Circumetnea verbinden Catania mit Giarre und umrunden den Ätna. Busse fahren die Küste ab und von den größeren Orten ins Inland.

Skulptur des Schäfers Akis und der Nymphe Galateia

❶ Catania

Die zweitgrößte Stadt Siziliens ist seit 2002 UNESCO-Welterbe und liegt am Osthang des Ätna. Ihre enge Beziehung zum Vulkan offenbart sich in ihren Bauten, die meist aus Lavagestein bestehen. Laut dem Geschichtsschreiber Thukydides gründeten Griechen aus Chalkis 729 v. Chr. die Stadt. Im Lauf der Zeit setzten ihr Lava und Erdbeben mehrfach schwer zu, 1693 mit vernichtenden Folgen. Der Wiederaufbau im barocken Stil im 18. Jahrhundert erfolgte unter dem Aspekt des Schutzes vor Erdbeben. Ihm verdankt Catania die heutige Grundstruktur: breite, gerade Straßenzüge und weite, unregelmäßige Plätze.

Zentrum von Catania

1. Palazzo Biscari
2. Piazza Duomo
3. Kathedrale
4. Badia di Sant'Agata
5. Museo Civico Belliniano
6. Teatro Bellini
7. Pescheria
8. Via Crociferi
9. Römisches Theater
10. Castello Ursino
11. Casa Museo Giovanni Verga
12. San Nicolò all'Arena
13. Via Etnea

① Palazzo Biscari

Via Museo Biscari, Via Dusmet.
095-715 25 08 oder 095-32 18 18.
nach Vereinbarung.
palazzobiscari.com

Fürst Paternò Castello ließ Catanias größten privaten Palazzo im 18. Jahrhundert auf einer Böschung der Stadtmauer (16. Jh.) errichten. Fast ein Jahrhundert wurde unter der Leitung führender Architekten daran gebaut. Die reizvollste Seite des Gebäudes blickt zur Via Dusmet. Antonino Amato skulptierte Putten, Telamonen und Girlanden der Terrasse. Der Palazzo wird teils privat, teils von der Stadtverwaltung genutzt.

② Piazza Duomo

Catanias Herz schlägt an der Kreuzung von Via Etnea und Via Vittorio Emanuele. Barockbauten umschmeicheln den Platz, darunter der **Palazzo del Municipio** (Rathaus), das einstige **Chierici-Seminar**, die **Kathedrale** und die **Porta Uzeda**, das 1696 als Verbindung der Via Etnea mit dem Hafenviertel errichtete Stadttor. Giovanni Battista Vaccarini fertigte 1736 die Skulpturen der **Fontana dell'Elefante** in der Mitte des Platzes. Im Brunnenbecken steht ein Elefant aus Lavagestein, der auf dem Rücken einen Obelisken mit einer Weltkugel auf der Spitze balanciert. Der Dickhäuter aus spätrömischer Zeit ist das Wahrzeichen Catanias.

Hotels und Restaurants in Nordost-Sizilien *siehe Seiten 204f und 216f*

Infobox

Information
Straßenkarte E3. 300 000.
Rathaus, Piazza Duomo.
800-84 10 42; Vecchia Dogana (Porto di Catania, Via Dusmet). Mo–Sa, Piazza Carlo Alberto. Festa di Sant'Agata (Feb); Catania Musica Estate (Juli–Sep); Internat. Jazz-Festival (Aug, Sep); Symphoniekonzerte, Kammermusik (Okt).
turismo.provincia.ct.it

Anfahrt
Aeroporto V. Bellini 095-34 05 05. Piazza Giovanni XXIII, 89 20 21. AST, Via Luigi Shirzo 230–232, 095-723 05 35/11.

Zeichenerklärung
siehe hintere Umschlagklappe

Eingang zum bezaubernden Palazzo Biscari (18. Jh.)

Kathedrale

Piazza Duomo. 095-32 00 44. tägl. 8–13, 15–18 Uhr. 8, 10, 11.30, 18 Uhr.

Die Kathedrale ist Catanias Schutzpatronin Sant'Agata geweiht. Vom normannischen Original sind noch drei Apsiden und das Querhaus erhalten. Die zweigeschossige Säulenfassade – wie die linke Außenseite ein Entwurf von G. B. Vaccarini – ist Barock pur. Im Innenraum beeindrucken das Kuppelgewölbe, das hohe Querhaus und die drei säulenverzierten Apsiden. Am zweiten rechten Pilaster ist das **Grab von Vincenzo Bellini**, am ersten linken ein Weihwasserbecken (15. Jh.) zu sehen. Im Querhaus führt eine Tür zur normannischen Cappella della Madonna mit den Grablegen aragonischer Herrscher.

Badia di Sant'Agata

Via Vittorio Emanuele II. tägl. 7.30–12 Uhr.

Die 1735–67 nach Plänen von G. B. Vaccarini erbaute Abtei ist eines von Catanias barocken Glanzlichtern. Die Fassade des Baus wölbt sich unten nach vorn und oben nach innen. Der achteckige Innenraum schwelgt im Rokoko-Stil.

Museo Civico Belliniano

Piazza San Francesco 9. 095-715 05 35. Mo–Sa 9–19 Uhr, So 9–13 Uhr. 1. Jan, 1. Mai, 25. Dez.

Im Geburtshaus des Komponisten Vincenzo Bellini *(siehe S. 39)* präsentiert das Museum persönliche Andenken, handgeschriebene Partituren, Musikinstrumente und Modelle von Szenenbildern aus einigen Bellini-Opern.

Fassadendetail des Teatro Bellini

Teatro Bellini

Via Perrotta 12. 095-730 61 11. Di–Sa 9–12 Uhr.

Das nach dem in Catania geborenen Vincenzo Bellini benannte Theater wurde am 31. Mai 1890 mit dessen Oper »Norma« eröffnet und bietet auch heute erstklassige Aufführungen.

Barocke Fassade der Sant'Agata geweihten Kathedrale

Straßenkarte *siehe hintere Umschlaginnenseiten*

Catanias lebhafter Mercato della Pescheria (Fischmarkt)

Pescheria

Der unterirdische Fluss Amenano (er bildet im Römischen Theater einen Teich) speist die **Fontana dell'Amenano** am Anfang der Via Garibaldi. Der 1867 erbaute Brunnen ist der Mittelpunkt des quirligen **Mercato della Pescheria**: Die Straßen und kleinen Plätze um ihn herum sind morgens Schauplatz des Fischmarkts, dessen Gerüche und Atmosphäre an nordafrikanisches Basartreiben denken lassen. Das mächtige Stadttor am Ende der Via Garibaldi, die **Porta Garibaldi**, wurde 1768 anlässlich der Hochzeit Ferdinands IV. von Sizilien errichtet, Baumaterialien waren Kalkstein und Lava.

Via Crociferi

Die von prächtigen barocken Palazzi und Kirchen gesäumte Straße beginnt bei der **Piazza San Francesco**. Am Platz selbst hütet die Barockkirche **San Francesco d'Assisi** die *candelore*, geschnitzte und vergoldete Holzgebilde, die Catanias Handwerkszünfte symbolisieren. Beim Fest der Stadtpatronin Sant'Agata im Februar werden die *candelore* in einer eindrucksvollen Prozession durch die Stadt getragen.

Vor der Kirche verbindet der **Arco di San Benedetto** die Große und Kleine Abtei: die von Francesco Battaglia entworfene **Badia Grande** und die Giovanni Battista Vaccarini zugeschriebene **Badia Piccola**. Links schmücken Szenen aus dem Leben des heiligen Benedikt das Holzportal der Kirche **San Benedetto**. Ebenfalls links ragen am Ende einer zweiläufigen Treppe die Kirche **San Francesco Borgia** und daneben das frühere **Jesuitenkolleg** auf. Mit der Kirche **San Giuliano** gegenüber gelang Vaccarini ein bemerkenswertes barockes Meisterwerk.

Römisches Theater

Via Vittorio Emanuele II 226.
095-715 05 08. tägl. 9–19 Uhr.

Das am Südhang der Akropolis aus Kalkstein und Lava errichtete Theater hatte etwa 7000 Sitzplätze. Das Theater wurde wohl ursprünglich von Griechen angelegt, die erhaltenen Teile sind jedoch römisch. Der Bau erlitt im 11. Jahrhundert schwere Schäden, als Roger I. die Marmorverkleidung und die Kalksteinblöcke für den Bau der Kathedrale abtragen ließ. Gut zu erkennen sind noch die *cavea* (Tribüne), der Rand der *orchestra* (Spielfläche) und ein Teil des Bühnenhauses.

In der Nähe der obersten Sitzreihe befindet sich der Eingang zum kleinen **Odeion**. In dem halbrunden Bau aus Lava mit 1500 Sitzplätzen fanden vor allem rhetorische und musikalische Wettbewerbe statt.

Castello Ursino

Piazza Federico di Svevia. 095-34 58 30. Mo–Sa 9–19, So 9–13.30 Uhr.

Die Burg, eines der wenigen mittelalterlichen Zeugnisse Catanias, wurde 1239–50 von Riccardo da Lentini für Friedrich II. errichtet. Als Baustein eines Verteidigungs systems, dem die Festungen von Motta,

Catanias Römisches Theater ist ringsum von Gebäuden umgeben

Castello Ursino, eines von Catanias wenigen mittelalterlichen Bauwerken

Anastasia, Paternò und Adrano angehörten, überwachte sie auf einem Kap das Meer.

Vier Türme akzentuieren das Viereck des Mitte des 16. Jahrhunderts restaurierten Baus. An der Ostfront sieht man über einem großen Fenster ein Pentagramm, das schon in der Antike weithin gebräuchliche magische Fünfwinkelzeichen. In einer Fassadennische symbolisiert ein Adler mit einem Lamm in den Klauen die kaiserliche Macht der Staufer. Im Innenhof der Burg, wo die aragonischen Könige einst Recht sprachen, sind Sarkophage, Säulen und andere Fundstücke ausgestellt.

In den oberen Räumen zeigt die Kunstgalerie des **Museo Civico** Schätze wie *Das Jüngste Gericht* von Fra Angelico, *Das Letzte Abendmahl* des spanischen Malers Luis de Morales, *Johannes der Täufer* von Pietro Novelli *(siehe S. 27)* sowie Antonello Salibas *Maria mit dem Kind* und ein in seine Einzelteile zerlegtes Polyptychon aus der Kirche Santa Maria del Gesù.

Casa Museo Giovanni Verga

Via Sant'Anna 8. 095-715 05 98.
Mo–Sa 9–13, 14–19 Uhr.

Im zweiten Stock eines Hauses aus dem 19. Jahrhundert befindet sich die Wohnung, in der der sizilianische Schriftsteller Giovanni Verga jahrelang lebte und 1922 verstarb. Das zeitgenössisch möblierte Haus zeigt persönliche Gegenstände und in der Nähe des Eingangs Kopien von in der Biblioteca Universitaria Regionale di Catania aufbewahrten Manuskripten.

Vergas 2500 Bände starke Privatbibliothek umfasst Werke des italienischen Futuristen Marinetti ebenso wie Romane von Dostojewski. Das Schlafzimmer ist relativ schlicht eingerichtet: Sein Mobiliar besteht aus Bett, Frisierkommode, Kleiderschrank und von seinem Enkel Michele Grita gemalten Porträts des Autors.

Sie sollte Siziliens größte Kirche werden: San Nicolò

San Nicolò all'Arena

Piazza Dante. 095-715 99 12.
tägl. 9–13 Uhr.

San Nicolò steht auf dem Gelände eines 1669 durch Lava zerstörten Benediktinerklosters. Die Kirche wurde beim Erdbeben von 1693 zerstört und im 18. Jahrhundert neu aufgebaut. Mächtige Pfeiler trennen die beiden Seitenschiffe vom Hauptschiff. Die Sonnenuhr des Querhauses, eine der größten Europas, wurde Mitte des 19. Jahrhunderts von Wolfgang Sartorius Freiherr von Waltershausen angefertigt und 1996 restauriert. Auf 24 inkrustierten Marmorplatten sind die Tierkreiszeichen, die Tage des Jahres und die Jahreszeiten dargestellt. Wenn mittags durch die Deckenöffnung das Sonnenlicht einfällt, kann man Tag und Monat ablesen.

Via Etnea

Catanias teils für den Autoverkehr gesperrte Hauptstraße verbindet die wichtigsten Teile der Stadt und weist die elegantesten Cafés und Läden auf. Auf mittlerer Höhe liegt die **Piazza Stesicoro** mit dem Römischen Amphitheater (2. Jh. n. Chr.), etwas abseits die große **Piazza Carlo Alberto**, wo von Montag bis Samstag der große zentrale Markt stattfindet. Auf der Piazza Università vor dem **Palazzo dell Università** stehen vier schöne Laternen mit Themenreliefs. An der Via Etnea sollte man die Kapelle **Collegiata** nicht übersehen: Säulen und Statuen schmücken die konkave, von Stefano Ittar gestaltete Fassade (18. Jh.). Die **Villa Bellini** nahe dem Ende der Via Etnea ist kein Gebäude, sondern ein subtropisch bepflanzter Park, in dem Büsten berühmter Sizilianer stehen.

An der Via Etnea stehen prunkvolle Palazzi wie der Palazzo dell Università

Motta Sant'Anastasia im Schatten des Ätna

❷ Motta Sant'Anastasia

Straßenkarte E3. 7600. Ferrovia Circumetnea, 095-54 12 50. Pro Loco, Piazza Umberto 42. 095-30 81 61.

Der trutzige Turm einer **normannischen Burg** aus dem 12. Jahrhundert überragt dieses Dorf. Beide wiederum überragt der Ätna, der im Winter eine lichte Schneekapuze trägt, im Frühling und Sommer ein dunkleres Gewand. Ebenfalls aus normannischer Zeit stammt die **Chiesa Madre** nahe der Burg. Das Dorf liegt an einer wichtigen Durchgangsstraße im Einzugsgebiet von Catania. Das Leben spielt sich unterhalb des alten Ortskerns ab, bei den *pasticcerie* (Konditoreien) und Barockkirchen.

❸ Paternò

Straßenkarte E3. 46 000. Ferrovia Circumetnea, 095-54 12 50. 095-797 04 20. Karneval.

Die Stadt schmiegt sich inmitten von Zitrusbaumhainen an den Fuß einer Burg, die Blicke auf den Ätna und das Simeto-Tal freigibt. Die Festung wurde 1073 unter Roger I. errichtet, im 14. Jahrhundert neu aufgebaut und Anfang des 20. Jahrhunderts zweimal restauriert. Am Weg zur Burg, an der Via Matrice, steht die Santa Maria dell'Alto geweihte **Chiesa Madre**. Die normannische Kirche wurde 1342 umgestaltet.

❹ Centuripe

Straßenkarte E3. 6600. ab Catania oder Enna, Romano, 0935-731 14. 0935-747 55 o. 380-790 43 93. Mo.

Centuripe wurde wegen seiner weiten Ausblicke »Siziliens Balkon« genannt. Im Februar und März ist es besonders reizvoll. Dann trägt der Ätna noch seine Schneekappe, während bereits Orangen- und Mandelbäume blühen. Die unter den Griechen und Römern bedeu-

Von Paternòs normannischer Burg (12. Jh.) hat man einen Panoramablick auf das Simeto-Tal und auf den Ätna

Ferrovia Circumetnea

Die reizenden Waggons der privaten Ferrovia Circumetnea umkreisen die Hänge des Ätna auf ihrer Schmalspur, mal fahren sie durch üppig begrünte, dann wieder durch kahle schwarze Lavalandschaft. Man kommt auf der bezaubernden Strecke nur gemächlich voran, ganz wie in den Kindertagen des Tourismus: Die 114 Kilometer lange Fahrt von Catania zum Endbahnhof Giarre Riposto dauert drei Stunden, 30 Minuten werden für die Rückreise nach Catania mit der staatlichen Eisenbahn Trenitalia benötigt. Schöne Blicke auf terrassierte Weinberge, Haselnuss- und Mandelbaumhaine und nicht zuletzt auf den majestätischen Ätna machen den Zeitaufwand mehr als wett.

Ferrovia Circumetnea
Via Caronda 352, Catania.
095-54 12 50. **circumetnea.it**

Hoch am Hang: erhaltenes arabisches Ortsbild von Agira

tende Stadt wurde von Friedrich II. zerstört und im 16. Jahrhundert wiederaufgebaut. Eine lange Allee führt zu einer Aussichtsterrasse namens **Castello di Corradino** mit der Ruine eines römischen Mausoleums.

5 Regalbuto

Straßenkarte E3. 8200. ab Catania. Pro Loco, 0935-91 05 14.

Regalbuto wurde 1261 von Bewohnern Centuripes zerstört und von König Manfredi wiederaufgebaut. Sehenswert sind sein Kern, die bunt gepflasterte **Piazza della Repubblica** mit der Kirche **San Rocco**, sowie die Kirchen **San Basilio** und **Santa Maria del Carmine**. In der Nähe liegen der **Pozzillo-Staudamm**, Siziliens größter künstlicher See, und ein **Soldatenfriedhof** mit den Gräbern von 490 im Jahr 1943 gefallenen Kanadiern.

Die Sarazenen-Brücke über den Simeto bei Adrano

6 Agira

Straßenkarte D3. 9200. ab Catania. Pro Loco, Piazza F. Crispi 1, 0935-96 12 39.

Durch ihre Höhenlage ist die Stadt Agira mit dem Ätna im Rücken weithin sichtbar.
339 v. Chr. besiedelten Griechen den alten sikelischen Ort. Ihr Geschichtsschreiber Diodor Siculus *(siehe S. 26)* kam in Agyron, so der griechische Name von Agira, zur Welt.

Die arabische Anlage, die Normannenkirchen und Patrizierhäuser mit den arabisch inspirierten Toren machen den Hauptreiz des Orts aus. Die Kirche **Sant'Antonio** an der **Piazza Garibaldi** besitzt eine Holzskulptur des heiligen Silvester (16. Jh.) und das Marmorgemälde *Anbetung der drei Weisen aus dem Morgenland*, ihre nahe Schwester **Santa Maria del Gesù** ein Kruzifix von Fra' Umile da Petralia. Zierde der Piazza Roma sind die Fassade (16. Jh.) und der Majolika-Glockenturm von **San Salvatore**.

7 Adrano

Straßenkarte E3. 35 500. Ferrovia Circumetnea, 095-54 12 50. Pro Loco, Via Roma 56, 095-760 61 02. Diavolata (Ostern).

Auf einem Lavaplateau mit Blick auf das Simeto-Tal, in dem *cirnecos* als Jagdhunde abgerichtet wurden *(siehe S. 174)*, stand einst ein Heiligtum für die örtliche Schutzgottheit. Adranos Gründer, Dionysios I., wählte diesen natürlichen Logenplatz als Standort für einen Militärposten aus.

In der Stadtmitte, in der trutzigen viereckigen **Normannenburg** aus dem 11. Jahrhundert an der Piazza Umberto I, präsentiert das **Museo Archeologico** jungsteinzeitliche Töpferarbeiten sowie griechische Amphoren und Mühlsteine. Eine schmale Steintreppe aus der Staufer-Ära führt zu den oberen Stockwerken. Zwei davon bergen archäologische Exponate, im dritten ist die **Kunstgalerie** untergebracht. Am selben Platz steht die ursprünglich normannische, im 17. Jahrhundert wiederaufgebaute **Chiesa Madre**.

Umgebung: Unterhalb der Stadt führt eine Piste durch duftende Zitrushaine zum **Ponte dei Saraceni** (14. Jh.), der reizvollen »Sarazenen-Brücke« über den Simeto. Nahebei liegt eine **Ausgrabungsstätte**.

Straßenkarte *siehe hintere Umschlaginnenseiten*

❽ Mascalucia

Straßenkarte E3. 24 500. AST ab Catania, 095-746 10 96. Pro Loco, Via Calvario 5. 095-727 77 90.

Mascalucia liegt am Osthang des Ätna oberhalb von Catania, mit dem es durch einige Dörfer und Weiler verwachsen ist. Stattliche Häuser und Villen prägen das Ortsbild. Einen Besuch lohnt der **Giardino Lavico** des Bauernhofs Azienda Agricola Trinità. Der »Lavagarten«, eine grüne Oase inmitten von Neubauten, besteht aus einem biodynamisch kultivierten Zitrushain mit arabisch inspirierten Bewässerungskanälen, einem Haus aus dem 17. Jahrhundert und einem Garten voller Sukkulenten, die auf dem Lavaboden gut gedeihen. Interessiert an Hubschrauberflügen über den Ätna? Fragen Sie bei der Azienda nach!

Giardino Lavico
Azienda Agricola Trinità, Via Trinità 34. 095-727 21 56.
nach Vereinbarung.

Die von Friedrich II. von Aragón zerstörte Burg von Aci Castello

❾ Aci Castello

Straßenkarte F3. 18 000. AST, 095-746 10 96 o. 840-00 03 23. Corso Italia 302. 095-711 67 15. Festa di San Mauro (15. Jan).

Der Name des Fischerdorfs unweit von Catanias Zentrum verweist auf die normannische **Burg**, die auf einer Basaltklippe über dem Meer thront. Die 1076 aus schwarzem Lavagestein erbaute Feste diente 1299 dem Rebellen Roger von Luria als Hauptquartier. Nach langer Belagerung wurde sie von Friedrich II. von Aragón *(siehe S. 33)* zerstört. In einigen Räumen klären archäologische und naturgeschichtliche Exponate des **Museo Civico** über die Ätna-Region auf. Der kleine **Botanische Garten** bietet sich für einen Spaziergang an.

Gerade Straßen und niedrige Häuser kennzeichnen den Ort, bei dem die **Riviera dei Ciclopi** (»Kyklopenküste«) beginnt: Nach der griechischen Mythologie lebten die Kyklopen, unter ihnen Polyphem, der Odysseus große Schwierigkeiten bereitete, auf dem Ätna.

❿ Aci Trezza

Straßenkarte F3. San Giovanni Battista (24. Juni).

In dem malerischen, Aci Castello eingemeindeten Fischerdorf spielt Giovanni Vergas Roman *I Malavoglia*, den Luchino Visconti hier unter dem Titel *La terra trema* (»Die Erde bebt«) verfilmte *(siehe S. 26 und 28)*. Die vor dem Hafen aufragenden **Isole dei Ciclopi**, Felssäulen aus Basalt, stehen unter Naturschutz. Angeblich sind die »Kyklopeninseln« die Steine, die Polyphem Odysseus nachschleuderte, nachdem dieser ihn geblendet hatte. Die größte beherbergt eine ozeanografische Station.

Die Felssäulen von Aci Trezza, die Polyphem dem Odysseus nachgeschleudert haben soll

Hotels und Restaurants in Nordost-Sizilien *siehe Seiten 204f und 216f*

⓫ Acireale

Straßenkarte F3. 53 000. FS Catania Stazione, Centrale Piazza San Giovanni XXIII. Messina – Catania. Via Scionti 15. 095-89 52 49. San Sebastiano (Jan); Karneval; Karfreitagsprozession; Santa Venera (Juli).

Acireale, das wegen der schwefelhaltigen Quellen schon zur Römerzeit ein Heilbad war, blickt von einer Lavaterrasse über das Ionische Meer. Der Stadtname bezieht sich auf die Mythologie – auf Akis, der wegen seiner Liebe zur Nereide Galateia vom Kyklopen Polyphem mit einem Felsen des Ätna erschlagen wird. Immer wieder hatte die größte Stadt an der Ostflanke des Ätna unter Vulkanausbrüchen und Erdbeben zu leiden. Seit dem Wiederaufbau nach dem Erdbeben von 1693 ist sie ein Juwel des Sizilianischen Barock, dessen Bauten die **Piazza Duomo** mit ihren Cafés und Eisdielen und – natürlich – der **Kathedrale** (Ende 16. Jh.) umstehen. Letztere besitzt zwei spitze, bunt geflieste Glockentürme. Hinter dem Barockportal empfängt ein weiter Innenraum mit freskenverzierten Gewölben. Der Stadtpatronin ist die Cappella di Santa Venera im rechten Querhaus geweiht. Den Meridian auf dem Boden des Querhauses hat 1843 ein dänischer Astronom abgesteckt. Ebenfalls an der Piazza Duomo stehen der **Palazzo Comunale** mit gotischem Tor und die Kirche **Santi Pietro e Paolo** (17. Jh.).

Barockdekor, Acireale

Das nahe **Teatro dei Pupi** führt Puppenspiele auf. Die **Pinacoteca dell'Academia Zelantea** stellt den Maler Pietro Vasta vor, dessen Bilder auch Acireales Kirchen schmücken.

Der **Corso Vittorio Emanuele**, die Hauptstraße, kreuzt mehrere Plätze, darunter die Piazza Vigo, an der sich der **Palazzo Pennisi di Floristella** und die Kirche **San Sebastiano** erheben.

Die Chiesa Madre von Zafferana Etnea am Osthang des Ätna

⓬ Zafferana Etnea

Straßenkarte E3. 8000. AST Bus ab Catania, 095-746 10 96. Pro Loco, Piazza L Sturzo 1. 095-708 28 25.

Die für ihren Honig bekannte Stadt am Osthang des Ätna zählt zu den Orten, die äußerst oft von Lavaströmen bedroht war. Besonders gefährlich wurden ihr die Ausbrüche der Jahre 1852, als heiße Lava den Stadtrand erreichte, und 1992. Im Zentrum umstehen Bäume den weiten Hauptplatz mit der barocken **Chiesa Madre**. Auf dem Platz bietet eine ständige Landwirtschaftsschau Gelegenheit, Weine und Lebensmittel der Region zu probieren und zu erstehen sowie alte bäuerliche Gerätschaften zu bestaunen.

Umgebung: An der Straße nach Linguaglossa liegt **Sant'Alfio**. Wahrzeichen der Stadt ist die 2000 Jahre alte »Kastanie der hundert Pferde« (Castagno dei cento cavalli). Der Sage zufolge schützten die Blätter dieses Baums Königin Johanna von Anjou und ihre 100 Ritter.

»I Malavoglia«

Der 1881 veröffentlichte Roman *I Malavoglia* von Giovanni Verga *(siehe S. 26)* ist ein Meisterwerk des *verismo* genannten italienischen Realismus. Die Handlung ist in Aci Trezza an der Riviera dei Ciclopi angesiedelt und schildert das harte Dasein der Fischer. Die Familie, »I Malavoglia«, heißt es darin, bestehe – im Gegensatz zu ihrem Spitznamen (*malavoglia* bedeutet böswillig) – aus guten Menschen. 1948 drehte Visconti in Anlehnung an den Roman *La terra trema* (»Die Erde bebt«) am Originalschauplatz.

Strand von Aci Trezza, Schauplatz von *I Malavoglia* (1881)

⓭ Ätna

Der Schriftsteller Leonardo Sciascia *(siehe S. 27)* verglich den Ätna mit einer riesigen Hauskatze, die leise schnurrt und hin und wieder aufschreckt. Europas größter tätiger Vulkan ist für Sizilien und seine Bewohner von elementarer Bedeutung. Er vereint Furcht und Liebe, Feuer und Schnee, fruchtbares Grün und finstere Lava. Sein Kegel beherrscht den gesamten Osten der Insel. Den Krater umringen alte Vulkanschlote, unten klafft das unheimliche Valle del Bove.

Nebenkrater
Weißer Rauch, der viel Wasser enthält, ist harmlos, während dunkler Rauch ein Hinweis auf Explosionen im Erdinnern und auf bevorstehende Eruptionen ist.

Der *cirneco*
Die in der Ätna-Region beheimatete Hunderasse wurde im Altertum als Jagdhund geschätzt.

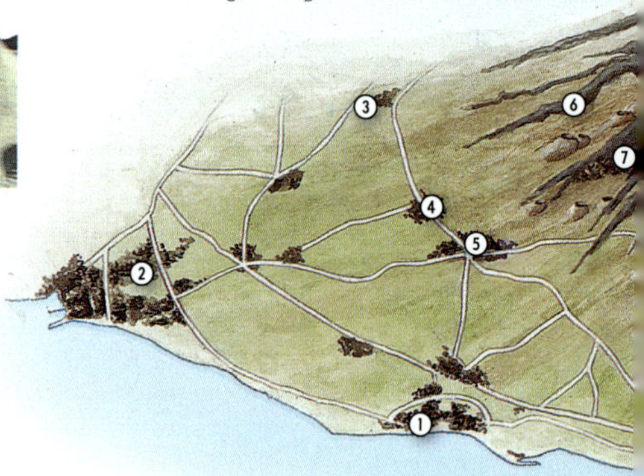

Außerdem

① **Acireale**

② **Catania**

③ **Paternò**

④ **Ragalna**

⑤ **Nicolosi**

⑥ **1983** gelang es erstmals, einen Lavastrom umzuleiten.

⑦ **Rifugio Sapienza**

⑧ **Ausbrüche von 2001 und 2002**

⑨ **Zafferana Etnea**

⑩ **Vulkan Calanna**

⑪ **Valle del Bove**

⑫ **Die Hauptkrater**: Trifoglietto I und II, Mongibello.

⑬ **Sekundäre Lavaströme**

⑭ **Ausbruch von 1978**

⑮ **Nebenschlote**

⑯ **Horste**, Aufwölbungen der Erdkruste, entstehen, wenn das Magma wegen mangelnden Drucks nicht austreten kann.

⑰ **Ausbruch von 1981**

⑱ **Taormina**

⑲ **Ausbrüche von 1986, 1987, 1989, 1991 und 1999**

⑳ **Riposto**

Europas größter aktiver Vulkan
Der Ätna – italienisch Monte Etna oder Mongibello (von italienisch monte *und arabisch* gebel, *die beide »Berg« bedeuten) – ist ein vergleichsweise junger Vulkan, der erst vor zwei Millionen Jahren dem Meer entstiegen ist. Seither hat er sich häufig »Luft gemacht«. Zwei der verheerendsten Ausbrüche ereigneten sich 1381 und 1669, als der Lavastrom Catania erreichte. Jüngere größere Eruptionen fanden 2001 und 2002 statt, als die Lava dem Rifugio Sapienza und dem Ort Nicolosi gefährlich nahe kam. Auf diesem Schaubild sind die Ausbrüche seit 1978 verzeichnet.*

Untere Vegetationszone
In den unteren Lagen (bis 1000 Meter) hat der Zersetzungsprozess vulkanischen Materials fruchtbaren Boden geschaffen, auf dem Gemüse, Mandel-, Oliven- und Zitrusbäume gedeihen.

Geologen und Vulkanologen
Als in Europa einzigartige Erscheinung hat der Ätna von jeher Besucher angezogen. Wissenschaftler erforschen ihn seit Ende des 19. Jahrhunderts systematisch.

Geologische Geschichte des Ätna

Im Lauf der Jahrhunderte hat der Ätna sein Erscheinungsbild geändert. 1865 war er 3313 Meter, 1932 nur noch 3263 Meter hoch. Heute bringt es sein Kegel auf ca. 3320 Meter. Eruptionen des Hauptkraters sind selten, umso häufiger Ausbrüche der Nebenschlote, die dann kleinere Vulkankegel aufbauen.

Das riesige Valle del Bove (Ochsental) an der Ostflanke des Vulkans entstand durch gewaltige, explosionsartig verlaufende Eruptionen und Hangrutschungen.

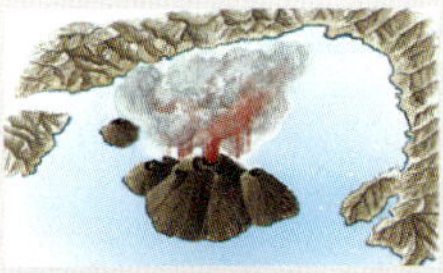

Stadium 1: vor 200 000 – 100 000 Jahren (Monte Calanna)

Stadium 2: vor 80 000 Jahren (Vulkan Trifoglietto)

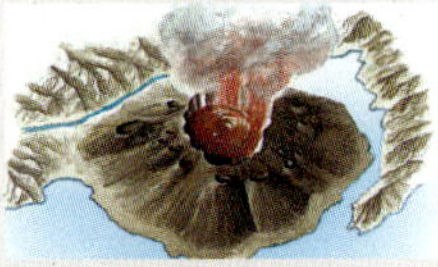

Stadium 3: vor 64 000 Jahren (Kegeleinsturz)

Stadium 4: heutiger Zustand (Mongibello-Kegel)

Überblick: Ätna

Das 59 000 Hektar große Ätna-Naturschutzgebiet (Parco dell'Etna) zieht jährlich Tausende von Besuchern an. Es bietet zahlreiche Möglichkeiten für Touren. Besonders beliebt ist die Tour von Zafferana zum Valle del Bove. Die Ausbrüche von 1992 haben die Gestalt des gewaltigen Kraters verändert. Da die austretenden Dämpfe die Orientierung erschweren, ist die Teilnahme an einer geführten Tour ratsam. Aufregend ist eine Ätna-Umrundung von der Sapienza- über die Monte-Scavo-Schutzhütte und von Piano Provenzana zum ehemaligen Rifugio Menza. Sehenswert sind auch die Lavagrotten dieses Gebiets.

Folgen von Eruptionen
Diese Kapelle wurde wie viele andere Gebäude von der heißen Lava zerstört, die der Ätna 1983 ausstieß.

Wintersport am Ätna
Skifahren am Ätna, das ist ein einzigartiges Erlebnis. Es gibt – wenige – Lifte und Skipisten, dazu Möglichkeiten zu Skitouren und zum Bergwandern im Schnee.

Natur am Ätna

Trotz der häufigen Ausbrüche und bitteren Winterkälte haben sich viele Pflanzen auf dem teilweise recht fruchtbaren Lavaboden angesiedelt. In den hohen Lagen bedecken kleine Flechten, Kamille und Seifenkraut die Hänge, in feuchteren Zonen fassen Pappeln Fuß. In tieferen Lagen stehen teils dichte Wälder aus Birken, Buchen, Lärchen und Schwarzkiefern. Jäger haben im Lauf der Jahrhunderte die Tierwelt zwar stark dezimiert, doch es tummeln sich immer noch Füchse, Wildkatzen, Kaninchen und Wiesel, an Vögeln vor allem Rebhühner und Spechte im Dickicht.

Kiefernwald an den Hängen

Weitere Zeichenerklärungen *siehe hintere Umschlagklappe*

Rifugio Sapienza
Die über 1800 Meter hoch gelegene Hütte dient im Sommer Wanderern, im Winter Skifahrern als Stützpunkt.

Infobox

Information
Straßenkarte E2, E3, F3.
Parco dell'Etna 📞 095-82 11 11.
Italienischer Alpenverein (CAI) 📞 095-715 35 15. **Bergführer** 📞 095-791 47 55. **Rifugio Sapienza (Hütte)** 📞 095-91 53 21.
W parcoetna.ct.it

Anfahrt
Catania V. Bellini, 095-723 91 11. AST, 095-746 10 96; SAIS, 📞 095-53 61 68. **FS** Catania, 89 20 21. Ferrovia Circumetnea, 095-541 111.

Eruptionen und Lavaströme
Man kann den Ätna auch besteigen, wenn er aktiv ist – sofern man genau die Vorschriften befolgt. Das Foto zeigt den Ausbruch von 1991.

Legende
Hauptstraße
Wanderweg
Seilbahn

Krater und Eruptionen
Derzeit erfolgen die Eruptionen, d. h. das Austreten von Magma und Gasen, meist durch die Nebenschlote, die auslösenden Explosionen dagegen in den Gipfelkratern.

⓮ Bronte

Straßenkarte E3. 18 500. Ferrovia Circumetnea, 095-89 52 49. Pro Loco, Via D'Annunzio 8. 095-774 72 44 oder 360-44 49 50. Pistazien-Fest (Okt).

Karl V. gründete Bronte, indem er die Weiler in der Umgebung von Randazzo zusammenlegte. 1799 wurde Admiral Horatio Nelson zum Dank für die Niederschlagung der Aufstände in Neapel von Ferdinand IV. von Bourbon mit Bronte belehnt. 1860, nach dem Triumph Garibaldis, rebellierten Brontes Bauern und forderten Nelsons Grundbesitz. Ihr Aufruhr wurde von Garibaldis Leuten erstickt. Das Ereignis ist in einer Kurzgeschichte Vergas *(siehe S. 26)* verewigt. Die Ätna-Ausbrüche 1651, 1832 und 1843 beschädigten das Zentrum, das sich dennoch sein altes, von Steinhäusern und steilen Gassen geprägtes Aussehen bewahrt hat. Durch ein Sandsteinportal betritt man die Kirche **Annunziata** (16. Jh.), die eine Antonello Gagini *(siehe S. 57)* zugeschriebene *Mariä Verkündigung* (1541) und mehrere Gemälde (17. Jh.) vorweist. Im Dorf Piana Cuntarati zeigt das ethnografische Museum im Bauernhof **Masseria Lombardo** u. a. eine arabische Papiermühle aus dem Jahr 1000.

Mittelalterliches Fenster im Zentrum von Randazzo

Umgebung: Zwölf Kilometer vom Ortszentrum entfernt, wo der byzantinische Feldherr Maniakes die Araber geschlagen hatte, liegt das **Castello di Maniace**. Es wurde 1174 von Margarete von Navarra, der Mutter Wilhelms II., als Benediktinerkloster gestiftet, 1693 vom Erdbeben beschädigt und schließlich Eigentum von Admiral Nelson. Die Burg wirkt wie ein befestigter Bauernhof. Ihre Nachbarin ist die mittelalterliche Kirche **Santa Maria**, deren skulptierte Säulenkapitelle die Schöpfungsgeschichte illustrieren.

Castello di Maniace
095-69 00 18.
tägl. 9–13, 14.30–19 Uhr (Nov–März: 14.30–17 Uhr).

⓯ Randazzo

Straßenkarte E3. 11 500. Ferrovia Circumetnea. Pro Loco, Piazza Municipio 17. 095-92 39 55. Osterwoche, Processione della Vara (15. Aug); Mittelalterfestival (Juli/Aug). So. **prolocorandazzo.it**

Obwohl es den Ätna-Kratern am nächsten liegt, wurde dieses Städtchen nie von einem Lavastrom erfasst. Im Mittelalter umschloss eine drei Kilometer lange Stadtmauer den aus Lavagestein 765 Meter über dem Meeresspiegel erbauten Ort. Teile der Mauer sind erhalten, ebenso die **Porta Aragonese**, das Stadttor an der alten Straße nach Messina. Randazzos Wahrzeichen ist die Basilika **Santa Maria** (1217–39). Normannisch sind nur noch ihre beturmten Apsiden mit der typischen Ornamentik,

Castello di Maniace, bis 1981 im Besitz von Nelsons Erben

Die restaurierte, mit Lavagestein gepflasterte Via degli Archi

katalanisch-gotisch dagegen ihre zweiteiligen Lanzettfenster und Portale. Im Langhaus kontrastieren Säulen aus schwarzem Lavagestein mit Altären aus buntem Marmor. Das marmorne Weihwasserbecken ist ein Werk der Gagini-Schule.

Die Hauptstraße, der **Corso Umberto**, führt zur **Piazza San Francesco d'Assisi**, wo das Minoritenkloster – der elegante Kreuzgang mit Zisterne ist sehenswert – nun als **Palazzo Comunale** dient. Die schmalen Nebenstraßen, speziell die mit schwarzer Lava gepflasterte **Via degli Archi**, muten mittelalterlich an. An der **Piazza San Nicolò** zieht die gleichnamige Kirche den Blick auf sich. Ihre Spätrenaissance-Fassade besteht aus Lavagestein. Innen bezaubert Antonello Gaginis Statue des San Nicolò aus Bari (1523). Der Glockenturm stürzte 1783 durch ein Erdbeben ein. Seine rekonstruierte Version besitzt statt Maßwerk einen schmiedeeisernen Balkon.

Nach einem Linksschwenk kreuzt der Corso Umberto einen Platz mit der Kirche **San Martino**. Lanzettfenster und ein vieleckiger Turmhelm zieren den Glockenturm. In der **Burg** gegenüber, die im 16. Jahrhundert als Gefängnis diente, befindet sich das **Museo Ar-**

Hotels und Restaurants in Nordost-Sizilien *siehe Seiten 204f und 216f*

Gesamtansicht von Randazzo mit dem prägnanten Glockenturm von San Martino

cheologico Vagliasindi. Es zeigt griechische Fundstücke aus Tissa, darunter eine berühmte Vase, auf der die Strafe der Harpyien (geflügelte Mischwesen der Mythologie) dargestellt ist.

⓰ Linguaglossa

Straßenkarte F3. 6000. Ferrovia Circumetnea. Pro Loco, Piazza Annunziata 5. 095-64 30 94. Ätna-Festival (letzter So im Aug). **prolocolinguaglossa.it**

Das größte Dorf am Nordosthang des Ätna eignet sich hervorragend als Ausgangsort für Gipfelbesteigungen und Skitouren. Es heißt nach dem *lingua grossa* (»große Zunge«) genannten Lavastrom des 17. Jahrhunderts.

Die schmalen Straßen des Orts sind mit schwarzer Lava gepflastert, die Häuser mit schmiedeeisernen Balkonen geschmückt. Die Santa Maria delle Grazie geweihte **Chiesa Madre** lohnt wegen des schönen Barockdekors und der herrlichen Kassettendecke einen Besuch. Das **Museo delle Genti dell'Etna** erläutert die Geologie und die Naturgeschichte der Gegend sowie Alltagsleben und Handwerk.

Museo Etnografico
Piazza Annunziata. 095-64 30 94. Mo–Sa 9–13, So 10–13 Uhr.

⓱ Giarre

Straßenkarte F3. 27 200. Ferrovia Circumetnea. ab Catania. Rathaus 095-96 32 73/501; Pro Loco, Piazza Monsignor Alessi. 095-970 42 57. **prolocogiarre.it**

Giarre, das für seine hervorragenden Kunstschmiedearbeiten bekannt ist, liegt inmitten herrlicher Zitrushaine, die bis hinab ans Meer reichen. An der zentralen **Piazza Duomo** beeindruckt der Sant'Isidoro Agricola geweihte **Duomo** aus dem Jahr 1794. Dem klassizistischen Bauwerk sind zwei viereckige Glockentürme mit von Fenstern durchbrochenem Tambour vorgeblendet. Das völkerkundliche **Museo degli Usi e dei Costumi delle Genti dell'Etna** im Nachbardorf Macchia zeigt u. a. bäuerliche Gerätschaften, Webstühle, Trachten, historische Fotos und einige sehenswerte Daguerreotypien.

Außerdem ist ein rekonstruiertes traditionelles Bauernhaus der Ätna-Region zu sehen – samt Küche, Backofen, Brunnen und Waschzuber.

Museo degli Usi e dei Costumi delle Genti dell'Etna
Lungotorrente Emanuele Filiberto, Macchia di Giarre. Mo–Do 15.30–17.30 Uhr; sonst nach Voranmeldung. **museogentietna.it**

Klassizistische Fassade des Duomo von Giarre (Ende 18. Jh.)

⑱ Im Detail: Taormina

Siziliens bekanntester Ferienort bietet auf seinem Felssockel am Fuß des Monte Tauro eine traumhafte Aussicht auf das Ionische Meer. Umschmeichelt von subtropischem Grün, wurde Taormina früh Lieblingsziel von Bildungsreisenden und bevorzugte Sommerzuflucht von Adel und Geldadel, angefangen bei Wilhelm II. bis hin zu den Rothschilds. Taormina war sikelisch, griechisch und römisch, bis heute konnte es sich mittelalterliche Grundstrukturen erhalten.

Piazza IX Aprile
An Taorminas zweitgrößtem Platz sind die Kirchen Sant'Agostino und San Giuseppe, die Torre dell'Orologio und das Caffè Wunderbar versammelt.

★ Piazza del Duomo
Am Westende des Corso Umberto I schlägt das Herz der Stadt. In der Mitte des Platzes, vor der Kathedrale San Nicolò und dem Palazzo Comunale (Rathaus), steht ein Barockbrunnen.

Villa Comunale
Mit seiner Lage auf einer Klippe bietet dieser bezaubernde Garten mit Turm eine großartige Aussicht. Eine englische Aristokratin hat das Anwesen der Stadt vermacht.

Hotels und Restaurants in Nordost-Sizilien *siehe Seiten 204f und 216f*

★ **Palazzo Corvaja**
Der normannische Bau wurde über einem arabischen Turm errichtet. Heute ist hier das Museo di Arti e Tradizioni Popolari untergebracht.

Infobox

Information
Straßenkarte F3. 11 000.
STR, Palazzo Corvaja, 0942-232 43. Mi. Filmfestival (Juni); Taormina Arte (Juli – Sep).
comune.taormina.me.it

Anfahrt
Catania Fontanarossa 70 km. 5 km ab Giardini-Naxos. SAIS 0942-62 53 01.

Außerdem

① **Sant'Agostino**

② **Convento di San Domenico**

③ **Der Palazzo dei Duchi di Santo Stefano** ist ein normannischer Bau mit arabischen Stilelementen.

④ **Porta Catania**

⑤ **Chiesa del Carmine**

⑥ **Badia Vecchia**

⑦ **Chiesa della Visitazione**

⑧ **Naumachie**

⑨ **Römisches Odeon**

⑩ **Santa Caterina** wurde Mitte des 17. Jahrhunderts über dem verfallenen Odeon erbaut.

⑪ **Chiesa dei Cappuccini**

⑫ **San Pancrazio**

★ **Griechisches Theater**
Das nach dem Theater in Siracusa zweitgrößte antike Theater Siziliens entstand in hellenistischer Zeit (3. Jh. v. Chr.), wurde aber im 2. Jahrhundert n. Chr. von den Römern massiv umgebaut. Von der *cavea* (Tribüne) hat man einen einmaligen Blick auf Meer und Ätna.

Straßenkarte *siehe hintere Umschlaginnenseiten*

Überblick: Taormina

Von Ostern bis Oktober ist Taormina sehr überlaufen. Wer es beschaulicher mag, sollte besser in der Nebensaison kommen, zumal hier auch im Winter ein angenehmes mildes Klima herrscht. Besonders reizvoll ist Taormina im Frühling: Es duftet nach Orangen- und Zitronenblüten, Gärten blühen, und der Ätna trägt noch seine Schneemütze. Zwischen Parkplatz und Stadtzentrum pendelt ein Bus. Man kann auch in Mazzarò parken und sich von der Seilbahn nach Taormina bringen lassen.

Der Corso Umberto I ist Taorminas Flaniermeile

Corso Umberto I

Taorminas Hauptstraße führt von der **Porta Messina** zur **Porta Catania**, die im Giebelfeld das Stadtwappen zeigt. An der Straße reihen sich Läden, *pasticcerie* und für ihre illustre Klientel bekannte Cafés, so das **Wunderbar**, in dem schon Liz Taylor und Richard Burton Cocktails tranken. Auf mittlerer Höhe erstreckt sich die Aussichtsterrasse der **Piazza IX Aprile** mit den Kirchen **Sant'Agostino** (heute Stadtbibliothek) und **San Giuseppe**. Unweit davon gelangt man zur **Porta di Mezzo** mit der Torre dell'Orologio (17. Jh.), dem Uhrturm. Ober- und unterhalb des Corso Umberto entführen Treppengassen in beschauliche Winkel. Eine dieser Gassen leitet zur sogenannten **Naumachie**, einer römischen Ziegelmauer mit 18 Bogennischen, die einst eine riesige Zisterne trug.

Caffè Wunderbar, Treff von Filmstars und -sternchen

Palazzo Corvaja

Piazza Vittorio Emanuele. 094-261 02 74. Di–So 9–13, 16–18 Uhr. 0942-62 01 98.

Taorminas schönstes Gebäude ersetzte im 15. Jahrhundert einen arabischen Turm. Das Stabwerk der Fenster und die Ziermotive aus Kalkstein und schwarzer Lava geben der zinnenbewehrten Fassade des Palazzo einen eleganten Anstrich.

Reliefdarstellungen wie *Evas Geburt* und der *Sündenfall* schmücken die Treppe, die im Hof zum *piano nobile* aufsteigt, der ersten Etage, in der im Jahr 1411 das sizilianische Parlament tagte und einst Königin Blanche de Navarre samt Gefolge abstieg.

Heute ist in den Räumen des Palazzo das interessante Museo di Arti e Tradizioni Popolari untergebracht. In der Nachbarschaft lohnen die reizende Barockkirche **Santa Caterina** und die Ruine eines kleinen römischen **Odeons** einen Besuch.

Griechisches Theater

Via Teatro Greco. 0942-232 20. tägl. 9 Uhr bis 1 Stunde vor Sonnenuntergang.

Das spektakulär gelegene Bauwerk zählt zu den berühmtesten griechischen Baudenkmälern Siziliens. Der Blick von der in den Hang gehauenen *cavea*, der Tribüne, reicht über ganz Giardini-Naxos *(siehe S. 184)* bis zum Ätna.

Die Römer bauten das ursprünglich hellenistische Theater für Gladiatorenkämpfe um. Hinter der Arena zogen sie eine Bühnenwand mit Nischen und einem Säulengang auf. Einige der korinthischen Säulen stehen noch heute. Das in neun Segmente unterteilte Theater hatte einen Durchmesser von 109 Metern und verfügte über 5000 Sitzplätze. Ein Doppelportikus bildete den oberen Abschluss.

Das Griechische Theater bot 5000 Zuschauern Platz

Villa Comunale

Via Bagnoli Croci. Sommer: tägl. 9 Uhr bis 1 Stunde vor Sonnenuntergang; Winter: tägl. 8 Uhr bis 1 Stunde vor Sonnenuntergang.

Der Park ist Herzog Colonna di Cesarò gewidmet. Florence Trevelyan, eine adelige Engländerin, vermachte ihn ihrem geliebten Taormina. Mediterrane und tropische Gewächse gedeihen in dieser Oase mit einzigartigen Blicken auf den Ätna und die Küste. Von dem mit Arabesken verzierten Turm ging die Besitzerin ihrem Lieblingszeitvertreib nach, der Vogelbeobachtung.

Die Piazza del Duomo mit ihrem Barockbrunnen vor der Kathedrale

Kathedrale

Piazza Duomo. 0942-231 23.
tägl. 8.30–20 Uhr.
Gottesdienste siehe Website.
arcipreturataormina.org

Die Kathedrale San Nicolò wurde im 13. Jahrhundert erbaut und im Lauf der Jahrhunderte umgestaltet. Blickfang ihrer insgesamt schlichten Fassade sind die Zinnen und das Portal (17. Jh.) mit Medaillonumrahmung. Darüber sieht man eine kleine Fensterrose und zwei spitzbogige Fenster. Eine Holzdecke überspannt das dreischiffige Langhaus, in dem Antonio Giuffrès *Mariä Heimsuchung* (15. Jh.), Antonello Salibas Polyptychon *Maria mit dem Kind* sowie eine alabasterne Madonna der Gagini-Schule bezaubern.

Vor dem Gotteshaus ziert ein Barockbrunnen die Mitte der Piazza Duomo. Am Platz steht ferner der **Palazzo del Municipio** (Rathaus), erkennbar an seiner barocken Fensterreihe.

Palazzo dei Duchi di Santo Stefano

Via De Spuches. Di–So 8.30–12.30, 16.30–19.30 Uhr (im Winter bis 18.30 Uhr). Mo.

Das Meisterwerk im Mix von Romanik und Gotik (13. Jh.) nahe der Porta Catania war Residenz der De Spuches, der spanischen Herzöge von Santo Stefano di Brifa und Fürsten von Galati. Der Fries aus schwarzer Lava mit rautenförmigen Inkrustationen aus weißem Syrakuser Stein zeugt vom Einfluss arabischer Steinmetzen. Dreipassbogen und Lanzettfenster setzen weitere Fassadenakzente. Innen zeigt eine Ausstellung Arbeiten des Bildhauers Giuseppe Marzullo.

Castelmola

Der Panoramablick von Castelmola am Gipfel des Monte Tauro sucht seinesgleichen – vor allem bei Sonnenuntergang. Eine fünf Kilometer lange Straße windet sich zu dem Bergdorf hinauf. Wo man heute die Ruine einer mittelalterlichen Burg erblickt, befand sich einst vermutlich die Akropolis des antiken Tauromenion.

Der Palazzo dei Duchi di Santo Stefano, ein romanisch-gotischer Bau

Blick von den Stufen zwischen Taormina und dem Strand von Mazzarò auf die Isola Bella

Mazzarò

Der Ort ist Taorminas Hausstrand. Man erreicht ihn bequem in wenigen Minuten mit der Seilbahn oder über die Auffahrt zur N114 (Catania – Messina). Abwärts geht man allerdings am schönsten zu Fuß und genießt den herrlichen Ausblick: Von Taorminas Zentrum führen Stufen durch Gärten voller Bougainvilleen hinab zur klaren **Bucht von Mazzarò**. Von dort aus kann man Sehenswürdigkeiten der Küste aufsuchen, so das **Capo Sant'Andrea** mit der hübschen **Grotta Azzurra**, einem Yachthafen in einer Grotte, die sich per Boot erkunden lässt. Im Süden locken die Felssäulen des **Capo Taormina** und der Strand von **Villagonia**, im Norden **Isola Bella**, ein exklusiver Strand mit kristallklarem Wasser, sowie die Strände **Baia delle Sirene** und **Lido di Spisone**. Dahinter erstreckt sich der Sandstrand von **Mazzeo** bis Letojanni und weiter zum **Lido Silemi**.

Letojanni

Der kleine, etwa fünf Kilometer von Taormina entfernte Badeort erfreut sich großer Beliebtheit. Man besucht ihn besser im Frühjahr oder Herbst als im Sommer, wenn er aus allen Nähten platzt. Seine exzellenten Fischrestaurants ziehen Einheimische wie Besucher an.

Antike Satyr-Maske

Das Meer bei Giardini-Naxos, Siziliens erster griechischer Kolonie

⑲ Giardini-Naxos

Straßenkarte F3. 9000. Catania Fontanarossa, 66 km. FS 89 20 21. Autolinee SAIS, 0942-625 179. STR, Lungomare Tysandros 54. 09 42-510 10.

Der Badeort zwischen Capo Taormina und Capo Schisò gilt als älteste griechische Kolonie Siziliens. Laut Thukydides gründeten Griechen aus Chalkis Naxos 735 v. Chr. Ihr Führer Thukles, war der erste Grieche, der sizilianischen Boden betrat.

403 v. Chr. zerstörte Dionysios I., Tyrann von Siracusa, den Ausgangsort der griechischen Kolonisierung Siziliens. Auf dem Capo Schisò, inmitten von Zitronenbäumen und Feigenkakteen, ist das **Museo Archeologico** zu besichtigen. Die aufschlussreichsten Funde sind aus dem 6. und 5. Jahrhundert v. Chr.: Relikte der Stadtmauer, Häuserfundamente und Reste eines vermutlich der Aphrodite geweihten Tempels.

Im strandnahen Dorf **Giardini** stehen in den alten Straßen schöne Villen.

Museo Archeologico

Giardini-Naxos (Messina), via Lungomare Schisò. 0942-510 01.
9 Uhr bis 1 Std. v. Sonnenuntergang.

⑳ Castiglione di Sicilia

Straßenkarte E3. 4000. Ferrovia Circumetnea. Giardini di Naxos, 0942-62 53 01/55 09 29. Rathaus. 0942-98 03 48 oder 800-01 05 52.

Das hübsche, von den Griechen gegründete Dorf überragt auf einem Felsen das **Alcantara-Tal**. Unter den Normannen und Staufern war Castiglione Königsstadt. Ende des 13. Jahrhunderts wurde es ein Lehnsgut von Roger von Lauria. Die schmalen Straßen des mittelalterlich strukturierten Orts münden in die **Piazza Lauria**. Spaziert man bergauf, stößt man auf zahlreiche Kirchen, zunächst auf die **Chiesa Madre** (San Pietro, *siehe S. 189*) mit normannischer Apsis. Ihr folgen die **Chiesa delle Benedettine** (17. Jh.), die barocke Kirche **Sant'Antonio** und die **Chiesa della Catena**. Am höchsten Punkt des Orts erbauten die Normannen über arabischen Befestigungen die **Burg Leone**, von der aus man die **mittelalterliche Brücke** über den Alcantara sieht.

Umgebung: Die spektakuläre **Alcantara-Schlucht** sollte man sich unbedingt ansehen. Im 2001 gegründeten Parco Fluviale dell'Alcantara hat sich der schäumende Fluss 20 Meter tief in den schwarzen Basalt gefräst und teils bizzare Formen geschaffen. Bei gutem Wetter kann man sich 150 Meter in die Schlucht hineinwagen – falls man sich in Badekleidung der Nässe aussetzen will. Vom Parkplatz führt eine lange Treppe zum Eingang der Schlucht. Müheloser gelangt man mit dem Aufzug dorthin.

Der Alcantara in seinem Bett zwischen Basaltfelsen

Hoch auf dem Gipfel – die Burg (16. Jh.) des mittelalterlichen Dorfs Forza d'Agrò

Monti Peloritani

Die Monti Peloritani, ein Höhenzug zwischen Tyrrhenischem und Ionischem Meer, gipfeln im **Monte Poverello** (1279 m), im **Pizzo di Vernà** (1286 m) und in der Montagna Grande (1374 m). Besonders auffällig ist auch die Rocca di Novara mit ihren Felsformationen. Wälder, messerscharfe Grate und herrliche Ausblicke auf den Ätna und das Meer machen die Berge zu einem idealen Ausflugsgebiet. Das **Antennamare-Heiligtum** ist am 4. August Ziel einer Wallfahrt, das **Heiligtum der Madonna del Crispino** oberhalb des Dorfs **Monforte San Giorgio** wird am 7. September Festschauplatz. Einige der Bergdörfer sind kulturhistorisch interessant: **Forza d'Agrò** mit seiner Burg (16. Jh.), **Casalvecchio Siculo** mit der arabisch-normannischen Basilica dei Santi Pietro e Paolo, **Savoca** mit seinen Kapuzinerkatakomben und **Ali** mit seinem arabischen Flair. **Itala** schließlich hat außer dem Blick auf das Ionische Meer die Kirche San Pietro e Paolo vorzuweisen, die Roger I. zum Dank für einen Sieg über die Araber erbauen ließ. **Mili San Pietro** ist stolz auf Santa Maria, ein von Roger I. 1082 gestiftetes Kloster mit Kirche.

㉑ Messina

Bedeutung erlangte diese alte, von Siedlern aus dem griechischen Messene gegründete Stadt aufgrund ihrer Lage zwischen dem östlichen und westlichen Mittelmeer sowie den Vizekönigreichen Neapel und Sizilien. Messina war stets ein Begegnungsort der Kulturen: Armenier, Araber, Juden und andere Gemeinden aus Europas großen Hafenstädten ließen sich hier nieder. Nach dem Aufstand gegen die Spanier 1624–28 sank der Stern der Stadt. Messina wurde immer wieder von Erdbeben erschüttert. 1783 und 1908 hinterließen sie die Stadt als Trümmerhaufen. 1943 wurde Messina bei Bombenangriffen massiv zerstört.

Die Votivsäule an Messinas Hafeneinfahrt

Überblick: Messina

Vom Meer aus erkennt man recht schnell die Anlage der Stadt, die sich vom Hafen ausgehend entwickelt hat. Die Wehranlagen des **Forte di San Salvatore** und die **Lanterna di Rainieri** auf der gleichnamigen Halbinsel, die den Hafen im Osten schützt, sind sozusagen der Willkommensgruß von Messina, das sich an den Hängen der Monti Peloritani erstreckt. Die **Via Garibaldi** und **Via I Settembre** bilden die Hauptstraßen. Während die erstere den Hafen säumt, führt letztere vom Meer zum Zentrum im Umkreis der **Piazza Duomo**. Am Hang oberhalb der Stadt liegen Attraktionen wie der **Botanische Garten** und das **Montalto-Heiligtum**.

0 Meter 600

Zeichenerklärung
siehe hintere Umschlagklappe

Zentrum vom Messina

① Santissima Annunziata dei Catalani
② Denkmal für Juan d'Austria
③ Duomo di Santa Maria Assunta
④ Fontana di Orione
⑤ Universität
⑥ Botanischer Garten
⑦ Montalto-Heiligtum
⑧ Hafen
⑨ Acquario Comunale
⑩ Forte di San Salvatore
⑪ Museo Regionale

① Santissima Annunziata dei Catalani

Piazza dei Catalani. ☎ 090-67 51 75 oder 668-42 11. 🕒 nur nach Vereinbarung.

Nach dem katastrophalen Erdbeben von 1908 nutzte man die Chance und baute die normannische Kirche so auf, wie ihr Original im 12./13. Jahrhundert ausgesehen hatte. Auch byzantinische Einflüsse wurden integriert. Das dreischiffige Langhaus mündet in eine Apsis mit schlichter Ziegelkuppel.

Hotels und Restaurants in Nordost-Sizilien *siehe Seiten 204f und 216f*

Fontana di Orione, im Hintergrund Duomo und Torre dell'Orologio

Denkmal für Juan d'Austria

Das Bronzestandbild (1572) auf dem Platz vor der Annunziata-Kirche ist ein Werk von Andrea Calamecca. Es zeigt Juan d'Austria, den siegreichen Admiral der Seeschlacht von Lepanto, mit dem Fuß auf dem Haupt seines osmanischen Gegners Ali Pascha. Das Sockeldekor schildert die Formierung der Heiligen Liga und die Niederlage der Osmanen. An der Schlacht nahm auch Miguel Saavedra de Cervantes teil, der Verfasser des berühmten Romans *Don Quijote*. In Messina erholte er sich in einem Spital von seinen Verletzungen, der Verstümmelung einer Hand.

Duomo di Santa Maria Assunta

Die Kathedrale an der zentralen Piazza Duomo wurde 1197 vom Stauferkaiser Heinrich VI. eingeweiht. Obwohl sie zweimal rekonstruiert wurde (nach dem Erdbeben von 1908 und dem Bombenangriff von 1943), wirkt sie überzeugend mittelalterlich. Die Fassade wurde komplett neu errichtet. Nur das mittlere, mit zwei Löwen und einer Statue der Muttergottes mit Kind verzierte Portal stammt noch aus dem frühen Mittelalter. Apostelstatuen, Einlegearbeiten und Reliefs schmücken die Seitenportale.

Der knapp 60 Meter hohe *campanile* (Glockenturm) wurde eigens für die größte astronomische Uhr der Welt errichtet. Diese wurde 1933 in Straßburg angefertigt. Mittags setzt sich das figurenreiche, von riesigen Zahnrädern bewegte Glockenspiel in Gang.

Das imposante dreischiffige Innere ist eine sorgfältige Nachbildung des Originals aus der Nachkriegszeit – mit Ausnahme einiger Skulpturen an den Tragbalken in der Mitte des Langhauses, eines Weihwasserbeckens (15. Jh.) und von Gaginis Statue Johannes' des Täufers (1525). Besondere Beachtung verdienen die zur Schatzkammer führenden Tore der rechten Vorhalle und das 1195 errichtete Grabmal von Erzbischof Palmieri. Das Querhaus beherbergt eine nach dem Zweiten Weltkrieg gebaute Orgel mit fünf Klaviaturen und 170 Registern. In den Seitenschiffen findet man zahlreiche – zum Großteil rekonstruierte – Kunstwerke, zumeist gotische Grabmale.

Einer der zwei Löwen am Mittelportal des Duomo

Infobox

Information

Straßenkarte F2. 236 000.
STR, Via dei Mille 270. 090-293 52 92; Palacultura, Viale Boccetta. 090-36 897 11. Cavalcata dei Giganti (Aug).
discovermessina.it

Anfahrt

Ustica Lines, 0923-87 38 13.
FS 090-53 27 19.

Fontana di Orione

Vor dem Duomo bezaubert der Orionbrunnen, der im 15. Jahrhundert geschaffen wurde. Vier seiner Statuen symbolisieren die Flüsse Tiber, Nil, Ebro und Camaro. Letzterer speiste über Messinas ältesten Aquädukt den Brunnen.

Universität

Die Universität an der **Piazza Carducci** wurde im Jahr 1548 neu aufgebaut. Außer den verschiedenen Instituten und Fachbereichen beherbergt der Komplex die Wirbeltier-, Wasserschnecken- und Insektensammlung des kleinen **Museo Zoologico Cambria** (090-39 44 47). Folgt man dem Viale Principe Umberto, gelangt man zum **Botanischen Garten** und zum **Montalto-Heiligtum**, mit der nach der Seeschlacht von Lepanto geschaffenen *Siegesmadonna*.

Das Erdbeben von 1908

Am 28. Dezember 1908, morgens um 5.20 Uhr, schien die Natur Messina endgültig ausmerzen zu wollen: Ein Erdbeben brachte zusammen mit einer Flutwelle 91 Prozent der Gebäude zum Einsturz, 60 000 Menschen kamen ums Leben. Auch Reggio di Calabria jenseits der Straße von Messina wurde zerstört. Man machte sich unverzüglich an den Wiederaufbau. Einige Überreste des alten Messina ließen sich in den neuen, von Luigi Borzi entworfenen Stadtplan eingliedern, der das gegenwärtige Ortsbild bestimmt.

Messina am Tag danach

Straßenkarte *siehe hintere Umschlaginnenseiten*

Hafen

Nach einem Hafenbummel notierte der englische Schriftsteller Frances Elliot (1820–1898): »Die Uferstraße von Messina gibt es nur einmal auf der Welt. Sie ist länger und eleganter als die Via Chiaia in Neapel, lebhafter und malerischer als die Promenade von Nizza.« Vor dem verheerenden Erdbeben stand das **Teatro Marittimo**, im Volksmund auch Palazzata genannt, am Hafen, Messinas wirtschaftlichem Lebensnerv. Das Teatro bestand aus einer über einen Kilometer langen Zeile von Gebäuden, darunter befanden sich auch die Wohnsitze der mächtigsten Familien der Stadt. Ein weiterer Brennpunkt urbanen Lebens ist die nahe **Piazza dell'Unità d'Italia**.

Acquario Comunale

Der mit Büsten und Statuen dekorierte Garten der **Villa Mazzini** beherbergt heute das Städtische Aquarium. Über 70 Meeresbewohner des Mittelmeerraums können hier bestaunt werden. Den um die Mitte des 16. Jahrhunderts entstandenen **Neptunbrunnen** vor dem benachbarten **Palazzo della Prefettura** schuf Giovanni Angelo Montorsoli. Die Brunnenstatuen sind Repliken aus dem 19. Jahrhundert, die Originale kann man im Museo Regionale bestaunen.

***Maria mit Kind* von Francesco Laurana**

Forte di San Salvatore

Jenseits des geschäftigen Hafenviertels, am äußersten Zipfel der geschwungenen Halbinsel, die den Hafen schützt, bewachte diese imposante Festung aus dem 17. Jahrhundert die Hafeneinfahrt. Auf einem ihrer hohen Türme wacht eine Statue der Madonna della Lettera – der Legende nach übersandte die Muttergottes im Jahr 42 n. Chr. Messinas Einwohnern einen Brief *(lettera)* mit Segenswünschen.

Bei der umtriebigen **Stazione Marittima** an der **Via Garibaldi** legen die Fähren ab, die Messina und Reggio di Calabria auf dem Festland verbinden.

Einer der fünf Flügel von da Messinas *Polyptychon des heiligen Gregor* (1473)

Museo Regionale

Viale della Libertà. 📞 090-36 12 92. 🕒 Di–Sa 9–19 (letzter Einlass 18.30 Uhr), So u. Feiertage 9–13 (letzter Einlass 12.30 Uhr). ♿

Nur 500 Meter abseits der Piazza dell'Unità d'Italia präsentiert das Museo Regionale zahlreiche Kunstwerke, die das verheerende Erdbeben von 1908 überstanden haben. Die meisten davon hat es vom Civico Museo Peloritani im nun zerstörten Georgskloster übernommen. Seine zwölf Säle vermitteln einen sehr guten Überblick über die künstlerische Schaffenskraft im alten Messina. Beim Eingang illustrieren zwölf Bronzetafeln aus dem 18. Jahrhundert die *Legende vom heiligen Brief* (der Madonna della Lettera).

Zu den weiteren Preziosen des Museums zählen: Gemälde aus byzantinischer Zeit und Fragmente des Deckendekors des Duomo (Saal 1), Kunstwerke der Gotik (Saal 2) und Renaissance (Saal 3), Antonello da Messinas *(siehe S. 27)* für das Georgskloster gemaltes *Polyptychon* (Saal 4) sowie im selben Raum Francesco Lauranas

Brückenschlag über die Straße von Messina

Seit über 30 Jahren ist der Bau einer Brücke über die Straße von Messina im Gespräch. Doch die Ausführung wurde immer wieder verschoben: Die 1981 ins Leben gerufene Società Stretto di Messina visierte eine 3,3 Kilometer lange Hängebrücke zwischen Torre Faro und Punta Pezzo an. Probleme wie die stets drohende Gefahr durch Erdbeben und der Schiffsverkehr, der nicht beeinträchtigt werden sollte, mussten beachtet werden. 2006 wurde das milliardenteure Projekt vom italienischen Parlament gestoppt, nach Berlusconis Wiederwahl (2008) kurz wieder aufgenommen. 2013 trat der Generalunternehmer vom Vertrag zurück, das Projekt ruht.

Ein Entwurf (1997) der geplanten Brücke über die Straße von Messina

Skulptur *Maria mit Kind* und ein Ölgemälde auf Holz aus dem 15. Jahrhundert, die Arbeit eines unbekannten flämischen Meisters. Saal 10 hütet zwei Highlights: die *Auferstehung des Lazarus* und *Anbetung der Hirten*. Caravaggio fertigte beide Bilder 1608/09 während seines Aufenthalts in Messina. Auch hier wirkte der Barockmaler durchaus schulbildend, wie in Saal 7 Alonso Rodriguez' Gemälde *Begegnung von Paulus und Petrus* und *Der ungläubige Thomas* beweisen.

Umgebung: Fährt man vom Museo Regionale an der Meerenge entlang nach Norden, gelangt man nach **Grotta** und dann, nur sieben Kilometer von Messina entfernt, zur Abzweigung nach **Ganzirri**. Die Küstenstraße führt weiter zum nahen, an einer Seite von einer langen Sandbank gesäumten **Pantano Grande** (auch: Lago Grande).

Ein künstlicher Kanal verbindet die 30 Hektar große, bis zu sieben Meter tiefe Lagune mit dem Meer. Unterirdische Flüsse führen ihr Süßwasser zu, hier werden Schaltiere gezüchtet.

Das Fischerdorf **Torre Faro**, drei Kilometer weiter, ist für seinen köstlichen Schwertfisch bekannt. Das Dorf an Siziliens östlichstem Punkt blickt auf die kalabrische Küste. Beherrscht wird die Szenerie von einem monumentalen Strommast. Früher überspannte eine 3646 Meter lange Freileitung die Straße von Messina, die Strom aus Reggio di Calabria zuführte. In den 1990er Jahren wurde sie durch ein Seekabel ersetzt, der Mast blieb erhalten.

In der Nähe thront ein Leuchtturm aus dem 16. Jahrhundert weithin sichtbar auf dem **Capo Peloro**. Ein kleines Stück weiter – eigentlich nur einen Steinwurf vom Tyrrhenischen Meer entfernt – erreicht die Küstenstraße schließlich Ganzirris zweite sehenswerte Lagune, den mit dem Pantano Grande verbundenen hübschen **Pantano Piccolo**.

Der Pantano Grande bei Ganzirri, der für die Schaltierzucht genutzt wird

Die Kirche San Pietro in Castiglione di Sicilia *(siehe S. 185)*

Santa Maria di Mili

Zwölf Kilometer südlich von Messina liegen die beschaulichen Dörfer **Mili San Marco** und – höher in den Peloritani-Bergen – **Mili San Petro**. In der Nähe des letzteren Dorfs verbirgt sich in der wildromantischen tiefen Schlucht **Forra di Mili** die hübsche Kirche **Santa Maria di Mili**. Sie ist Teil eines Konvents. Roger I. stiftete sie im Jahr 1090 zum Dank dafür, dass er Sizilien von den Arabern zurückerobern konnte. Später wählte er diese Kirche als Grablege für seinen Sohn aus. Auch nach mehrfachen Umbauten zeigt sich die Kirche immer noch im Gewand des 17. Jahrhunderts.

Eine Skulptur der Maria mit Kind krönt das herrliche Marmorportal, das im 16. Jahrhundert entstanden ist. Das dreischiffige Langhaus wird von einer kunstvoll verzierten Holzdecke aus dem Jahr 1411 überspannt. Den durch drei Bogen abgegrenzten Apsisbereich krönen kleine Kuppeln, ein typisches Charaktermerkmal normannischer Sakralbauten.

22 Tindari

Straßenkarte E2. ab Messina, 090-89 20 21. STR, Piazza Guglielmo Marconi. 0941 24 11 36. tägl. 9 Uhr bis 1 Std. vor Sonnenuntergang. Pilgerfahrt zur Madonna Nera (8. Sep).

Das antike Tyndaris wurde als Tochterstadt von Siracusa 396 v. Chr. gegründet. Damit ist es eine der letzten griechischen Kolonien auf Sizilien, zu einer Zeit, als Rom im Mittelmeerraum bereits auf Expansionskurs war. Auch unter den Römern blieb Tindari eine florierende Stadt. In frühchristlicher Zeit wurde es Bischofssitz, dann von den Arabern zerstört, wiederaufgebaut, von Friedrich II. zerstört, wiedererrichtet und von Piraten zerstört. Der besondere Reiz der Ausgrabungsstätte besteht in den vielen Details, die den Alltag der antiken Stadt ahnen lassen. Diese wies das klassische Straßengitter auf: zwei Parallelstraßen *(decumani)*, durchschnitten von Querstraßen *(cardines)*.

Nahe dem Haupttor der alten Stadtmauer hütet die **Wallfahrtskirche Madonna di Tindari** die byzantinische *Madonna Nera*. Am 8. September strömen die Pilger zur »Schwarzen Muttergottes«. Das gut 60 Meter durchmessende **Griechische Theater** liegt an einem Hang oberhalb des Meers. Neubauten beeinträchtigen die Sicht auf die nahe **Agora**.

Im Umkreis des Theaters liegen die Ruinen einer **römischen Villa** und **Badeanlage** sowie Überreste von Lebensmittelspeichern und der griechischen Kanalisation. Nahe dem Theater zeigt das **Museo Archeologico** ein Modell der Theaterbühne, griechische Statuen und Vasen, einen kolossalen Kopf von Kaiser Augustus sowie prähistorische Funde.

Beeindruckend ist die auch schon vom Lyriker Quasimodo *(siehe S. 27)* gerühmte **Laguna di Oliveri** am Kap von Tindari.

Wallfahrtskirche Madonna di Tindari
Piazza Quasimodo. 0941-36 90 03. tägl. 6.45–12.45, 14.30–19 Uhr (Juli, Aug: bis 20 Uhr).
santuariotindari.it

Monti Nebrodi

Die Araber, die jahrhundertelang diesen Höhenzug besetzt hielten, bezeichneten ihn als »Insel auf einer Insel«. Nebrodi geht zurück auf das griechische *nebros*, was »Ricke« (weibliches Reh) bedeutet und auf den Wildreichtum dieses Höhenzugs verweist, der sich mit dem größten zusammenhängenden Waldgebiet Siziliens zwischen die Monti Madonie im Westen und die Monti Peloritani im Osten schiebt. Im Winter bedeckt Schnee die Wälder und das Weideland des Parco Regionale dei Monti Nebrodi. Der See Biviere di Cesarò im Zentrum des Parks ist Rastplatz von zahlreichen Zugvögeln und bietet der Griechischen Landschildkröte *(Testudo hermanni)* Lebensraum. Der Monte Soro ist mit 1847 Metern die größte Erhebung des Gebirges.

Parco Regionale dei Monti Nebrodi
0941-70 25 24.
parcodeinebrodi.it

Weidende Pferde im Parco Regionale dei Monti Nebrodi

Blick vom Kap von Tindari auf die Laguna di Oliveri

Hotels und Restaurants in Nordost-Sizilien *siehe Seiten 204f und 216f*

Sarkophag von Adelasia, der Gattin Rogers I., Kathedrale von Patti

㉓ Patti

Straßenkarte E2. 13 100. FS ab Messina und Palermo, 89 20 21. i STR Tindari. 0941-24 11 36. **W comune.patti.me.it**

Patti liegt an einem reizvollen Küstenstreifen, gleich hinter dem felsigen **Capo Calavà**. Die in Hanglage erbaute Stadt war einst ein Lehen Rogers I. Während der Kämpfe gegen das Haus Anjou (1282) musste sie Verwüstungen, dann häufige Überfälle nordafrikanischer Piraten hinnehmen.

Die **Kathedrale** ersetzte im 18. Jahrhundert eine normannische Vorgängerin. Sie beherbergt den Sarkophag der normannischen Königin Adelasia. Die Gemahlin Rogers I. starb 1118 in Patti.

An der Straße, die zur **Marina di Patti** hinabführt, stieß man beim Bau der Autobahn Messina–Palermo auf die Ruine einer **römischen Villa**. Auf dem Gelände sind Reste eines Peristyls (einer Säulenhalle), eines apsisähnlichen Raums und Thermalbads sowie zahlreiche recht gut erhaltene Mosaiken zu sehen. Die Villa wurde durch ein Erdbeben zerstört, das sich, wie anhand archäologischer Funde eindeutig belegt werden konnte, in der zweiten Hälfte des 4. Jahrhunderts n. Chr. ereignet hat.

Römische Villa in Patti
Via Papa Giovanni XXIII, Marina di Patti. 0941-36 15 93. wechselnd; vorher anrufen. Kombiticket mit Tindari.

㉔ Capo d'Orlando

Straßenkarte E2. 11 300. i STR, Unità Operativa 1. 0941-91 27 84.

Die Monti Nebrodi sind nicht nur waldreich, sondern auch ein bekanntes Anbaugebiet von Zitrusfrüchten. Hier und da springt der Höhenzug zum Meer vor, etwa am felsigen Capo d'Orlando. Der Ort liegt am Fuß einer Klippe namens **Rupe del Semaforo**.

Vom Ort führt ein Aufstieg von rund 100 Metern auf die Klippe. Oben befindet sich ein weites, offenes Gelände mit einer verfallenen Feste aus dem 14. Jahrhundert und der Kirche **Maria Santissima**, die Ende des 16. Jahrhunderts erbaut wurde und nun eine Gemäldesammlung birgt. Schönster Lohn für den Aufstieg ist jedoch der fantastische Blick aufs Meer und auf das Treiben der Fischerboote im hübschen Hafen.

㉕ Milazzo

Straßenkarte F2. 30 000. FS ab Messina und Palermo, 091-616 18 06. i STR, Unità Operativa 3. 090-922 28 65 oder 922 27 90.

Milazzo schrieb sich im Jahr 716 v. Chr., als Griechen *Mylai* besiedelten, in die Geschichte ein. Die Normannen machten es zu ihrem Hauptstützpunkt an der Küste, Friedrich II. ließ es 1219 nach eigenen Entwürfen mit einer Burg befestigen. Im Mittelalter waren drei Stadtteile auszumachen, die **ummauerte Stadt**, der **Borgo** (Vorstadt) und die **Unterstadt**. Im 18. Jahrhundert wurde das Stadtgebiet erweitert.

Die **Salita Castello** führt auf den **alten Felsen** und zum überdachten Durchgang in die ummauerte Stadt. Dort stößt man auf den Eingang zur **Burg Friedrichs II.**, die von einer Mauer mit fünf Rundtürmen umfasst wird, und zur **Sala del Parlamento** (Parlamentshalle). Auf demselben Felsen steht der **Duomo** (17. Jh.), jetzt eine Kongresshalle. Zu empfehlen ist ein Ausflug zum **Capo Milazzo** mit seinen Türmen und Villen – und einem herrlichen Blick vom Fuß des Leuchtturms (18. Jh.) auf die Äolischen Inseln vor der Kulisse Kalabriens. In diesen Gewässern fand 260 v. Chr. die berühmte Seeschlacht statt, in der die Römer die Karthager schlugen. Stufen führen zu der Stelle, bei der 1221 der heilige Antonius vor einem Sturm Zuflucht gesucht haben soll.

Die unter Alfonso von Aragón verstärkte Burg von Milazzo

26 Äolische (Liparische) Inseln

Vulkanklippen von ungewöhnlicher Schönheit, zerfranst von teils tiefen Buchten, säumen die Äolischen Inseln (Isole Eolie), die auch als Liparische Inseln (Isole Lipari) bekannt sind. Die Felsformationen und Vulkane, aber auch die Geschichte machen die Besonderheit des Archipels aus. Trotz der Besucherscharen, die im Sommer zum Baden und Tauchen einfallen, haben die Inseln ihre Individualität bewahrt. Die Abhängigkeit vom Meer offenbart sich vor allem im Winter, wenn Zugvögel auf sturmumtosten Klippen nisten. Dann kommt hier das Gefühl der Isolation auf – weitab von der Zivilisation.

Filicudi
Die drei Dörfer der grottenreichen Insel heißen Val di Chiesa, Pecorini a Mare und Filicudi Porto. Auf dem Capo Graziano wurden Reste einer prähistorischen Siedlung entdeckt. Es gibt zahlreiche sehenswerte Grotten.

Alicudi
Auf Alicudis fünf Quadratkilometern leben nur knapp 100 Einwohner. Höchste Erhebung ist der Filo dell'Arpa (675 m).

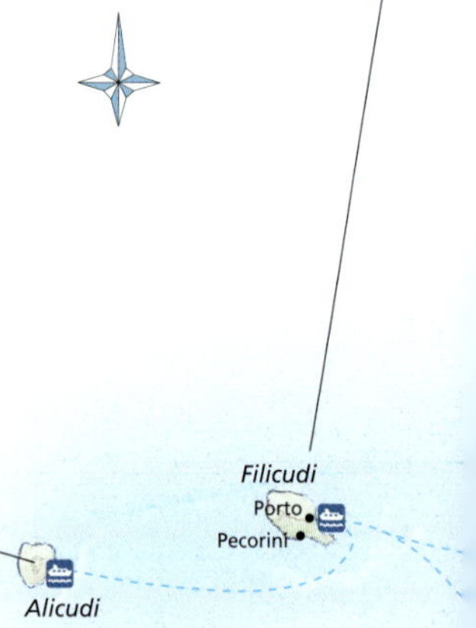

Lipari
Die Hauptinsel des Archipels besitzt viele heiße Quellen und – sichtbares Zeichen ihres vulkanischen Ursprungs – Fumarolen (Dampfaustrittsstellen). Eine Mauer umfasst die alte Stadt Lipari mit ihrer Burg, der Kathedrale und dem exzellenten Museo Archeologico Eoliano.

Hotels und Restaurants in Nordost-Sizilien *siehe Seiten 204f und 216f*

Stromboli
Hauptattraktionen der Insel sind die Besteigung des Vulkans und die Besichtigung der Sciara del Fuoco.

Infobox

Information
Corso Vittorio Emanuele, Lipari. 090-988 00 95.

Anfahrt
FS Milazzo. ab Flughafen Catania, SAIS, 090-67 37 82; ab Messina bis Milazzo Giunta, 090-67 57 49. Siremar, ganzjährig ab Milazzo, im Sommer nur ab Neapel. **siremar.it**; Ustica Lines, ganzjährig ab Milazzo und Neapel. **usticalines.it**. Im Sommer Verbindungen ab Messina, Palermo und Milazzo.

Panarea
Felsen und Eilande gruppieren sich um diese kleinste – schon in prähistorischer Zeit besiedelte – der Äolischen Inseln.

Zeichenerklärung
siehe hintere Umschlagklappe

Vulcano
Glaubt man der griechischen Sage, dann war diese Insel der Wohnsitz von Äolus (Aiolos), dem Herrscher über die Winde.

Salina
Die zweitgrößte Insel des Archipels besteht aus zwei Vulkankegeln. Ihr Name geht auf die alte stillgelegte Saline bei Lingua zurück. Eine Süßwasserquelle sorgt für üppige Vegetation.

Überblick: Äolische (Liparische) Inseln

Als Ausgangspunkt für die Erkundung des Archipels, der seit 1997 zum UNESCO-Welterbe zählt, empfiehlt sich der Hauptort Lipari mit seinen guten Schiffsverbindungen. Hier lässt sich planen, ob man naturgeschichtliche Expeditionen, wie sie auf Vulcano und Stromboli möglich sind, Panareas exklusives Villen- und Yachtenambiente oder die fast schon zeitlose Ruhe auf Alicudi genießen möchte.

Den Gipfel des Vulcanello erreicht man nach einstündigem Aufstieg

Lipari

Straßenkarte E1. 11 000 (der Verwaltungssitz Lipari schließt alle anderen Inseln außer Salina ein).

Groß ist die Hauptinsel des Archipels nicht: kaum zehn Kilometer lang und fünf Kilometer breit. Höchste Erhebung ist der **Monte Chirica** (602 m). Von der früheren Vulkantätigkeit künden heiße Quellen und Fumarolen (Austrittsstellen von Dampf). Der Ort Lipari besitzt zwei Anlegeplätze: **Sottomonastero** für Fähren und **Marina Corta** für Tragflächenboote. Deshalb ist es kaum überraschend, dass dieser Uferstreifen der belebteste ist.

Die **Kathedrale** aus dem 11. Jahrhundert mit einem imposanten normannischen Kreuzgang wurde wieder aufgebaut, nachdem osmanische Piraten 1544 die Stadt dem Erdboden gleichgemacht hatten. Um die Piratenüberfälle künftig abzuwehren, errichteten die Spanier unter Einbeziehung älterer Türme und Mauern die **alte Burg**. In Teilen der Festung ist das **Museo Archeologico Eoliano** untergebracht. Es zeigt prähistorische Funde, die von Lipari und den anderen Inseln des Archipels stammen. Eine große Abteilung ist voller Relikte der klassischen Antike, die zum Teil von Meeresarchäologen geborgen wurden. Die vulkanologische Sektion erläutert die Geologie jeder einzelnen Insel des Archipels.

Zu den weiteren Attraktionen zählen der Aussichtspunkt **Belvedere Quattrocchi**, die Thermen von **San Calogero** und der **Acquacalda-Strand**, einst ein Hafen für den Bimssteinexport.

Die besten Fortbewegungsmittel auf der Insel sind Motorroller und Fahrrad – beide kann man im Ort Lipari mieten.

Antike Theatermaske, Museo Archeologico Eoliano

Museo Archeologico Eoliano
Via Castello 2. 090-988 01 74.
Mo–Sa 9–13, 15–18 Uhr, So u. Feiertage 9–13 Uhr.
regione.sicilia.it/beniculturali/museolipari

Vulcano

Straßenkarte E1.

Laut Homer war diese nach Vulcanus, dem römischen Gott des Feuers und der Schmiedekunst, benannte Insel Heimstatt des Äolus (Aiolos), des Gottes der Winde. Vom einzigen Hafen, dem **Porto Levante**, führt eine befestigte Straße zum **Faro Nuovo**, dem »Neuen Leuchtturm«. Die Insel besteht aus drei alten Vulkankegeln. Der erste erhebt sich im Süden zwischen **Monte Aria** und **Monte Saraceno**. Er ist seit Jahrhunderten erloschen – im Gegensatz zum noch tätigen **Gran Cratere**, der letztmals im Jahr 1888 ausbrach.

Der **Vulcanello** entstand vor knapp 2000 Jahren – geologisch gesehen kaum mehr als ein Wimpernschlag der Geschichte – und bildete ein Kap am Nordostzipfel der Insel. Der Marsch auf den Gran Cratere dauert keine Stunde. Beim Krater bietet sich der Abstieg zum Piano delle Fumarole an. In der Nähe von Porto di Levante kann man ganzjährig in Schwefelschlammquellen baden. Heiße Quellen erwärmen sogar das Meer am Fuß des Felsens Faraglione.

Salina

Straßenkarte E1. 800.

Die zweitgrößte Insel des Archipels ist 7,5 Kilometer lang und 5,5 Kilometer breit. Der **Monte Fossa delle Felci** (602 m) ist ihr höchster Gipfel, ihre drei Dörfer sind **Santa Marina Salina**, **Leni** und **Malfa**. Zwischen Santa Marina, das nahe beim Strand liegt, und den anderen Dörfern pendeln Minibusse (im Sommer auch noch spätabends). Die erloschenen Vulkane **Monte dei Porri** und **Fossa delle Felci** stehen unter Naturschutz.

Fundstätte kultureller Relikte: Grabungsgelände auf Lipari

Hotels und Restaurants in Nordost-Sizilien *siehe Seiten 204f und 216f*

Nachdem die Wälder im Lauf der Jahrhunderte fast vollständig abgeholzt wurden, besteht der Bewuchs heute vorwiegend aus Macchia.

Als Ausgangspunkt für Touren im Schutzgebiet eignet sich die Wallfahrtskirche **Madonna del Terzito**, ein Ziel von Prozessionen. Auf der Insel, bevorzugt an den Felsflanken des Pizzo di Corvo, nisten die seltenen Eleonorenfalken, die jedes Jahr aus Madagaskar eintreffen.

Salinas berühmte kulinarische Spezialität ist der süße, schwere Malvasier-Wein, der, sofern er von besserer Qualität ist, keineswegs zuckrig schmeckt. Auch große Mengen Kapern werden hier geerntet.

Santa Marina Salina, eines der drei Dörfer auf Salina

Panarea

Straßenkarte E1.

Diese kleinste, von Klippen umringte Äolische Insel hat drei Dörfer: **San Pietro** mit kleinem Hafen, **Drauto** und **Ditella**. In der **Cala Junco** beim **Capo Milazzese**, einem der schönsten Flecken des Archipels, haben Archäologen die Reste einer jungsteinzeitlichen Siedlung freigelegt. Im örtlichen Museum sind mykenische Keramiken, Werkzeuge und andere Fundstücke zu sehen.

Von **San Pietro** aus erreicht man das Ausgrabungsgelände über **Drauto** und den Strand **Spiaggia degli Zimmari** zu Fuß in etwa einer halben Stunde. Luxuriöse Ferieneinrichtungen machen die Insel zu einem attraktiven Urlaubsziel.

Äolisches Idyll: Cala Junco auf Panarea

Der seit 2000 Jahren aktive Stromboli

Stromboli

Straßenkarte F1.

Italiens Vulkane sind ebenso berühmt wie berüchtigt. Nicht ohne Grund galt der Ätna als Werkstatt des Gottes des Feuers und der Schmiedekunst, den die Römer Vulcanus, die Griechen Hephäst bzw. Hephaistos nannten. Über den noch immer aktiven Stromboli berichten Reisende seit über 2000 Jahren. Seinen Namen hat er vom griechischen Wort *strongyle* (»Kreisel«).

Schiffe laufen **Scari** und **Ginostra** an. Die übrigen Dörfer heißen **San Vincenzo**, **Ficogrande** und **Piscità**. Hauptattraktion der Insel ist – neben dem Vulkan – ihre großartige Felsküste. Die tiefen Gewässer ziehen Schwimmer und Taucher an. Von **Piscità** aus führt der Weg vorbei am alten **Vulkanologischen Observatorium** zum **Krater**. Besonders stimmungsvoll sind abendliche Aufstiege, da die Eruptionen bei Dunkelheit am stärksten beeindrucken. Der Vulkan ist gefährlich und die Besteigung nicht immer möglich. Am besten ist es, sich kundigen Führern anzuvertrauen sowie sich mit festen Schuhen und wetterfester Kleidung auszustatten. Es werden auch abendliche Bootstouren zur **Sciara del Fuoco** angeboten, einer Abflussrinne, durch die sich Lava ins Meer ergießt.

Filicudi

Straßenkarte E1.

Auf der zwischen Salina und Alicudi gelegenen Insel geht es ruhig zu. Man kann schwimmen, schnorcheln und tauchen sowie die drei Dörfer **Porto**, **Pecorini a Mare** und **Val di Chiesa** und auch das Hinterland besichtigen. Eine Bootsfahrt führt zum Basaltfelsen **Faraglione della Canna**, zur **Punta del Perciato**, zur **Grotta del Bue Marino** und zum **Capo Graziano**.

Alicudi

Straßenkarte D1.

Die zweitkleinste Insel wurde im Mittelalter verlassen und erst in spanischer Zeit wieder besiedelt. Der Tourismus steckt noch in den Kinderschuhen, daher muss man die Stufen und Pfade zu Fuß bewältigen: Fahrzeuge gibt es nicht, geschweige denn Nachtleben, aber immerhin Privatunterkünfte – ein idealer Fleck für Ruhebedürftige.

Straßenkarte *siehe hintere Umschlaginnenseiten*

ZU GAST AUF SIZILIEN

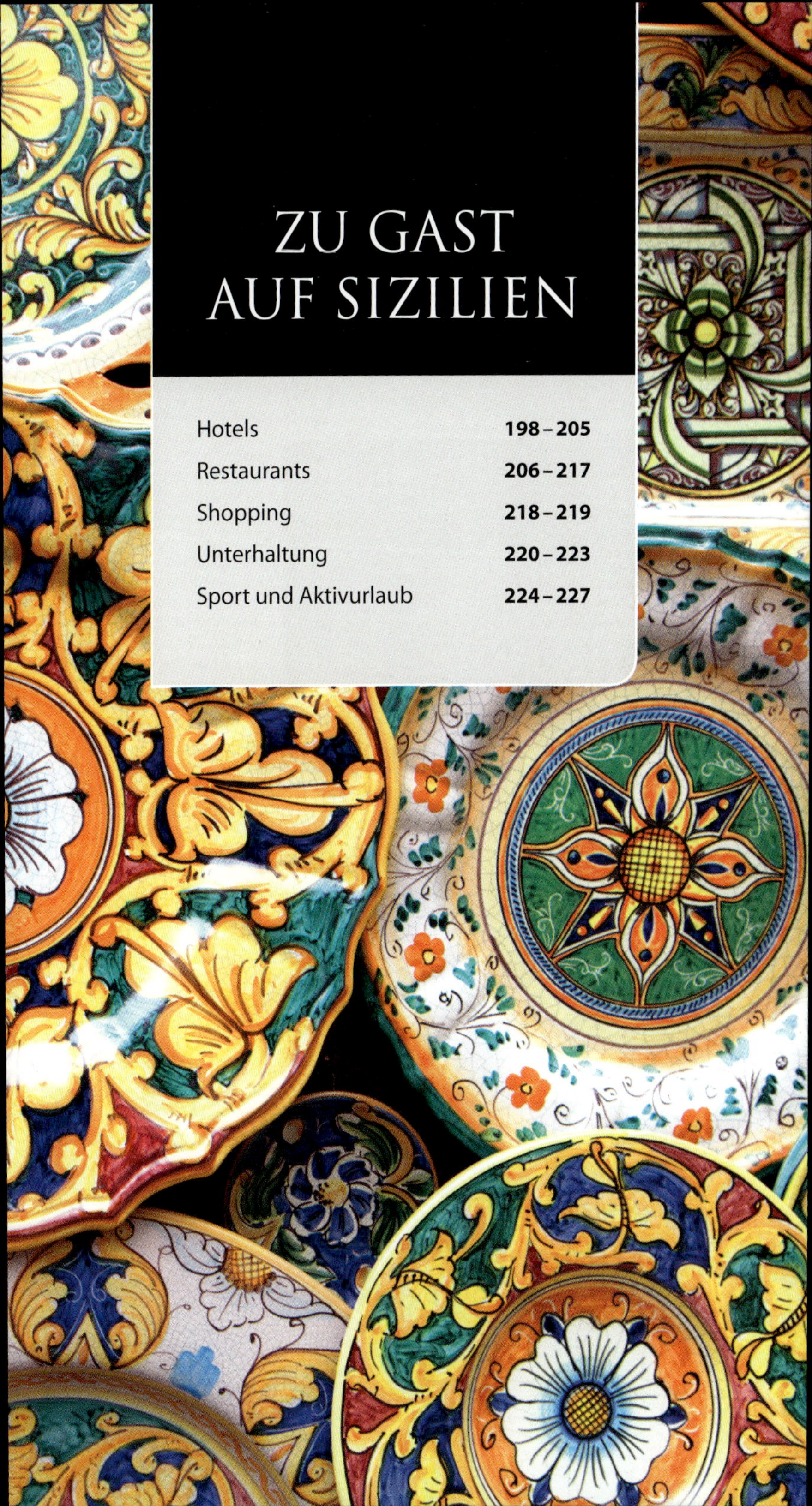

Hotels

Siziliens breites Spektrum an Unterkunftsmöglichkeiten reicht vom Campingplatz bis zur noblen Villa. Viele alte Palazzi und Bauernhäuser werden als Hotels genutzt. Man kann in einem Zimmer mit Blick auf Agrigentos Valle dei Templi nächtigen oder in einem Palazzo mit Aussicht auf die farbigen Dächer von Palermos Kirchen. An der Küste reihen sich die Drei- und Vier-Sterne-Hotels aneinander, oft mit Pool und/oder Privatstrand. Auf den vorgelagerten Inseln öffnen viele Hotels nur im Sommer. Eine Alternative bieten Privatunterkünfte und Feriendörfer. Vergleichsweise preiswert, oft inklusive guter, bodenständiger Kost und Kontakt zu den Besitzern, kann Urlaub auf dem Bauernhof oder einem Weingut *(agriturismo)* im Inselinneren sein. Dieses Kapitel und die Hotelauswahl auf den Seiten 202–205 informieren Sie über das Übernachtungsangebot auf Sizilien.

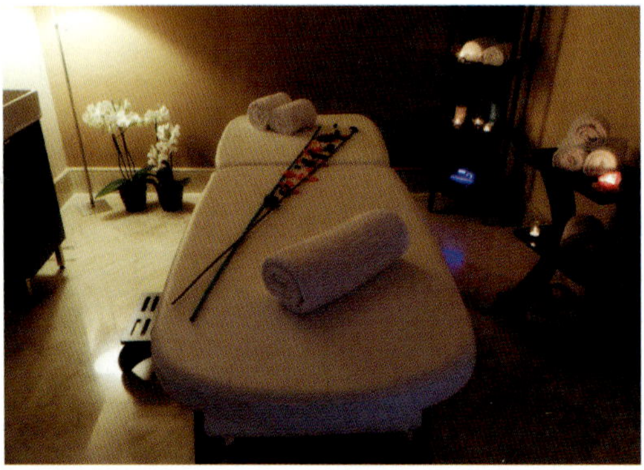

Die meisten sizilianischen Luxushotels bieten Wellnesseinrichtungen

Hotelklassifizierung und Ausstattung

Wie im übrigen Italien sind auch Siziliens Hotels offiziell nach Sternen klassifiziert, basierend auf einer leicht nachvollziehbaren Beurteilung der Einrichtungen und Dienstleistungen, wie beispielsweise die Anzahl der Zimmer mit Bad, ob es ein Restaurant vor Ort gibt und einen 24-Stunden-Zimmerservice. Die Bewertung lässt jedoch oft außen vor, wie die Lage, der Stil der Einrichtung oder die Hilfsbereitschaft des Personals zu beurteilen ist.

Mit der steigenden Beliebtheit der B&B-Unterkünfte und der *Agriturismo*-Angebote (Sizilien hat mehr B&Bs als irgendwo sonst in Italien) und der zunehmenden Zahl von Boutique-Hotels, wo der Schwerpunkt auf Ambiente und persönlicherem Stil und Service liegt, hat das Sterne-System an Bedeutung verloren. Viele Hotels werben nicht mehr mit ihren Sternen. Zimmer werden zunehmend auch über Internet-Portale angeboten, die Preise richten sich dabei oft nach der Nachfrage. So kann man beispielsweise in der Nebensaison ein Zimmer in einem Luxushotel für weniger als ein Drittel des offiziellen Preises reservieren.

Einrichtungen für Menschen mit besonderen Bedürfnissen und Zugang für Rollstuhlfahrer sind für Hotels und *agriturismi* gesetzlich vorgeschrieben, auch viele Pensionen sind behindertengerecht ausgestattet.

Hotelpreise

Per Gesetz müssen Hotels an den Innentüren der Zimmer die jährlich mit dem **Ente del Turismo** (Tourismusamt) vereinbarten Preise anschlagen. Normalerweise sind im Preis Steuer und Service inbegriffen, oft gehört auch das Frühstück dazu. Aber diesbezüglich sollten Sie vorher nachfragen. Einige Hotels bestehen, vor allem in der Hochsaison, auf Halb- oder Vollpension.

Beste Reisezeit

In den Städten haben Hotels das ganze Jahr geöffnet, ebenso in vielen Feriengebieten auf Sizilien. In kleineren Badeorten und auf den Sizilien vorgelagerten Inseln haben sie meist nur saisonal (April bis Oktober) geöffnet. Außerhalb der Saison sind Websites wie Airbnb *(siehe*

Die Jugendstilfassade des Grand Hotel Villa Igiea in Palermo ***(siehe S. 202)***

◀ **Ein beliebtes Souvenir sind reich verzierte sizilianische Keramiken** ***(siehe S. 218f)***

Der Empfangsraum bei Federico Secondo in Catania *(siehe S. 204)*

S. 201) hilfreich, um private Apartments und Zimmer zu finden. Da viele Restaurants in der Nebensaison bzw. im Winter geschlossen sind, ist Selbstversorgung eine gute Option.

Reservierung

In der Hochsaison wird es wegen der vielen Besucher eng auf Sizilien. Für Sommeraufenthalte, insbesondere im Juli und August und an der Küste, ist eine frühzeitige Reservierung unabdingbar. Meist wird vom Hotel eine Anzahlung per Überweisung oder die Angabe der Kreditkartennummer verlangt.

Feriendörfer

Feriendörfer ermöglichen Erholung in lässigem Ambiente. Die meisten findet man an Siziliens Küste und auf den Inseln. Das Angebot ist vielfältig, von einfachen Zimmern in mehrstöckigen Häusern bis hin zu luxuriösen Apartments mit eigener Terrasse.

Jedes Feriendorf lockt mit einem Erholungs- und Sportangebot, ist mit einem oder mehreren Swimmingpools, Tennisplätzen und Möglichkeiten zum Windsurfen, Tauchen oder Segeln ausgestattet. Manche Anlagen offerieren auch Babysitting, einen Kinderclub und ein ausgedehntes Unterhaltungsprogramm. Viele Anlagen bieten Ausflüge und Besichtigungstouren in die Umgebung an, manche auch Bootsrundfahrten.

Zuweilen ist im Pauschalpreis alles, bis hin zu Getränken an der Bar, inbegriffen. Alle Feriendörfer gehen von Wochentarifen aus. Wer sich unabhängiger fühlen, nicht jedoch auf das Erholungs- und Sportangebot verzichten will, kann in vielen Häusern ein Apartment mieten und für die beanspruchten Leistungen separat zahlen. Detaillierte Auskünfte über Feriendörfer auf Sizilien geben Ihnen Reisebüros und die auf Seite 201 aufgeführten Feriendorf-Agenturen.

Camping

Camping schont das Urlaubsbudget. Fast alle Campingplätze liegen an Siziliens Küste, meist mit direktem Zugang zum Strand. Ein paar wenige Plätze findet man auch an den Hängen des Ätna.

Wildes Kampieren ist verboten und stößt vor allem am Strand auf Missbilligung. Mit Einwilligung der Eigentümer kann man allerdings auch auf Privatgrundstücken nächtigen.

Die Campingplätze sind in der Regel sauber und gut geführt. Außer einem Gelände für Zelte und / oder Wohnwagen bieten sie meist Bungalows mit Bad und Küche an. Oft gehören ein Lebensmittelladen, eine Pizzeria oder ein Restaurant, eine Wäscherei und Sporteinrichtungen dazu.

Längere Aufenthalte sollten Sie rechtzeitig buchen, in der Hochsaison ist es ratsam, selbst ein oder zwei Übernachtungen telefonisch anzumelden. Bei Rundreisen empfiehlt es sich, schon frühnachmittags einen Platz zu suchen. Die meisten Plätze stehen von Ostern bis Oktober offen. Die größten Campingplätze sind auf Seite 201 genannt.

Jugendherbergen und Schutzhütten

Eine Übernachtung in den wenigen Jugendherbergen Siziliens ist sehr preiswert. Für die Häuser des Italienischen Jugendherbergsverbands **Associazione Italiana Alberghi della Gioventù** *(siehe S. 201)* benötigen Sie einen Internationalen Jugendherbergsausweis. Alternativ gibt es privat geführte Backpacker-Hostels.

Von den dünn gesäten Berghütten befinden sich die meisten am Ätna. In den Monti Madonie und den Monti Nebrodi betreibt der Club Alpino Italiano jeweils eine Hütte.

Gemütliches Ambiente in der Nuovo Albergo Russo in Trapani *(siehe S. 203)*

Sonnige Zimmer zum Garten in der Albergo Diffuso in Scicli *(siehe S. 204)*

Bed & Breakfast

Die zahlreichen Pensionen in Sizilien bieten ein großartiges Preis-Leistungs-Verhältnis und die Möglichkeit, authentische italienische Gastfreundschaft zu erleben, sei es in einer Stadtwohnung in Palermo, in einem dörflichen Haus auf einer Äolischen Insel oder in einem stilvollen Zimmer eines Barockpalastes.

Bei der Auswahl eines B&B sollten Sie einige Dinge beachten. Fragen Sie, ob die Vermieter oder Angestellte vor Ort sind und wenn nicht, an wen Sie sich im Bedarfsfall wenden können. Klären Sie, ob das Frühstück in der Unterkunft serviert oder auf Vereinbarung in einem örtlichen Café eingenommen wird. Manchmal kann man die Küche in der Unterkunft mit benutzen.

Vor Ihrer Reise können Sie sich mithilfe der Bewertungen von Reisenden auf Portalen wie www.tripadvisor.com ein Bild der Unterkunft machen.

Boutique-Hotels

Sizilien hat einige herausragende Boutique-Hotels, sowohl in Städten, auf dem Land als auch am Meer. Der Schwerpunkt liegt hier auf einem ansprechenden Design. In der Regel bieten sie die gleichen Einrichtungen und Dienstleistungen wie die größeren Hotels, aber in einem persönlicheren Umfeld. Einige werden von Hotelfachleuten geführt, andere wiederum von leidenschaftlichen Neulingen, die aus der Welt der Architektur und des Designs kommen.

Agriturismo

Die Bewegung *agriturismo*, Ferien auf dem Land, begann in den 1980er Jahren mit der Vermietung von ehemaligen Bauernhäusern an Touristen. Heute können Sie zwischen den unterschiedlichsten Arten wählen, ob modern oder im ländlichen Stil, als Apartment mit Selbstverpflegung oder mit Familienanschluss, wo Sie mit den Wirtsleuten am Tisch sitzen. Einige Anbieter servieren Mahlzeiten, oft aus heimischen Produkten, andere haben ein Restaurant integriert. Viele bieten Aktivitäten wie Reiten, und manche haben sich zu kleinen Landresorts mit Schwimmbad, Tennisplätzen und Fahrradverleih entwickelt.

Ferienwohnungen und -häuser

Sizilien offeriert fantastische Unterkünfte zur Selbstverpflegung, die von anspruchslosen Wohnungen über palastartige Villen mit Pools bis zu exquisit restaurierten alten Landhäusern reicht. Unternehmen wie **Casamundo**, **Home away**, **Think Sicily** und **Travel Sicilia** verfügen über umfangreiche Portfolios von Unterkünften, aus denen Sie wählen können.

Auf der Website von **Airbnb** finden Sie Mietangebote von Privatpersonen.

Hotelkategorien

Die in der Hotelauswahl *(siehe S. 202–205)* genannten Unterkünfte geben Ihnen einen Überblick über die vielfältigen Übernachtungsmöglichkeiten auf Sizilien. Sie werden aufgrund ihrer Qualität, ihrer Lage oder dem historischen Charakter vorgestellt. Kategorisiert wurden sie nach ihren besonderen Merkmalen. Neben **Luxushotels,** die tadellosen Service bieten, gibt es **historische Hotels** z. B. in einem ehemaligen Kloster oder einem Palazzo. **Boutique-Hotels** überzeugen mit Stil und Charme. **B&B** weisen neben idyllischer Lage ein außergewöhnliches Preis-Leistungs-Verhältnis auf. **Feriendörfer** sind für aktive Menschen eine gute Wahl, während **Agriturismo** und **Ferienwohnungen** auch für Familien mit Kindern besonders empfehlenswert sind.

Unter **Vis-à-Vis-Tipp** finden Sie Hotels, die auf ihre Art einzigartig sind und sich von der Masse abheben. Sie weisen z. B. eine fantastische Lage und einen herrlichen Blick auf oder überzeugen mit Boutique-Design und reizendem Flair.

Stilvolles Badezimmer im BB22 in Palermo *(siehe S. 202)*

Auf einen Blick

Information

Assessorato Regionale del Turismo, Sport e Spettacolo
Via Notarbartolo 9, Palermo.
091-707 81 00.
091-707 82 30/58/76.
regione.sicilia.it/turismo/web_turismo

Feriendörfer

Kastalia
Contrada Piombo, Ragusa.
0932-82 60 95.
kastalia.it

Serenusa Village
SS 115, km 240, Licata.
085-836 97 77.
bluserena.it

Valtur
Via Milano 46, Rom.
06-482 10 00.
valtur.it

Camping

Al Yag
Via Altarellazzo, Pozzillo, Acireale (Catania).
095-764 17 63.
campingalyag.it

Baia dei Coralli
Località Punta Braccetto, Santa Croce Camerina (Ragusa).
0932-91 81 92.
baiadeicoralli.it

Baia di Guidaloca
Scopello, Castellammare del Golfo (Trapani).
339-158 19 27.
334-644 51 25.
0924-323 59 (Winter).
campinguidaloca.it

Baia Makauda
Contrada Tranchina, Sciacca (Agrigento).
0925-99 70 01.
makaudabeach.it

Baia Unci
Località Canneto, Lipari (Äolische Inseln).
090-981 19 09.
campingbaiaunci.it

Bazia
Contrada Bazia, Furnari (Messina).
0941-80 01 30.
bazia.it

Calanovella
Contrada Calanovella, SS 113, km 90 (Messina).
0941-58 52 58.
calanovella.it

Capo Passero
Contrada Vigne Vecchie, Portopalo di Capopassero (Siracusa).
0931-84 23 33.
campingresidence capopassero.it

Costa Ponente
Contrada Ogliastrillo, Cefalù (Palermo).
0921-42 00 85.
camping-costa ponente.com

El Bahira
Contrada MaKari, San Vito Lo Capo (Trapani).
0923-97 25 77.
elbahira.it

Eurocamping Due Rocche
Contrada Faino, SS 115, km 241, Butera (Caltanissetta).
0934-34 90 06.
duerocche.it

La Roccia
Strada di Ponente, Lampedusa.
0922-97 00 55.
339-336 28 09.
335-627 56 69.
laroccia.net

Mareneve Etna
Via del Bosco 30/B, Contrada Piano Grande, Milo (Catania).
095-708 21 63.

Miramare Residence
S.P. Punta Sottile 10, Favignana (Trapani).
092-392 13 30.
092-354 03 13.
349-843 98 41.
miramareresidence.it

Paradiso del Mare
Contrada Gallina, Via Fondolupo, Avola (Siracusa).
0931-79 03 33.
paradisodelmare.it

Rais Gerbi
Contrada Rais Gerbi, Finale di Pollina (Palermo).
0921-42 65 70.
raisgerbi.it

Bed & Breakfast

Bed & Breakfast Italia
bbitalia.it

BB Planet
bbplanet.it

Venere
venere.com

Agriturismo

Agriturismo.com
0575-61 60 91.
agriturismo.com

Alcalà
Masseria Alcalà, Misterbianco (Catania).
0368-346 92 06.
alcala.it

L'Antica Vigna
Contrada Montelaguardia, Randazzo (Catania).
349-402 29 02.
anticavigna.it

Baglio Vajarassa
Contrada Spagnola 176, Marsala.
0923-96 86 28.
bagliovajarassa.com

Borgo degli Olivi
Contrada Aielli, Tusa (Messina).
090-71 24 30.

Casa dello Scirocco
Contrada Piscitello, Carlentini (Siracusa).
095-44 77 09.

Casa Migliaca
Località Migliaca, Pettineo (Messina).
0921-33 67 22.
casamigliaca.com

Codavolpe
Località Trepunti, Giarre (Catania).
095-93 98 02.
codavolpe.it

Feudo Tudia
Borgo Tudia, Castellana Sicula (Palermo).
0934-67 30 29.
agriturismo-feudotudia.com

Il Carrubo
Contrade Bosco Grande Canalotti, Acate (Ragusa).
0932-98 90 38.
ilcarrubo.it

Il Daino
San Piero Patti (Messina).
0941-66 03 62.
ildaino.com

Il Limoneto
Via Provinciale 195f, Acireale (Catania).
095-88 65 68.
illimoneto.it

Terranostra
Via Cuccia 1, Palermo.
091-28 00 00.
terranostra.it

Ferienwohnungen und -häuser

Airbnb
airbnb.com
airbnb.it

Casamundo
casamundo.de

Home Away
fewo-direkt.de

Think Sicily
thinksicily.com

Travel Sicilia
travelsicilia.com

Jugendherbergen

Associazione Italiana Alberghi della Gioventù
Via Cavour 44, Roma.
06-487 11 52.
aighostels.it

Schutzhütten

Club Alpino Italiano
cai.it

Rifugio Ragabó (Ätna)
ragabo.it

Rifugio Sapienza (Ätna)
rifugiosapienza.com

Hotelauswahl

Palermo

Al Giardino dell'Alloro €
B&B **SP** D4
Vicolo San Carlo 8, 90133
338-224 35 41
giardinodellalloro.it
Charmantes, gemütliches B&B im Herzen von La Kalsa. Werke von sizilianischen Künstlern zieren die Wände. Das Frühstück wird im Innenhof serviert.

Alla Kala €
B&B **SP** D3
Via Vittorio Emanuele 71, 90133
091-743 47 63
allakala.it
Schicke, tadellose Unterkunft mit stilvollen Designer-Zimmern und einer hübschen Suite, alle mit herrlichem Blick auf den Segelhafen. Sehr beliebt, daher sollten Sie weit im Voraus buchen.

Vis-à-Vis-Tipp

BB22 €
Historisch **SP** C2
Largo Cavalieri di Malta 22, 90133
091-32 62 14
bb22.it
Das BB22 in einem Palazzo aus dem 15. Jahrhundert liegt an einem ruhigen kleinen Platz hinter der herrlichen Kirche San Domenico, wenige Schritte vom üppigen Vucciriamarkt entfernt. Modernes Dekor in Steinfarben kontrastiert mit Rokoko-Spiegeln, Vintage-Möbeln und glänzenden Textilien. Zwei Zimmer verfügen über Balkon oder Terrasse, und das Frühstück wird in einem kleinen Dachgarten serviert. Die Besitzer organisieren auch Essen, Wein-Touren und Bootsfahrten.

Modernes Dekor in einem Palazzo des 15. Jahrhunderts: BB22, Palermo

La Dimora del Genio €
B&B **SP** D4
Via Garibaldi 58, 90133
091-616 69 81
ladimoradelgenio.it
Drei gemütliche Zimmer in einem Palazzetto aus dem 17. Jahrhundert, mit einer geschmackvollen Mischung aus antiken Familienerbstücken, modernen Möbeln und zeitgenössischer Kunst eingerichtet. Der Besitzer wohnt vor Ort und bietet Kochkurse für die Gäste.

Palazzo Pantaleo €
Historisch **SP** B1
Via Ruggero Settimo 74/H, 90121
091-32 54 71
palazzopantaleo.it
Großzügige, luftige Zimmer in einem Palazzo aus dem 18. Jahrhundert an einem ruhigen Platz hinter der Piazza Politeama. Auf der oberen Etage ist eine Wohnung und es gibt auch eine kleine Küche, die Sie für Getränke oder Snacks nutzen können.

Quattro Quarti €
B&B **SP** B4
Via Vittorio Emanuele 376, 90134
091-58 36 87
quattroquarti.it
Anspruchsvolles B&B in einem Trakt eines riesigen aristokratischen Palazzo der Familie Arone di Valentino. Im Hauptteil des Palastes zählte schon die Herzogin von Cornwall zu den Gästen.

Grand Hotel Et Des Palmes €€€
Historisch **SP** BC1
Via Roma 398, 90139
091-60 28 11
grandhotel-et-des-palmes.com
Das Hotel, 1874 gegründet, mag nicht mehr so großartig sein wie in den Tagen, als Wagner hier war (und Parsifal komponierte), aber es ist ein sehr komfortables Hotel einer Kette, am gehobenen Ende der Via Roma gelegen.

Grand Hotel Villa Igiea €€€
Luxus **SP** außerhalb
Via Belmonte 43, 90142
091-631 21 11
hotel-villa-igiea.com
Jugendstil-Villa, im Jahr 1900 von Ernesto Basile für die Familie Florio entworfen, wunderschön über der Acquasanta Marina gelegen. Sie verfügt über ein Schwimmbad, schattige Gärten, luxuriöse Zimmer und einen Tennisplatz. Elegante Terrassen bieten sich für einen Drink oder ein romantisches Abendessen an.

Preiskategorien
Die Preise gelten für ein Standard-Doppelzimmer pro Nacht (Hochsaison), inklusive Steuern und Service.

€	unter 80 Euro
€€	80–180 Euro
€€€	über 180 Euro

Nordwest-Sizilien

CASTEL DI TUSA: Atelier Sul Mare €€€
Boutique **SK** D2
Via Cesare Battisti 4, 98070
0921-33 42 95
ateliersulmare.it
Nur wenige Meter vom Meer entfernt, zeigt dieses innovative Hotel Werke zeitgenössischer Künstler, auch in den Zimmern.

CASTELLAMMARE DEL GOLFO: Case d'anna €
B&B **SK** B2
Corso Garibaldi 120, 91014
0924-311 01
casedanna.it
Schöne, große, individuell gestaltete Themen-Suiten in einem zentral gelegenen, familiengeführten Hotel. Die Besitzer sind sehr hilfsbereit und das Frühstück mit hausgemachten Backwaren.

CEFALÙ: Baia del Capitano €€
Feriendorf **SK** D2
Contrada Mazzaforno, 90015
0921-42 00 03
baiadelcapitano.it
Modernes Hotel im mediterranen Stil direkt am Strand. Zur Ausstattung gehören ein Pool, Tennisplätze und ein Restaurant. Großes Angebot an Freizeitaktivitäten.

ERICE: San Domenico €€
Traditionell **SK** A2
Via Tommaso Guerrasi 26, 91016
0923-86 01 28
hotel-sandomenico.it
Familiengeführtes Hotel in einem mittelalterlichen Haus im Herzen von Erice, mit komfortablen Zimmern und rustikalen Antiquitäten. Das Frühstück wird in einem kleinen Hof serviert.

FAVIGNANA: Cas'almare €€
Boutique **SK** A2
Strada Comunale Frascia, 90123
0923-92 10 85
casalmarefavignana.com
Schickes Boutique-Hotel, auf einem Felsvorsprung gelegen und mit eigenem Strandbad direkt an den Felsen. Die Terrasse ist wunderschön zum Meer ausgerichtet, das Frühstück herrlich.

Hotelkategorien *siehe Seite 201*

LEVANZO: Lisola Residence €
Ferienwohnung **SK** A1
Contrada Case, 90123
0923-194 15 30
lisola.eu
Diese ehemaligen Landarbeiterunterkünfte aus dem 19. Jahrhundert eignen sich für zwei bis vier Personen. Es gibt einen großen Pool mit Sonnenschirmen und Liegestühlen und kostenlosen Transport zum Hafen (auch leicht zu Fuß zu erreichen).

MARETTIMO: La Terrazza €
B&B **SK** A1
Via G. Pepe 24, 90123
368-768 15 71
bedandbreakfastmarettimo.it
Einfache, aber geschmackvoll eingerichtete Zimmer und eine große, teilweise überdachte Terrasse, wo das Frühstück mit grandioser Aussicht auf die Burg und das Meer serviert wird.

MARINELLA DI SELINUNTE: Sicilia Cuore Mio €
B&B **SK** A3
Via della Cittadella 44, 91022
0924-460 77
siciliacuoremio.it
Schönes B&B in einem Landhaus aus dem frühen 20. Jahrhundert, direkt gegenüber der archäologischen Ausgrabungsstätte, mit einer herrlichen Dachterrasse und Blick auf das Meer.

Vis-à-Vis-Tipp

PETRALIA SOPRANA: La Locanda di Cadì €
Agriturismo **SK** D3
Borgo Cipampini, 90026
338-2890100
lalocandadicadi.it
Ein authentisches, familiengeführtes Landgasthaus in einem kleinen Borgo außerhalb des mittelalterlichen Bergdorfs Petralia Soprana, mit frei laufenden Hühnern und freundlichem Hund. Bekannt für fantastisches Essen, die Zimmer sind einfach, mit weiß getünchten Wänden und Holzbalken. Für alle, die Ruhe und Genuss lieben, ist es ein unvergessliches Erlebnis, hier zu übernachten.

TRAPANI: Nuovo Albergo Russo €
Traditionell **SK** A2
Via Tintori 4, 90123
0923-221 63
nuovorusso.altervista.org
Gegründet in den 1950er Jahren und noch in der gleichen Familie, es gibt Erbstücke in den öffentlichen Bereichen. Die Zimmer sind einfach, aber die Lage ist herrlich.

Der luxuriöse Pool des Grand Hotel Villa Igiea in Palermo *(siehe S. 202)*

USTICA: Stella Marina Residence €€
Ferienwohnung **SK** B1
Via Cristoforo Colombo 35, 90010
091-844 81 21
stellamarinaustica.it
Diese stilvollen, modernen Selbstversorger-Apartments liegen in einem kleinen Komplex über dem Hafen. Wellnessbereich sowie Terrasse für Frühstück und Sonnenbad.

Südwest-Sizilien

AGRIGENTO: Villa Pirandello €
B&B **SK** C4
Via F. Crispi 34, 92100
0922-222 75
B&B in einer Villa aus dem 19. Jahrhundert. Einfache, helle Zimmer und eine sonnige Terrasse, das Restaurant Terra *(siehe S. 213)* liegt im dazugehörenden schattigen Garten.

AGRIGENTO: Mandranova €€
Agriturismo **SK** C4
SS115, km217, Palma di Montechiaro, 92020
393-986 21 69
mandranova.it
Wunderschön restauriertes Bauernhaus auf einer Olivenplantage, in den Zimmern, Suiten und Ferienwohnungen mischen sich Antiquitäten und modernes Design perfekt. Das ausgezeichnete Restaurant verwendet Produkte aus eigenem Anbau.

LAMPEDUSA: I Dammusi di Borgo Cala Creta €
Feriendorf **SK** B5
C.da Cala Creta, 92010
0922-97 08 83
calacreta.com
Unterkunft im traditionellen *dammusu*-Stil mit Trockenmauern, gewölbten Dächern und Terrassen im Schatten an einer der herrlichsten Buchten der Insel. Es gibt auch ein schönes Restaurant.

Vis-à-Vis-Tipp

PANTELLERIA: Pantelleria Dream €€€
Feriendorf **SK** A5
Località Tracino 91017
0923-91 56 70
pantelleriaexclusive.it
Individuelle weiß getünchte *Dammusu*-Unterkünfte aus Lavastein mit Kuppeldächern und Terrassen im Schatten hoch über der dramatischen Felsküste der Insel. Die Räume sind einfach eingerichtet, mit weißen Wänden und Textilien im nordafrikanischen Stil. Es gibt einen Infinity-Pool, coolen Jazz-Sound an der Bar und eine gute Auswahl an frischen, regionalen Produkten im Restaurant.

PIAZZA ARMERINA: Suite d'Autore €€
Bouique **SK** D4
Via Monte 1, 94015
0935-68 85 53
suitedautore.it
Hotel in einem alten Palazzo an der Kathedrale. Die Zimmer verbinden modernes Design mit Retro-Kunst. Die Bar im obersten Stockwerk bietet eine fantastische Aussicht, und es gibt kostenlose Parkplätze vor der Tür.

PIAZZA ARMERINA: Torre di Renda €€
Agriturismo **SK** D4
Contrada Torre di Renda, 94015
0935-68 69 37
torrerenda.it
Charmante Zimmer in einem Landhaus, umgeben von Wäldern. Schöne Gärten, Kinderspielplatz , ein Swimmingpool und ein Restaurant machen es ideal für Familien im Sommer.

Südsizilien

Vis-à-Vis-Tipp

MARINA DI RAGUSA: La Moresca €€€
Boutique **SK** E5
Via Dandolo, 97010
0932-23 94 95
lamorescahotel.it
Hübsche Jugendstil-Villa mit maurischen Akzenten, die in ein *maison de charme* umgewandelt wurde. Original-Fliesenböden, nach Jasmin duftende Innenhöfe und geschnitzte Türen werden mit modernen Elementen wie Gehwegen aus Stahl, einem gläsernen Frühstücksraum und im Wind wogender weißer Bettwäsche ergänzt. Ein kurzer Spaziergang führt zum nahe gelegenen Strand.

MODICA: L'Orangerie €€
B&B **SK** E5
Vico de Naro 5, 97015
347-067 46 98
lorangerie.it
Ruhiges und elegantes B&B mit drei großen Suiten (mit Küche) und vier geräumigen Zimmern in einem Palazzo mit Deckenfresken und privater, blumengeschmückter Terrasse.

NOTO: Montandon €€
B&B **SK** E5
Via Antonio Sofia 50, 96017
339-524 46 07
b-bmontandon.it.
Familiengeführt, mit einem ummauerten Garten und der Möglichkeit zu grillen. Es gibt eine Gemeinschaftsterrasse, wo Sie Frühstück, Snack oder Aperitif einnehmen können. Alle Zimmer sind groß und luftig, mit eigenen, privaten Terrassen.

NOTO: Terre di Vendicari €€€
Boutique **SK** E5
Contrada Vaddeddi, 96017
346-359 38 45
terredivendicari.it
Minimalistischer Chic in einem Landhotel im Naturschutzgebiet Vendicari, mit Blick über Oliven- und Zitronenbäume bis zum Meer. Die Zimmer sind stilvoll mit Philippe-Starck-Bädern, wunderschöne Anlage mit tollem Pool.

RAGUSA: Locanda Don Serafino €€€
Boutique **SK** E5
Via 11 Febbraio, 15, 97100
0932-22 00 65
locandadonserafino.it
Zehn Zimmer in einer Reihe von sorgfältig restaurierten Barockhäusern, mit einer Lounge unter Kalksteingewölbe. Kein Außenbereich, aber delikates Abendessen.

SCICLI: Albergo Diffuso €
Ferienwohnung **SK** E5
Via Mormino Penna 15, 97018
0932-18 55 55
sciclialbergodiffuso.it
Dies ist ein innovatives Konzept – Übernachtung mit Frühstück oder Selbstversorger-Unterkunft in elf verschiedenen Häusern rund um das historische Zentrum. Rezeption (und Frühstücksbereich) befinden sich in der Bar Millennium auf Sciclis schönster Straße.

Vis-à-Vis-Tipp

SIRACUSA: Hotel Gutkowski €€
Boutique **SK** F4
Lungomare Vittorini 26, Ortygia, 96100
0931-46 58 61
guthotel.it
Mediterraner Minimalismus und atemberaubende Meerblicke zeichnen das Hotel am östlichen Rand von Ortygia aus. Weiße Wände, Bettwäsche und durchscheinende Vorhänge lassen Meer und Himmel als die eigentlichen Stars erscheinen. Die Möbel sind nicht original, aber schick – Eames-Stühle, moderne Himmelbetten und altes Holz. Einige Zimmer verfügen über private Terrassen.

SIRACUSA: Palazzo del Sale €€
B&B **SK** F4
Via Santa Teresa 25, Ortygia, 96100
0931-659 58
palazzodelsale.it
Stilvolles, aber sehr entspanntes Boutique-B&B in einem Palazzo aus dem 19. Jahrhundert eines Salzhändlers in Ortygia. Die geräumigen Zimmer haben dekorative Elemente aus schönen, natürlichen Materialien. Das Meer ist in wenigen Minuten zu Fuß zu erreichen.

SIRACUSA: Residenza dei Baroni €
Ferienwohnung **SK** F4
Via Largo della Gancia 30–32, Ortygia, 96100
0931-673 63
residencedeibaroni.it
Ein- und Zweizimmer-Apartments mit Kochgelegenheit in einem gepflegten Palazzo in einer Ecke des Lungomare Levante in Ortygia. Alle Apartments verfügen über geflieste Böden, ockerfarbene Wände und schmiedeeiserne Bettgestelle. Gut geführtes Haus.

Malerischer Blick vom Balkon in der Albergo Diffuso in Scicli

Nordost-Sizilien

CATANIA: Casa Barbero €€
B&B **SK** E3
Via Caronda 209, 95128
095-58 05 14
casabarbero.com
Kräftige Farben und modernes Design dominieren in den sechs ruhigen Zimmern um einen Innenhof in einem Palazzo. Außerdem gibt es zwei Selbstversorger-Apartments, eins davon am Meer in Acitrezza.

CATANIA: Frederico Secondo €€
Historisch **SK** E3
Via Maggiore Baracca, 2, 95012
0942-98 03 68
hotelfedericosecondo.com
Dieses schlichte Hotel in einem perfekt restaurierten Palazzo aus dem 13. Jahrhundert im Zentrum des Hügeldorfs Castiglione bietet geräumige, geschmackvoll eingerichtete Zimmer. Ein idealer Ausgangspunkt für Ausflüge zum Ätna und in das Alcantara-Tal.

Vis-à-Vis-Tipp

FILICUDI: La Sirena €€
Ferienwohnung **SK** E1
Loc. Pecorini Mare, 98050
090-988 99 97
pensionelasirena.it
Es gibt keinen besseren Ort für einen entspannten Inselurlaub als hier in dieser Anlage La Sirena, mit Blick auf den Strand von Pecorini Mare, wo Fischerboote entlangziehen. Wählen Sie zwischen Zimmern direkt über dem Restaurant mit winzigen Balkonen zum Meer oder Apartments mit Kochgelegenheiten. Versäumen Sie es auf keinen Fall, hier im Restaurant zu essen *(siehe S. 216f)*.

GIARDINI-NAXOS: Hotel Palladio €€€
Boutique SK F3
Corso Umberto I 470, 98035
0942-522 67
hotelpalladiogiardini.com
Authentisch familiengeführtes Hotel in einem Palazzo aus dem 19. Jahrhundert in fabelhafter Lage am Meer. Das Frühstück ist mit Produkten von Bauernhöfen, die die Slow-Food- und Anti-Mafia-Bewegungen unterstützen.

LINGUAGLOSSA: Rifugio Ragabó €
Berghütte SK F3
Pineta Bosco Ragabo, 95015
095-64 78 41
ragabo.it
Einfaches, gemütliches Hotel und Restaurant (mit offenem Kamin) hoch auf dem Ätna: ein perfekter Ausgangspunkt für einen aktiven Urlaub in den Bergen im Winter oder Sommer. Die zwei Vierbettzimmer sind ideal für Familien.

LIPARI: Diana Brown €€
B&B SK E1
Vico Himera 3, 98055
090-981 25 84
dianabrown.it
Freundliches B&B in einer Gasse parallel zur Hauptstraße. Die Zimmer sind brandneu, mit Kühlschrank und Wasserkocher, einige mit Küchenzeile. Es gibt auch eine große Dachterrasse.

LIPARI: Hotel Tritone €€€
Luxus SK E1
Via Mendolita, 98055
090-981 15 95
hoteltritonelipari.it
Luxuriöses, kleines Hotel mit ruhigen Gärten, gutem Pool, schönem Wellnessbereich und einem hervorragenden Restaurant. Alle Zimmer verfügen über einen Balkon oder eine Terrasse.

Messina: Town House Messina €
B&B SK F2
Via Giordano Bruno 66, 98123
090-293 60 97
townhousemessina.it
Hübsches B&B an der Piazza Cairoli, mit minimalistischem Dekor und fabelhaften Designer-Bädern. Das Frühstück gibt es im nahe gelegenen Café Billè.

MILAZZO: Locanda del Bagatto €€
Boutique SK F2
Via Massimiliano Regis 7, 98057
090-922 42 12
locandadelbagatto.com
Minimalistische Designer-Zimmer, nur wenige Gehminuten vom Hafen entfernt, neben einer schönen Bar mit Restaurant.

PANAREA: Raya €€€
Luxus SK E1
Loc. San Pietro, Panarea 98050
090-98 30 13
hotelraya.it
Das exklusivste, teuerste Hotel auf Sizilien, oberhalb des Dorfes. Die Zimmer, komplett in natürlichen Materialien eingerichtet, bieten Blick über Oliven, Hibiskus und Bougainvillea bis zum Meer.

PATTI: Casa Rubes €€
B&B SK E2
Via Magretti 127
0941-216 48
casarubes.it
Entspanntes B&B in einem Stadthaus in der Altstadt. Die Gastgeber sind herzlich und gastfreundlich, das Frühstück wird an einem langen Tisch auf der blumengeschmückten Terrasse serviert.

SALINA: La Salina Borgo di Mare €€
Boutique SK E1
Via Manzoni, Lingua 98050
090-984 34 41
lasalinahotel.com
Schönes Hotel in einer Gruppe von restaurierten Gebäuden an der Lagune. Die meisten Zimmer haben Meerblick und Terrasse, es gibt auch ein kleines Strandbad.

SALINA: Capo Faro €€€
Boutique SK E1
Località Capo Faro, 98050
090-984 43 30
capofaro.it
Elegante Zimmer im äolischen Stil, mit Blick über Weinberge auf das Meer. Die Einrichtungen sind erstklassig, vom herrlichen Pool bis zum stilvollen Restaurant. Keine Kinder unter 12 Jahren.

STROMBOLI: Sirenetta Park Hotel €€€
Feriendorf SK F1
Località Ficogrande, 98050
090-98 60 25
lasirenetta.it
Weiß getünchtes Hotel gegenüber der Straße von Strombolis größtem Sandstrand, mit blumengeschmücktem Innenhof. Es gibt einen Meerwasser-Pool, ein Restaurant und ein Strandbad.

TAORMINA: Grand Hotel Timeo et Villa Flora €€€
Luxus SK F2
Via Teatro Greco 59, 98039
0942-238 01
belmond.com/luxury-hotels
Das älteste Hotel Taorminas strahlt Eleganz aus: prächtige Empfangsräume mit großen Fenstern, eine romantische Terrasse mit Blick über Gärten und ein schöner Pool. Die meisten Zimmer haben eine Terrasse.

Vis-à-Vis-Tipp

TAORMINA: Villa Carlotta €€€
Boutique SK F2
Via Pirandello 81, 98039
0942-62 60 58
hotelvillacarlotta taormina.com
Hotel in einer Villa aus dem frühen 20. Jahrhundert mit schönem Garten und herrlichem Ausblick bis zur Küste von Kalabrien. Die Zimmer sind sehr komfortabel und individuell gestaltet und dekoriert. Zur Gartenanlage gehört ein kleiner, hübscher Pool mit Blick auf eine verfallene Kapelle.

ZAFFERANO ETNEA: Sotto i Pini €
B&B SK G3
Via A. Diaz 208, 95019
095-95 66 96 o. 340-673 89 26
sottoipini.it
Diese schön eingerichtete Villa ist im Schatten des Ätna gelegen, mit grandioser Aussicht auf den Vulkan und das Meer. Ökologisch geführt, auch die Speisen sind meist aus lokalem, saisonalem und biologischem Anbau.

Eingang zu Frederico Secondo in Catania ***(siehe S. 204)***

Restaurants

Die Sizilianer lieben gutes Essen – und besondere Freude macht es ihnen, mit Familie und Freunden in einem Lokal zu schlemmen, wenn Hausgemachtes auf den Tisch kommt. Ohne Fisch käme die sizilianische Küche nur schwer aus. In fast allen Restaurants gibt es ihn frisch, je nach örtlichem Gusto gegrillt oder gebraten – oder als Zutat bei vielen Pastasaucen: Ein paar Sardinen oder Sardellen, ein wenig Thunfisch oder Schwertfisch, zubereitet mit Chili, Kapern, Oliven, Pinienkernen und kleinen sizilianischen Kirschtomaten schmecken fantastisch frisch. Außer Pasta schätzen Sizilianer auch Couscous, ein Vermächtnis der Araber. Auf den Seiten 210–217 erfahren Sie in unserer Restaurantauswahl, wo Sie den heiß begehrten Snack oder den perfekten Schwertfisch *involtini* bekommen.

Unkonventionell Essen

Sizilien bietet eine große Fülle an Snacks, Gebäck und Eis. Die Lebensmittelgeschäfte, Bäckereien und zunehmend auch Delikatessenläden verkaufen allerlei Leckereien für unterwegs oder ein Picknick.

Pizzerien gibt es im Überfluss, die besten haben einen Holzofen *(forno a legna)*, aus dem die Pizzen knusprig herauskommen. Andere warme Mahlzeiten zum Mitnehmen bekommen Sie in einer *rosticceria*, wo Sie Pastagerichte, gebratenes Huhn und Ähnliches erhalten. Den kleinen Hunger stillt man in einer Bar oder *focacceria* mit einem *panini* (Sandwich), *arancini* (Reisbällchen) und *impanate* (Pastete). Abenteuerlustige entdecken die Straßenküchen der Städte, wie das in Palermo beliebte *pane ca' meusa* (Sandwich mit Innereien) und *pane e panelle* (ausgebackene Kichererbsenbällchen in einem Brötchen).

Restauranttypen

Es gibt im Wesentlichen drei Arten von Lokalen in Sizilien, und bis vor einigen Jahren waren sie deutlich zu unterscheiden. Ein *ristorante* war ein »richtiges« Restaurant mit Tischdecken und Kellner in Uniform. Eine *trattoria* war einfach und bodenständig, die Speisekarte mit Kreide auf eine Tafel geschrieben. Ein einfaches Wirtshaus war die *osteria*, wo es Aufschnitt, Käse und vielleicht ein Nudelgericht oder eine Suppe gab.

Das hat sich geändert, und die Wahl des Namens für ein Lokal hängt heute mehr von der Tradition ab als von Preis oder Ausstattung. *Ristorante* ist jetzt ein neutraler Oberbegriff für alles und kann ein mit Michelin-Stern ausgezeichneter Palast, genauso aber auch eine touristische Imbissbude sein.

Natürlich gibt es aber auch noch die *trattoria* und *osteria*, die *trattoria* belebt traditionelle Gerichte wieder, die gern neu interpretiert werden. Eine *osteria* – oder *vineria* – legt den Schwerpunkt auf erstklassige Weine und Zutaten, von der Slow-Food-Bewegung gefördert und oft mit minimalistischer Methode zubereitet.

Exquisit angerichtete Speisen im La Gazza Ladra, Modica ***(siehe S. 215)***

Speisekarte

Bei einer italienischen Mahlzeit ist das Nudelgericht nicht das wichtigste, sondern ein Zwischengang. *Antipasti* (»vor Pasta«), sind kleine Vorspeisen; dann folgen die *primi*: Pasta, Risotto und, in Sizilien, Couscous. Darauf gibt es den eiweißbasierten Hauptgang, oft mit gegrilltem Fisch oder Fleisch (Vegetarier wählen einen zweiten Gang aus den *primi*). Gemüse wird fast immer als Beilage *(contorni)* bestellt. In den Städten und in Touristenorten wird diese Abfolge aber nicht mehr ganz so starr eingehalten.

Obwohl Speisekarten die Regel sind, präsentiert der Kellner am Tisch das Tagesangebot. In Sizilien bestehen gute Antipasti aus Gemüse in Öl, Fisch- und Meeresfrüchtesalaten und Meeresfrüchtesuppen.

Nudelgerichte *(siehe S. 208)* sind leicht und sehr einfach oder herzhaft gefüllt, wie die

Pasticceria di Pasquale in Ragusa: himmlische Delikatessen ***(siehe S. 215)***

Live-Musik zum Essen im veganen Restaurant Moon, Siracusa *(siehe S. 216)*

mächtigen *pasta n'casciata*, ein Makkaroniauflauf mit Fleischsauce, Wurst, Käse und hartgekochten Eiern. Zum Hauptgericht gibt es im Landesinneren oft Kaninchen oder Schwein, an der Küste Fisch (typischerweise Thunfisch oder Schwertfisch), frisch zubereitet und nach Gewicht verkauft (fragen Sie nach einem fairen Preis).

Sizilianer lieben ihre Desserts, in der Regel finden Sie aber auch frisches Obst auf der Karte, wenn Sie keinen Platz mehr für Cannoli, Cassata *(siehe S. 209)* oder ein Eis haben.

Wein

Die einfachsten Lokale auf dem Land servieren meist nur lokal produzierten Wein im Glas oder literweise. Ansonsten erhalten Sie in den Gaststätten sizilianische Weine von der ganzen Insel und einige Weine vom Festland. Nur gehobene Lokale und *enotecas* (Vinotheken) bieten auch Weine an, die nicht aus Italien sind.

Preise und Bezahlung

Rechnungen weisen eventuell nicht jeden einzelnen Gang, sondern nur den Gesamtbetrag auf. Spezifizierten Rechnungen ist der Aufschlag für Gedeck (*coperta*; 1–3 €) und Bedienung zu entnehmen. Als Trinkgeld sollte man ungefähr zehn Prozent geben.

Italiens Esslokale müssen per Gesetz Quittungen *(ricevuta fiscale)* ausstellen, sonst machen sie sich der Steuerhinterziehung verdächtig. Als Gast riskieren Sie ein Bußgeld, wenn Sie der Finanzpolizei *(finanziere)* auf Verlangen keine *ricevuta fiscale* vorlegen können.

Die meisten Restaurants und Trattorien akzeptieren Kreditkarten. Bars, Cafés und kleinere Familienbetriebe nehmen dagegen oft nur Bargeld an.

Öffnungszeiten

Restaurants haben normalerweise von 13 bis 15.30 Uhr und von 19 bis 24 Uhr geöffnet. Viele Restaurants schließen an einem Tag pro Woche, ausgenommen vielleicht in der Hochsaison (Juli und August). In der Restaurantauswahl *(siehe S. 210–217)* sind jeweils die Ruhetage angegeben. Restaurants und Trattorien machen zudem einmal im Jahr Urlaub – in Städten wie Palermo bevorzugt im August, in kleineren Orten an der Küste und auf den Inseln im Winter.

Reservierung

Vor allem an Sommerabenden kann ein freier Tisch im Restaurant Mangelware sein. Rechtzeitige Reservierung ist daher selbst bei Trattorien ratsam. Die Alternative heißt: frühzeitig (gegen 19 Uhr) erscheinen.

Mit Kindern essen

Kinder sind in fast allen italienischen Restaurants willkommen. Das gilt insbesondere für Familienbetriebe, die gern Kindergerichte oder halbe Portionen servieren (auch wenn einige den vollen Preis berechnen). Edlere Etablissements mögen etwas abweisender sein, informieren Sie sich vorab.

Rauchen

In Restaurants und Bars ist Rauchen nicht mehr erlaubt. Geraucht werden darf jedoch an Tischen im Freien.

Restaurantkategorien

Die Lokale in der Restaurantauswahl *(siehe S. 210–217)* wurden aufgrund ihrer ausgezeichneten Küche, ihrer schönen Lage und ihres guten Preis-Leistungs-Verhältnisses ausgewählt. Sie sind nach Regionen aufgelistet, deren Reihenfolge den Kapiteln in diesem Buch entspricht. Innerhalb der Regionen sind die Städte alphabetisch geordnet.

Gourmet bezieht sich auf elegante Restaurants. Die **Trattoria** serviert qualitativ ansprechende Gerichte. **Seafood** verspricht frischesten Fisch und Schaltiere. **Sizilianische** Küche genießt man in traditionellen und/oder modernen Lokalen. Im **Café** gibt es alles für den kleinen und/oder süßen Hunger. **Streetfood** sorgt für authentischen einfachen Genuss.

Die unter **Vis-à-Vis-Tipp** hervorgehobenen Lokale präsentieren das Beste der sizilianischen Küche. Ob traditionell oder spannend und zeitgemäß – sie versprechen unvergessliche Genusserlebnisse.

Wein und Antipasti in der *vineria* La Putia in Siracusa *(siehe S. 216)*

Sizilianische Küche

Die sizilianische Küche ist dank der unterschiedlichen Siedler die abwechslungsreichste Italiens. Homer beschrieb in der *Odyssee* den Überfluss an Granatäpfeln und Trauben. Die Normannen führten das Fischpökeln mit Salz ein, die Spanier brachten Tomaten und Paprika. Die Araber, die Mandeln, Auberginen, Safran und Zuckerrohr bekannt machten, prägten die sizilianische Küche nachhaltig. Die arabische Tradition, Gemüse zu füllen, süße Teilchen zu backen sowie Reis, Couscous und Süßsauer-Kombinationen zuzubereiten, sind noch heute lebendig.

Frische Kräuter

Sizilianischer Bauer mit einem Korb voll frischem Ricotta

Nordwest-Sizilien

In dieser Region Siziliens wird meist scharf gewürzt – ein Zeichen des starken östlichen Einflusses. Nicht von ungefähr erinnern die Märkte in Palermo an arabische Souks.

Der Duft von den Orangen- und Zitronenhainen in La Conca d'Oro liegt in der Luft und ist auch in vielen Gerichten wiederzufinden. In den Weingütern um Marsala werden Weine hergestellt, die man sowohl für pikante Speisen als auch für Desserts verwendet. *Insalata d'arance* kombiniert aufs Köstlichste Orangen, Minze und Marsala.

Früher wurden an der Küste vor allem Thunfische gefangen, in Mazara del Vallo gibt es eine der größten Tiefseefischflotten des Mittelmeers.

Südwest-Sizilien

Im Hinterland serviert man viele Geflügelgerichte. Leber wird oft süßsauer zubereitet, während man Kaninchen oder Ziege mit Gemüse und Kräutern schmort. Früchte werden eingekocht, aus Mandeln wird Marzipan zubereitet. Die Spezialität von Agrigento, wo es jedes Frühjahr ein Mandelfest gibt, ist *cuscus* mit

Auswahl an Fisch und Meeresfrüchten aus den Gewässern vor Sizilien

Typische Gerichte und Spezialitäten

Süße Feigen

Als Vorspeise gibt es Carpaccio aus Thun- oder Schwertfisch, *caponata* (Auberginen in einer süßsauren Tomatensauce mit Kapern, Oliven, Pinienkernen und Basilikum) und *frittedda* (Gemüseeintopf aus Artischocken, Erbsen und Puffbohnen). *Arancini* sind kleine gefüllte Reisbällchen. Aus Ricotta, Auberginen und Tomaten wird die Sauce für *pasta alla norma* zubereitet. Meeresfrüchte und Schaltiere finden sich ebenfalls in Nudelgerichten, etwa in *pasta al nero di seppia* (mit Tintenfischtinte) und *pasta con aragosta* (mit Hummer). Viele Gerichte verwenden Sardinen, Tintenfisch und Meerbarbe, etwa *calamari in umido* (Tintenfisch in Tomatensauce) und *triglie di scoglio* (Meerbarbe in süß-saurer Zwiebelsauce).

Maccheroncini con le sarde sind Makkaroni mit Sardinenfilets, Fenchel, Pinienkernen, Rosinen und Safran.

Ein Bauer verkauft in Taormina frisches Gemüse und Früchte

Schokolade, Pistazien und Mandeln. Ein herzhaftes *cuscus* mit Fisch oder Hühnerbrühe, Gewürznelken und Muskatnuss gibt es auf Pantelleria, der Insel, die am nächsten zu Nordafrika liegt.

Nordost-Sizilien

Der Osten wird vom Ätna und seinen äußerst fruchtbaren Hängen dominiert. Es gibt viele Felder, Obstgärten und Weinberge. In den Gerichten kommen eher Kräuter als Gewürze zum Einsatz, was eine angenehme Frische verleiht.

Messina ist für gegrillten Schwertfisch bekannt, Catania für *risotto nero*, das mit der schwarzen Tinte des Tintenfischs gefärbte Reisgericht.

Schon im Altertum wurde Schnee mit Zucker und Blumen- oder Fruchtessenz versetzt: die Geburt von Sorbets und Eiscreme.

Südsizilien

In und um Ragusa prägen riesige Gewächshäuser, in denen das ganze Jahr über frisches Obst und Gemüse geerntet wird, die Landschaft. Gelbe Paprika, Auberginen, Zucchini und Tomaten sind die Hauptzutaten für Nudelsaucen wie *vermicelli alla siracusana*, aber auch schwarze Oliven, Kapern und Anchovis kommen zum Einsatz.

Frisch geerntete Oliven kurz vor der Ölpressung

Das Schweinefleisch von den Höfen im Inland hat einen ausgeprägten Birnengeschmack, da die Tiere mit Birnen gefüttert werden. Würste werden oft mit Wildkräutern abgeschmeckt.

Die Milch von Kühen, Schafen und Ziegen verarbeitet man zu Käse – etwa zu Pecorino. Ricotta wird über Eintöpfe, Nudel- und Reisgerichte verteilt, in *cassatelle*, den sizilianischen Ravioli, verarbeitet und ist eine wichtige Zutat in vielen weiteren Nachspeisen.

Getränke

Hochwertige Weine sind Faro und Cerasuolo di Vittoria (beides Rotweine), Contea di Sclafari, Erice, Nero d'Avola sowie Ätna-Weine von den Vulkanhängen (trockene Rot- und Weißweine).

Den Süßwein Marsala, den englische Händler im 18. Jahrhundert in Sizilien einführten, gibt es trocken *(secco)* oder süß *(dolce)*.

Süßer *moscato* kommt aus Noto, Siracusa und Pantelleria. Der seltene Malvasia aus Lipari trägt den Beinamen »flüssiges Gold«.

Es gibt feine Liköre aus Mandeln, Zitronen, Birnen, Kräutern und Wurzeln.

Pesce spada, Schwertfisch, wird mit Orangensauce serviert oder als Steak mit Zitrone, Knoblauch und Kräutern gegrillt.

Pollo alla marsala ist ein mit Marsala, Zitronensaft, Kapern und Petersilie saftig geschmortes Hühnchen.

Cassata ist ein Biskuitschichtkuchen mit Ricotta, Marsala, Schokolade, kandierten Früchten und Marzipan.

Restaurantauswahl

Palermo

Vis-à-Vis-Tipp

Antica Focacceria San Francesco €
Streetfood/Gourmet **SP** D3
Via A. Paternostro 58, 90133
☎ 091-32 02 64
Eine pulsierende palermische Institution mit einem herrlichen gefliesten Innenraum. Traditionelle Snacks wie *focaccia schietta* (Focaccia mit Innereien und Caciocavallo-Käse) und *sfincione* (Pizza mit Zwiebeln, Tomaten, Caciocavallo und Paniermehl) werden im Erdgeschoss serviert. Weitere Mahlzeiten und preiswerte Menüs gibt es im Obergeschoss.

Caffè al Riso €
Café **SP** C4
Via Vittorio Emanuele 365, 90134
☎ 091-58 85 15
Minimalistische Bar mit schattigem Hof, gehört zum Museum für zeitgenössische Kunst. Man serviert Kaffee mit Haselnuss- und Schokoladengeschmack, leichte Mittagessen und *aperitivos*. Es gibt freies WLAN.

Vis-à-Vis-Tipp

I Cuochini €
Streetfood **SP** B1
Via Ruggero Settimo 68, 90121
☎ 091-58 11 58 ● So
Gegründet wurde das I Cuochini im Jahr 1826 und ist strahlend schön gefliest, es gibt frittierte palermische Snacks wie *panzerotti* (gefüllte Teigtaschen), *arancini* (Reisbällchen), *pasticcino* (Hefegebäck mit süßer Füllung) und *besciamelle fritte* (Paniertes mit Béchamelsauce) – alles für weniger als einen Euro, frisch und leicht.

Franco u Vastiddaru €
Streetfood **SP** DE3
Piazza Marina, 90133
☎ 091-32 59 87
Sehr beliebt bei den Palermern und berühmt für seine herzhaften Snacks: Kichererbsen-Pfannkuchen, gebratene Kroketten, frittierte Reisbällchen und mit Innereien gefüllte *pane con la milza* (*pane ca' meusa* im Sizilianischen). Bestellen Sie an der Theke und essen mit Vergnügen an Plastiktischen von Plastiktellern mit Plastikbesteck.

Friggitoria Chiluzzo €
Streetfood **SP** E3
Piazza Kalsa, 90133
Die Palermer streiten darüber, wer die besten *pane e panelle* (Kichererbsen-Pfannkuchen in einem Brötchen) in der Stadt macht. Dieser kleine Kiosk ist immer ein Anwärter. Bestellen Sie Ihren Imbiss und eine Flasche Bier und mischen Sie sich unter das Publikum, das unter dem großen Vordach Schatten sucht.

Risto Cibus €
Feinkost **SP** C1
Via E. Amari 79, 90139
☎ 091-32 30 62
Feinkostladen in der Nähe des Hafens mit einer großen Theke und einem Holzofen. Köstliche Pizzen und andere warme und kalte Speisen zum Essen oder zum Mitnehmen.

Rosciglione €
Streetfood **SP** B5
Via Gian Luca Barbieri 5, 90134
☎ 091-651 29 59 ● So
Dies ist die berühmteste *Cannolo*-Bäckerei in Palermo, wo Sie beobachten können, wie die knusprigen Hüllen gemacht werden, während Sie eins davon mit kühlem, süßen Ricotta verzehren.

Spinnato €
Café **SP** B1
Via Principe di Belmonte 107–115, 90121
☎ 091-749 51 04
Mit seiner Terrasse in der Fußgängerzone, die berühmt für ihre Einkaufsmöglichkeiten ist, ist dies der perfekte Ort für Frühstück, Nachmittagstee oder einen *aperitivo*, der mit gerösteten Mandeln und Pistazien serviert wird.

Traditionelle Snacks und Menüs in der Antica Focacceria San Francesco

Preiskategorien
Preise für ein Drei-Gänge-Menü pro Person mit einer halben Flasche Wein, inklusive Steuer und Service.

€	unter 20 Euro
€€	20–40 Euro
€€€	über 40 Euro

Trattoria Torrenuzza €
Seafood **SP** E3
Via Torrenuzza 17, 90133
☎ 091-252 55 32
Entspannte Trattoria, wo der Fisch auf einem Holzkohlerost gegrillt wird. Im Sommer essen Sie an den Tischen draußen, im Winter drinnen. Schlemmen Sie ein Meeresfrüchte-Menü mit Muschelsuppe, Nudeln mit Mies- und Venusmuscheln sowie gebratenen oder gegrillten Fisch.

Ai Cascinari €€
Trattoria **SP** A4
Via d'Ossuna 43–45, 90138
☎ 091-651 98 04 ● Mo, Di, So mittags
Ein Bruder bedient, der andere kocht, mit Produkten vom nahen Capo-Markt. Schöne gemischte Antipasti mit panierter und gebratener Rotbarbe und *pane e panelle* *(siehe S. 73)* sowie eine Vielzahl von Nudelgerichten.

Il Mirto e la Rosa €€
Seafood **SP** C1
Via Principe di Granitello 30, 90139
☎ 091-32 43 53 ● So
Eine großartige Option für Vegetarier und Liebhaber von Meeresfrüchten, es gibt *caponata* mit pistaziengespicktem Couscous, hausgemachte Tagliolini mit Tomatensauce, gegrillte Aubergine und Käse aus den Nebrodi-Bergen. Lassen Sie unbedingt Platz für himmlische hausgemachte Desserts und Zimt-Likör.

Primavera €€
Trattoria **SP** C4
Piazza Bologni 4, 90134
☎ 091-32 94 08 ● Mo
In eindrucksvollem Rahmen an einem Platz mit herrlichem Garten wird Hausmannskost wie *pasta con le sarde* (mit Sardinen) und Bucatini mit Brokkoli serviert. Guter, günstiger Flaschenwein.

Pizzeria Italia €€
Pizzeria **SP** B2
Via Orologio 54, 90133
☎ 091-58 98 85 ● mittags, Di
Ein guter Platz für leichte Pizzen, die knusprig aus dem Holzofen kommen. Bei schönem Wetter kann man draußen sitzen.

Obika €€
Café **SP** C3
4. Etage, Kaufhaus Rinascente, Via Roma 289, 90133
☎ 091-601 78 61
Filiale einer exklusiven Kette, die auf ausgewählten *mozzarella di bufala* spezialisiert ist, der auf exquisit angerichteten Salaten und anderen leichten Gerichten serviert wird. Perfekt für das Mittagessen oder einen Aperitif mit delikaten Häppchen.

Osteria Lo Bianco €€
Seafood **SP** C1
Via E. Amari 104, 90139
☎ 091-251 49 06 ● So abends
Typische palermische Trattoria, mit religiösen Souvenirs und Juventus-Fahnen dekoriert. Es gibt traditionelle Gerichte wie *ricciola* (Gelbschwanzmakrele) in würziger Tomatensauce und Kroketten aus Sardinen.

Sant'Andrea €€
Trattoria **SP** C3
Piazza Sant'Andrea 4, 90133
☎ 328-131 45 95 ● mittags, So
In dieser schicken kleinen Trattoria in der Nähe des geschäftigen Vucciria-Marktes wird saisonal und kreativ, mit Konzentration auf sorgfältig ausgewählten Zutaten aus der Region, gekocht.

Trattoria Il Vecchio Mafone €€
Seafood **SP** 3B
Via Judica 4, 90134
☎ 091-507 96 21 ● Mo im Winter, So im Sommer
Hier wählen Sie außerordentlich frischen Fisch direkt aus der Auslage. Lassen Sie sich vom Kellner beraten, wie er zubereitet werden soll und gönnen Sie sich Antipasti von rohen Garnelen oder einen Teller Nudeln mit Tintenfisch, während Sie warten.

Bye Bye Blues €€€
Gourmet **SK** C2
Via del Garofalo 23, 90100
☎ 091-684 14 15 ● Mo
Außerhalb der Stadt in Mondello *(siehe S. 76)*, aber eine Reise wert. Das elegante, national renommierte Restaurant serviert raffinierte Gerichte wie Spaghetti mit pürierten Bohnen, garniert mit Seeigel, Kartoffel-*tortelli* mit Ragout von Nebrodi-Schwein und Apfel-Karamell-Käsekuchen mit Käse aus Ragusa.

Osteria dei Vespri €€€
Modern sizilianisch **SP** D4
Piazza Croce dei Vespri 6, 90133
☎ 091-617 16 31 ● So
Hier entstehen raffinierte Gerichte, inspiriert durch intensive Nutzung der lokalen sizilianischen

Der rustikale, aber raffinierte Speisesaal des Nangalarruni in Castelbuono

Zutaten. Es werden schwarze Tagliolini mit Rotbarbe, Ingwer, Zwiebeln und frischen dicken Favabohnen serviert oder Wachteln, mit Backpflaumen gefüllt auf einem Püree aus weißen Bohnen und Sellerie.

MONDELLO: Charleston €€€
Gourmet **SK** C2
Viale Regina Elena 37/39, 90149
☎ 091-45 01 71 ● Mo
Wunderbare Lage im Norden der Stadt in Mondello *(siehe S. 76)*, in einem herrlichen Palast im maurischen Stil direkt am Meeresufer. Probieren Sie die Riesengarnelen in knusprigem Blätterteig, handgemachte *fusiloni* (Riesenspiralnudeln) mit Drachenkopf und Datterini-Tomaten oder *melanzane Charleston* – im Ofen gegarte Auberginen, die mit frischen Nudeln, Tomaten, Mozzarella und Basilikum gefüllt werden.

Nordwest-Sizilien

CASTELBUONO: Fiasconaro €
Café **SK** D2
Piazza Margherita 10, 90013
☎ 0921-67 12 31 ● ab 13 Uhr
Castelbuono ist der einzige Ort in Europa, wo das Manna, das Moses und die Israeliten nährte, kultiviert wird. Fiasconaro ist berühmt für seine Gourmet-Panettone und andere Leckereien, die mit Manna gemacht werden. Kaufen Sie ein paar Kuchen für zu Hause und kosten Sie ein hausgemachtes Eis vor Ort.

CASTELBUONO: Nangalarruni €€
Trattoria **SK** D2
Via delle Confraternite 5, 90013
☎ 0921-67 12 28 ● Mi von Okt – Mai
Das perfekte Lokal für Pilze (und Gemüse) aus freier Natur, in Suppen und Pastasaucen, dazu gibt es Gerichte mit lokalem Schweinefleisch, zum Beispiel bei einem der preiswerten Menüs. Kommen Sie hungrig, die Portionen sind äußerst großzügig.

CEFALÙ: FoodSicily €
Gelateria **SK** D2
Via Bagno Cicerone 3, 90015
☎ 0921-42 26 54 ● Nov – Mai
Wunderbare Eisdiele am Strand am Rand des historischen Zentrums, mit Eissorten wie Mango, Himbeere, Kaktusfeige, und Schokolade mit Chili.

CEFALÙ: La Brace €€
Europäisch **SK** D2
Via XXV Novembre 10, 90015
☎ 0921-423 570 ● Mo, Di mittags, Mitte Dez – Mitte Jan
Intimes kleines Lokal, hier treffen ansprechend zubereitete europäische Klassiker wie Tournedo-Steaks auf sizilianische Gerichte wie Schwertfischrouladen. Viele vegetarische Gerichte. Eine Reservierung ist unerlässlich.

CEFALÙ: Le Chat Noir €€
Sizilianisch **SK** D2
Via XXV Novembre 17, 90015
☎ 0921-42 06 97 ● Mi; Nov – Ostern
Köstliche sizilianische Gerichte wie Auberginen *parmigiana* mit salzigem Ricotta und Schwertfisch *involtini* werden im weiß getünchten Hof eines Gebäudes aus dem 16. Jahrhundert serviert.

ENNA: Grotta Azzurra €
Trattoria **SK** D3
Via Colajanni 1, 94100
☎ 0935-243 28 ● eine Wo im Sep (zur Weinlese)
Winzige Keller-Trattoria, seit über 50 Jahren in der Hand derselben Besitzer. Einfache Gerichte wie gebackene Teigwaren und Fleisch vom Grill und einige der günstigsten Preise in Sizilien.

ERICE: Pasticceria di Maria Grammatico €
Café **SK** A2
Via Vittorio Emanuele 14, 91016
☎ 0923-86 93 90 ● Mi von Nov – Ostern
Konditorei und Café sind bekannt für traditionelles Marzipanobst und Gebäck, alles nach Rezepten von Maria Grammatico, die das Handwerk als junges Mädchen in einem Kloster lernte. Am besten genießen Sie im Gartencafé.

ERICE: Monte San Giuliano €€
Sizilianisch **SK** A2
Vicolo San Rocco 7, 91016
☎ 0923-86 95 95 ● Mo
Reizvoller Eingang über eine Treppe mit alten Stufen und durch einen mittelalterlichen Torbogen. Im Sommer können Sie draußen unter viel Grün mit Blick auf das Meer sitzen, während Sie sizilianische Klassiker wie geräucherten Fisch, marinierte Sardellen und Fisch-Couscous essen.

ERICE: La Pentolaccia €€
Sizilianisch **SK** A2
Via G.F. Guarnotti 17, 91016
☎ 0923-86 90 99 ● Di
Genialer Service in einem ehemaligen Kloster. Wunderbare hausgemachte Pasta, versuchen Sie die Ravioli mit *cernia* (Zackenbarsch) mit Kirschtomaten, Schwertfisch, Minze und Garnelen oder Pasta Nostromo mit Petersfisch-Rogen, Garnelen, Tomaten und Knoblauch.

FAVIGNANA: Panificio Costanza €
Streetfood **SK** A2
Via Roma, 91023
☎ 0923-92 17 73
Ein Kandidat für das beste Brot in Sizilien, mit einer knusprigen und schmackhaften Kruste aus Fenchel, Anis und Sesam. Großartiges Gebäck und Pizzastücke.

FAVIGNANA: La Bettola €€
Trattoria **SK** A2
Via Nicotera 47, 91023
☎ 0923-92 19 88 ● Mo von Nov – März
Angenehm: auf der Terrasse sitzen und lokale Speisen kosten, wie Fisch-Couscous, *Busiate*-Nudeln mit Pesto von Thunfisch, Sardellen, Tomaten und Basilikum oder Fisch auf Lavastein gegrillt.

FAVIGNANA: Il Giardino delle Aloe €€€
Trattoria **SK** A2
Contrada Grotta Perciata, 91023
☎ 0923-18 70 68 ● Nov – März
Frischer Fisch, serviert in einem Garten in der Nähe der prächtigen Bucht von Cala Rossa. Das Menü ist abhängig vom Fang – lokale *Busiate*-Pasta mit Muscheln oder der berühmte Favignana-Thunfisch, danach sonnengereifte Früchte. Man kann das Lokal bequem per Rad erreichen, es gibt aber auch einen kostenlosen Minibus für Gäste aus der Stadt.

L'EVANZO: Paradiso €€
Seafood **SK** A2
Via Lungomare 6, 91023
☎ 0923-92 40 80 ● Nov – Ostern
Schöne Aussicht auf das Meer, eine entspannte Atmosphäre und Fisch, Meeresfrüchte und Pasta im einzigen Restaurant dieser winzigen Insel. Probieren Sie Thunfisch-*polpette*, Spaghetti mit *pesto trapanese* (mit Basilikum, Tomaten und Mandeln) oder den Fang des Tages.

MARETTIMO: Caffè Tramontana €
Café **SK** A2
Via Scalo Vecchio, 91010 ● Nov – Ostern
Ein Ort für lässige Stunden in Marettimo. Frühstück mit Mandel-, Maulbeeren- oder Wassermelonen-Granita oder ein *aperitivo* und ein Teller mit rohem Fisch, dazu der Sonnenuntergang über Fischerhafen und Burg. Schöne Tischplatten von Keramik-Künstler Nino Parrucca.

MARETTIMO: Il Veliero €€
Seafood **SK** A2
Corso Umberto, 91010
☎ 0923-92 32 74 ● Nov – Ostern
Atmosphärische Robinson Crusoe-Terrasse direkt am Wasser. Traditionelle Pasta und Fisch, vom Chef selbst gefangen. Kommen Sie früh für einen guten Tisch und reservieren Sie im Voraus, um Hummer zu essen.

MARSALA: Il Gallo e l'Innamorata €€
Osteria **SK** A3
Via S. Bilardello 18, 91025
☎ 0923-195 44 46 ● Di
Freundliche Osteria, der Slow-Food-Bewegung treu, frische Zutaten aus der Region werden mit wenig Aufwand in großartige Gerichte verwandelt: frische Pasta mit Garnelen und Pistazien-Pesto oder *busiate* mit Kirschtomaten, Mandeln, Basilikum und Bottarga.

MARSALA: Le Lumie €€
Seafood **SK** A3
Contrada Fontanelle 178B, 91025
☎ 0923-99 51 97 ● Mi; Nov
Oberhalb von Marsala, mit tollem Blick zu den Ägadischen Inseln – vor allem bei Sonnenuntergang. Der Schwerpunkt liegt auf Fisch der Saison, einschließlich der Arten, die Sizilianer zu Hause essen wie *capone* (Knurrhahn) und *spatola* (Degenfisch).

Freundliches Ambiente im Monte San Giuliano in Erice

MAZARA DEL VALLO: Eyem Zemen €
Nordafrikanisch **SK** A3
Via Porta Palermo 36, 91026
☎ 3473-86 99 21 ● Di
Authentische tunesische Küche in einem winzigen Lokal. Versuchen Sie *brik* (frittierte Teigtaschen), Auberginensalate, Taboulé und würziges Couscous. Zum Nachtisch gibt es heißen Pfefferminztee und tunesisches Gebäck.

SAN VITO LO CAPO: Al Ritrovo €€
Seafood **SK** B2
Viale Cristoforo Colombo 314, 91010
☎ 0923-97 56 56 ● Di von Okt – Mai
Gerichte mit traditionellen Zutaten wie geräucherte *lampuga* (Goldmakrele) oder *caponata* (Auberginengemüse) mit Mandeln. Die *frittura del Golfo* (frittierte Meeresfrüchte) sind fantastisch.

SAN VITO LO CAPO: Syrah €€
Seafood **SK** B2
Via Savoia 5, 91010
☎ 0923-97 20 28 ● Di
Reizendes Restaurant nahe dem Strand mit Schwerpunkt Fisch. Es gibt kreative, unkomplizierte Gerichte wie *polpettine* (Tintenfisch in Tinte), basilikumduftende Lasagne mit Hummer, Salat mit lokalem *vope* (eine Seebrasse) und üppige Antipasti.

SAN VITO LO CAPO: Pocho €€€
Seafood **SK** B2
Località Isulidda, Contrada Macari, 91010
☎ 0923-97 25 25 ● Di von Okt – Mai
Stilvoll, gemütlich und in einer wunderschönen Lage mit Blick

auf die felsige Küste. Genießen Sie das Sechs-Gänge-Menü, das täglich wechselt, auf der Panoramaterrasse. Der Besitzer Marilù spielt zum Ende des Abends gelegentlich sizilianische Lieder. Sonntags gibt es ein spezielles Couscous-Mittagessen.

TRAPANI: Calvino €
Streetfood **SK** A2
Via N. Nasi 72, 91023
☎ 0923-214 64 ● Di
Eine Institution in Trapani, mit frischer, leckerer Pizza, serviert auf Butterbrotpapier zum Mitnehmen. Sardellen- und Pecorino-Topping ist eine lokale Spezialität – oder lassen Sie sich einen Teller mit Würstchen und Kartoffeln mit Zwiebeln im Pizzaofen rösten.

TRAPANI: I Grilli €€
Vineria **SK** A2
Corso Vittorio Emanuele 69, 91023
☎ 0923-206 63 ● Apr – Okt: So mittags, Mi von Nov – März
Hier liegt der Fokus auf sorgfältig gegrilltem Fleisch, dazu französischer und italienischer Käse, Salami und Schinken. Gute Terrasse, um die Leute zu beobachten. Umfangreiche Weinkarte.

TRAPANI: Ai Lumi €€
Sizilianisch **SK** A2
Corso Vittorio Emanuele 71–77, 91023
☎ 0923-87 24 18 ● Di
Romantische Backstein-Gewölberäume in einem barocken Palast mit hübscher Terrasse. Gute hausgemachte Pasta – probieren Sie sie mit Garnelen, Spargelspitzen und Seeigel oder Krabben – auch das fein geschmorte Kaninchen ist einen Versuch wert.

Südwest-Sizilien

AGRIGENTO: Caffetteria Gran Café Nobel €
Café/Bar **SK** C4
Viale della Vittoria 11, 92100
☎ 0922-245 62
Mit Tischen im Schatten der Bäume entlang der Straße – ein feiner Ort für Frühstück (großzügig gefüllte süße *cornetti* und andere Backwaren), ein Eis oder am Abend ein Bier oder *aperitivo*.

AGRIGENTO: Le Cuspidi €
Streetfood **SK** C4
Viale della Vittoria, 92100
☎ 0922-59 59 14 ● Di im Winter
Das beste Eis der Provinz gibt es hier, auf halbem Weg entlang der von Bäumen beschatteten Allee, wo Agrigentos Einheimische zum rituellen Abendspaziergang entlangschlendern. Die Geschmacksrichtungen reichen von traditionellem Pistazien-, Haselnuss- und Schokoladeeis über Mars®, Mango, Sachertorte und das etwas verblüffende Pecorino-(Schafskäse-)Eis, das viel besser schmeckt als es klingt.

AGRIGENTO: La Posata di Federico Secondo €€
Modern sizilianisch **SK** C4
Piazza Cavour 19 (an der Viale della Vittoria), 92100
☎ 0922-282 89 ● So
Elegantes Restaurant mit hervorragenden, strikt saisonalen Gerichten. Das Menü richtet sich nach dem Hauptbestandteil (zum Beispiel Artischocken). Ideal für ein leichtes Mittagessen mit Antipasti oder ein komplettes Vier-Gänge-Abendessen. Das Aushängeschild ist Rinderfilet mit Gorgonzola und Honig.

AGRIGENTO: La Terra €€
Modern sizilianisch **SK** C4
Via Francesco Crispi 34, 92100
☎ 0922-297 42 ● Mo; mittags von Juni – Sep
Schöne Lage im Garten der Villa der Familie des Dramatikers Luigi Pirandello, mit einer vom Slow-Food-Ethos inspirierten Speise- und Weinkarte. Saisonale sizilianische Produkte wie Linguine mit Miesmuscheln, Kirschtomaten und *tenerumi* (Zucchiniblüten). Zum Dessert reicht man eine Modica-Schokoladenmousse.

LAMPEDUSA: Al Gallo d'Oro €€
Trattoria **SK** B5
Via Vittorio Emanuele 45, 92010
☎ 0922-97 02 49 ● Okt – Mai
Fröhliche Trattoria, probieren Sie hier die Pasta mit frischem Thunfisch, Kirschtomaten und Petersilie oder *trofie* (Pasta mit Schwertfisch, gesalzenem Ricotta und Auberginen). Der ofengebratene Fisch ist sehr zu empfehlen.

LAMPEDUSA: I Gemelli €€
Nordafrikanisch **SK** B5
Via Cala Pisana 2, 92010
☎ 0922-97 06 99 ● mittags
Köstliche tunesische Gerichte wie *brik* (mit Bohnenkraut gefüllte Teigtaschen), Merguez-Würstchen und Couscous. Der Fisch zählt zu den besten auf der Insel.

LAMPEDUSA: Lampegusto €€
Sizilianisch **SK** B5
Via Vittorio Emanuele 19, 92010
☎ 388-628 43 56
Einfaches modernes Restaurant, auch Essen zum Mitnehmen. Große Auswahl an Antipasti (probieren Sie den Kraken) und leckere Pasta, z. B. Spaghetti mit Rotbarbe und wildem Fenchel.

LAMPEDUSA: U Calacciuni €€
Seafood **SK** B5
Spiaggia della Guitgia, 92010
☎ 339-435 03 00 ● Nov – Apr
Trattoria am Strand, das Angebot ist abhängig vom Tagesfang. Erwarten Sie Nudeln mit Venus- und Miesmuscheln oder mit Sardinen und wildem Fenchel.

Vis-à-Vis-Tipp

LICATA: La Madia €€€
Gourmet **SK** B5
Corso Re Capriata 22, 92027
☎ 0922-77 14 43 ● Di; So mittags von Juli – Aug; So abends von Sep – Juni
Unscheinbar aussehendes Restaurant, für viele aber das beste auf Sizilien. Im La Madia kocht Chef Pino Cuttaia mit Leidenschaft, er jongliert virtuos und erfindungsreich mit sorgfältig ausgewählten sizilianischen Produkten, wie zum Beispiel die *arancini* serviert mit Rotbarbe und wildem Fenchel oder *spatola* (Degenfisch), gefüllt mit einer knackigen *caponata*.

Genießen im Freien in den Restaurants an der Via Roma, Lampedusa

PANTELLERIA: La Nicchia €€€
Sizilianisch **SK** A5
Contrada Scauri Basso, 91017
0923-91 63 42 ● mittags; Mi von Sep – Mai
Speisen Sie hier im Garten im Schatten eines alten Orangenbaums Gerichte wie Garnelen in einer Sauce aus dem lokalen Zibibbo-Wein oder Minze und *tumma* (Ravioli mit frischem Pecorino in Salbeibutter).

PETRALIA SOTTANA: Petrae Lejum €€
Trattoria **SK** D3
Corso Paolo Agliata 113, 90027
0921-64 19 08 ● Do im Aug; Di – Do abends im Winter
Die familiengeführte Trattoria verwendet regionale Produkte für traditionelle alpine Gerichte wie Gnocchi mit Wildschwein-Sauce oder handgemachte Tagliatelle mit Petersilie, Knoblauch, Pecorino und Pistazien aus Bronte. Dazu gibt es gebratenes oder gegrilltes Fleisch.

PIAZZA ARMERINA: Il Fogher €€€
Trattoria **SK** D4
Contrada Bellia, SS 117 (Richtung Aidone), 94015
0935-68 41 23 ● So abends, Mo
Rustikale Eleganz und feine Küche. Versuchen Sie die Bavette aus Dinkelmehl mit einem *ragù* von Zicklein und wilden Mangold mit *primosale* (Käse) oder Wachtel mit Löwenzahn, getrockneten Tomaten und Oliven über Eukalyptus und Pinien gebraten, mit Gemüse und Bohnenpüree.

POLIZZI GENEROSA: Giardino Donna Lavia €€
Trattoria **SK** D3
Contrada Donna Laura, 90028
0921-55 11 04
Restaurant in einem ehemaligen Jesuitenkloster (es gibt auch Zimmer), das lokales Fleisch, Wildgemüse, Kräuter und Gemüse aus eigenem Anbau verarbeitet. Tagliatelle mit Borretsch, Fenchel und *fagioli badda* (violette und weiße Bohnen der Region) und Spanferkel sind typisch.

POLIZZI GENEROSO: Itria €€
Trattoria **SK** D3
Via Beato Gnoffi 8, 90028
0921-688790 ● Mi im Winter
Gemütliche, familiengeführte Trattoria, wo man beobachten kann, wie der Vater kocht, während Mutter und Sohn bedienen. Reichlich gemischte Antipasti (Frittata mit Spargel und Ricotta, Salami und Schinken vom schwarzen Nebrodi-Schwein, Käse aus den Madonie-Bergen, Oliven und andere Köstlichkeiten). Im Frühjahr gibt es *pasta con la fritella* (mit Bohnen, Erbsen, Artischocken und Fenchel), im Herbst herrliche Pilzgerichte.

SCIACCA: Il Grappolo €€
Osteria **SK** B3
Via Conzo 9/A, 92019
0925-852 94 ● Di
Die Osteria serviert lokal gefangenen Fisch mit Gemüse aus eigenem Anbau. Probieren Sie frische Pasta mit einer Sauce von der Rotbarbe und *bottarga* (Fischrogen) oder Spaghetti mit Tintenfisch. Mittwochs gibt es Fisch-Couscous. Im Winter reservieren Sie vorab die Schweinshaxe mit Orangenblütenhonig.

Südsizilien

CALTAGIRONE: Il Locandiere €€
Seafood **SK** D4
Via Luigi Sturgo 55, 95041
0933-582 92
Ausgezeichnete moderne Fischgerichte mit traditionellem sizilianischen Bezug. Probieren Sie den marinierten Schwertfisch mit Orange und Pistazie oder dünne Scheiben geräucherten Thunfisch »Bresaola« mit Ricotta und Rucola, außerdem die sagenhaft leckere »Schwertfischwurst«.

CALTAGIRONE: Coria €€€
Gourmet **SK** D4
Via Infermeria 24, 95041
0933-265 96 ● Mo; So von Juli – Sep; So abends von Okt – Juni
Hervorragende sizilianische Gourmetküche mit talentiertem jungen Küchenchef. Genießen Sie Gerichte wie Spaghetti mit Scampi und wildem Spargel, Schweinshaxe mit *mosto nero d'avola* und Püree aus Äpfeln vom Ätna, zum Dessert eine Schokoladenwolke mit Ricotta, Couscous und Pistazieneis gefüllt.

Eleganter Rahmen für feines Essen: La Gazza Ladra, Modica ***(siehe S. 215)***

CHIARAMONTE GULFI: Majore €€
Sizilianisch **SK** E4/5
Via Martiri Ungheresi, 12, 97012
0932-92 80 19 ● Mo
Das traditionelle Restaurant, gegründet im Jahr 1896, ist auf Schweinefleisch spezialisiert, als Salami und Schinken, in Pastasauce und in Risotto. Außerdem gibt es die sizilianische Spezialität *falsomagro*, Rollbraten gefüllt mit Wurst, Käse und ganzen, hart gekochten Eiern.

MARINA DI RAGUSA: Da Serafino €€
Seafood **SK** E5
Lungomare Doria, 97010
0932-23 95 22 ● Okt – Ostern
Dieses elegante Strandrestaurant wurde 1953 gegründet und zählt zur Sommer-Tradition in Marina. Es hat seinen eigenen privaten Strand. Schlemmen Sie hier den einfachen, aber fachmännisch zubereiteten und außerordentlich frischen Fisch.

MODICA: Caffè dell'Arte €
Café **SK** E5
Corso Umberto I 114, 97015
0932-94 32 57 ● Di
Die besten Backwaren in Modica (einschließlich fabelhafter *impanata*, mit Hackfleisch, Gewürzen und Zimt), hauseigene Schokolade, serviert in einem kleinen Café auf dem Corso mit Sitzplätzen drinnen und außen. Kinder können Minitassen heißer Schokolade mit Zimt bestreut haben.

MODICA: La Locanda del Colonnello €€
Trattoria **SK** E5
Vico Biscari 6, 97015
0932-75 24 23 ● Mi
Kleines Lokal, vom Hotel Palazzo Failla geführt. Die Antipasti sind eine gute Möglichkeit, lokale Spezialitäten zu probieren, etwa knusprige *scacce* (herzhafte Backwaren). Hülsenfrüchte dominieren die *primi*, wie *maccu*, eine traditionelle Favabohnensuppe, oder Pasta mit Kichererbsen.

MODICA: Osteria dei Sapori Perduti €€
Trattoria **SK** E5
Corso Umberto I 228–30, 97015
0932-944 247 ● Di im Winter
Traditionelle Hausmannskost mit Schwerpunkt auf Bohnen und anderen Hülsenfrüchten, viele

Gerichte werden Sie nur hier finden. Probieren Sie *lolli con le fave* (handgemachte Pasta mit Bohnenpüree) oder Pasta mit Fleischbrühe und Fleischbällchen.

MODICA: Taverna Nicastra €€
Trattoria **SK** E5
Via Sant'Antonino 30, 97015
0932-94 58 84 ● mittags, So
Altmodisch, mit Tischen im Freien an einer Treppenflucht im oberen Teil der Altstadt. Zu den Spezialitäten zählen delikate Wurstwaren aus eigener Herstellung und Ravioli in einer Sauce aus Tomaten, Speck, Schweinefleisch und Wurst. Zum Nachtisch wählen Sie zwischen *cannolo* oder Zitronen-, Zimt- oder Mandelmilchgelee.

MODICA: La Gazza Ladra €€€
Modern sizilianisch **SK** E5
Via Blandini 5, 97105
0932-75 56 55 ● Mo, Di–Fr mittags
Das elegante Restaurant befindet sich im Hotel Palazzo Failla und bietet kreative Interpretationen der sizilianischen Küche wie Spaghetti mit Sardellen, Orangeat, wilden Fenchelblüten und Chili, danach Filet vom Schwein aus den Nebrodi-Bergen mit Creme von Pinienkernen und Spargel.

NOTO: Caffè Sicilia €
Gelateria **SK** E5
Corso Vittorio Emanuele 125, 96017
0931-83 50 13 ● Mo
Die Brüder Carlo und Corrado Assenza schaffen sowohl innovative als auch klassische Eissorten – z. B. aus lokalen Mandeln mit Zimt gewürzt oder frische Zitrone, Safran und auch Basilikum, alle Sorten je nach Saison.

NOTO: Corrado Costanzo €
Gelateria **SK** E5
Via Spaventa 7, 96017
0931-83 52 43 ● Mi
Dies ist eine der bekanntesten Eisdielen in Italien. Die Sorten ändern sich je nach Saison – versuchen Sie Rosenblüten, Jasmin oder Walderdbeeren im Frühjahr oder dunkle Schokolade gespickt mit Mandarinen im Winter.

NOTO: Ristorante Crocifisso di Marco Baglieri €€
Modern sizilianisch **SK** E5
Via Principe Umberto 46, 96017
0931-57 11 51 ● Mi
Sorgfältig ausgewählte Zutaten überraschen den Gaumen in feinen Gerichten wie Spaghetti mit Garnelen und wildem Spargel und Kaninchen mit Orangenblütenhonig, Wildgemüse, Sellerie, Karotten und Paprika.

Raffinierte Einrichtung in warmen Farben: Ristorante Il Duomo, Ragusa

NOTO: Trattoria del Carmine €€
Trattoria **SK** E5
Via Ducezio 1, 96017
0931-838 705 ● Mo von Sep–Juni
Günstige und heitere Trattoria, bei preisbewussten Einheimischen und Touristen beliebt. In der geschäftigen Atmosphäre genießt man einen Teller einfache leckere Pasta und dazu ein Glas guten Hauswein.

PALAZZOLO ACREIDE: Lo Scrigno dei Sapori €€
Trattoria **SK** E4
Via Maddalena 50, 96010
0931-88 29 41 ● Mo; zwei Wochen im Nov
Köstliche, herzhafte Gerichte für Fleischliebhaber wie Fettuccine mit einer reichhaltigen Hasen-Haselnusssauce oder Schweinefleisch mit Pistazien-Kruste. Abends gibt es auch Pizza.

RAGUSA: La Bettola €
Trattoria **SK** E5
Largo Kamarina, Ragusa Ibla 97100
0932-65 33 77 ● Mo
Günstiges familiengeführtes Lokal mit traditionellen rotkarierten Tischdecken, klassische sizilianische Menüs seit mehr als 30 Jahren. Fein sind die Bandnudeln mit Sahne und Safran und *maiale ubriaco*, das »betrunkene Schweinefleisch«, in Wein und heimischen Kräutern geschmort.

RAGUSA: Pasticceria di Pasquale €
Café **SK** E5
Corso Vittorio Veneto, Ragusa Superiore 104, 97100
0932-62 46 35 ● Mo
Eine wunderbare Pasticceria, die allein schon den Besuch im neueren Teil Ragusas lohnt. Es gibt das beste Eis in Ragusa, außerdem dekadentes Gebäck.

Vis-à-Vis-Tipp

RAGUSA: Il Duomo €€€
Gourmet **SK** E5
Via Capitano Bocchieri 31, Ragusa Ibla 97100
0932-65 12 65 ● Mo mittags, So von Apr–Okt; So mittags, Mo von Nov–März
Sorgfältig ausgewählte sizilianische Zutaten mit erstaunlichem Effekt in einem der besten Restaurants Siziliens – es hat zwei Michelin-Sterne. Erwarten Sie das Unerwartete – schwarze Trüffel-Eiscreme oder ein herzhafter *cannolo* mit einem Klecks Kaviar. Aufwendige Abenddegustationsmenüs, aber auch einfachere, preislich interessante Drei-Gänge-Mittagessen.

SCICLI: Satra €€€
Modern sizilianisch **SK** E5
Via Duca degli Abruzzi 1, 97018
0932-84 21 48 ● Di, So mittags
Der Koch kam vom Michelin-Stern-ausgezeichneten Il Duomo in Ragusa und bereitet hier in den Gewölbekellern eines ehemaligen Klosters saisonale Menüs mit innovativen und traditionellen Gerichten. Genießen Sie handgemachte Spaghetti mit Chili, Safran und Fenchel, serviert mit Sardinen und Pinienkernen.

SIRACUSA Caseificio Borderi €
Café **SK** F4
Via de Benedictis 6, Ortygia, 96100
329-985 25 00 ● So, abends
Geschäftiges Café, geöffnet ab 4.00 Uhr. Der quirlige Andrea reicht Knabbereien und gute Laune, während er göttliche Sandwiches und *focaccia* mit sizilianischem Aufschnitt, Käse und Marmelade stapelt. Draußen sitzt man auf Kisten und trinkt Wein aus Plastikbechern.

SIRACUSA: Fratelli Burgio €
Feinkost **SK** F4
Piazza Cesare Battisti 4, 96100
0931-600 69 · So, abends
Feinkostladen im Herzen des Marktes von Ortygia, mit ausgezeichneten Käse- und Wurstsorten (DOP, Slow Food) aus ganz Italien. Essen Sie Knabbereien zu einem guten Glas Wein oder nehmen etwas für ein Gourmet-Picknick mit.

Vis-à-Vis-Tipp

SIRACUSA: Moon €
Vegan **SK** F4
Via Roma 112, 96100
333-522 54 80
Etwas ganz anderes für Sizilien: Vegetarier werden das Restaurant im hübschen Innenhof dieses modernen Kulturzentrums lieben. Live-Jazz, Weltmusik und Tanzaufführungen beleben manchen Abend, während das leichte Menü aus Couscous mit Pinienkernen, Kapern, Minze und Basilikum oder Zucchini-»Spaghetti« mit einer Reihe von Pestos bestehen könnte. Alles ist hausgemacht.

SIRACUSA: Piano B €
Trattoria **SK** F4
Via Cairoli 18, 96100
0931-668 51 · mittags, Mo
Pizza, feines Fleisch auf Holzkohle gegrillt und traditionelle römische Gerichte (eine Hommage an die Mutter des Besitzers) wie *carciofi alla giudia* (frittierte Artischocken), *fiori di zucca fritti* (frittierte Zucchiniblüten) und *baccala in pastella* (Kabeljau).

SIRACUSA: La Putia €
Vineria **SK** F4
Via Roma 8, 96100
339-888 80 78
Winziges Lokal an einer der Hauptstraßen von Ortygia, serviert hervorragende Weine zu erschwinglichen Preisen und ein täglich wechselndes Menü mit einfacher hausgemachter Bruschetta, Pasta und Suppen.

SIRACUSA: Zsà €
Trattoria **SK** F4
Via Roma 73, 96100
0931-46 42 80 · Mo
Ausgezeichnete Pizza, leichter, frischer Teig und gute Qualität der Zutaten für die Beläge. Die Pasta alla Norma mit wunderbar gebratenen Auberginen und geriebenem *ricotta salata* ist fantastisch. Alternativ können Sie eine *stufata* (Eintopf) mit Fenchel, scharfer Wurst und Kartoffeln kosten.

SIRACUSA: Apollonion €€
Seafood **SK** F4
Via Campisi 18, 96100
0931-48 33 62 · Di
Kleines Fischrestaurant, in dem es nur ein Menü am Tag zu einem Festpreis von 35 Euro gibt. Dafür bekommen Sie vier Antipasti, Pasta mit Meeresfrüchten oder Fisch, gebratenen Fisch und ein hausgemachtes Dessert. Flaschenwein, Wasser, Kaffee und Liköre sind inkludiert.

SIRACUSA: Il Blu €€
Vineria **SK** F4
Via Nizza 50, 96100
0931-44 50 52 · mittags von Nov–März
Die gastfreundlichen Besitzer servieren herrlich frischen Prosecco und Daiquiris auf einer Terrasse mit Blick aufs Meer. Es gibt auch Essen: sizilianisches Sashimi und *pane cunzato* (Riesen-Bruschetta).

SIRACUSA: Sicilia in Tavola €€
Trattoria **SK** F4
Via Cavour 28, 96100
392-461 08 89 · Mo
Gemütlicher Ort, herzhafte Gerichte aus handgemachter Pasta mit einfachen Fisch-Antipasti und einem Dessert des Tages. Probieren Sie Spaghetti mit Venusmuscheln, Garnelen und Pistazien oder Ravioli mit Seeigel.

SIRACUSA: La Tavernetta €€
Trattoria **SK** F4
Via Cavour 44, 96100
0931-663 85 · Do
Familienbetrieb mit Leidenschaft. Entscheiden Sie sich für den Fischfang des Tages, zuerst in *spaghetti matalotta* (mit Kirschtomaten, Kapern, Oliven und Oregano gekocht), dann filetiert mit einem Wein und Meeresfrüchten oder Zitronensauce.

SIRACUSA: Vineria Cafè Eno'ntelodico €€
Modern sizilianisch **SK** F4
Via Cavour 9, 96100
0931-185 60 49
Eine stilvolle, aber entspannte Mischung aus Café, Weinbar und Restaurant. Empfehlenswert sind die Ravioli mit *Burrata*-Käse, Garnelen-Carpaccio mit Ingwer und sizilianisches Schweinefleisch in Hyblaea-Honig mariniert.

SIRACUSA: Don Camillo €€€
Gourmet **SK** F4
Via Maestranza 96, 96100
0931-671 33 · So, Feiertage; zwei Wochen im Jan und Juli
Elegantes Restaurant in den Gewölben eines ehemaligen Klosters aus dem 15. Jahrhundert. Gourmet-Versionen von sizilianischen Spezialitäten wie Pasta mit Thunfisch, Minze und Cherry-Tomaten oder herrlicher Fisch in einem Brotteigmantel gebacken.

Die gut sortierte Bar im japanischen Restaurant Oxidiana in Catania

Nordost-Sizilien

CATANIA: Osteria Antica Marina €€
Seafood **SK** E3
Via Pardo 29, 95100
095-34 81 97 · Mi
Unspektakuläre Trattoria im Herzen des Fischmarktes, mit Menüs und Papiertischdecken. Die Qualität kann variieren, aber die Atmosphäre ist einzigartig, vor allem zur Mittagszeit.

CATANIA: Mè Cumpari Turiddu €€
Gourmet **SK** E3
Via M. Ventimiglia 15, 95100
095-715 01 42 · So; Aug
Hochwertigste Zutaten werden zu *sformato* (eine lokale Spezialität mit Artischocken), Fischröllchen vom Löffelstör, hausgemachten Nudeln mit einer Sauce vom schwarzen Nebrodi-Schwein, Wintersuppe mit Linsen aus Ustica oder *fagioli badda* mit Bohnen aus Polizzi verarbeitet.

CATANIA: Oxidiana €€
Japanisch **SK** E3
Via Conte Ruggero 4/A, 95129
095-53 25 85 · mittags
Sushi und California-Rolls, Tataki, Tempuras, Pfannengerichte und wunderbarer Thunfisch mit Sesamkruste. Es gibt auch vegetarische und glutenfreie Speisen.

FILICUDI: La Sirena €€
Seafood **SK** E1
Pecorini Mare, 98050
090-988 99 97 · Okt–Ostern
An der Küste, mit Fischerbooten

Restaurantkategorien *siehe Seite 207* **Preiskategorien** *siehe Seite 210*

vor Anker. Setzen Sie sich auf die schattige Terrasse und lassen Sie sich *involtini* vom Schwertfisch mit Orangenduft oder einen unvergesslichen Thunfisch mit Fenchelsamen, Rosinen und Mandeln schmecken.

LIPARI: Da Filippino €€
Gourmet **SK** E1
Piazza Municipio, 98055
090-981 10 02 ● Mo; Okt – März
Renommiertes Restaurant, im Jahre 1908 gegründet. Kosten Sie *bresaola di tonno* (süß-saftiger hausgemachter Thunfisch) und die robuste Suppe aus Bohnen, Fenchel und Sardinen. Verpassen Sie nicht die exotische *mousse di gelsomino*, mit Jasminblüten aromatisiert, zum Dessert.

LIPARI: Kasbah Cafè €€
Modern sizilianisch **SK** E1
Vico Selinunte 45, 98055
090-981 10 75 ● mittags; Nov – Feb
Unprätentiös, mit einem schönen Garten und frischem Fisch. Versuchen Sie *treccine* mit lokalen Garnelen, Auberginen und Kirschtomaten oder *tagliolini* mit Venusmuscheln, Zucchiniblüten, Basilikum und schwarzem Pfeffer. Es gibt auch gute Pizzen.

MESSINA: Al Gattopardo €€
Sizilianisch **SK** F2
Via Santa Cecilia 184, 98123
090-67 30 76
Tische im Freien an einer schönen, von Bäumen gesäumten Straße, hervorragende Pizzen (probieren Sie die Messinese mit Endivie, Mozzarella, Sardellen und schwarzem Pfeffer) zusammen mit *zuppa di cozze* (Muschelsuppe) und einem leckeren Zitronenrisotto mit Garnelen und *cernia* (Zackenbarsch).

Vis-à-Vis-Tipp

MILAZZO: Locanda del Bagatto €€
Vineria **SK** F2
Via M. Regis 11, 98057
090-922 42 12 ● So
In dieser Weinbar mit Restaurant nahe dem Hafen kann man sich nur wohlfühlen. Serviert werden gut zubereitete Gerichte aus Zutaten, die mit wahrer Leidenschaft produziert wurden. Probieren Sie himmlisches Carpaccio vom Rind, mit oder ohne Spänen von Artischocken. Es gibt ein tolles Angebot großer sizilianischer Weine – Inhaber Rafaelle berät Sie gern.

PANAREA: Da Adelina €€
Seafood **SK** E1
Via Comunale, San Pietro 98050
090-98 32 46 ● Nov – Feb
Romantisches Restaurant mit einer Dachterrasse mit Blick auf den Hafen und einer Auswahl an saisonalen Gerichten wie *moscardini* – winzige Tintenfische, mit Tomaten, Kapern, Fenchel und Chili gekocht – gefolgt vom Fisch des Tages, gebraten oder gegrillt.

SALINA: Bar Alfredo €
Café **SK** E1
Via Alfieri, Lingua, 98050
090-984 33 07 ● Nov – Ostern
Die Granitas der Bar Alfredo sind in ganz Italien berühmt. Alle sind von Alfredo und seinen Söhnen hergestellt. In der Saison werden Sie schwarze Feige, Feigenkaktus und *gelsi* (Maulbeere) auf der Speisekarte finden. Fast ebenso berühmt ist das gigantische *pane cunzato*, gegrilltes Brot mit Tomaten, Kapern, Auberginen, Thunfisch, Oliven und Ricotta.

SALINA: Porto Bello €€
Seafood **SK** E1
Via Lungomare 2, 98050
090-984 31 25 ● Nov – Ostern
Oberhalb des Hafens, berühmt für die Erfindung von *pasta al fuoco* – Nudeln mit gehackten Cherry-Tomaten, Chili und geriebenem *ricotta infornata* (im Ofen gebackener Ricotta). Außerdem gibt es rohe Garnelen mit Joghurt-Salsa. Hauptgerichte sind abhängig vom Fang des Tages.

STROMBOLI: Lapillagelato €
Gelateria **SK** E1
Via Roma, 98050
333-320 89 66 ● Okt – Ostern
Hausgemachtes Eis mit natürlichen Inhaltsstoffen und ohne gehärtete Fette, Farb- und Konservierungsstoffe. Feige, dunkle Schokolade mit Zimt und Vanille mit Karamell sind göttlich.

STROMBOLI: La Lampara €€
Trattoria **SK** E1
Via Vittorio Emanuele, 98050
090-98 60 09 ● mittags; Nov – Ostern
Atmosphärischer Ort, wo man unter einer Pergola von Kletterpflanzen umgeben von riesigen Töpfen mit Basilikum und Rosmarin diniert. Es gibt Pizza, Pasta, gegrilltes Fleisch und Fisch.

TAORMINA: Vecchia Taormina €
Pizzeria **SK** F2/3
Vico Ebrei 3, 98039
0942-62 55 89
Labyrinthartige, quirlige Pizzeria, es gibt aber auch ein paar Tische im Freien. Die Pizzen kommen leicht, mörderisch heiß und knusprig mit Teigblasen direkt aus dem Holzofen.

TAORMINA: Al Duomo €€
Sizilianisch **SK** F2/3
Vico Ebrei 11, 98038
0942-62 56 56 ● Mo im Winter
Charmantes kleines Restaurant, wo der Schwerpunkt auf der Zubereitung mit sorgfältig ausgewählten Produkten aus der Region liegt. Es gibt traditionelle und rustikale Gerichte wie *maccu* (eine Suppe aus getrockneten Saubohnen) und einen herzhaften Lammeintopf.

TAORMINA: Maffei's €€€
Seafood **SK** F2/3
Via San Domenico di Guzman 1, 98038
0942-240 55 ● Jan – Feb
Kleines, eher klassisches Restaurant mit einer schönen schattigen Terrasse voller Bougainvillea. Die Angebote (bezogen auf den Fang des Tages) sind auf einer Tafel geschrieben, das höfliche, sachkundige Personal nimmt sich Zeit, um Sie bei der Wahl des Menüs zu beraten.

Dezente Live-Musik im schönen Ambiente des Moon, Siracusa *(siehe S. 216)*

Shopping

Alle renommierten Modedesigner sowie elegante Haushaltswaren- und Möbelketten sind in den größeren Städten Siziliens vertreten. In Palermo, Catania und Siracusa gibt es sogenannte Shopping-Karten, die Preisnachlässe von bis zu 40 Prozent ermöglichen. Sizilianisches Kunsthandwerk, vor allem Keramik, gibt es in Ferienzentren, die beste Qualität allerdings am Herstellungsort. Konditoreien locken mit herrlichem Gebäck, mit *cannoli*, *Cassata*-Torten und *torroncini* (Mandelnougat), Feinkostläden mit Spezialitäten wie eingelegten Kapern, *ventresca* (Thunfisch in Öl), *bottarga* (gesalzener Meeräschenrogen) und *caponata* (süßsaure Auberginen und andere eingelegte Gemüsesorten). Auch Bauernhöfe, die Zimmer an Feriengäste vermieten, verkaufen exzellente hausgemachte Lebensmittel, etwa Obst aus biologischem Anbau, Olivenöl, Honig und Marmelade.

Auf schmiedeeisernes Dekor spezialisierter Laden

Öffnungszeiten

Üblicherweise öffnen Läden, Boutiquen und Kaufhäuser wochentags von 8 oder 9 bis 13 Uhr und von 16 bis 20 Uhr, im Sommer häufig länger – vor allem in Ferienorten. In den Städten machen die meisten Läden im August zwei oder drei Wochen Ferien. In den Badeorten am Meer wiederum sind manche Läden nur während der Hauptreisezeit (Juni bis September) geöffnet.

Bezahlung

Kaufhäuser und einschlägige Läden in größeren Städten akzeptieren neben der girocard auch die gängigen Kreditkarten wie MasterCard und Visa, während Geschäfte in Kleinstädten und Dörfern lieber bar zur Kasse bitten. In Palermo, Catania und Siracusa haben manche Top-Hotels Abkommen mit Läden und Restaurants am Ort, die ihren Gästen bis zu 40 Prozent Rabatt auf ihre Waren oder Dienstleistungen gewähren (erkundigen Sie sich vor Ort danach).

Kunsthandwerk

Sizilianische Keramik gehört mit zu den besten Souvenirs. Hellblau, Gelb und Grün dominieren die Produkte in Caltagirone. Sie sind reich mit Voluten, Blumen und geometrischen Mustern verziert. Es gibt auch höchst unterschiedliche Fliesen. Die farbenfrohen Majolikafliesen zeigen Motive aus dem 19. Jahrhundert.

In Caltagirone, Sciacca, Santo Stefano di Camastra und Burgio, Siziliens Keramikhochburgen, können Sie sich in Läden und Werkstätten mit Tellern, Bechern, Krügen, Vasen, Fliesen, Figürchen etc. eindecken. Das **Laboratorio Branciforti** in Caltagirone fertigt traditionell verzierte Krüge, Vasen und Schalen. Bei Sciacca überträgt Salva Sabella traditionelle folkloristische Muster auf Fliesen, Flaschen und Lampen, zu sehen neben weiteren Kunstwerken im Atelier **Ceramiche Artistiche Sabella**.

Das ebenfalls gut sortierte **Artigianato del Sole** führt außer Tafelservices, Krügen und Ziertellern auch Majolikafliesen und Möbel, darunter interessante Tische aus Lavagestein.

Werkstätten von auf Schmiedeeisen spezialisierten Handwerkern finden Sie nahe Giarre und Giardini-Naxos, etwa das **Laboratorio Patanè** sowie **A Lumera** in Cefalù.

Die traditionelle Kunst des Puppenmachens pflegen noch **Opera dei Pupi Vaccaro** in Siracusa und **Vincenzo Argento** in Palermo, ihre Ateliers stehen Besuchern offen. Ein hübsches Geschenk ist die *coppola*, die traditionelle Mütze.

Märkte

Wer Lokalkolorit schnuppern, städtische Betriebsamkeit erleben und regionale Erzeugnisse einkaufen will, muss über Palermos Märkte bummeln. Der **Vucciria**-Markt, den Renato Guttuso verewigt hat, fasziniert vor allem, wenn die Fischer ihren Fang verkaufen. **Antonio Giannusas** Stand in Palermos Via Argenteria verführt mit einer breiten Auswahl von Saucen und eingelegten Spezialitäten. Hohen Erlebniswert, vor allem mittags, hat auch der **Ballarò**-Markt zwischen Piazza del Carmine und Piazza Ballarò.

In Catania findet jeden Morgen an der Piazza Duomo ein quicklebendiger, lauter und pittoresker **Fischmarkt** statt, die Fleisch- und Gemüsestände bleiben bis abends geöffnet. Der sonntägliche **Antiquitätenmarkt** an Catanias Piazza Carlo

Renato Guttusos *La Vucciria* (1974), Impression von Palermos Markt

Mehrwertsteuersätze in Italien (imposta sul valore aggiunto, abgekürzt IVA) *22 %, 10 % und 4 %*

Alberto führt alte Gebrauchtwaren ebenso wie kunsthandwerkliche Raritäten. Bei der Porta Uzeda können Sie auf dem täglichen **Antiquitätenmarkt** *(mercatino dell'antiquariato)* Möbel und Trödel für ein paar Cent auftreiben – oder Kostbarkeiten für Tausende von Euro. Etwas außerhalb Richtung Flughafen auf dem Gelände des alten Fruchtmarktes an der Viale Amerigo Vespucci bieten Handwerker und Altwarenhändler ihre Waren an.

Konditoreien und Eisdielen

Zu den bekannten Konditoreien zählen **Alba** und **Bar Massaro** in Palermo, **Castorina** in Acireale und **Colicchia** in Trapani. Hier können Sie sich bei einem Kaffee oder Aperitif an Augen- und Gaumenfreuden wie *cannoli*, *cassata* und Mandelbiskuits laben. Einige Konditoreien locken mit Hausspezialitäten, so die **Antica Pasticceria del Convento** in Erice mit Marzipanköstlichkeiten mit Zitronenfüllung, **Scivoli** in Caltagirone mit Ricotta-Blätterteiggebäck, die **Antica Dolceria Bonaiuto** in Modica mit Schokolade in Zimtgeschmack, **Savia** in Catania mit Ricotta-Pistazien-*cannoli*, **Geraci** in Caltanissetta mit Nougat und das **Caffè Sicilia** in Noto mit Maronen, die mit Zitronenmarmelade gefüllt und von dunkler Schokolade gekrönt sind.

Spezialität aus Erice: Marzipankonfekt

Eiscreme-Liebhaber können sich auf Sizilien wie im siebten Himmel fühlen. Im **Gran Caffè Eldorado** in Acireale gibt es fantastische Mandel- und Kaffee-Granitas (Halbgefrorenes), die Spezialitäten im **Stancampiano** sind Sorten wie gefrorener Joghurt mit Brombeeren. In Taormina geht man am besten in die **Niny Bar**, in Catania ins **Saint Moritz**.

Stand mit vielfältigem sizilianischen Käseangebot auf Catanias Markt

Regionale Spezialitäten

Feinkostläden und *Agriturismo*-Höfe sind gute Einkaufsadressen für regionale Spezialitäten. Die **Casa del Pesce** in Siracusa bietet geräucherten Schwertfisch und Thunfisch in Öl an, das **Quartana** in Erice gesalzenen Meeräschenrogen. In Catania führt die **Azienda Trinità** Olivenöl, Honig und Wein. In Ortygia bietet **Caseificio Borderi** auf traditionell sizilianische Art gefertigten Käse von Andrea Borderi an. **Fiasconaro** hat köstliches frisches Pistazieneis. An Weihnachten gibt es hier reiche Auswahl an Panettone. Ein gutes Mitbringsel ist auch sizilianisches Salz.

Auf einen Blick

Keramik

Artigianato del Sole
Via Santa Margherita 72, Misterbianco (Catania).
☎ 095-39 84 72.

Ceramiche Artistiche Sabella
Corso Vittorio Emanuele 3, Sciacca (Agrigento).
☎ 0925-847 49.
ceramiche artistiche.it

Laboratorio Branciforti
Scala S. Maria del Monte 5, Caltagirone (Catania).
☎ 0933-244 27.
impronta barre.it

Schmiedeeisen

A Lumera
Corso Re Ruggero 180, Cefalù.
☎ 0921-921 801.
alumeracefalu.it

Laboratorio Patanè
Via Regina Margherita 111, Giardini-Naxos (Messina).
☎ 0942-511 49.

Puppen

Opera dei Pupi Vaccaro
Via Giudecca 5, Siracusa.
☎ 0931-46 55 40.

Vincenzo Argento
Corso Vittorio Emanuele 445, Palermo.
☎ 091-611 36 80.

Konditoreien

Alba
Piazza Don Giovanni Bosco 7d, Palermo.

Antica Dolceria Bonaiuto
Corso Umberto I 159, Modica.
☎ 0932-94 12 25.

Antica Pasticceria del Convento
Via Guarnotta Gian Filippo 1, Erice.
☎ 0923-86 97 77.

Bar Massaro
Via Ernesto Basile 26, Palermo.
☎ 091-48 99 22.

Caffè Sicilia
Corso Vittorio Emanuele 125, Noto (Siracusa).

Castorina
Corso Savoia 109, Acireale.
☎ 095-60 15 47.

Colicchia
Via delle Arti 6, Trapani.
☎ 0923-54 76 12.

Geraci
Via Canonico Pulci 10, Caltanissetta.
☎ 0934-58 15 70.

Savia
Via Etnea 302, Catania.
☎ 095-32 23 35.

Scivoli
Via Milazzo 123, Caltagirone (Catania).
☎ 0933-231 08.

Eisdielen

Gran Caffè Eldorado
Corso Umberto 3–5, Acireale. ☎ 095-60 14 64.

Niny Bar
Via Vittorio Emanuele 216, Letojanni-Taormina (Messina). ☎ 0942-361 04.

Saint Moritz
Viale Raffaello Sanzio 10, Catania. ☎ 095-43 72 82.

Stancampiano
Via Notarbartolo 51–56, Palermo.
☎ 091-681 72 44.

Regionale Spezialitäten

Azienda Trinità
Via Trinità 34, Mascalucia.
☎ 095-727 21 56.
aziendatrinita.it

Casa del Pesce
Via Emmanuele de Benedictis, Siracusa.
☎ 0931-691 20.

Caseificio Borderi
Via De Benedictis 6, Ortygia.
☎ 329-985 25 00.

Fiasconaro
Piazza Margherita10, Castelbuono.
☎ 0921-67 72 31.

Quartana
Via Manzoni 112, Erice.
☎ 0923-53 92 00.

Unterhaltung

Sizilien bietet vielseitige und einfallsreiche Unterhaltung, insbesondere Musik-, Theater- und sonstige Kulturveranstaltungen. In den städtischen Theatern gibt es im Winter interessante Programme. Im Frühling und Sommer fungieren die antiken Stätten als Bühnen für erstklassige Inszenierungen von griechischem Theater und klassischen Sinfoniekonzerten. Viele Kulturveranstaltungen erinnern an illustre Persönlichkeiten der bewegten Vergangenheit Siziliens. Hinzu kommen zahlreiche Volksfeste, religiöse Umzüge und Prozessionen sowie Karnevalsfeiern, die keineswegs um die Urlauber buhlen, sondern Ausdruck sizilianischen Lebensgefühls sind. Das Nachtleben vibriert in den größeren Städten. In den Badeorten wird in der Hochsaison sogar bis zum Morgengrauen gefeiert.

Information

Es ist schwierig, aktuelle Infos auf Deutsch oder Englisch darüber zu finden, was auf Sizilien kulturell geboten ist (Events auf: www.regione.sicilia.it/turismo/web_turismo). Die informativste Adresse für die gesamte Insel (auf Italienisch) lautet www.lasicilia.com/eventi_sicilia.cfm. Für Palermo ist auch www.palermoweb.com zu empfehlen.

Auf www.sicilycinema.it kann man nachlesen, welche Filme in den Kinos der Insel laufen.

Tickets

Es gibt auf Sizilien mehrere überregionale Buchungsagenturen, darunter **Box Office** und **Feltrinelli**. Die bekannteren Theaterhäuser der Insel haben eine eigene Website, auf der Sie auch online Karten vorbestellen können.

Oper, Theater und klassische Musik

Auf dem Programm des **Teatro Massimo** in Palermo *(siehe S. 73)* stehen klassische Opern von Verdi und Puccini ebenso wie Werke neuerer Komponisten wie Alexander von Zemlinsky. Ebenfalls in Palermo ist das **Teatro Politeama Garibaldi** *(siehe S. 77)* die Heimstatt des Sizilianischen Symphonieorchesters, das das ganze Jahr über Konzerte gibt. Auch spezielle Aufführungen für Kinder sind im Programm, ebenso wie Konzerte von Liedermachern wie Paolo Conte.

Im **Teatro Biondo**, Palermos Haupttheater, werden Schauspiele aufgeführt, griechische Tragödien ebenso wie Stücke von Tennessee Williams, August Strindberg und Eduardo De Filippo.

Das **Teatro Bellini** in Catania *(siehe S. 167)* ist aufgrund seiner exzellenten Akustik bei Künstlern sehr beliebt. Opern werden das ganze Jahr über aufgeführt, von Oktober bis Juni gibt das Orchester Konzerte. Im **Teatro Sangiorgi**, das zum Teatro M. Bellini gehört, kommen zeitgenössische Musik, Kammermusik, Operetten und experimentelles Theater zur Aufführung. Catanias führendes Theater ist das **Teatro Stabile**, das Dramen von Molière, Shakespeare und Pirandello auf die Bühne bringt.

Programm des Griechischen Theaters von Siracusa

In den Sommermonaten bilden die griechischen und römischen Theater die Kulissen für klassische und moderne Dramen. Eines der bekanntesten ist das **Griechische Theater** *(siehe S. 142f)* von Siracusa, ein gut erhaltenes Baudenkmal aus dem 5. Jahrhundert v. Chr. Jedes Jahr wird hier im Mai und Juni klassisches Theater aufgeführt.

Alljährlich bildet der Tempel von Segesta die Kulisse für klassische wie auch moderne Stücke *(siehe S. 42)*. In Taorminas Griechischem Theater werden bei **Taormina Arte** *(siehe S. 43)* zwischen Juni und September Musik- und Theaterstücke aufgeführt. Anfang Juni findet die Verleihung des La Kore statt, des Äquivalents der Modebranche zum Oscar.

Jedes Jahr zollt Agrigento Luigi Pirandello, dem großen

Kein Sommer ohne Open-Air-Veranstaltungen

sizilianischen Schriftsteller und Dramatiker, Tribut. Im Dezember, während des Convegno di Studi Pirandelliani *(siehe S. 45)* am **Centro Nazionale Studi Pirandelliani**, haben Studenten die Möglichkeit, die Plätze, die Pirandello inspirierten, zu besuchen. Während der Konferenz gibt es Lesungen und Aufführungen seiner Stücke.

Man muss nicht Italienisch können, um eine Puppentheateraufführung zu verstehen. In der Mitte des 19. Jahrhunderts erreichte das Puppentheater einen Höhepunkt, heute ist das Interesse an dieser traditionellen Kunst wiedererwacht. Puppentheater wird auf ganz Sizilien gezeigt. Meist basieren die Stücke auf lokaler Folklore. Normalerweise tritt einer der Ritter Karls des Großen, Orlando, auf, um gegen die Sarazenen zu kämpfen.

In Palermo veranstaltet das **Museo Internazionale delle Marionette** speziell für Besucher Aufführungen und jährlich einen internationalen Workshop *(siehe S. 45)*. Für ein traditionelleres Erlebnis besuchen Sie besser **Figli d'Arte Cuticchio**. Marionettenaufführungen gibt es auch in Acireale, Taormina und Siracusa.

Traditionelle sizilianische Puppe in einem Prunkpanzer

Die wundervolle Kulisse des Griechischen Theaters in Siracusa

Kino

Taorminas im Juni stattfindendes **FilmFest** ist zwar nicht so bedeutend wie das in Venedig, doch der Veranstaltungsort macht es für viele Filmfans zu einem attraktiven Ziel, denn die Filme werden im Griechischen Theater vor der grandiosen Kulisse des Ätna vorgeführt. Nach Venedig ist es mit seinen 50 Jahren das älteste Filmfestival Italiens. Der Fokus liegt heute vorwiegend auf jungen Regisseuren und Filmen aus Entwicklungsländern.

Auf der Insel Lipari findet in der ersten Augustwoche ebenfalls ein Filmfest statt: **Un Mare di Cinema**. Seit 1990 konkurrieren Regisseure und Schauspieler um den angesehenen Preis Efesto d'Oro.

Sizilien ist auch ein populärer Drehort. Der sizilianische Regisseur Giuseppe Tornatore filmte rund um Palermo seine Oscar-prämierte Produktion *Cinema Paradiso* (1989), ebenso den Kriegsfilm *Maléna* (2000). Auch *Baarìa – La porta del vento* (2009) wurde in und um Bagheria in der Provinz Palermo gedreht. Michael Radfords ebenfalls Oscar-prämierter Film *Il Postino* (1994) entstand hauptsächlich auf der Äolischen Insel Salina.

Karneval und Volksfeste

Der Februar ist in ganz Italien Karnevalszeit – auch in vielen Städten auf Sizilien. Eines der spektakulärsten Feste ist der **Carnevale di Acireale** *(siehe S. 45)* – eine mitreißende Mischung aus Politsatire, Spielen, Musik, Tanz und einem farbenprächtigen Zug durch das Stadtzentrum. Der Karneval dauert mehrere Tage und endet in der letzten Nacht mit einem großartigen Feuerwerk. Das Symbol des berühmten **Carnevale di Sciacca** *(siehe S. 45)* ist eine riesige Puppe. Im selben Monat begehen die Bewohner von Catania ein großes Fest zu Ehren von **Sant'Agata** *(siehe S. 45)*, bei dem die Heiligenstatue durch die Stadt getragen wird.

In Agrigento hingegen wird jeden Februar die Ankunft des Frühlings mit dem Mandelblütenfest, der **Festa del Mandorlo in Fiore** *(siehe S. 45)*, gefeiert. Dabei führt die Prozession zum Valle dei Templi. Zur gleichen Zeit findet dort das **Folklorefestival** *(siehe S. 45)* mit Volksmusik und -tanz statt.

In Noto heißt man ebenfalls den Frühling willkommen, doch erst in der dritten Maiwoche mit der **Infiorata** *(siehe S. 42)*, bei der ein Blumenteppich mit religiösen oder mythologischen Motiven die Via Nicolaci schmückt.

Ostern ist eine wichtige Zeit für religiöse Feste. In Caltanissetta gibt es eine Woche lang Prozessionen, darunter auch eine am Karfreitag, bei der ein Kruzifix aus schwarzem Holz, das 1625 *(siehe S. 42)* in einer Höhle gefunden wurde, im

Eine Woche stetiger Festrausch: Karneval in Acireale

Zentrum steht. Höhepunkt des Osterfests in Enna ist der Ostersonntag, wenn Bilder von Christus und der Muttergottes auf die Piazza Duomo *(siehe S. 42)* gebracht werden. Die **Processione dei Misteri** in Trapani *(siehe S. 42)* findet schon seit fast 400 Jahren statt. Mit Silber geschmückte Statuen, jede so schwer, dass mindestens zehn Männer sie schultern müssen, werden in 20-stündiger Prozession durch die Stadt getragen.

Caltagirone ehrt den Schutzheiligen der Stadt mit der **Festa di San Giacomo** *(siehe S. 43)*. Dabei illuminieren 4000 Kerzen die 142 Treppenstufen der Scala di Santa Maria del Monte.

Im Juli wird in Palermo der Schutzheiligen **Santa Rosalia** *(siehe S. 43)* gedacht. Schauspieler und Musiker stellen die Ankunft des flämischen Malers Anthonis van Dyck nach, der Palermo 1624 besuchte und die heilige Rosalia malte, die der Legende nach die Stadt von der Pest erlöste.

Im August feiert Piazza Armerina das französische Erbe mit dem **Palio dei Normanni** *(siehe S. 43)*. Das dreitägige Historienspektakel beginnt mit dem Einritt Rogers in die Stadt, es folgen Mutproben zu Pferde. Seinen Höhepunkt erreicht das Fest bei einem mittelalterlichen Turnier.

Auch Weihnachten wird natürlich feierlich begangen. In Agira in der Nähe von Enna findet Italiens einziges **Presepe Vivente** (lebendes Krippenspiel) in der Christnacht statt. Über 100 kostümierte Schauspieler nehmen an dieser Aufführung teil. Außerdem gibt es alte Handwerkskunst, wie Spinnen von Wolle, Zimmermannshandwerk und die Herstellung von Nudeln, zu bestaunen.

Ein weiteres faszinierendes **Presepe Vivente** kann man im Nordwesten der Insel in Custonaci in einer Höhle namens Grotta Mangiapane bestaunen. Die Höhle ist nach der Familie benannt, die seit dem 19. Jahrhundert bis 1945 hier lebte.

Traditionelle und populäre Musik

Die traditionelle sizilianische Volksmusik hat eine treue Anhängerschaft. Einige der bekanntesten Interpreten sind Carmelo Salemi und Giancarlo Parisi, die *zampogna* (Dudelsack), *friscalettu* und andere sizilianische Instrumente beherrschen. Sie sind gern gesehene Gäste auf den entsprechenden Festivals, etwa dem **Folklorefestival** in Agrigento *(siehe S. 45)* oder dem großen **World Festival on the Beach in** Palermo.

Auch Jazz hat viele Liebhaber. Die Brass Group aus Palermo, ein Jazz-Interessenverband, hat ihren Hauptsitz in einem historischen Gebäude mit dem Namen **Lo Spasimo**, das auch Heimat des sizilianischen Jazzorchesters ist. Wenn man in Catania Live-Musik hören will, sollte man **La Chiave** besuchen. Dort wird ein abwechslungsreiches und anspruchsvolles Programm gespielt, donnerstags Blues und am Sonntag auch Jazz.

Nachtleben

Nachts wird Sizilien munter – in den Städten vor allem im Winter, in den Ferienzentren dagegen eher im Sommer. Discos verlangen oft Eintritt, der bis zu 20 Euro betragen kann.

In Palermo gibt es viele Kneipen, etwa **Mikalsa**, **Agricantus** und **Cambio Cavalli**, wo italienische, amerikanische, englische und südamerikanische Live-Musik zu hören ist. Neue musikalische Talente werden im **Biergarten**, **I Candelai** oder **Malox** der Öffentlichkeit präsentiert. Beliebte Discos in der Innenstadt sind das **Tonnara Florio** im Stadtviertel Arenella, **Anticlea Pub** und **Country Club**, der im Sommer auch über eine Open-Air-Tanzfläche verfügt. **Il Moro** und **Kandinsky Florio** in der Nähe von Palermo sind ebenfalls bekannte und gut besuchte Diskotheken.

Außerhalb von Catania liegt das **Banacher**, ein Outdoor-Club, der sowohl Einheimische als auch Urlauber anzieht, denn Tanzvergnügen inmitten eines Pflanzendschungels ist wirklich etwas Besonderes.

Im geschäftigen Taormina findet sich für jeden Geschmack etwas: von lässigen Cafés über gemütliche Bars bis zu modernen Discos. **La Giara** ist ein beliebter Treffpunkt für einen Aperitif, die Café-Bar füllt sich jedoch erst nach zehn Uhr abends. Die **Bar Morgana** gibt sich sehr exklusiv, im Open-Air-Garten tanzt und feiert junges Partyvolk unter Orangenbäumen. In Giardini-Naxos lockt die international bekannte Open-Air-Disco **Marabù**, in der man bis in die frühen Morgenstunden tanzen kann.

Catania – in der Nacht die munterste Stadt auf Sizilien

Auf einen Blick

Tickets

Box Office
Via Cavour 133, Palermo. **Stadtplan** 1 C2. ☎ 091-33 55 66. Via G. Leopardi 95, Catania. ☎ 095-722 53 40.

Feltrinelli Palermo
Via Camillo 133, Palermo. **Stadtplan** C2. ☎ 091-58 85 81/78 12 91. **W lafeltrinelli.it**

Ticket One
W ticketone.it

Oper, Theater und klassische Musik

Antica Compagnia Opera dei Pupi Famiglia Puglisi
Via Catullo 2, Sortino, Siracusa. ☎ 0931-96 54 96.

Centro Nazionale Studi Pirandelliani
Vicolo Santa Lucia 1, Agrigento. ☎ 0922-290 52. **W cnsp.it**

Figli d'Arte Cuticchio
Via Bara all'Olivella 95, Palermo. **Stadtplan** 1 B2. ☎ 091-32 34 00. **W figlidarte cuticchio.com**

Museo Internazionale delle Marionette
Piazzetta A. Pasqualino 5. **Stadtplan** 2 E3. ☎ 091-32 80 60. **W museomarionette palermo.it**

Taormina Arte
☎ 0942-211 42. **W taormina-arte.com**

Teatro Biondo Stabile
Via Teatro Biondo 11, Palermo. **Stadtplan** 1 C3. ☎ 091-743 43 00.

Teatro delle Marionette
Via Nazionale per Catania 195, Acireale. ☎ 095-764 80 35 oder 347-806 14 14. **W operadeipupi.com**

Teatro delle Marionette
Via Giudecca 5, Siracusa. ☎ 093 146 55 40. **W pupari.com**

Teatro Greco
Corso Gelone 103, Siracusa. ☎ 0931-487 248/200. **W indafondazione.org**

Teatro Massimo
Piazza Giuseppe Verdi, Palermo. **Stadtplan** 1 B2. ☎ 091-605 32 67. **W teatromassimo.it**

Teatro Massimo Bellini
Via Perrota 12, Catania. ☎ 095-730 61 11. **W teatromassimo bellini.it**

Teatro Politeama Garibaldi
Piazza Ruggero Settimo, Palermo. **Stadtplan** 1 AB1. ☎ 091-607 25 11/32.

Teatro Sangiorgi
Via A. di Sangiuliano 233, Catania. ☎ 095-730 61 11. **W teatromassimo bellini.it/sangiorgi.asp**

Teatro Stabile
Via Fava 39, Catania. ☎ 095-731 08 11/88. **W teatrostabile catania.it**

Kino

Taormina FilmFest
☎ 094-22 32 43. **W taorminafilmfest.it**

Un Mare di Cinema
Lipari. ☎ 090-981 29 87. **W centrostudieolie.it**

Karneval und Volksfeste

Carnevale di Acireale
Acireale. **W carnevale acireale.com**

Carnevale di Sciacca
Sciacca. **W carnevaledisciacca.it**

Festa del Mandorlo in Fiore
Agrigento. ☎ 0922-250 19. **W sagradel mandorlo.net**

Festa di San Giacomo
Caltagirone. ☎ 093-35 38 09.

Festa di Sant'Agata
Catania. ☎ 800-84 10 42. **W comune.catania.it/ la_citta/santagata**

Festa di Santa Rosalia
Palermo. ☎ 091-54 03 26. **W santuariosanta rosalia.it**

Folklorefestival
Agrigento. **W sagradel mandorlo.net**

L'Infiorata
Noto. **W infioratadinoto.it**

Palio dei Normanni
Piazza Armerina. ☎ 0935-68 16 41. **W paliodeinormanni.it**

Presepe Vivente
Agira. **W agira.org/ Presepe-Vivente/**

Presepe Vivente
Custonaci. ☎ 340-143 22 91. **W presepevivente dicustonaci.it**

Processione dei Misteri
Trapani. ☎ 092-354 55 11. **W processione misteritp.it**

Traditionelle und populäre Musik

La Chiave
Via Landolina 64, Catania. ☎ 347-948 09 10.

Lo Spasimo
Via dello Spasimo 15, Palermo. ☎ 091-616 64 80. **W thebrassgroup.it**

World Festival on the Beach
Palermo. **W wwfestival.com**

Nachtleben

Agricantus
Via XX Settembre 82, Palermo. ☎ 091-30 96 36.

Anticlea Pub
Viale Galatea 6, Palermo. ☎ 091-346 762.

Banacher
Via Vampolieri 2, Aci Castello. ☎ 095-27 10 24 oder 347-372 39 01.

Bar Morgana
Scesa Morgana 4, Taormina. ☎ 094-262 00 56.

Biergarten
Viale Regione Siciliana 6469, Palermo. ☎ 347-304 68 46 oder 340-615 74 56.

Cambio Cavalli
Via Patania 54, Palermo. **Stadtplan** 1 C2. ☎ 091-58 14 18.

I Candelai
Via dei Candelai 65, Palermo. **Stadtplan** 1 B3. ☎ 091-32 71 51.

Country Club
Via dell'Olimpo 5, Palermo. ☎ 091-982 16 50 oder 331-251 59 98.

La Giara
Vico La Floresta 1, Taormina. ☎ 094-22 33 60.

Kandinsky Florio
Via Discesa Tonnara, Palermo.

Malox
Piazzetta della Canna 8–9, Palermo. **Stadtplan** 1 B3. ☎ 392-499 68 94.

Marabù
Via Iannuzzo, Giardini-Naxos, Taormina. ☎ 392-077 23 58.

Mikalsa Pub
Via Torremuzza 27, Palermo. ☎ 339-314 64 66.

Il Moro
Via M. Pottino 3, Palermo. ☎ 091-54 62 13.

Tonnara Florio
Piazza Tonnara 4, Palermo. ☎ 091-637 56 11.

Stadtplan Palermo *siehe S. 82f*

Sport und Aktivurlaub

Die meisten Sizilien-Urlauber treiben Wassersport wie Tauchen, Schwimmen, Angeln und Windsurfen. Dafür bieten sich die kristallklaren Gewässer entlang der Küste und um die vielen vorgelagerten Inseln im Tyrrhenischen Meer und Mittelmeer bestens an. Segelfreunde finden eine riesige Auswahl an verlockenden Routen auf vielen unterschiedlichen Booten und Yachten, die man chartern kann. Doch man kann noch viel mehr in der freien Natur unternehmen, etwa Wanderungen auf alten Pfaden in den Madonie- und Nebrodi-Bergen oder in der atemberaubenden Vulkanlandschaft auf dem Ätna. Im kurzen Winter auf Sizilien sind die verschneiten Hänge des Vulkans wiederum ein gutes und ungewöhnliches Terrain für alpinen Skisport und Skitouren sowie Langlauf. Auch das Snowboard kann man auf den Lavafeldern ausprobieren. Zunehmender Beliebtheit erfreut sich auf Sizilien der Reitsport, sowohl an den Küsten als auch auf Gebirgspfaden. Bei dieser großen Auswahl findet sich für jeden Sizilien-Besucher je nach Lust und Laune genau das Richtige. Mittlerweile kann man auch von zu Hause aus spezielle Sporturlaube buchen.

Segeln wird bei Sizilien-Besuchern zunehmend beliebter

Segeln

Die Küstenlinie und Buchten von Sizilien sowie die wunderbaren Inseln in dieser Region sind ein Paradies für Segelfans. Das Segeln findet, vor allem an der Nordküste, Jahr für Jahr mehr Anhänger. Die Äolischen Inseln *(siehe S. 192–195)* garantieren getreu ihrem Namen vom griechischen Windgott eine relativ konstante steife Brise, ebenso die Pelagische Inselgruppe *(siehe S. 129)* an der südwestlichen Küste.

Dieser Entwicklung wurde auch Rechnung getragen, als im Jahr 2005 einige der Segelregatten um den prestigeträchtigen America's Cup in den Gewässern vor Trapani stattfanden. Solche Events und die Tatsache, dass Yachten aus allen Teilen Europas Siziliens Gewässer aufsuchen, wirken sich für Freunde des Bootssports durchaus positiv aus: Viele Hafenorte an der Küste sind heute besser denn je auf den Segeltourismus eingestellt.

Yachten unterschiedlicher Größe und unterschiedlichen Komforts können in Häfen überall auf der Insel gechartert werden, etwa über Unternehmen wie **Onda Eoliana**. Viele Segelzentren bieten Kurse für Anfänger an, darunter das **Centro Vela** in Lampedusa. Wer lieber voll und ganz entspannt, kann auch eine Yacht mit mehrsprachiger Crew chartern. **Sailing Team** bietet etliche Trips rund um Sizilien an. **EtnaSail** dagegen arrangiert einen eher ungewöhnlichen Ausflug in einem traditionellen türkischen *Caicco*-Boot.

Wer ein Boot mieten oder segeln lernen möchte, findet auf der Internet-Seite von **Velalinks** (www.velalinks.it) viele Adressen von Charterunternehmen und Segellehrern.

Windsurfen

Windsurfen ist dank des konstanten Winds in fast allen Badeorten Siziliens möglich. Surfbretter kann man fast an jedem Strand ausleihen, in Mondello in der Nähe von Palermo *(siehe S. 76)* etwa beim **Albaria Windsurfing Club**. Als die besten Surfreviere gelten bei den Experten die Gewässer der Äolischen (Liparischen) Inseln und die vor dem Städtchen Capo Passero *(siehe S. 152)* im Süden, wo das Ionische Meer und das Mittelmeer zusammenfließen.

Diese Region ist auch bei Kitesurfern sehr beliebt. Ausleihen kann man sich Surfbretter am beliebten Strand von Pozzallo, hier werden auch Kurse angeboten. Auf der Website von **Kitesicilia** (www.kitesicilia.it) erhalten Sie weitere Informationen und können nachlesen, welche Orte gerade besonders angesagt sind.

Windsurfer in den Gewässern rund um Sizilien

Schnorcheln und Tauchen

Siziliens Unterwasserwelt ist ein Eldorado für Schnorchler und Taucher, die vor allem die vorgelagerten Inseln schätzen und ganz besonders den vulkanischen Äolischen Archipel *(siehe S. 192–195)*. Rund um die Insel Ustica gibt es ein Meeresschutzgebiet, was diesen Platz ideal macht für Unterwassersport. Tauchkurse für unterschiedliche Erfahrungsgrade bieten auf Ustica Agenturen wie **Alta Marea** und **Barracuda** an. Bei Pantelleria *(siehe S. 128)* und den Pelagischen Inseln, vor allem bei Lampedusa *(siehe S. 129)* – fast schon in tunesischen Gewässern –, finden Sie ebenfalls großartige Tauchgründe in glasklarem Wasser. Außer der Meeresfauna und -flora können Sie auf dem Meeresboden auch historische Relikte bestaunen, etwa eine römische Amphore aus einem alten Schiffswrack. **Divex Centro Subacqueo** bietet eine sehr gute Auswahl an Tauchtrips von Pantelleria aus an. Nahezu alle Badeorte halten die für Taucher wesentlichen Ausrüstungen (auch Service wie das Auffüllen von Sauerstoffflaschen) bereit. Im Ferienort Terrasini an der Küste westlich von Palermo gibt es sowohl Tauchlehrer als auch alle wichtigen Einrichtungen.

Wer allein auf Tauchstation geht, sollte vorher jemanden über sein Vorhaben unterrichten. Die italienische Internet-Seite **Dive Italy** hält nützliche Informationen und eine umfangreiche Zusammenstellung mehrerer Betreiber von Tauchschulen und Tauchstationen bereit, die auch Tauchurlaube organisieren.

In der Äolischen Inselwelt kann man fabelhaft schnorcheln und tauchen

Ideal für Wanderungen: die wilde Küstenlinie der Riserva dello Zingaro

Wandern

Sizilien eröffnet sehr vielfältige Wandermöglichkeiten: Hügel, Berge, Küstengebiete und fantastische Schluchten, wie jene von Pantalica *(siehe S. 161)* und Cava d'Ispica *(siehe S. 153)* in den Monti Iblei. Das Naturschutzgebiet rund um den Ätna *(siehe S. 174–177)* bietet zwischen Lavafeldern und -höhlen faszinierende Gebirgstouren. Ausgebildete Bergführer von **Etna Guides** garantieren einen sicheren Aufstieg zu den rauchenden Gipfelkratern. Im Osten befindet sich das Alcantara-Flusstal *(siehe S. 185)*. Es ist ideal für leichte Wanderungen durch alte Siedlungen und eine faszinierende Schlucht, die der tosende Fluss herausgewaschen hat.

In den wilden Madonie-Bergen kann man von markierten Wegen eine großartige Aussicht genießen. Im Vallone Madonna degli Angeli in der Nähe von Piano Battaglia *(siehe S. 98)* und am Gipfel von Pizzo Carbonara gibt es seltene Pflanzen zu entdecken. Highlight in der weit auslaufenden Nebrodi-Bergkette, einem unter Naturschutz stehenden Gebiet, ist der See Biviere di Cesarò, eine wichtige Station für Zugvögel. Bei der Parkverwaltung des **Parco Regionale dei Monti Nebrodi** gibt es Informationen über das Gebiet. Ganz in der Nähe befinden sich die dramatischen Rocche di Crasto, Heimstatt von Gänsegeiern. Andere interessante Wandergebiete sind Piana degli Albanesi *(siehe S. 100)* und die Küste der Riserva dello Zingaro *(siehe S. 101)*.

Auch auf einigen Inseln lassen sich schöne Wanderungen unternehmen. Auf den Äolischen Inseln *(siehe S. 192–195)* führen diese beispielsweise auf erloschene und noch aktive Vulkane. Auf Stromboli sollte man nicht ohne Führer losziehen. Die Führer von **Magma Trek** wissen darüber hinaus viel über Strombolis aktiven Vulkan.

In den meisten Städten auf Sizilien finden Sie Sportverbände, die Wanderurlaube und Exkursionen arrangieren. **Club Alpino Italiano** und **Explore Worldwide** organisieren regelmäßig Wanderungen.

Der Fluss Alcantara hat großartige Schluchten aus dem Basaltgestein gefräst

Eine von Siziliens Urlaubsfreuden: Reiten am Strand

Reiten

Der Reitsport findet immer mehr Anhänger, vor allem auch unter den Einheimischen. Siziliens hügelige Landschaft eignet sich hervorragend für Ausritte. Es gibt eine Reihe von Reitställen und Routen, die auch von den Städten aus einfach zu erreichen sind. Ein besonders schöner Mehrtagesritt erstreckt sich auf uralten Pfaden 70 Kilometer entlang den Bergrücken der Monti Nebrodi *(siehe S. 190)*. Diese Region ist die Heimat von etwa 5000 Pferden der Rasse San Fratellino. Sie sollen von Pferden abstammen, die bereits die Griechen und Römer kannten, und dürfen heute frei weiden.

Auf der Insel bieten viele Agriturismo-Höfe und einige der größeren Urlaubsdörfer Reitunterricht an. Versteckt im Anapo-Tal *(siehe S. 161)* in der Nähe einer Schlucht arrangiert **Pantalica Ranch** Ausritte. Das **Centro Ippico Amico del Cavallo** in Misterbianco nahe Catania bietet traumhafte ein- und auch mehrtägige Touren an. An den Hängen des Ätna gibt es natürlich auch viele private Höfe und kleinere Unternehmen, bei denen man die unterschiedlichsten Touren buchen kann. Über Siziliens wichtigste Reitsportzentren informiert die **Associazione Nazionale Turismo Equestre** (ANTE) in Rom.

Wintersport

Wenn das Wetter mitspielt, ist die Aussicht von den Hängen des Ätna *(siehe S. 174–177)* atemberaubend: Unter einem glitzert bei Taormina in der Sonne das Meer, über einem

Nur kurze Zeit im Jahr möglich: Skifahren auf dem Ätna

schickt der Vulkan träge Rauchwolken zum Himmel. Diese unvergleichliche Atmosphäre macht das Skifahren zu einem besonderen Erlebnis. Erwarten Sie an den Pisten des Ätna keine topmodernen Einrichtungen. Auch die Qualität der Pisten ist nicht mit denen in ausgewiesenen Skigebieten vergleichbar. Da es keine Beschneiungsanlagen gibt und durch die Hitze des Vulkans der Schnee schnell wegschmilzt, dauert die Skisaison auch nur von Ende Dezember bis März. Eine Seilbahn und vier Lifte bringen einen bis auf gut 3000 Meter über Meereshöhe, wo man dann nahe der Hütte **Rifugio Sapienza** und dem alten Montagnola-Krater Ski fahren kann.

An der Nordflanke des Vulkans finden nach wie vor Wiederaufbauarbeiten nach den letzten großen Eruptionen statt. Dabei wurden sämtliche Skianlagen bis auf die Bergstation Piano Provenzana *(siehe S. 176)* zerstört.

Bei allen Altersgruppen gleichermaßen beliebt ist das Schlittenfahren.

Der Ätna ist nicht nur etwas für Alpinskifahrer, obwohl ihre Zahl jedes Jahr stetig wächst. Auch Skilangläufer finden in der Nähe des Grande Albergo direkt unter dem **Rifugio Sapienza** ideale Loipen.

Der Vulkan zieht darüber hinaus Liebhaber alpiner Techniken an – von Telemark-Fahren bis zum immer populärer werdenden Schneeschuhwandern.

Die wunderbar wilden Monti Nebrodi *(siehe S. 190)* können Sie ebenfalls gut mit Langlaufskiern und Schneeschuhen entdecken. Die Ortschaft Piano Battaglia *(siehe S. 98)* in den Bergen der Madonie ist mit ihren wenigen Liften und Pisten – darunter immerhin auch eine schwarze Piste – ideal für einen Wochenendausflug von Palermo aus.

Wer den ultimativen Adrenalinkick sucht, hat die Möglichkeit, auf dem Snowboard die schwarzen Vulkanhänge der Äolischen Inseln *(siehe S. 192–195)* hinunterzufahren. Doch Vorsicht: Der trockene Lavaboden ist wesentlich härter als Schnee.

Snowboarder auf einem Lavafeld auf Vulcano (Äolische Inseln)

Auf einen Blick

Segeln

Centro Nautica
(Charter- und Mietboote) Baia Levante, Vulcano.
393-915 19 01 oder 339-337 27 95.
baialevante.it

Centro Vela
(Segelkurse) Lampedusa.
333-540 13 60.
centrovela lampedusa.com

Etnasail
(Charter- und Mietboote, Kurse) Catania.
095-712 69 52.
etnasail.com

Gulliver
(Mietboote und Kurse) Favignana.
0923-92 10 11 oder 333 201 33 11.
gullivervela.it

Hafenbehörde
Lipari.
090-981 13 20.

Hafenbehörde
Ustica.
091-844 96 52.

Küstenwache
Notfälle auf See.
1530.
guardiacostiera.it

Nauta
(Charter- und Mietboote) Lipari.
090-982 23 05.

Nautica Levante
(Charter- und Mietboote) Salina.
368-67 57 95, 348-469 94 91 oder 338-690 04 03.
nauticalevante.it

Onda Eoliana
(Mietboote)
090-984 42 00 oder 339-776 80 98.
ondaeoliana.com

Orzare
(Charter- und Mietboote, Kurse)
Catania.
349-818 60 07.
orzare.it

Sailing Team
(Charter) Siracusa.
0931-608 08.
sailingteam.biz

Seacilia
(Charter- und Mietboote, Kurse)
Pantelleria.
338 299 45 35.
seacilia.it

Trinacria Sailing
348-409 61 61.
trinacriasailing.com

Velalinks
velalinks.it

Wind, Wellen- und Wettervorhersage
windfinder.com/ forecast/lampedusa

Windsurfen

Albaria Windsurfing Club
091-45 35 95.
albaria.org

Kitesicilia
333-633 85 44.
kitesicilia.it

Tauchen

Alta Marea
Ustica. 347-175 72 55 oder 338-185 02 89.
altamareaustica.it

Barracuda
Ustica. 370-718 16 21.
barracudaustica.com

Centro Immersioni Lo Verde
Lampedusa.
0922-97 19 86.
lampedusadiving loverde.it

Dive Italy
diveitaly.com

Divex Centro Subacqueo
Pantelleria.
345 037 95 77.
pantelleriadiving.it

Lipari Diving Center
Lipari.
338-298 35 95 oder 328-114 50 46.
liparidivingcenter.it

Diving Cala Levante
Pantelleria.
0923-915 174.
calalevante.it

Hospital
(Druckkammer)
090-988 51.

La Sirenetta Diving Center
Stromboli.
338-891 96 75 oder 347-596 14 99.
lasirenettadiving.it

Profondo Blu
Ustica.
091-844 96 09.
ustica-diving.it

Ricarica ARA
Filicudi.
090-988 99 84.

Ricarica ARA Diving Center La Gorgonia
Lipari. 090-981 26 16.
lagorgoniadiving.it

Ricarica ARA di Rosalia Ailara
Ustica. 091-844 96 05.
ustica-ara.it

Salina Diving
Leni ME (Isole Eolie).
338-495 90 80.
salinadiving.com

Scubaland
335-844 33 53.

Sotto l'Acqua del Vulcano
090-98 63 90.

Wandern

Club Alpino Italiano
Catania.
095-715 35 15.
Palermo.
091-32 94 07.
caicatania.it

Etna Guides
095-791 47 55 oder 389-349 60 86.
etnaguide.com

Explore Worldwide
explore.co.uk

Magma Trek
Stromboli.
090-986 57 68.
magmatrek.it

Parco dell'Etna
Nicolosi.
095-82 11 11.
parcoetna.it

Parco Fluviale dell'Alcantara
Francavilla di Sicilia.
0942-98 99.
parcoalcantara.it

Parco delle Madonie
Petralia Sottana.
0921-68 40 11.
parcodellemadonie.it

Parco Regionale dei Monti Nebrodi
Caronia.
0921-33 30 15
(Info zu Langlaufloipen: 095-69 78 18).
parcodeinebrodi.it

Riserva dello Zingaro
0924-351 08 oder 800-11 66 16.
riservazingaro.it

Reiten

Associazione Nazionale Turismo Equestre
Rom.
06-3265 0230.
fitetrec-ante.it

Centro Guide Equestri Ambientali Sanconese
339-620 62 89.
meinfo.it/gea

Centro Ippico Amico del Cavallo
Misterbianco.
095-46 18 82 oder 329 950 98 49.
amicodelcavallo.com

Pantalica Ranch
0931-95 44 25.
pantalicaranch.it

Rifugio Villa Miraglia
Portella Femmina Morta, Nebrodi.
095-69 73 97.

Wintersport

Funivia dell'Etna
095-91 11 58 oder 094-191 41 41/2.
funiviaetna.com

Rifugio Ostello della Gioventù
Piano Battaglia.
0921-64 99 95.

Rifugio Sapienza
095-91 53 21.
rifugiosapienza.com

GROTT

GRUND-INFORMATIONEN

Praktische Hinweise

Die Küsten Siziliens sind traumhaft und locken jedes Jahr Tausende Besucher an. Die einzigartige Geschichte der Insel und ihr herausragendes kunsthistorisches Erbe mit zahlreichen grandiosen Denkmälern haben kaum weniger Anziehungskraft als die faszinierende Landschaft. Zu jeder Jahreszeit gibt es auf der Insel, die im Altertum unter dem Namen Trinakria (»Drei-Ecken-Insel«) bekannt war, etwas zu entdecken und zu genießen: kulinarische Vielfalt, facettenreiche Kultur, eine lebhafte Küstenszenerie und spannende Naturschutzgebiete. Hinzu kommen Heilquellen und viele Sportmöglichkeiten.

Reisezeit

Siziliens mediterranes Klima bringt heiße trockene Sommer und eher milde, regnerische Winter hervor. Von Ende März bis Juni und von September bis Oktober erlaubt das angenehme Klima Outdoor-Aktivitäten aller Art. Geschichts- und Kulturinteressierte sollten bei einer Reise die heißen Monate Juli und August, wenn viele Sehenswürdigkeiten überlaufen sind, meiden. Frühling und Herbst sind ideal für Ausflüge ins Hinterland, etwa zum Ätna, zu den Madonie-Bergen und zu Naturschutzgebieten wie der Riserva dello Zingaro.

Einreise und Zoll

Staatsbürger der EU und der Schweiz brauchen für einen Aufenthalt von bis zu drei Monaten einen gültigen Personalausweis oder Pass (er muss etwa bei Verkehrskontrollen vorgelegt werden). Auch Kinder jeden Alters brauchen ein eigenes Dokument.

Wer länger als drei Monate bleiben will, muss sich eine Aufenthaltsgenehmigung *(permesso di soggiorno)* besorgen.

Italien, und damit Sizilien, ist Teil des Schengen-Raums. Für Reisende aus anderen Schengen-Staaten der EU (und der Schweiz) gelten keine Beschränkungen mehr bezüglich zollpflichtiger Waren, sofern diese für den persönlichen Gebrauch bestimmt sind.

Wer mit einem Haustier einreisen will, muss einen EU-Heimtierausweis mitführen.

Information

Alle Provinzhauptstädte besitzen ein Tourismusamt. Die **Servizi Turistici Regionali (STR)** hat Unità Operative (Unterorganisationen) oder kleinere Büros in den Orten der Provinz. Alle versorgen Sie mit Prospektmaterial und Auskünften: STR-Büros, **Rathäuser**, Pro-Loco-Stellen oder auch das Büro des **Assessorato al Turismo della Regione Sicilia** in Palermo (im Internet unter www.regione.sicilia.it/turismo).

Eintrittspreise

Der Eintritt für Museen und archäologische Stätten variiert von zwei bis zehn Euro. Jugendliche und Senioren haben teilweise freien Zutritt oder erhalten Ermäßigungen. Für ermäßigte Tickets müssen Sie sich ausweisen können.

Hinweisschild für Sehenswürdigkeiten

Öffnungszeiten

Museen, Sammlungen und archäologische Stätten haben im Allgemeinen täglich außer montags am Vormittag, oft auch am Nachmittag geöffnet. Sizilianische Kirchen haben unregelmäßig geöffnet – oft nur für eine Morgen- und/oder eine Abendmesse. Vor allem in Dörfern können Sie aber den Priester oder Küster bitten, Sie kurz in die Kirche einzulassen.

In der Nebensaison haben viele Hotels, insbesondere entlang der Küste, geschlossen. Für einen Winterurlaub sollte man sich entsprechend vor der Anreise erkundigen.

Sizilianer essen meist später als Menschen auf dem Festland, vor allem in den heißen Sommermonaten. Das Mittagessen beginnt ab 14 Uhr, das Abendessen oft erst um 22 Uhr. Restaurants haben einen Ruhetag pro Woche, im Winter machen sie Ferien.

Läden sind montags bis samstags von 8/9 bis 13 Uhr und dann von 16 bis 20 Uhr (Winter) oder 16.30/17 bis 20.30/21 Uhr (Sommer) geöffnet. Mit Ausnahme von Shopping-Center und Baumärkten sind die meisten Läden sonntags und am Montagmorgen geschlossen.

Reisende mit besonderen Bedürfnissen

Sizilien ist für behinderte Besucher kein ideales Reiseland, doch die Bemühungen verschiedener Institutionen ändern dies allmählich. Rampen, Aufzüge und behindertenge-

Souvenirladen mit regionalen Handwerksprodukten in Taormina

◀ **Kristallklares Wasser lockt zum Baden auf der Isola Bella, Taormina** ***(siehe S. 184)***

rechte Toiletten gibt es an immer mehr Orten. Mittlerweile gibt es viele Restaurants, die zwar für Rollstuhlfahrer zugänglich sind, doch der Weg zu den Toiletten ist meist nach wie vor problematisch.

Behinderte Reisende ohne Begleitung sind mit einer speziell organisierten Pauschalreise gut beraten. Sie sollten vor einer Sizilien-Reise auch eine der Behindertenorganisationen kontaktieren.

Zugreisende wenden sich rechtzeitig vor Fahrtantritt an die Sala Blu der **RFI** im Bahnhof in Messina, rufen die landesweite Telefonnummer an oder kontaktieren das Callcenter von **Trenitalia**.

Ein Straßenkünstler porträtiert Besucher, Piazza IX Aprile, Taormina

Mit Kindern reisen

Sizilianer lieben Kinder. Daher ist Sizilien für Kinder und natürlich auch für die Eltern ein Ferienparadies. Auf der Insel gibt es beispielsweise zahlreiche Burgen, die der neugierige Nachwuchs erforschen kann. Ein Ausflug zum Ätna *(siehe S. 174–177)* ist ein unproblematisches Familienabenteuer.

Kinder genießen auch die vielen Strände an Siziliens Küste. Von Juni bis Oktober ist das Meer angenehm warm, sodass man gut baden und schwimmen kann.

Themenparks werden zunehmend beliebter. Ein Erlebnis für die Kleinen ist der Besuch von **Etnaland**, einem Park bei Catania, der Besuch des **Bioparco di Sicilia** oder des **Parco Avventura Madonie** in der Nähe von Palermo.

Die meisten Restaurants freuen sich über Kinder *(siehe S. 207)*, viele bieten Siziliens beliebteste Sommerspezialität: beste Eiscreme.

Für einen Familienurlaub der besonderen Art eignet sich ein Aufenthalt in einer ländlichen Region auf einem Bauernhof *(agriturismo)*, wo Kinder erfahren, wie Landwirtschaft funktioniert und Nahrungsmittel entstehen *(siehe S. 200)*.

Preisgünstig reisen

Bei einer Sizilien-Reise schlagen die Übernachtungen besonders zu Buche. Mit sorgfältiger Planung kann man aber gut Geld sparen. Ferienwohnungen für Selbstversorger eignen sich sowohl für kurze als auch für längere Aufenthalte. Wer frische regionale Produkte einkauft und selber kocht, spart einiges beim Essen. Günstig sind auch B&Bs, die man sowohl in Städten als auch an der Küste findet, sowie Zimmer auf dem Bauernhof *(agriturismo)* in ländlichen Regionen *(siehe S. 200)*. Es gibt nur wenige Jugendherbergen, dafür sind die Campingplätze an der Küste preisgünstige Optionen *(siehe S. 199)*.

In einer Trattoria oder beim *agriturismo* isst man deutlich günstiger als in den Restaurants – zudem ist dies eine gute Möglichkeit, authentische regionale und traditionelle Gerichte zu kosten.

Umweltbewusst reisen

Umweltschutz wird langsam auch in Sizilien zum Thema. In größeren Städten gibt es dazu Initiativen, und viele Stadträte und Bürger zeigen Engagement. In einigen Orten wurde Recycling eingeführt. Supermärkte bieten keine nicht abbaubaren Plastiktüten mehr an. Allmählich wird auch verstanden, wie wichtig es ist, die CO_2-Emissionen zu begrenzen. Seither entstehen Bio-Läden und -Restaurants. Überall gibt es Öko-Märkte an den Straßen. Wer in familiengeführten Gästehäusern oder Bauernhöfen Urlaub macht, unterstützt die regionale Wirtschaft.

Auf einen Blick

Information

Assessorato al Turismo della Regione Sicilia
Via Notarbartolo 9, Palermo.
T 091-70 78 100/230/276.
W **regione.sicilia.it/turismo**

STR Agrigento
T 0922-203 91.

STR Palermo
T 091-639 80 11.
W **palermotourism.com**

STR Siracusa
T 0931-46 42 55.
W **siracusaturismo.net**

STR Taormina
T 0942-232 43 oder 232.

STR Trapani
T 0923-56 54 12/87 26 52/54 34 27.

Infopoints (Rathäuser)
T 091-611 78 87.

Reisende mit besonderen Bedürfnissen

RFI
T 199-30 30 60 (in Sizilien).
W **rfi.it**

Trenitalia
T 89 20 21 (Italienische Staatsbahn); 199-89 20 21 (Callcenter).
W **trenitalia.com**

Mit Kindern reisen

Bioparco di Sicilia
Via A. Vespucci 420,
90044 Carini,
Provinz Palermo.
T 091-867 68 11/348-580 23 34.
W **bioparcodisicilia.it**

Etnaland
C.da Agnelleria, 95032 Belpasso,
Provinz Catania.
T 095-791 33 34.
W **etnaland.eu**

Parco Avventura Madonie
Località Gorgonero,
90027 Petralia Sottana.
T 0921-639 80 28/800-23 41 69.
W **parcoavventuramadonie.it**

Sicherheit und Gesundheit

Sizilien ist ein recht sicheres Reiseziel. Nur in größeren Städten oder an stark frequentierten Orten wie Fährhäfen und Bahnhöfen sollten Sie gut auf Ihre Habe achten. Lassen Sie bitte keine Wertsachen im unbewachten Auto liegen. Sehr sicher dürfen Sie sich in ländlichen Gebieten fühlen – erst recht, wenn Sie etwas Italienisch sprechen und so persönliche Kontakte knüpfen können.

Ein Wagen der *polizia municipale*

Wenn Sie bestohlen wurden, melden Sie dies auf dem Polizeirevier. Sie brauchen das Meldeformular für die Versicherung. Falls Ihr Wagen abgeschleppt wurde, ist die *polizia municipale* zuständig.

Polizei

Es gibt auf Sizilien verschiedene Abteilungen der Polizei. Staatspolizisten *(polizia)* tragen blaue Uniformen. Sie haben mit Verbrechen zu tun und stellen auch *permessi di soggiorno* (Aufenthaltsgenehmigungen) für Ausländer bzw. Pässe für Italiener aus. Die *polizia municipale*, die städtische Polizei, trägt im Winter Blau und im Sommer Weiß und kümmert sich um Verkehrsdelikte. Die Polizisten patrouillieren auf den Straßen und regeln den Verkehr. Die Militärpolizisten, die **carabinieri**, tragen Hosen mit roten Streifen und sind von Diebstahl bis hin zu Verkehrsdelikten zuständig. Die *guardia di finanza* (Steuerpolizei) trägt Grau und fahndet nach Steuersündern und Zollvergehen.

Staatspolizist

Städtischer Polizist

Persönliche Sicherheit

Führen Sie besser keine hohen Bargeldbeträge mit sich. Diebe, die Taschen entreißen, operieren in ruhigen Straßen, vor allem in Städten wie Palermo oder Catania. Auch auf belebten Märkten oder in überfüllten öffentlichen Transportmitteln sollten Sie wachsam sein. Dies ist das Revier von Taschendieben.

Allein reisende Frauen, auch Frauen in kleineren Gruppen, sollten nachts genügend Vorsicht walten lassen.

Benutzen Sie keine nicht lizenzierten Taxis. Sie sind nicht versichert, und die Fahrer verlangen oft überhöhte Preise. Meist findet man sie an Bahnhöfen und Flughäfen. Hotelschlepper und selbst ernannte Fremdenführer sollte man ebenfalls umgehen. Nehmen Sie besser die Angebote von Reise- und Informationsbüros in Anspruch.

Auf den Straßen in Sizilien kommt man meist problemlos voran. Allerdings gibt es von der Polizei oder vom Militär eingerichtete Sperren *(posto di blocco)* – vor allem um Küstenstädte. Das sind Routinekontrollen. Die Polizisten kontrollieren Ihren Ausweis und das Fahrzeug, eventuell machen sie einen Alkoholtest. Es gilt die 0,5-Promille-Grenze, Fahranfänger, die keine bis drei Jahre Fahrpraxis haben, unterliegen allerdings der 0-Promille-Grenze. Parken ist normalerweise sicher. In Städten sollten Sie das Auto auf einem bewachten Parkplatz abstellen.

Im Notfall

Bei ernsten Erkrankungen rufen Sie die Notfallstation *(Pronto Soccorso)* eines größeren Krankenhauses, etwa **Ospedali Riuniti Villa Sofia Cervello** in Palermo oder **Ospedale Vittorio Emanuele** in Catania, an. Die Weißen bzw. Gelben Seiten *(Pagine Bianche, Pagine Gialle)* listen Ärzte *(medico)* bzw. Zahnärzte *(dentista)* auf. Die Notfallbehandlung in staatlichen Krankenhäusern ist kostenlos, auch für Ausländer.

Diebstahl und Verlust

In größeren Städten gibt es in (Bus-)Bahnhöfen und am Flughafen meist eigene Fundbüros, so etwa die Prestia e Comandè in der **Stazione Centrale** in Palermo. In kleineren Orten oder Dörfern fragt man am besten am Ticketschalter oder auf dem Polizeirevier nach.

Einen Diebstahl meldet man in der nächsten *questura* (Polizeirevier) oder in der Wache der *carabinieri*. Beim Verlust des Ausweises sollten Sie Ihre Botschaft bzw. das Konsulat kontaktieren *(siehe S. 233)*. Generell sollten Sie Fotokopien Ihrer Dokumente dabeihaben. Bei verlorenen Kreditkarten nutzen Sie die Notfallnummer Ihres Kreditkarteninstituts.

Medizinische Versorgung

Sizilien besitzt ein Netzwerk an Erste-Hilfe-Stationen. Alle Ferienorte unterhalten einen saisonalen Rettungsdienst *(guardia medica turistica)*. Die Ärzte der *guardia medica* machen auch nachts und am Wochenende Hausbesuche. Mit Kindern fahren Sie am besten zum **Ospedale dei Bambini »G. Di Cristina«** in Palermo oder zum **Ospedale Garibaldi-Nesima** in Catania.

Bei kleineren Gesundheitsproblemen helfen Apotheker. Apotheken *(farmacia)* haben montags bis freitags von 8.30 bis 13 und 16 bis 19.30 Uhr geöffnet, ebenso samstagmor-

Apotheke mit dem typischen grünen Kreuz

gens. Ein Plan der Apotheken mit Nacht-, Sonn- und Feiertagsdienst hängt meist an den Türen aus.

Gefahren im Freien

Im Sommer sollten Sie das Sonnenbaden – sowohl am Meer als auch im Bergland – nicht übertreiben, es drohen schwere Sonnenbrände und Hitzschlag.

Beim (Berg-)Wandern sollten Sie sich von den Hütehunden der Schafherden fernhalten. Sie sind darauf trainiert, alle »Eindringlinge« zu verjagen. Wenn Sie die Ruinen antiker Stätten erkunden oder in den Bergen wandern, sollten Sie auf Schlangen achten. Im Sommer trifft man häufig auf die Tiere.

Sizilianer sind einerseits sehr gastfreundlich, andererseits reserviert. Bitten Sie daher stets um Erlaubnis, ehe Sie Privatgrundstücke durchqueren, Tore öffnen und eingezäuntes Terrain betreten. Vergessen Sie nicht, alle Tore und Zäune wieder hinter sich zu schließen, damit keine Weidetiere entlaufen können.

Für Sizilien sind keine zusätzlichen Impfungen erforderlich, Sie sollten aber ausreichend Mückenschutz dabeihaben. Wasser aus Hähnen oder Trinkwasserbrunnen ist frisch und sicher. Es wird in den Bergen gewonnen.

Versicherungen

Bürger aus EU-Staaten und der Schweiz können das italienische Gesundheitssystem in Anspruch nehmen. Wenn Sie gesetzlich versichert sind, sollten Sie die Europäische Krankenversicherungskarte EHIC dabeihaben. Versicherungen für zusätzliche Leistungen, etwa Krankenrücktransport, können Sie bei vielen Anbietern (u. a. Reisebüros und Versicherungen) abschließen.

Brandgefahr

Leider sind Brände auf Sizilien – wie im gesamten Süden Italiens – in den Sommermonaten eine stete Gefahr. Manche Feuer werden auf natürliche Weise oder durch Unfall verursacht, die meisten jedoch durch gezielte Brandstiftung. Vor allem in der trockenen Sommerhitze und bei starkem Wind können Brände rasend schnell um sich greifen. Das Löschen übernehmen die örtliche Feuerwehr, Förster, Freiwillige und speziell ausgerüstete Löschflugzeuge, die überall auf der Insel an strategisch gut gelegenen Punkten stationiert sind. Befolgen Sie bei einem Brand die Anweisungen der Löschtrupps.

Brandschutzregeln

1. Werfen Sie Zigarettenkippen nie aus dem Auto.
2. Machen Sie nur dort ein Feuer, wo es ausdrücklich erlaubt ist.
3. Geben Sie bei einem Brand sofort Alarm (Tel. **1515** oder **112**).
4. Halten und parken Sie nicht, um einen Brand zu beobachten – Sie blockieren sonst den Weg und behindern die Löschmannschaften.
5. Achten Sie auf den Wind. In Windrichtung können sich die Flammen schnell nähern.

Auf einen Blick

Polizei

Carabinieri
☎ 112.

Im Notfall

Notarzt/Rettungsdienst
☎ 112 oder 118.

Allgemeine Notfälle
☎ 113.

Catania
Ospedale Vittorio Emanuele
Via Plebiscito 628, 95122.
☎ 800-284 284 (Numero Verde).

Palermo
Ospedali Riuniti
Villa Sofia Cervello
☎ 091-780 40 31 (Pronto Soccorso).

Diebstahl und Verlust

Stazione Centrale
Corso A. Amedeo 74, Palermo.
☎ 091 58 63 51.
W **prestiaecomande.it**

Krankenhäuser und Apotheken

Catania
Ospedale Garibaldi-Nesima
Via Palermo 636, 95122.
☎ 095-759 51 23/759 51 21 (Pronto Soccorso Pediatrico).

Palermo
Ospedale dei Bambini »G. Di Cristina«
☎ 091-606 60 28 (Pronto Soccorso Pediatrico).

Farmacia Maymone
Via Catania 122, Palermo.
☎ 091-58 40 96.

Konsulate

Deutschland
Via San Sebastiano 13, 98122 Messina.
☎ 0039 090 67 17 80.

Österreich
Via Leonardo da Vinci 145, 90145 Palermo.
☎ 0039 091 682 56 96.

Schweiz
Via Morgioni 41, 95027 San Gregorio di Catania / CT.
☎ 0039 095 38 69 19.

Brandgefahr

Feuerwehr
☎ 115.

Waldbrände
☎ 1515.

Banken und Währung

Auch in Italien gilt seit 2002 der Euro. Für Besucher aus der Eurozone entfällt damit jeder Geldwechsel. Geldautomaten sind weitverbreitet, es gibt sie auf Sizilien auch in kleinen Orten. Besucher können mit einer Debit- oder Kreditkarte problemlos Geld abheben. Wer nicht über Euro verfügt, kann diese entweder bei Geldautomaten ziehen oder sein Bargeld anderer Währungen bei Wechselstuben oder Banken umtauschen lassen.

Banken

Banken sind montags bis freitags von 8.30 bis 13.30 und von 14.30 bzw. 14.45 bis 15.30 bzw. 15.45 Uhr geöffnet. Größte Bank Siziliens ist die **Banco di Sicilia**, sie gehört zur Unicredit-Gruppe. Wechselstuben sind durchgängig, oft bis spätabends, geöffnet.

Geldautomaten

Man findet Geldautomaten in allen Städten und auch in Dörfern. An den Automaten können Sie mit Kredit- oder Debitkarte unter Eingabe der PIN Geld abheben. Welche Karten akzeptiert werden, sehen Sie an den Logos. Achtung: An manchen Wochenenden können die Automaten schnell leer sein.

Kredit- und Debitkarten

Wegen der hohen Gebühren werden Kreditkarten von **American Express** nicht überall angenommen. Die größte Akzeptanz genießen **Visa** und **MasterCard**. Wer mit Kreditkarte oder der **girocard** (sowohl Karten mit Maestro- als auch VPay-Logo funktionieren) in Hotels,

Auf Sizilien findet man eine große Anzahl an Geldautomaten

Restaurants oder Läden bezahlen will, muss entweder nur einen Beleg unterschreiben oder seine Geheimnummer auf einer Tastatur eintippen. Bei Kartenverlust sollten Sie die Karte möglichst bald sperren lassen *(siehe Kasten)*.

Währung

Die europäische Gemeinschaftswährung Euro (€) gilt zurzeit in 19 EU-Mitgliedsstaaten: Belgien, Deutschland, Estland, Finnland, Frankreich, Griechenland, Irland, Italien, Lettland, Litauen, Luxemburg, Malta, Niederlande, Österreich, Portugal, Slowakei, Slowenien, Spanien und in Zypern.

Lira-Münzen und -Scheine sind ungültig. Die Umtauschfristen für die alte Währung sind Ende 2011 endgültig abgelaufen.

Auf einen Blick

Banco di Sicilia
Via Roma 314, Palermo. **SP** 1 C3.
Corso Sicilia 36 Ecke Via Giacomo Puccini, Catania.
W unicredit.it

Kartenverlust

Allgem. Notrufnummer
0049 116 116.
W 116116.eu

American Express
06 72 90 03 47 (I).
0049 69 97 97-2000 (D).

Diners Club
800 39 39 39 (I).
0049 7531 3633 111 (D).

MasterCard
800 870 866.

Visa
800 819 014.

girocard
0049 69 740 987

Euro-Banknoten

Die Euro-Scheine wurden vom Österreicher Robert Kalina (1. Serie ab 2002) und dem Deutschen Reinhold Gerstetter (2. Serie ab 2013, sog. Europa-Serie) entworfen und zeigen Architekturelemente und Baustile, eine Europakarte und die EU-Flagge mit den zwölf Sternen. Die abgebildeten Objekte stellen keine existierenden Bauwerke dar.

5-Euro-Schein

10-Euro-Schein

Alter 20-Euro-Schein

50-Euro-Schein

Euromünzen

Die einheitlichen Vorderseiten entwarf der Belgier Luc Luycx. Italien zeigt berühmte italienische Dichter, Bau- und Kunstwerke verschiedener Epochen.

5-Cent-Münze

10-Cent-Münze

20-Cent-Münze

50-Cent-Münze

1-Euro-Münze

2-Euro-Münze

Kommunikation

Das Telefonnetz auf Sizilien ist im Allgemeinen gut, mit Ausnahme einiger isolierter Areale im Hinterland. Viele öffentliche Telefone sowie Internetpoints werden von der Telecom Italia betrieben. Der Post wurde lange nachgesagt, dass sie langsam sei. Seit Einführung der *posta prioritaria* geht es aber schneller. In den Städten findet man fremdsprachige Zeitungen und Zeitschriften. Italien besitzt staatliche und private TV- und Radiosender, ausländische Programme kann man nur über Satellit empfangen.

Gut ausgestatteter Internetpoint in einer sizilianischen Stadt

Öffentliche Telefone

Nach Abschaffung des Vorwahlsystems in Italien sind die ehemaligen Vorwahlnummern als Ortskennung fester Bestandteil der Rufnummer. Deren führende Null muss stets mitgewählt werden. Handyvorwahlen und Sonderrufnummern hingegen haben in Italien keine führende Null. Münzfernsprecher funktionieren in der Regel nur noch mit Telefonkarten. Diese sind an Kiosken, in Postämtern und Tabakläden erhältlich.

Mobiltelefone

Die Roaming-Verordnung der EU gibt verbindliche Obergrenzen der Kosten für Kunden vor: Der Minutenpreis für ein abgehendes Telefonat beträgt seit Juli 2014 bis zu 0,19 Euro, für ein ankommendes 0,05 Euro. Eine SMS kostet bis 0,06 Euro, Datenübertragung pro MB 0,20 Euro – hinzu kommt die Mehrwertsteuer. Die EU plant eine Kostensenkung für 2016 und die Abschaffung der Roaming-Gebühren bis Juni 2017.

TIM und **Vodafone**, die größten Provider, bieten italienische SIM-Karten.

Internet

Das Internet hat auch Sizilien erobert, vor allem in den Städten. **Telecom Italia** bietet in Zügen, größeren Bahnhöfen und Telefonzentren Internet-Zugang. In den meisten Städten findet man private Internetpoints. **Internet Train** etwa betreibt über 90 Internetpoints. Um ins Netz zu gelangen, kauft man eine Magnetkarte, die für alle Points gilt. Auf Sizilien gibt es eine große Anzahl an WLAN-Hotspots – die meisten sind kostenlos.

Post

Postämter sind wochentags von 8.25 bis 13.50 Uhr (Sa bis 12 Uhr) geöffnet. Ein Standardbrief bis 20 Gramm ins europäische Ausland kostet 0,95 Euro und ist ca. drei Werktage unterwegs. Wichtiges verschickt man als *raccomandata* (Einschreiben), wertvolle Dinge als *assicurata* (Wertsendung). Bei eiligen Sendungen können Sie die Dienste von **DHL** oder **Fedex** bzw. *Postacelere* und *Paccocelere* (beide staatlich) nutzen, die in den Hauptpostämtern zu finden sind.

Flughafen Catania – das *telefonino* bzw. *cellulare* ist allgegenwärtig

Zeitungen und Zeitschriften

Große Zeitungen sind *Il Giornale di Sicilia* und *L'Ora* in Palermo, *Gazzetta del Sud* und *L'Eco del Sud* in Messina, *Libertà* in Siracusa und *La Sicilia* in Catania. Vor allem in den Städten gibt es auch eine Auswahl an ausländischen Zeitungen und Magazinen zu kaufen.

Fernsehen und Radio

Die größten Fernsehsender sind die öffentlich-rechtliche RAI und die private Mediaset (gegründet von Silvio Berlusconi). Es gibt zudem viele regionale Privatsender. Satellitensender wie BBC World News, Sky und CNN zeigen Nachrichten auf Englisch. Es gibt drei öffentlich-rechtliche Radiosender.

Auf einen Blick

Ländervorwahlen

0039 (nach Italien)
0049 (nach Deutschland)
0043 (nach Österreich)
0041 (in die Schweiz)

Öffentliche und Mobiltelefone

Telecom Italia
W **telecomitalia.com**

TIM
Via della Libertà 37d, Palermo. Via Etnea 47, Catania.
W **tim.it**

Vodafone
Via della Libertà 19-21-23, Palermo. Via Etnea 74, Catania.
W **vodafone.it**

Internet

Internet Train
W **internettrain.it**

WLAN
W **wifi.gratis.it/hotspot_sicilia.html**
W **openwifispots.com**

Post

DHL
T 199-199 345. W **dhl.it**

Fedex
T 199-151 119. W **fedex.com**

Poste Italiane
W **poste.it**

Reiseinformationen

Siziliens wichtigste Flughäfen liegen an den entgegengesetzten Punkten der Insel, in Palermo und Catania. Sie werden in der Saison von Charterflügen und einigen Linienflügen aus Deutschland angesteuert. Seit Kurzem gibt es auch den Flughafen in Comiso, der nach langer Planung eröffnet wurde. In der Nebensaison muss man bei Linienflügen oft umsteigen. Zwischen Reggio di Calabria auf dem Festland und Messina auf Sizilien bestehen gute Fährverbindungen, die Überfahrt dauert nur 20 Minuten. Die Züge von Trenitalia setzen von Villa San Giovanni nach Messina über. Die vorgelagerten Inseln sind ebenfalls mit Fähren erreichbar. Lampedusa und Pantelleria besitzen eigene Flughäfen.

Ticketschalter, Flughafen Catania-Fontanarossa

Flughäfen

Linienflüge verbinden das italienische Festland mit Palermo und Catania. Die meisten Verbindungen gibt es von Rom-Fiumicino. Im Sommer fliegen Chartermaschinen von zahlreichen europäischen Städten nonstop nach Sizilien. Siziliens wichtigster Flughafen **Palermo Falcone Borsellino** bietet Inlandsverbindungen nach Rom, Neapel, Bologna, Mailand, Pisa, Genua, Turin, Verona und Cagliari sowie zu den Inseln Pantelleria und Lampedusa.

Der Flughafen **Catania-Fontanarossa** bedient Siziliens Osten. Inlandsverbindungen bestehen nach Rom, Neapel, Mailand, Pisa, Genua, Turin und Verona. Der kleine Flughafen **Trapani-Birgi** ist nur mit Palermo und den Inseln Pantelleria und Lampedusa verbunden. Die Flughäfen auf den Inseln bieten Anschluss an Palermo, Trapani und einige Städte auf dem italienischen Festland. In **Comiso** wurde 2013 ein neuer Flughafen eröffnet, der die Region Ragusa – Siracusa an das allgemeine Flugnetz anbindet.

Fluglinien

Sowohl **Alitalia** als auch **Lufthansa/Swiss** fliegen Sizilien im Linienverkehr an. Wer aus Deutschland kommt, muss jedoch meist in Rom-Fiumicino umsteigen. Direktflüge werden vor allem in den Sommermonaten von diversen Chartergesellschaften angeboten.

Die italienischen Fluglinien **Alitalia**, **Blu-Express**, **Meridiana fly** und **Air Italy** (im Streckennetz der Meridiana fly) pendeln zwischen dem Festland und Sizilien. Teilweise fliegen sie auch die Inseln vor Sizilien an.

Tickets und Preise

Die Airlines bieten auf ihren Websites oft Rabatte für Flüge an – vor allem wenn man frühzeitig bucht. Auch bei den diversen Flugsuchmaschinen im Internet werden Sie fündig. Machen Sie sich also rechtzeitig sachkundig.

Die niedrigsten Flugpreise gibt es in der Regel im April, Mai, Oktober und November sowie im gesamten Winter (mit Ausnahme der Feiertage und Ferienzeiten).

Anreise mit der Bahn

Die Züge der italienischen Eisenbahn **Trenitalia** (Tochter der **FS**, Ferrovie dello Stato) rollen durchs ganze Land, regelmäßig auch nach Sizilien. Wer mit der Bahn anreisen möchte, sollte bedenken, dass die Fahrt sehr viel Zeit kostet und nicht unbedingt billiger kommt als ein Flug. Dafür mag die ungemein reizvolle Küstenszenerie südlich von Rom entschädigen. Eine Sitzplatzreservierung und/oder ein Platz im Schlaf- oder Liegewagen ist unbedingt zu empfehlen, damit man das Urlaubsziel entspannt erreicht.

Busverbindungen

Auch in Sizilien wurden einige Bahnstrecken stillgelegt und der Straßen- auf Kosten des Schienenverkehrs weiter ausgebaut. Wo die Bahn aus Kostengründen oder wegen des unwegsamen Geländes nicht hinfährt, sind Busse unterwegs. Mit den Nahverkehrsbussen erreicht man selbst das kleinste Dorf auf Sizilien, mit den Fernreisebussen kann man die wichtigsten Reiseziele und große Städte ansteuern.

Beeindruckende Fassade des Hauptbahnhofs in Palermo

Meist stündlich im Einsatz: Fähre zwischen Reggio di Calabria und Messina

Anreise mit dem Auto

Über die Straße von Messina verkehren regelmäßig Autofähren. Mit dem Auto nach Sizilien einzureisen ist kein Problem.

Bitte beachten Sie, dass Sie auf Sizilien bei Autopannen eine rote fluoreszierende Warnweste tragen müssen.

Fähren zum Festland

Reggio di Calabria ist der für Sizilien wichtigste Fährhafen auf dem Festland, Fähren legen von Messina aus mindestens jede Stunde ab. Im Sommer gibt es Fähren von Genua, Livorno und Neapel nach Palermo sowie von Neapel nach Messina.

Fähren zu den Inseln

Sizilien besitzt gute, regelmäßige Fährverbindungen zu den vorgelagerten Inseln. **Siremar**, **Ustica Lines** und **SNAV** (Societa Navigazione Alta Velocita) bedienen die diversen Routen (nähere Infos finden Sie unter: www.ferries-online.com).

Die Fähren *(traghetti)* und Tragflächenboote *(aliscafi)* verkehren ganzjährig. Im Sommer kann es auf ihnen recht voll werden. Die Betriebszeiten sind wetterabhängig und können sich kurzfristig ändern.

Fährdienste zwischen den einzelnen der Äolischen Inseln und den anderen Inselgruppen bieten außer den großen auch kleine regionale Gesellschaften an. Über deren Fahrpläne informieren die betreffenden Tourismus- und Pro-Loco-Büros.

Auf einen Blick

Flughäfen

Aeroporto di Comiso
97013 Comiso
T 0932-961 467.
W **aeroportodi comiso.eu**

Catania-Fontanarossa
95121 Catania
T 095-34 05 05.
W **aeroporto. catania.it**

Lampedusa
ENAC – DA, Cinisi, Palermo.
T 0922-97 15 48.
W **lampedusa35.com**

Palermo Falcone Borsellino
Aeroporto Falcone E. Borsellino, Cinisi, Palermo.
T 091-702 01 11.
W **gesap.it**

Pantelleria
Via Venezia N. 32, Pantelleria.
T 0923-91 13 98.
W **aeroportodi pantelleria.it**

Trapani-Birgi
91100 Trapani.
T 0923-84 25 02.
W **aeroporto trapani.com**

Fluglinien

Alitalia
T Italien
89 20 10.
T Deutschland
01805-07 47 47.
T Österreich
01-79 57 61 25.
T Schweiz
0900-48 64 86.
W **alitalia.it**
W **alitalia.com**

Austrian
T Österreich
05 17 66 10 00.
T Italien
02 89 63 42 96.
W **austrian.com**

Blu-Express
T Italien
199 41 97 77 oder 06-98 95 66 66.
W **blu-express.com**

Lufthansa
T Italien
199-400 044.
T Deutschland
069-86 799 799.
W **lufthansa.com**

GermanWings
T Italien
199-25 70 13.
T Deutschland
0180-632 03 20.
W **germanwings.com**

Meridiana fly
T Italien
89 29 28.
W **meridiana.it**

Swiss
T Italien
848 868 120.
T Schweiz
0848 700 700.
W **swiss.com**

Mit dem Zug

Ferrovie dello Stato (FS)
W **fsitaliane.it**

Trenitalia
T 89 20 21 (24 Std.).
W **trenitalia.com**

Mit dem Bus

Azienda Siziliani Trasport (AST)
Via Ugo La Malfa 40, Palermo.
T 091-680 00 11.
W **aziendasiciliana trasporti.it**

SAIS Autolinee
Piazza Cairoli, Palermo.
T 091-616 60 28.
W **saisautolinee.it/ regionali.htm**

Fähren zum Festland

Caronte & Tourist
T Messina
800-62 74 14.
W **carontetourist.it**

Tirrenia
Calata Marinai d'Italia, Palermo.
T 89 21 23.
T 02 26 30 28 04.
W **tirrenia.it**

Fähren zu den Inseln

Siremar
Via Francesco Crispi 118, Palermo.
T 091-749 33 15.
T Neapel
081-497 29 99.
W **siremar.it**

SNAV
T Ancona
071-207 61 16.
T Neapel
081-428 55 55.
T Palermo
091-58 74 04.
W **snav.it**

Ustica Lines
Via Orlandini 48, Trapani.
T 0923-87 38 13.
W **usticalines.it**

Auf Sizilien unterwegs

Die größte Insel im Mittelmeer hat einen zerklüfteten, gebirgigen Kern. Sie werden dies rasch bemerken, wenn Sie sich auf Erkundung begeben. Je tiefer Sie ins Hinterland vordringen, desto steiler und kurvenreicher werden die Straßen. Eine Strecke, die auf der Karte wie ein Minitrip aussieht, kann viel Zeit kosten. Mit Zug und Bus erreicht man fast jeden größeren Ort, doch für manch abgelegene Flecken braucht man einen Wagen. Auf Bahngleisen kann man übrigens auch (in fünf Stunden) den Ätna umrunden.

Schnellstraße über ein Tal im Inselinneren

Umweltbewusst reisen

Obwohl das Umweltbewusstsein zugenommen hat, ist die Umweltverschmutzung auf Sizilien immer noch ein Problem. Viele Sizilianer sind zudem eingefleischte Autofahrer. Allerdings gibt es in Palermo und Catania mittlerweile Car-Sharing und Leihräder. Auf Druck von Initiativen gibt es immer mehr Radwege, Ladestationen für Elektroautos und autofreie Sonntage. Videokameras überwachen als autofrei deklarierte Stadtzentren *(centro storico)*, Buslinien fahren alle wichtigen Sehenswürdigkeiten und Attraktionen an. Obwohl das System der öffentlichen Transportmittel bisweilen etwas chaotisch erscheinen mag, ist der öffentliche Nahverkehr die bessere Alternative – zumindest in den Städten.

Züge

Da Sizilien bergig ist, können isolierte Ecken nicht per Zug erreicht werden.

Die zwei Hauptstrecken der Bahn führen von Messina nach Catania und Siracusa im Süden sowie nach Palermo im Westen. Von der Route Messina – Palermo zweigt bei Termini Imerese eine recht langsame Nebenstrecke nach Agrigento ab. Eine weitere Bahnlinie verbindet Palermo mit Trapani, Marsala, Mazara, Castelvetrano und Ribera.

Nördlich von Catania fährt die Schmalspurbahn Ferrovia Circumetnea *(siehe S. 170)* durch die fruchtbare Lavalandschaft rund um den Ätna.

Busse

Der Schwerpunkt der Infrastruktur liegt in Sizilien eher auf der Straße als auf der Schiene. Viele Buslinien verbinden auch die kleinsten Dörfer miteinander, Reisebusse fahren zu beliebten Ferienorten.

Das Busnetz in Städten ist einfach zu benutzen. In Palermo fahren die Busse von **AMAT**, in Catania und Messina diejenigen von **AMT**. Tickets erhält man in Tabakläden *(tabaccai)*, an Zeitungskiosken *(giornalai)* oder bei AMAT-Verkaufsstellen, die auch Pläne des Streckennetzes haben. Die Fahrkarten sind 90 Minuten lang gültig. Denken Sie daran, sie im Bus zu entwerten.

Autos

Besondere Probleme wirft die Anfahrt mit dem Pkw nicht auf. Sie brauchen einen nationalen Führerschein und Fahrzeugpapiere, die Grüne Versicherungskarte wird empfohlen. Nützlich ist das Europäische Unfallprotokoll (erhältlich bei Ihrer Versicherung oder im Internet). Für Notfälle unterhält der **ADAC** eine Notrufstation in Italien: 03-92 10 41 (Festnetz) bzw. +39 03-92 10 41 (Handy).

Autofähren überqueren die Meerenge von Messina regelmäßig. Die aktuellen Maut- und Autobahngebühren für die Fahrt durch Italien liefern Mautrechner und Routenplaner im Internet.

Die italienischen Verkehrsregeln gelten auch auf Sizilien – offiziell. Doch bisweilen ist die Frage, wer Vorfahrt hat, eher »Verhandlungssache«. In den Städten ist das stressig, funktioniert aber. Außerhalb von Ortschaften muss auch tagsüber mit Licht gefahren werden. Außerdem muss man eine Warnweste im Fahrzeug haben. Das Telefonieren mit dem Handy ist während der Fahrt verboten.

Bei Pannen oder Unfällen rufen Sie den **ACI** (Automobile Club d'Italia, Tel. 80 31 16) an.

Die Ferrovia Circumetnea *(siehe S. 170)* führt rund um den Vulkan Ätna

Mietwagen

Auf Sizilien finden Sie Niederlassungen fast aller großen Autoverleiher, u.a. an den Häfen von Palermo und Catania, an den Flughäfen Palermo Falcone Borsellino, Catania-Fontanarossa und Trapani-Birgi sowie in jeder Provinzhauptstadt. Die Konditionen internationaler Firmen wie **Avis**, **Europcar**, **Hertz** oder **Rent a Car** können Sie im Voraus erfragen. Preiswerter als das Mieten vor Ort kommen meist Fly-and-Drive-Angebote, bei denen ein Leihwagen am Flughafen schon für Sie bereitsteht. Auch auf einigen vorgelagerten Inseln werden Autos vermietet, doch ist dort wegen des schlechten Straßennetzes ein Motorrad oder Motorroller das geeignetere Fortbewegungsmittel.

Verkehrsarme Straße an der Küste des Tyrrhenischen Meers

Panoramastraßen

In Catania müssen Sie nicht weit fahren, um auf eine Panoramastraße zu gelangen. Eine schöne Strecke führt von Zafferana Etnea zum Rifugio Sapienza, dem höchsten Punkt am Ätna mit grandiosem Ausblick. Dann fahren Sie wieder hinab und durch Nicolosi. Die SS120 durch die Madonie- und Nebrodi-Gebirge zählt zu den herrlichsten Panoramastraßen der Insel. Eine weitere Panoramastraße führt von Valderice, nahe Trapani, zum mittelalterlichen Erice. Auch die Straße zur Landspitze von San Vito Lo Capo ist landschaftlich äußerst reizvoll. Die Küstenstraße von Trapani entlang den Salzmarschen nach Marsala bietet malerische Windmühlen und fantastische Ausblicke auf die

Leihräder – ein gutes Fortbewegungsmittel auf kleineren Inseln

Ägadischen Inseln. Fahren Sie auf die SS115, zwischen Noto und Modica liegt eine der hübschesten Landschaftsszenerien der Insel. In der Provinz Ragusa gibt es ländliche Straßen, typisch sind Steinwälle und offene Felder, etwa in der Gegend um die Burg Donnafugata.

Fahrräder

Im Hinterland sind die Straßen recht ruhig und daher gut für Radfahrer geeignet. **Rent Bike** bietet Leihräder, Reiseagenturen wie **Ciclofree** veranstalten Radtouren (samt Beförderung des Gepäcks im Begleitwagen). Gleichwohl gilt: Sizilianische Autofahrer sind wenig auf Radfahrer eingestellt. Fahren Sie also vorsichtig.

Immer mehr Mountainbiker entdecken Sizilien, insbesondere die Monti Peloritani, Nebrodi und Madonie, immer öfter sieht man sie auf den Pfaden der Naturparks.

Zu Fuß unterwegs

Die Hauptsehenswürdigkeiten sizilianischer Städtchen, Orte und Küstendörfer liegen so konzentriert beieinander, dass sie recht einfach zu Fuß besichtigt werden können. Achten Sie auf gutes und komfortables Schuhwerk.

Auch Palermo und Catania eignen sich für Fußgänger, da die Attraktionen alle in Gehweite voneinander entfernt liegen. In beiden Städten gibt es thematische Stadtführungen. Gleiches gilt für Trapani, Siracusa und Agrigento.

Auf dem Land sowie in Naturschutzgebieten und Naturparks gibt es ebenfalls oft geführte Touren und Wanderungen, um die Landschaft in Ruhe zu genießen.

Auf einen Blick

Busse

AMAT (Palermo)
☎ 091-35 01 11 oder 199-24 08 00.
W amat.pa.it

AMT (Catania)
☎ 800-01 86 96 oder 095-751 91 11.
W amt.ct.it

ATM (Messina)
☎ 090-228 52 66 oder 903 71 69.
W atmmessina.it

Mietwagen

Avis
☎ 091-59 16 84 (Palermo).
☎ 095-34 05 00 oder 7231 715 (Catania).
W avisworld.com

Europcar
☎ 091-59 16 88, 091-652 53 25 oder 091-652 55 31 (Palermo).
☎ 095-34 91 50 oder 7232 942 (Catania).
W europcar.com

Hertz
☎ 091-21 31 12 (Palermo).
☎ 095-34 15 95, 095-34 52 79 oder 7234 655 (Catania).
W hertz.com

Rent a Car (Maggiore)
☎ 091-59 16 81 (Palermo).
☎ 095-34 05 94 (Catania).
☎ 0931-665 48 (Siracusa).
W maggiore.it

Fahrräder

Ciclofree
☎ 0931-94 03 97 oder 339-243 93 58.
W ciclofree.com

Rent Bike (Acireale, nahe Catania)
☎ 328-342 65 18 oder 346-231 74 51 (englisch).
W rentbike.it
W solebike.eu

Sicily Bike (Cefalù, nahe Palermo und Siracusa)
W sicily-bike.de

Textregister

Seitenangaben in **fetter Schrift** beziehen sich auf Haupteinträge.

H

I

J

K

N

O

T

Danksagung und Bildnachweis

Dorling Kindersley bedankt sich bei folgenden Personen und Organisationen, deren Beiträge und Hilfe dieses Buch möglich gemacht haben. Der Dank gilt auch allen Personen und Institutionen, die uns die Erlaubnis zu fotografieren erteilten.

Alessandra Arena; Ms Puleo, Assessorato al Turismo Regione Sicilia; AAPT Caltanissetta, Egidio Cacciola, AAST Acireale; Grazia Incorvaia, AAST Agrigento; AAST Caltagirone; AAST Capo d'Orlando; Ms Lidestri, AAST Catania und Acicastello; AAST Cefalù; Ms Petralia, AAST Enna; AAST Giardini-Naxos; AAST Messina; AAST Milazzo; Salvatore Giuffrida, AAST Nicolosi; AAST Palermo und Monreale; AAST Patti; Ivana Taschetta, AAST Piazza Armerina; AAST Sciacca; AAST Siracusa; AAST Taormina; Mario Cavallaro, APT Siracusa; Ms Mocata, APT Trapani; Carlo Rigano, Associazione Culturale Sicilia '71 di Mascalucia, Paolo Mazzotta, Biblioteca »E Vittorietti«, Palermo; Barbara Cacciani; Franco Conti, Carthera Aetna; Nicolò Longo; Prof. Giorgio De Luca, Istituto Europeo di Scienze Antropologiche; Giorgia Conversi; EPT Agrigento; Nello Musumeci, EPT Catania; Dr. Ragno, EPT Messina; Dr. Majorca, EPT Palermo; Manilo Peri, Fondazione Culturale Mandralisca, Cefalù; Dr. Rosano, Framon Hotels; Galleria Regionale di Sicilia – Palazzo Abatellis (Palermo); Domenico Calabrò, Gazzetta del Sud; Gisella Giarrusso; Ernesto Girardi; Salvo Amato, Giuliano Rotondi Freelance Studio, Acireale; Carmelo Guglielmino; Mr Altieri, Hotel Baglio della Luna; Hotel Baglio Santa Croce; Hotel La Tonnara di Bonagia; Col Girardi; Hotel Villa Paradiso dell'Etna; Luigi Lacagnina und seiner Familie; Maggiore Budget Autonoleggi; Prof. Gaetano Maltese; Emma Marzullo; Meridiana; Museo Archeologico Regionale Paolo Orsi (Siracusa); Museo Etnostorico dei Nebrodi; Prof. Iberia Medici, Museo-Laboratorio Village, Giarre; Ignazio Paternò Castello; Società Aerofoto-grammetrica Siciliana (Palermo); Sandro Tranchina; Teatro Massimo (Palermo); Teatro Biondo (Palermo); Prof. Amitrano Svarese, Anthropologische Fakultät der Universität von Palermo; Mara Veneziani; Pia Vesin.

Zusätzliche Hilfe und Revision

Louise Abbott, Umesh Aggarwal, Emily Anderson, Jasneet Arora, Shruti Bahl, Claire Baranowski, Ros Belfold, Marta Bescos, Maria Carla Barra, Tessa Bindloss, Michelle Clark, Lucinda Cooke, Imogen Corke, Michelle Crane, Conrad van Dyk, Gadi Farfour, Emer FitzGerald, Rhiannon Furbear, Prerna Gupta, Katharina Hahn, Gerard Hutching, Claire Jones, Sumita Khatwani, Suresh Kumar, Cathia Licitra, George Ninno, Carly Madden, Hayley Maher, Alison McGill, Sonal Modha, Casper Morris, Vikki Nousiainen, Susie Peachey, Helen Peters, Maria Consuelo Petrolo, Arun Pottirayil, Lucy Richards, Ellen Root, Giuliano Rotondi, Sands Publishing Solutions, Beverly Smart, Ellie Smith, Mary Sutherland, Conchita Vecchio, Richa Verma, Ajay Verma, Stewart J. Wild, Debra Wolter.

Bildnachweis

o = oben; u = unten; m = Mitte; r = rechts; l = links; (d) = Detail.

Wir haben uns bemüht, sämtliche Copyright-Inhaber zu ermitteln. Sollte dies nicht in allen Fällen gelungen sein, bitten wir um Entschuldigung und Benachrichtigung, um den Fehler in künftigen Auflagen zu korrigieren.

Alle reproduzierten Fotos stammen von Image Bank, Mailand, mit Ausnahme folgender Fotos:

4Corners: SIME / Alessandro Saffo 2–3. **Aeroporto di Catania**: 235um, 236ml. **Alamy Images**: Caro 234or; CuboImages srl/Riccardo Lombardo 44ul; Jeff Gilbert 213ur; Brenda Kean 10um, 13or; LOOK Die Bildagentur der Fotografen GmbH 210um; Peter Forsberg 230m; Matthew Richardson 239ml; Neil Setchfield 74; Felix Shoughi 13ur. **Fabrizio Ardito**: 20ul, 87ur, 106ul, 114, 117or, 119ur, 120ml, 121mr, 122or, 122ul, 123mr, 124ol, 124ur, 125ur, 126o, 126m, 127u, 130ml, 132ul, 135ul, 147ol, 147ur, 148ul, 153ol, 153ur, 157ol, 157mr, 160m, 160u, 161ur, 170ol, 170mr. **Archivio Apt Siracusa**: 140ol, 141ul, 143ur. **Archivio APT Trapani**: 90ml, 91u. **Archivio EPT Palermo**: 113mr. **Archivio Framon Hotels**: 194ml, 195ol, 195ur. **AWL Images**: Peter Adams 84–85; Katja Kreder 46–47, 88, 228–229; Sabine Lubenow 162; Ken Scimluna 196–197. **BB 22 Palermo**: 200ur, 202ul. **The Bridgeman Art Library**: © The FORBES Magazine Collection, New York 8–9. **Cephas Picture Library**: Lehmann 220ul. **Corbis**: Dave Bartruff 208ml; 209ol; Hal Beral 239om; LANNINO-BUCCA 41mro; Owen Franken 209m; Robert Harding World Imagery / Ellen Rooney 11om. **Fabio De Angelis**: 52ml, 52ul, 53mr, 54ol, 54um, 57ur, 59mr, 60ol, 64or, 64um, 65mr, 65ur, 67om, 69ur, 70mr, 71ol, 72ur, 73ur, 77ul, 78om, 94m, 208ur, 232ur, 235ml, 236ur. **Il Dagherrotipo**: 226ur. **DK Images**: 33ul, 39or, 39ol, 48mr, 61ur, 64m, 76mr, 80–81m, 150ur; Nigel Hicks 120or; Ian O'Leary 208or, 209um, 209ur; Consuelo Petrolo 232mlo. **Dreamstime.com**: Diego Barucco 18; Sergio Bertino 10ml; Goran Bogicevic 43ml; Emicristea 14ul; Kcho 114; Stanisa Martinovic 12ur; Martin Molcan 14or; Zuzana Randlova 15or; Jozef Sedmak 50; Vvoevale 151ur, 231ml, 233ol. **Hotel Federico Secondo II**: 199ol, 205ur. **Cristina Gambaro–Gino Frongia**: 73ul, 89u, 90ul, 94ml, 95u, 96u, 97ol, 98m, 99m, 101um, 102ml, 102ul, 106ol, 108or, 110ol, 110u, 111ol, 121ul, 137u, 150m, 181ur, 208mr. **Getty Images**: DEA / G. Dagli Orti 145mro; Danita Delimont 12om; Ingolf Pompe 230ur. **Grand Hotel Villa Igiea**: 198mlo, 198ur, 203or. **La Putia**: 207ur. **Leonardo media ltd**: 195ol. **Monte San Giuliano**: 212or. **Moon**: 207ol, 217ur. **Nangalarruni**: 211or. **Nicolò Longo**: 22mru, 23mru. **Oxidiana**: 216or. **Palazzo Failla Hotel**: La Gazza Ladra 206m, 214um. **Pasticceria Di Pasquale**: 206ur. **Pro Loco Canicattì**: 127ol. **Reculez**: 208ul, 209ul. **Ristorante Il Duomo**: 215or. **Ristorante Cin Cin**: 208ur. **Robert Harding Picture Library**: Riccardo Lombardo 15um. **Ronald Grant Archive**: 28or, 28mlo. **Giuliano Rotondi**: 3m, 21or, 26or, 26ml, 26um, 27or, 27ml, 27um, 28um, 29ol, 29om, 29m, 30, 32or, 32m, 32ur, 33ol, 33om, 33ml, 33ur, 34ml, 34mu, 34ur, 35ol, 35mlo, 35ulo, 35ul, 36mo, 36mlo, 36ul, 36um, 37mr, 37um, 38ml, 38ur, 39mr, 39ul, 40or, 40mlo, 40mlu, 40ul, 40ur, 41mo, 41ul, 41um, 49mr, 55m, 55ur, 58o, 70or, 70ml, 71om, 71m, 73o, 76ul, 79ol, 96om, 96m, 98ol, 103or, 103m, 106ur, 107mr, 107ur, 109ol, 110ml, 110mr, 132or, 132ur, 133or, 133ur, 138um, 149ul, 154or, 155mr, 156u, 158ml, 158ur, 159ol, 160ol, 161mr, 164ul, 167ol, 168ol, 171o, 173ul, 173ur, 176or, 177ol, 179ur, 180ul, 182ml, 187ur, 189or, 189ul, 208or, 220mr, 221or, 221ul, 222ur, 224ur, Sbriglio: 141ol, 142, 146m, 148ml, 148ur, 149mr, 149ul, 150ol, 150or, 151or, 151ml, 152m, 152ur, 164or. **Marka, Milan**: Sante Malli 227ur. **Photo SCALA, Florence**: 41mru; Cinecitta Luce 40mlu. **Marco Scapagnini**: 146or, 149or, 151mr, 208om, 222ol. **Scicli Albergo Diffuso**: 199ur, 200ol, 204or. **TipsImages**: Tommaso Di Girolamo 136; Guido Alberto Rossi 62. **Front Endpapers**: **AWL Images**: Katja Kreder Lmlu, Sabine Lubenow Rol; **Dreamstime.com**: Kcho Lum, Jozef Sedmak Lor; **TipsImages**: Tommaso Di Girolamo Lur, Guido Alberto Rossi Lol.

Umschlag

Vorderseite: John Heseltine@DK.
Buchrücken: **Photolibrary**: Luis Alberto Aldonza.
Rückseite: Dorling Kindersley.

Weitere Informationen finden Sie unter
www.dkimages.com

Sprachführer Italienisch

Notfälle

Hilfe!	**Aiuto!**	[a'iu:to]
Stopp!	**Fermate!**	[fer'ma:te]
Rufen Sie einen Arzt!	**Chiami un medico!**	['kia:mi un 'mɛ:diko]
Rufen Sie einen Krankenwagen!	**Chiami un ambulanza!**	['kia:mi un ambu'lantsa]
Rufen Sie die Polizei!	**Chiami la policia!**	['kia:mi la polit'tsi:a]
Rufen Sie die Feuerwehr!	**Chiami i pompieri!**	['kia:mi i pom'piɛ:ri]
Wo ist das Telefon?	**Dov'è il telefono?**	['do:vɛ il te'lɛ:fono]
Wo ist das Krankenhaus?	**Dov'è l'ospedale?**	['do:vɛ lospe'da:le]

Grundwortschatz

Ja/Nein	**Si/No**	[si/nɔ]
Bitte	**Per favore**	[per fa'vo:re]
Danke	**Grazie**	['grattsie]
Entschuldigung!	**Mi scusi!**	[mi 'sku:zi]
Guten Tag	**Buon giorno**	[buɔn 'dʒorno]
Auf Wiedersehen	**Arrivederci**	[arrive'dertʃi]
Guten Abend	**Buona sera**	[buona 'se:ra]
Vormittag	**la mattina**	[mat'ti:na]
Nachmittag	**il pomeriggio**	[pome'riddʒo]
Abend	**la sera**	['se:ra]
gestern	**ieri**	['iɛ:ri]
heute	**oggi**	['ɔddʒi]
morgen	**domani**	[do'ma:ni]
hier	**qui**	[kui]
dort	**la**	[la]
Welche ...?	**Quale ...?**	['kua:le]
Wann?	**Quando?**	['kuando]
Warum?	**Perchè?**	[per'ke]
Wo?	**Dove?**	['do:ve]

Nützliche Redewendungen

Wie geht es?	**Come sta?**	['co:me sta]
Sehr gut, danke.	**Molto bene, grazie.**	['molto 'bɛ:ne, 'grattsie]
Freut mich, Sie kennenzulernen.	**Piacere di conoscerla.**	[pia'tʃe:re di ko'noʃʃerla]
Bis bald.	**A più tardi.**	[a piu 'tardi]
In Ordnung.	**Va bene.**	[va 'bɛ:ne]
Wo ist/Wo sind …?	**Dov'è/ Dove sono …?**	['do:vɛ/ 'do:ve 'so:no]
Sprechen Sie Deutsch?	**Parla tedesco?**	['parla te'desko]
Ich verstehe nicht.	**Non capisco.**	[non ka'pisko]
Tut mir leid!	**Mi dispiace!**	[mi dis'piatʃe]

Nützliche Wörter

groß	**grande**	['grande]
klein	**piccolo**	['pikkolo]
heiß	**caldo**	['kaldo]
kalt	**freddo**	['freddo]
gut (Adjektiv)	**buono**	['buɔ:no]
schlecht	**cattivo**	[kat'ti:vo]
genug	**basta**	['basta]
gut (Adverb)	**bene**	['bɛ:ne]
offen	**aperto**	[a'pɛrto]
geschlossen	**chiuso**	['kiu:so]
links	**a sinistra**	[a si'nistra]
rechts	**a destra**	[a 'dɛstra]
geradeaus	**sempre diritto**	['sɛmpre di'ritto]
nah	**vicino**	[vi'tʃi:no]
fern	**lontano**	[lon'ta:no]
auf	**su**	[su]
über	**giù**	[dʒu]
früh	**presto**	['prɛsto]
spät	**tardi**	['tardi]
Eingang	**entrata**	[en'tra:ta]
Ausgang	**uscita**	[uʃ'ʃi:ta]
Toilette	**il gabinetto**	[il gabi'netto]
frei/nicht besetzt	**libero**	['li:bero]
frei/gratis	**gratuito**	[gra'tu:ito]

Shopping

Wie viel kostet das?	**Quant'é?**	['kuantɛ]
Ich hätte gern …	**Vorrei …**	[vor'rɛi]
Haben Sie …?	**Avete …?**	[a've:te]
Ich schaue mich nur um.	**Sto soltanto guardando.**	[stɔ sol'tanto guar'dando]
Kreditkarte	**carta di credito**	['karta di 'kre:dito]
Wann öffnen/ schließen Sie?	**A che ora apre/ chiude?**	[a ke 'o:ra 'apre/'kiu:de]
das hier	**questo**	['kuesto]
das da	**quello**	['kuello]
teuer	**caro**	['ka:ro]
billig	**a buon prezzo**	[a buɔn 'prɛttso]
Kleidergröße	**la taglia**	['taʎʎa]
Schuhgröße	**il numero**	[il 'nu:mero]
weiß	**bianco**	['biaŋko]
schwarz	**nero**	['ne:ro]
rot	**rosso**	['rosso]
gelb	**giallo**	['dʒallo]
grün	**verde**	['verde]
blau	**blu**	[blu]

Läden

Antiquitätenladen	**l'antiquariato**	[antikua'ria:to]
Apotheke	**la farmacia**	[farma'tʃi:a]
Bäckerei	**la panetteria**	[panette'ri:a]
Bank	**la banca**	[baŋka]
Blumenladen	**il fioraio**	[fio'ra:io]
Buchhandlung	**la libreria**	[libre'ri:a]
Delikatessen	**la salumeria**	[salume'ri:a]
Eisdiele	**la gelateria**	[dʒelate'ri:a]
Fischhändler	**la pescheria**	[peske'ri:a]
Friseur	**il parrucchiere**	[parruk'kiɛ:re]
Gemüsehändler	**il fruttivendolo**	[frutti'vendolo]
Konditorei	**la pasticceria**	[pastittʃe'ri:a]
Lebensmittelladen	**alimentari**	[alimen'ta:ri]
Markt	**il mercato**	[mer'ka:to]
Metzgerei	**la macelleria**	[maʃelle'ri:a]
Postamt	**l'ufficio postale**	[uf'fi:tʃo pos'ta:le]
Reisebüro	**l'agenzia di viaggi**	[adʒen'tsi:a di vi'addʒi]
Schuhgeschäft	**il negozio di scarpe**	[ne'gɔttsio di 'skarpe]
Supermarkt	**il supermercato**	[supermer'ka:to]
Tabakladen	**il tabaccaio**	[tabak'ka:io]
Zeitungsstand	**l'edicola**	[e'di:kola]

Sightseeing

Informationsbüro	**l'ufficio turistico**	[uf'fi:tʃo tu'ristico]
Bahnhof	**la stazione**	[stat'tsio:ne]
Bibliothek	**la biblioteca**	[biblio'tɛ:ka]
Bushaltestelle	**la fermata dell'autobus**	[fer'ma:ta dell 'a:utobus]
Garten	**il giardino**	[dʒar'di:no]
Kirche	**la chiesa, la basilica**	['kiɛ:za, ba'zi:lika]
Kunstmuseum	**la pinacoteca**	[pinako'tɛ:ka]
Museum	**il museo**	[mu'zɛ:o]
Wegen Feiertag geschlossen.	**Chiuso per la festa.**	['kiu:so per la 'fɛsta]

Im Hotel

Haben Sie Zimmer frei?	**Avete camere libere?**	[a've:te 'ka:mere 'li:bere]
Einzelzimmer	**una camera singola**	['ka:mera 'siŋgola]

Doppelzimmer	**una camera doppia**	['ka:mera 'doppia]
Bad/Dusche	**bagno/doccia**	['baɲɲo/'dottʃa]
Gepäckträger	**il facchino**	[fak'ki:no]
Schlüssel	**la chiave**	['kia:ve]
Reservierung	**prenotazione**	['prenotat'tsio:ne]

Im Restaurant

Haben Sie einen Tisch für ...?	**Avete un tavolo per ...?**	[a've:te un 'ta:volo per]
Ich möchte einen Tisch reservieren.	**Vorrei riservare un tavolo.**	[vor'rɛi riser'va:re un 'ta:volo]
Frühstück	**la colazione**	[kolat'tsio:ne]
Mittagessen	**il pranzo**	['prandzo]
Abendessen	**la cena**	['tʃe:na]
Rechnung	**il conto**	['konto]
Vegetarier	**vegetariano**	[vedʒeta'ria:no]
Kellner	**cameriere**	['kame'riɛ:re]
Tagesmenü	**il menù a prezzo fisso**	[me'nu a 'prɛttso 'fisso]
Tagesgericht	**il piatto del giorno**	['piatto del 'dʒorno]
Vorspeise	**l'antipasto**	[anti'pasto]
Erster Gang	**il primo**	['pri:mo]
Hauptgang	**il secondo**	[se'kondo]
Beilagen	**il contorno**	[kon'torno]
Dessert	**il dolce**	['doltʃe]
Gedeck	**il coperto**	[ko'pɛrto]
Weinkarte	**la lista dei vini**	['lista dei 'vi:ni]
blutig	**al sangue**	[al 'saŋgue]
halb durch(-gebraten)	**al puntino**	[al pun'ti:no]
durch(-gebraten)	**ben cotto**	[bɛn 'kɔtto]
Glas	**il bicchiere**	[bik'kiɛ:re]
Flasche	**la bottiglia**	[bot'tiʎʎa]
Teller	**il piatto**	['piatto]
Serviette	**la tovaglia**	[to'vaʎʎa]
Besteck	**le posate**	[po'sa:te]
Messer	**il coltello**	[kol'tɛllo]
Gabel	**la forchetta**	[for'ketta]
Löffel	**il cucchiaio**	[kuk'kia:io]

Speisekarte

l'abbacchio	[ab'bakkio]	Lamm
l'aceto	[a'tʃe:to]	Essig
l'acqua minerale gasata/naturale	['akkua mine'ra:le ga'sa:ta/natu'ra:le]	Mineralwasser mit/ohne Kohlensäure
l'aglio	['aʎʎo]	Knoblauch
al forno	[al 'forno]	gebacken
alla griglia	['alla 'griʎʎa]	gegrillt
l'anatra	['a:natra]	Ente
l'aragosta	[ara'gosta]	Languste
l'arancia	[a'rantʃa]	Orange
arrosto	[ar'rɔsto]	gebraten
la birra	['birra]	Bier
la bistecca	[bis'tekka]	Steak
il burro	['burro]	Butter
il caffè	[kaf'fɛ]	Kaffee, Espresso
il carciofo	[kar'tʃɔ:fo]	Artischocke
la carne	['karne]	Fleisch
carne di maiale	['karne di ma'ia:le]	Schwein
il cinghiale	[tʃiŋ'gia:le]	Wildschwein
la cipolla	[tʃi'polla]	Zwiebel
il coniglio	[ko'niʎʎo]	Kaninchen
i fagioli	[fa'dʒɔ:li]	Bohnen
il formaggio	[for'maddʒo]	Käse
le fragole	['fra:gole]	Erdbeeren
la frutta fresca	['frutta 'freska]	frisches Obst
i frutti di mare	['frutti di 'ma:re]	Meeresfrüchte
i funghi	['fuŋgi]	Pilze
i gamberi	['gamberi]	Krebse
il gelato	[dʒe'la:to]	Eiscreme
l'insalata	[insa'la:ta]	Salat
il latte	['latte]	Milch
i legumi	[le'gu:mi]	Gemüse
lesso	['lesso]	gekocht
il manzo	['mandzo]	Rind
la mela	['me:la]	Apfel
la melanzana	[melan'dza:na]	Aubergine
la minestra	[mi'nɛstra]	Suppe
l'olio	['ɔ:lio]	Öl
l'oliva	[o'li:va]	Olive
il pane	['pa:ne]	Brot
il panino	[pa'ni:no]	Brötchen
le patate	[pa'ta:te]	Kartoffeln
patatine fritte	[pata'ti:ne 'fritte]	Pommes frites
il pepe	['pe:pe]	Pfeffer
la pesca	['pɛska]	Pfirsich
il pesce	['peʃʃe]	Fisch
i piselli	['pi'sɛlli]	Erbsen
il pollo	['pollo]	Huhn
il pomodoro	[pomo'dɔ:ro]	Tomate
il prosciutto	[proʃ'ʃutto]	Schinken
il riso	['ri:so]	Reis
il sale	['sa:le]	Salz
la salsiccia	[sal'sittʃa]	Wurst
il succo	['sukko]	Saft
il tè	[tɛ]	Tee
il tonno	['tonno]	Thunfisch
la torta	['tɔrta]	Kuchen
l'uovo	['uɔ:vo]	Ei
l'uva	['u:va]	Traube
il vino	['vi:no]	Wein
il vitello	[vi'tɛllo]	Kalb
le vongole	['voŋgole]	Muscheln
lo zucchero	['tsukkero]	Zucker
gli zucchini	[tsuk'ki:ni]	Zucchini
la zuppa	['tsuppa]	Suppe

Zahlen

1	**uno**	['u:no]
2	**due**	['du:e]
3	**tre**	[tre]
4	**quattro**	['kuattro]
5	**cinque**	['tʃiŋkue]
6	**sei**	['sɛ:i]
7	**sette**	['sɛtte]
8	**otto**	['ɔtto]
9	**nove**	['nɔ:ve]
10	**dieci**	['diɛ:tʃi]
11	**undici**	['unditʃi]
12	**dodici**	['do:ditʃi]
13	**tredici**	['tre:ditʃi]
14	**quattordici**	[kuat'torditʃi]
15	**quindici**	['kuinditʃi]
16	**sedici**	['se:ditʃi]
17	**diciassette**	[ditʃas'sɛtte]
18	**diciotto**	[di'tʃɔtto]
19	**diciannove**	[ditʃan'nove]
20	**venti**	['venti]
30	**trenta**	['trenta]
40	**quaranta**	[kua'ranta]
50	**cinquanta**	[tʃiŋ'kuanta]
60	**sessanta**	[ses'santa]
70	**settanta**	[set'tanta]
80	**ottanta**	[ot'tanta]
90	**novanta**	[no'vanta]
100	**cento**	['tʃɛnto]
1000	**mille**	['mille]

Zeit

Minute	**un minuto**	[mi'nu:to]
Stunde	**un'ora**	['o:ra]
Tag	**un giorno**	['dʒorno]
Woche	**una settimana**	[setti'ma:na]
Monat	**un mese**	['me:se]
Jahr	**un anno**	['anno]
Montag	**lunedì**	[lune'di]
Dienstag	**martedì**	[marte'di]
Mittwoch	**mercoledì**	[merkole'di]
Donnerstag	**giovedì**	[dʒove'di]
Freitag	**venerdì**	[vener'di]
Samstag	**sabato**	['sa:bato]
Sonntag	**domenica**	[do'me:nika]

VIS-À-VIS-REISEFÜHRER

Ägypten • Alaska • Amsterdam • Apulien • Argentinien
Australien • Bali & Lombok • Baltikum • Barcelona & Katalonien • Beijing & Shanghai • Belgien & Luxemburg
Berlin • Bodensee • Bologna & Emilia-Romagna
Brasilien • Bretagne • Brüssel • Budapest
Chicago • Chile • China • Costa Rica
Dänemark • Danzig & Ostpommern
Delhi, Agra & Jaipur • Deutschland • Dresden
Dublin • Florenz & Toskana • Florida
Frankreich • Gardasee • Griechenland
Großbritannien • Hamburg • Hawaii • Indien • Irland • Istanbul • Italien
Italienische Riviera • Japan • Jerusalem • Kalifornien
Kambodscha & Laos • Kanada • Kanarische Inseln • Karibik • Kenia
Korsika • Krakau • Kroatien • Kuba • Las Vegas • Lissabon
Loire-Tal • London • Madrid • Mailand • Malaysia & Singapur
Mallorca, Menorca & Ibiza • Marokko • Mexiko • Moskau
München & Südbayern • Myanmar • Neapel • Neuengland
Neuseeland • New Orleans • New York • Niederlande
Nordspanien • Norwegen • Österreich • Paris • Peru • Polen • Portugal
Prag • Provence & Côte d'Azur • Rom • San Francisco
St. Petersburg • Sardinien • Schottland • Schweden
Schweiz • Sevilla & Andalusien • Sizilien • Slowenien
Spanien • Sri Lanka • Stockholm • Straßburg & Elsass
Südafrika • Südtirol & Trentino • Südwestfrankreich
Thailand • Thailand – Strände & Inseln • Tokyo
Tschechien & Slowakei • Türkei • Umbrien • USA
USA Nordwesten & Vancouver • USA Südwesten & Las Vegas • Venedig & Veneto • Vietnam & Angkor
Washington, DC • Wien • Zypern

www.dorlingkindersley.de

Straßenkarte Sizilien